추천 시스템의 통계 기법

추천 시스템의 통계 기법

실생활 추천 문제에 적용해보는 다양한 통계 기법

디팍 아가왈 · 비 청 첸 지음   최영재 옮김

i!i
에이콘

 에이콘출판의 기틀을 마련하신 故 정완재 선생님 (1935-2004)

바라티 아가왈Bharati Agarwal과

시아 칭 청Shiao-Ching Chung에게 바칩니다

지은이 소개

디팍 아가왈 DR. DEEPAK K. AGARWAL

빅데이터 분석가로 웹 애플리케이션의 검색 능력 개선에 기여한 최신 머신 러닝과 통계 기법을 수년 동안 개발하고 배포했다. 또한 어려운 빅데이터 문제, 특히 추천 시스템과 컴퓨터 광고 분야의 문제를 해결하기 위한 연구를 주도했다. 미국통계협회 American Statistical Association 의 선임 연구원이며 통계 분야 최고권위 학술지의 편집장을 역임하고 있다.

비 청 첸 DR. BEE-CHUNG CHEN

최신 추천 시스템 개발에 많은 실무 및 연구 경험이 있는 선구적인 기술자다. 링크드인 홈페이지와 모바일 피드, 야후! 홈페이지, 야후! 뉴스, 그 외 여러 사이트의 중심이 되는 추천 알고리듬의 핵심 설계자다. 연구 분야로는 추천 시스템, 데이터 마이닝, 머신러닝, 빅데이터 분석 등이 있다.

옮긴이 소개

최영재(youngjae.choi1977@gmail.com)

소프트웨어 분야에서 일하면서 좀 더 좋은 품질의 제품을 만들기 위해 노력했고, 현재는 소프트웨어 공학과 관련된 강의를 하고 있다. 소프트웨어 관련 국내외 표준과 여러 지식 체계에 참여하고 있으며, 최근에는 신뢰도가 높으며 사용자가 안심하고 사용할 수 있는 인공지능 시스템 구현에 관심이 있다. 예측 모델, 추천 시스템 등 인공지능이 인간의 삶에 줄 수 있는 많은 가치를 실현하기 위해서는 모델의 한계와 더불어 인공지능이 예측하는 방식을 이해해야 한다고 생각한다.

옮긴이의 말

1950년대에 인공지능이라는 용어가 처음 소개됐을 때까지만 해도 소수의 전문가가 복잡한 수식과 많은 연산 자원을 가지고 연구하던 영역이었습니다. 하지만 최근 관련 하드웨어의 발전과 여러 기업이나 단체에서 제공하는 오픈소스 도구를 활용해 누구라도 필요한 도구를 간단하게 설치하고 딥러닝을 직접 경험해 볼 수 있습니다. 오늘날 딥러닝 관련 기술은 매우 빠르게 발전하고 있습니다. 하루만 지나도 새로운 기술이 개발되고, 지금 배우는 기법이나 도구가 1년 뒤에도 여전히 쓰일지는 알 수 없습니다. 하지만 딥러닝이 기본적으로 어떻게 구현되는지, 또 근간을 이루는 수학적인 개념이 실습을 통해 익숙해지면 차후 새로운 기법과 도구를 더욱 쉽게 활용할 수 있습니다.

이 책에서는 오늘날 널리 활용되고 있는 추천 시스템을 이해하기 위해 필요한 다양한 통계 기법을 소개하고 있습니다. 오래 전부터 활용해 오고 있는 전통적인 기법에서부터 최근 새롭게 주목받고 있는 기법들까지 다양한 추천 문제에 적합한 해법을 설계하고 구현하기 위해 필요한 여러 가지 기법을 실제 예제를 통해 살펴봅니다. 개념을 이해하고 적용해 볼 수 있는 간단한 문제뿐 아니라 연관 항목 추천, 다목적 최적화 등 고급 주제까지 폭넓게 설명하고 있습니다.

머신러닝, 딥러닝 분야는 대부분의 용어가 영어입니다. 그리고 국내에서도 활발하게 사용되기 시작한 지 어느 정도 시간이 지났기 때문에 용어를 원문 그대로 사용하는 것이 편한 사람이 많습니다. 이 책을 옮기는 과정 중에도 원문의 의미를 해치지 않는 범위에서 업계에서 흔히 사용하는 용어를 사용하고자 노력했습니다.

마지막으로 이 책을 번역할 기회를 주신 에이콘출판사와 격려해준 가족에게 감사드립니다.

차례

내용

들어가며

이 책에서 다루는 내용

추천 시스템은 다양한 상황에서 사용자와 항목을 연결해주는, 즉 매칭하는 자동 컴퓨터 프로그램을 말한다. 추천 시스템은 이제 어디에서나 볼 수 있으며 삶의 한 부분으로 자리 잡았다. 아마존에서 사용자에게 제품을 추천하고, 야후!와 같은 홈페이지를 방문하는 사용자에게 콘텐츠를 추천한다. 넷플릭스 사용자에게는 영화를, 링크드인 사용자에게는 특정 채용 공고를 추천하는 것을 떠올려 보자. 사용자가 특정 항목과 상호작용했던 과거 이력에서 얻은 다량의 고빈도$^{high-frequency}$ 데이터를 활용해서 매칭 알고리듬이 만들어진다. 알고리듬은 기본적으로 통계적일 수밖에 없으며 순차적 결정 과정, 다차원 범주형 데이터와의 상호작용에 대한 모델링, 확장형 통계 기법 개발 등 영역에 어려움이 있다. 추천 시스템 분야에서 개발되고 있는 방법론에서는 도메인 전문가는 물론 컴퓨터 과학자, 머신러닝 전문가, 통계학자, 최적화 전문가, 시스템 전문가 등 다양한 사람들의 긴밀한 협력이 요구된다. 추천 시스템은 지금 빅데이터에서 가장 흥미로운 분야다.

이 책을 쓴 이유

컴퓨터 과학, 머신러닝, 통계학 등 여러 분야의 추천 시스템에 관한 책이 많지만 주로 특정 부분에만 집중돼, 모든 통계 문제나 그것들이 서로 어떻게 연관되는지 포괄적으로 다루고 있지는 않다. 야후!와 링크드인에서 이런 시스템을 개발하고 있을 때 문제를 깨달았다. 통계학이나 머신러닝은 아웃 오브 샘플$^{out-of-sample}$ 데이터를 대상으로 한 예측 오차가 가장 낮은 모델을 만드는 것에 관심을 두지만 현실적으로 중요한 모든 요소를 다루지 못한다. 통계학적 측면에서 추천 시스템은 다차원 순차 프로세스로 실험 설계 등 문제를 연구하는 것이 훌륭한 통계 모델을 개발하는 것만큼 중요하다. 실제로 두 가지는 서로 밀접한 관계가 있다. 효율적인 디자인은 차원수의 저주를 잘 다루는 모델을 갖고 있어야 한다. 또한 지금까지 출판된 내용은 대부분 하나의 요소, 가령 영화 평점, 구매 내역, 클릭률$^{click\ rate}$ 등에 반응하는 모델의 구성을 설명하고 있다. 페이스북, 링크드인, 트위터와 같은 소셜미디어의 등장으로 다양한 반응을 사용할 수 있게 됐다. 예를 들어, 누군가는 뉴스 추천 애플리케이션을 위해 클릭률, 공유 비율, 트윗 비율 등을 동시에 모델링하고 싶을 경우처럼 여러 변수에 반응하는 모델은 구성하기가 어렵다. 다변수 예측을 할 수 있는 기반이 있다고 하더라도 추천에 필요한 유틸리티 함수는 어떻게 구성해야 하는가? 클릭률보다 공유율을 최적화하는 것이 더 중요한가? 문제의 답은 도메인 전문가들과의 긴밀한 협업을 통한 유틸리티 매개변수 일부 도출과 다목적 최적화로 얻을 수 있다.

이 책의 목적은 추천 시스템과 관련된 이런 문제를 종합적으로 살펴보는 것이다. 물론 기본적인 목적은 적응형 순차 디자인(멀티 암드 밴딧 기법), 이중선형 랜덤-효과 모델(행렬 분해), 최신 분산형 컴퓨팅 인프라^{infrastructure}를 활용한 확장형 모델 등 현재 최신 통계 기법에 관해 자세히 알아본다. 업계에서 대형 시스템을 구성했던 오랜 경험을 바탕으로 통계, 머신러닝, 컴퓨터 과학 커뮤니티와 문제를 공유하기 위한 목적으로 썼다. 공유함으로써 여러 효과가 있을 것으로 생각한다. 우선 다차원 및 빅데이터 통계, 특히 웹 애플리케이션 분야에서 방법론적인 연구에 도움이 될 것이다. 연구를 이론적으로 수행하려면 대량의 데이터를 다룰 수 있는 소프트웨어가 필요하다. 책의 내용을 보충하기 위해 오픈소스 소프트웨어를 사용한다

(https://github.com/beechung/Latent-Factor-Models). 이 책은 이론과 실무의 차이를 메우는 데 도움이 될 것이다. 문제를 만난 사람에게는 연관된 통계 문제를 충분히 이해할 수 있게 해주고, 모델을 구성하고 있는 사람에게는 실제로 적용했을 때 발생하는 복잡한 통계 문제를 깊이 이해할 수 있게 해 줄 것이다.

이 책의 구성

이 책은 3부로 구성돼 있다.

1부에서는 추천 시스템 문제, 문제를 해결하기 어려운 이유, 문제 해결에 사용하는 주요 개념, 필요한 배경지식 등을 소개한다. 2장은 과거에 추천 시스템을 개발할 때 사용했던 전통적인 방법을 짚어본다. 사용자와 항목에 관한 정보를 특성 벡터로 사용해서 유사도 함수, 표준 지도 학습, 협력 필터링collaborative filtering을 통해 사용자—항목 페어 점수를 산정한다. 전통적인 기법에서는 추천 시스템에서 나타나는 탐색 이용 딜레마explore-exploit dilemma 를 보통 무시한다. 3장에서는 이 문제가 왜 중요한지 살펴보고 이후 장에서 문제를 해결하기 위해 사용하게 되는 주요 개념을 소개한다. 기술적 해결책을 다루기에 앞서 4장에서 다양한 추천 알고리듬의 성능을 평가할 때 사용할 수 있는 여러 기법을 다뤄본다.

2부에서는 흔히 발생하는 문제의 해결 방법을 자세히 다룬다. 5장에서는 다양한 문제 상황과 시스템 아키텍처 예시를 알아보고 6, 7, 8장에서는 일 반적으로 나타날 수 있는 문제 상황을 한 가지씩 다룬다. 6장은 최고 인기 most-popular 항목 추천으로 발생할 수 있는 문제의 해결책을 알아보는데 특히 탐색 이용 측면에 집중한다. 7장은 특성 기반 회귀$^{feature-based\ regression}$를 통한 맞춤형 추천을 다루면서 최신 사용자–항목 상호작용 데이터로 좋은 솔루션으로 빠르게 발전할 수 있게 모델을 지속해서 업데이트하는 방법을 알아본다. 8장은 7장에서 본 기법을 특성 기반 회귀에서 요인 모델^{factor} ^{model}(행렬 분해)로 확장해보고 동시에 요인 모델에서 나타나는 콜드 스타트 $^{cold-start}$ 문제의 해결책을 알아본다.

3부에서는 고급 주제 세 가지를 다룬다. 9장에서는 잠재 디리클레 할당 $^{latent\ Dirichlet\ allocation,\ LDA}$ 주제 모델$^{topic\ model}$을 사용하는 수정 행렬 분해 모델로 항목과 사용자 집단에서 나타나는 주제를 동시에 식별하는 분해 모델 $^{factorization\ model}$을 다양한 주제로 소개한다. 10장에서는 추천된 항목이 사용자와 밀접하게 관련돼야 할 뿐만 아니라 문맥과도 관련성을 가져야 할 때 (예: 사용자가 현재 읽고 있는 뉴스 기사와 관련된 항목을 추천하는 경우) 발생하는 문맥 의존$^{context-dependent}$ 추천 문제를 살펴본다. 11장에서는 수익과 같이 하나의 목표를 최대로 늘릴 때 다른 목표의 손실이 제한된(예: 클릭 수 감소가 5% 이하) 경우인 제한된 최적화 접근법 기반 다목적 최적화를 위한 기본적인 프레임워크를 다룬다.

이 책의 한계

소개하는 모델 중 일부를 피팅할 때 사용할 수 있는 스파크^{Spark}와 같은 최신 컴퓨터 활용 패러다임$^{computational\ paradigms}$을 자세히 설명하지 않는다. 사용자가 소셜 그래프를 형성할 때 전통적인 실험 설계 기법으로 모델의 온라인 검증을 제대로 하기 힘들다. 소셜 그래프 때문에 발생하는 간섭을 고려해서 조정이 가능한 새로운 기법을 개발해야 한다. 고급 주제는 이 책에서 소개하지 않는다. 책 전반적으로 추천 문제를 회귀 중심의 반응 예측 접근법을 사용하는데 모델의 결과를 연결된 다른 기술과 조합하기가 쉽다고 믿기 때문이다. 랭킹 손실 함수$^{ranking\ loss\ function}$의 직접적인 최적화를 통한 기법은 자세히 다루지 않는다. 두 가지 접근 방식을 비교해 보는 것도 유익한 토론 주제가 될 것으로 생각한다.

감사의 말

유익한 의견과 도움을 제공해준 라구 라마크리시난$^{Raghu\ Ramakrishnan}$, 리앙 장$^{Liang\ Zhang}$, 쉬안후이 왕$^{Xuanhui\ Wang}$, 프라딥 일랑고$^{Pradheep\ Elango}$, 보 롱$^{Bo\ Long}$, 보 팡$^{Bo\ Pang}$, 라지브 칸나$^{Rajiv\ Khanna}$, 니틴 모티$^{Nitin\ Motgi}$, 박승택$^{Seung-Taek\ Park}$, 스캇 로이$^{Scott\ Roy}$, 조 자가리야$^{Joe\ Zachariah}$에게 감사드린다. 우리의 생각이 빛을 볼 수 있게 응원하고 지원해준 야후!와 링크드인의 동료들에게도 고마운 마음을 전하고 싶다.

정오표

한국어판의 정오표는 에이콘출판사의 도서정보 페이지 http://www.acornpub.co.kr/book/statistical-recommender-systems에서 볼 수 있다.

문의

한국어판에 관한 질문은 에이콘출판사 편집 팀(editor@acornpub.co.kr)이나 옮긴이의 이메일로 문의하길 바란다.

제1부

소개

01
소개

추천 시스템이란 다양한 상황에서 사용자에게 '가장 좋은' 항목을 추천하는 컴퓨터 프로그램이다. 추천 시스템은 총 클릭 수, 총 수익, 총 매출 등과 같이 목표 지표에 맞게 특정해 최적화하는 방식으로 가장 좋은 매칭^{matching}을 달성시킨다. 이제는 어디서나 볼 수 있는, 삶의 한 부분으로 자리 잡았는데 예를 들면 다음과 같다. 이커머스$^{e-commerce}$ 사이트에서 매출을 최대로 늘리기 위한 사용자 대상 제품 추천, 클릭 수를 최대로 하기 위한 뉴스 사이트 방문자 대상 콘텐츠 추천, 사용자 참여와 구독자 수를 최대화하기 위한 영화 추천, 지원자 수를 높이기 위한 전문가 네트워크에서의 직업 추천 등이 여기에 해당한다. 추천 알고리듬의 입력 값으로 사용자, 항목, 콘텐츠에 관한 정보와 사용자가 항목과 상호작용했을 때 발생하는 피드백 등이 사용된다.

그림 1.1은 추천 시스템을 사용하는 일반적인 웹 애플리케이션 예제의 모습이다. 사용자는 웹 브라우저를 통해 웹페이지를 방문한다. 그러면 브라우저가 해당 페이지를 호스팅하는 웹 서버에 HTTP 요청^{request} 메시지를 보낸다. 웹 서버는 페이지에서 표시되는 추천 항목을 얻기 위해 추천 서비스를 콜^{call}해서 추천할 항목 명단을 받고 웹페이지에 렌더링한다. 추천 시스

템 서비스에서는 가장 좋은 항목을 선정하기 위해 다양한 연산이 상당히 많이 일어난다. 연산은 오프라인과 실시간 연산을 같이 하는 하이브리드 형태인 경우가 많다. 또한 빠른 페이지 로딩 시간을(일반적으로 수백 밀리세컨드ms) 보장하기 위해 엄격한 효율성 요구사항을 충족해야 한다. 페이지가 로딩되면 사용자는 '클릭', '좋아요', '공유' 등의 행동을 통해 항목과 상호작용할 수 있다. 이때 상호작용 데이터는 핵심이 되는 추천 알고리듬의 매개변수를 업데이트하고 다음 사용자 방문을 대비해서 알고리듬 성능 개선에 사용할 수 있는 피드백 정보가 된다. 이런 매개변수를 얼마나 자주 업데이트할지는 애플리케이션에 따라 달라진다. 가령, 뉴스 추천과 같이 항목이 시간에 예민하고 수명이 짧으면 매개변수 업데이트를 자주(몇 분에 한 번씩) 해야 한다. 항목의 수명이 상대적으로 긴 다른 애플리케이션에서는(영화 추천의 경우) 매개변수 업데이트를 자주 하지 않더라도(하루에 한 번씩) 전체 성능에 크게 영향을 주지 않는다.

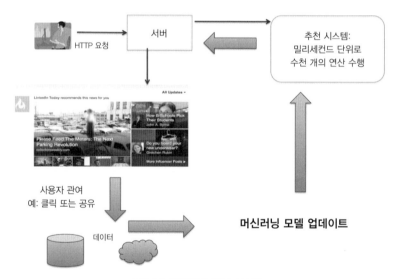

그림 1.1. 일반적인 추천 시스템

추천 시스템의 성공에 결정적인 역할을 하는 것은 '가장 좋은 항목을 선정하는 알고리듬'이다. 이 책은 최적의 알고리듬의 뿌리라고 할 수 있는 '통계 및 머신러닝 기법'을 포괄적으로 설명한다. 설명의 편의를 위해 이 책에서는 그런 모든 알고리듬을 '추천 시스템'이라고 칭하고 있지만, 사용자에게 필요한 서비스를 제공하기 위한 전반적인 프로세스 중(물론 핵심적이긴 해도) 하나의 컴포넌트만을 얘기하고 있다는 점은 기억해야 한다.

1.1. 웹 애플리케이션을 위한 추천 시스템 개요

추천 시스템을 개발하기 전에 다음 질문을 해봐야 한다.

- 가용한 입력 신호는 무엇인가?

  특정 상황에서 사용자가 상호작용할 가능성이 있는 항목을 추천하는 머신러닝 모델을 구축할 때 사용할 수 있는 입력 신호는 다양하다. 각 항목의 내용과 출처, 사용자의 관심 프로파일(과거 방문 이력에서 알 수 있는 장기적 관심과 이번 방문에서 추측할 수 있는 단기 관심이 모두 반영된), 인구통계 자료 등 사용자가 제공하는 정보, 관측된 연결-클릭 비율$^{click-through\ rates}$ 또는 CTR(사용자에게 특정 항목 링크를 제공했을 때 실제 클릭된 비율), 소셜 네트워크 공유 범위(예: 특정 항목이 트윗 또는 공유되거나 '좋아요'를 받은 경우) 등과 같은 '인기도' 지표가 될 수 있다.

- 무엇을 최적화하는가?

  웹사이트에서 최적화할 대상은 다양하다. 클릭, 수익, 사용자가 선정한 긍정 노출 순위 등과 같은 단기 목표에서부터 사이트 내 소비 시간 증가, 재방문 및 사용자 유지 비율 개선, 소셜네트워크 언급 횟수 증가, 구독자 수 증가 등과 같은 장기적인 목표가 있다.

두 질문의 답에 따라 개발해야 할 추천 알고리듬을 결정해야 한다.

1.1.1 알고리듬 기법

추천 시스템은 다음과 같은 네 가지 과업^{task}을 수행하기 위한 알고리듬이 필요하다.

- **콘텐츠 필터링 및 이해:** 전체 항목 풀^{pool}(후보 항목 목록)에서 품질이 낮은 콘텐츠를 걸러내기 위한 확실한 기법이 필요하다. 저품질 콘텐츠를 추천하면 사용자 경험과 웹사이트 브랜드 이미지에 부정적인 영향을 미치게 된다. 저품질의 정의는 애플리케이션에 따라 달라져야 한다. 뉴스 추천에 있어서, 인지도가 있는 언론사의 경우 외설적인 콘텐츠를 저품질로 취급할 수 있다. 이커머스 사이트는 신뢰 등급이 낮은 판매자의 상품은 판매하지 않을 수 있다. 저품질 콘텐츠를 정의하고 기록하는 것은 복잡한 과정일 때가 많고 편집자에 의한 라벨링^{labeling}, 크라우드소싱^{crowdsourcing}, 분류^{classification}와 같은 머신러닝 기법 등을 함께 활용해서 처리한다. 저품질 콘텐츠를 필터링하는 것 외에도 품질 수준을 충족하는 항목의 내용을 분석 및 이해하는 것도 중요하다. 항목 프로파일(예: 특성 벡터)을 만들어서 충실도가 높은 콘텐츠를 식별하는 것이 효과적인 접근법이다. 단어 가방 모델^{bag-of-words}, 구절 추출^{phrase extraction}, 객체 추출^{entity extraction} 등 여러 접근 방식을 통해 특성을 구축할 수 있다.

- **사용자 프로파일 모델링:** 사용자가 소비할 가능성이 큰 항목을 반영한 사용자 프로파일을 만들 필요가 있다. 사용자 프로파일은 인구통계 정보, 회원 가입 때 명시한 사용자 식별 정보, 소셜네트워크 정보, 사용자 행동 정보 등을 기준으로 작성할 수 있다.

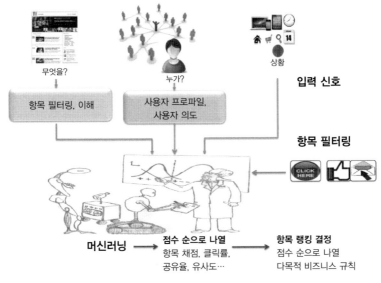

그림 1.2. 추천 시스템 개요.

- **채점:** 사용자와 항목 프로파일을 갖고 미래 특정 상황에서(예: 사용자가 보고 있는 페이지, 사용하고 있는 기기, 현재 위치 등) 사용자에게 어떤 항목을 보여줬을 때 발생하는 '가치'를(예: CTS, 사용자의 현재 목적과의 의미 있는 연관 정도, 기대 수익 등) 예측하도록 설계된 채점 함수를 만들어야 한다.
- **랭킹**(순위)**:** 선택된 목적 함수의 기대 결괏값을 최대화할 수 있게 추천할 항목의 랭킹을 선정할 방법이 필요하다. 가장 단순하게는 각 항목의 CTR처럼 하나의 점수를 기준으로 항목의 랭킹을 결정하는 방법이 있다. 하지만 실제로는 어떤 의미를 가지는 연관성, 여러 활용성 지표를 정량화한 점수, 좋은 사용자 경험을 보장하고 브랜드 이미지를 보존할 수 있게 하는 다양성과 비즈니스 규칙 등 여러 요소를 적절히 조합해서 랭킹을 선정하게 된다.

그림 1.2는 앞에서 설명한 알고리듬 구성요소들이 어떤 관계를 맺는지 묘

사하고 있다. 사용자 정보, 항목 정보, 과거 사용자-항목 상호작용 데이터 등을 머신러닝과 사용해서 사용자와 품목과의 관련성을 정량화한 점수를 도출하는 통계 모델을 만들게 된다. 랭킹 모듈은 점수를 취합해서 하나 또는 여러 개의 목표를 위해 우선순위가 높은 것부터 나열된 목록을 만든다.

콘텐츠 필터링 및 이해 기법은 추천할 품목의 유형에 상당한 영향을 받는다. 예를 들어 텍스트 처리 기법은 이미지 처리 기법과 매우 다르다. 텍스트 처리 기법은 2장에서 간략히 소개한다. 사용자 프로파일을 만드는 기법 관련해서는 과거 사용자-항목 상호작용 데이터에서 사용자 프로파일과 항목 프로파일을 모두 자동으로 '학습'하고 과거 다른 기법을 통해 만들어진 프로파일 정보를 매끄럽게 통합하는 기법을 설명한다.

1.1.2 최적화 대상 지표

웹 추천 문제에 적합한 솔루션을 선정할 때 가장 중요하면서 먼저 고민해야 할 사항은 '최적화 대상 측정지표'를 정하는 것이다. 많은 애플리케이션에서 최적화할 측정지표는 한 가지다. 최적화할 측정지표를 예로 들면 총 클릭 수, 특정 기간 총 수익이나 매출 등이 될 수 있다. 하지만 동시에 2개이상의 측정지표를 대상으로 하는 애플리케이션도 있다. 후속 동작에 제약을 두고 측정한 특정 콘텐츠 링크의 총 클릭 횟수를 최대화하고자 하는 경우가 그 예다. 특정 기준보다 바운스 클릭(사용자가 내용을 실제로 읽지 않고 끝나는 클릭) 횟수가 낮아야 한다는 조건이 이런 제약의 예가 될 수 있다. 다른 요소를 조절하고자 할 수도 있다. 다양성(사용자가 일정 시간 동안 일정 수의 주제를 볼 수 있게 한다든지)이나 탐색 능력(추천이 사용자에게 과적합하게 돼 새로운 흥미 요소의 발견을 제한하지 않도록 한다든지)을 조절해서 장기적인 사용자 경험을 최적화할 수 있다.

최적화할 측정지표를 정의한 다음에는 최적화 문제의 입력 값으로 사용할 점수를 정의해야 한다. 가령, 목표가 '총 클릭 수 최대화'라면 사용자에게 특정 항목이 어느 정도의 가치를 갖는지 나타내는 데 CTR이 좋은 지표가 된다. 둘 이상의 목적이 있다면 여러 개의 점수를 사용해야 할 수도 있고, CTR과 기대 소비 시간을 쓸 수 있다. 신뢰할 수 있는 점수 예측을 가능하게 하는 통계 기법을 만들어야 하는데 중요하게 생각하고 신경 써서 진행해야 한다. 점수 예측을 얻고 나면 풀고자 하는 최적화 문제에 따라 랭킹 모듈에 취합하게 된다.

1.1.3 탐색 이용 딜레마

신뢰를 확보하면서 점수를 예측하는 것이 추천 시스템에서 통계적으로 어려운 핵심적인 사항이다. 긍정 반응 비율 예측이 필요한 경우도 많다. 클릭률, 노출 등급, 공유율(항목을 공유할 확률), '좋아요' 비율(항목의 '좋아요' 버튼을 클릭할 확률) 등이 긍정적 반응이다. 반응별 가용성(또는 가치)에 따라 기대 반응률에 가중치를 부여할 수 있다. 이것이 기대 가용성에 따라 항목의 랭킹을 선정하는 기본적인 방법으로 (적절한 가중치가 부여된) 반응률이 이 책에서 주로 다루는 채점 함수다.

각 후보 항목의 기대 반응률을 정확하게 예측하려면 각 항목을 일정 수의 사용자 방문에 제공해서 짧은 시간 내 모든 항목에 대한 반응 데이터를 수집해 각 항목을 탐색해 볼 수 있다. 그런 다음 목표 최적화에 반응률 예상치가 높은 항목을 이용할 수 있다. 하지만 탐색은(실험을 통해 지금까지 수집된 데이터 기준) 더 좋은 항목을 보여주지 않는다는 기회비용이 발생하게 된다. 두 가지 요소의 균형을 잡는 것이 탐색 이용 딜레마다.

탐색 이용은 이 책의 핵심 주제로 3장에서 소개하며 기술적 세부사항은 6장에서 다루고 있다. 7장과 8장에서 살펴볼 기법도 탐색 이용 문제를 해결하기 위해 개발된 것이다.

1.1.4 추천 시스템의 진화

추천 시스템이 목적을 달성하는지 이해하려면 개발 주기의 여러 단계에서 성능을 반드시 평가해야 한다. 평가 측면에서 추천 알고리듬의 개발을 두 단계로 나눈다.

- 배포 전 단계는 알고리듬이 온라인에 배포되기 전 웹사이트 방문자 중 일부에게만 서비스하는 단계를 말한다. 이 단계에서는 알고리듬 성능을 평가할 때 과거 데이터를 사용한다. 평가는 오프라인에서 이뤄지기 때문에 제한적이다. 알고리듬이 추천한 항목에 대한 사용자의 반응 데이터는 없다.

- 배포 후 단계는 사용자에게 알고리듬을 온라인에 배포하고 난 다음에 시작된다. 주로 대상 지표를 측정하기 위한 온라인 버킷 테스트(A/B 실험이라고도 함)가 진행된다. 실제에 훨씬 가깝기는 하지만 이런 테스트를 하려면 비용이 발생한다. 배포 전 단계 오프라인 평가에서 성능이 낮았던 알고리듬은 우선 걸러내는 방법을 많이 사용한다.

추천 시스템의 여러 컴포넌트를 평가할 때 다양한 평가 기법이 사용된다.

- **채점 평가:** 주로 사용자가 특정 항목에 어떻게 반응할지 예측하는 통계 기법을 통해 채점된다. 이런 통계 기법의 성능을 측정하는 데 예측 정확도를 많이 사용한다. 사용자가 특정 항목에 부여할 순위를 예측하기 위해 통계적 기법을 사용한다면 예측 랭킹과 실제 랭킹 간 차이의 절댓값을 모든 사용자에 대해 평균을 구해서 해당 통계 기법의 오차를 측정할 수 있다. 정확성은 오차를 뒤집어 놓은 것이다. 4.1.2 '정확성 측정지표'에서는 정확성을 측정하는 다른 방법을 설명하고 있다.

- **랭킹 평가:** 랭킹의 목표는 추천 시스템 목표에 맞게 최적화하는 것이다. 배포 후 단계에서는 온라인 실험을 통해 수집한 데이터를

가지고 관심 있는 지표를(예: CTR과 추천받은 항목에서 소비한 시간) 직접 계산해서 추천 알고리듬을 평가할 수 있다. 4.2절에서 이런 실험을 구성하는 방법과 결과를 올바르게 분석하는 방법을 살펴본다. 그러나 배포 전 단계에서는 알고리듬의 서비스를 받은 사용자에 관한 데이터가 없다. 알고리듬의 실제 온라인 성능을 오프라인에 모방하기는 어려울 수 있다. 4.3절과 4.4절에서 문제를 해결할 수 있는 두 가지 접근 방식을 설명한다.

1.1.5 추천과 검색: 푸시 대 풀

이 책에서 다루는 범위를 우선 짚고 간다. 여러 웹 애플리케이션에서 사용자 의도가 다를 수 있다. 사용자의 의도가 명확하고 강력하다면(예: 웹 검색), 사용자의 의도에 맞는 항목을 찾거나 '추천'하는 문제는 풀pull 모델을 통해 해결할 수 있다. 즉 사용자가 명확하게 필요하다고 명시한 정보와 관련 있는 항목을 가져오면 된다. 하지만 많은 추천 시나리오에서 이처럼 의도를 명확하게 보여주는 정보가 존재하지 않는다. 어느 정도라도 유추할 수 있을 때가 그나마 나은 경우다. 이때는 푸시 모델을 많이 사용한다. 즉 시스템이 사용자에게 정보를 밀어내게 된다. 목표는 사용자가 관심을 가질 만한 정보를 제공하는 것이다.

실제로 접하게 될 추천 문제는 푸시와 풀 사이 어딘가에 있을 것이다. 웹 포털에서 뉴스 기사를 추천하는 것은 사용자의 의도를 알 수 있는 경우가 많지 않기 때문에 주로 푸시 모델을 사용하는 것처럼 말이다. 사용자가 기사를 읽기 시작하면 시스템은 사용자가 읽고 있는 기사의 주제가 의도를 어느 정도는 구체적으로 보여주기 때문에 그와 연관된 뉴스를 추천할 수 있다. 이와 같은 연관 뉴스 추천 시스템은 푸시 모델과 풀 모델의 조합으로 이뤄진다. 사용자가 현재 읽고 있는 기사와 관련된 주제의 기사를 가져와서 사용자 참여를 최대화할 수 있게 랭킹을 선정하게 된다.

주로 풀 모델이 필요하고 쿼리와 항목 간의 의미 있는 유사도를 추측하는 기법에 많이 의존하는 웹 검색과 같은 애플리케이션은 자세히 다루진 않는다. 사용자 의도가 상대적으로 약하고 과거 사용자-항목 간의 상호작용을 통해 추측한 반응률을 근거해 사용자별로 개별 항목에 점수를 부여하는 것이 중요한 애플리케이션을 알아본다.

그림 1.3 야후! 시작 페이지의 투데이 모듈

1.2 간단한 채점 모델: 최고 인기 항목 추천

채점의 기본 개념을 이해하기 위해 웹페이지의 특정 위치, 즉 슬롯slot에 최고 인기 항목을(CTR이 가장 높은 항목) 모든 사용자에게 추천해서 총 클릭수를 최대화하는 문제를 생각해보자. 상대적으로 단순하지만, 최고 인기 항목 추천 문제는 항목 추천 문제의 기본적인 구성요소를 포함하고 있다. 2장에서 공부할 더 복잡한 기법을 위한 토대가 된다. 전체 항목 풀pool의 항목 수는 방문 횟수 또는 클릭 횟수보다 상대적으로 작다는 것을 가정한다. 항목 풀의 구성요소에 관해서는 어떠한 가정도 하지 않는다. 즉 새로운 항목이 들어올 수도 있고, 오래된 항목은 시간이 지남에 따라 없어질 수도 있다.

사용할 예제는 야후! 홈페이지의 투데이 모듈Today module에 새로운 기사를 추천하는 애플리케이션이다(그림 1.3 참고). 이해를 돕기 위해 이 애플리케이션을 계속 사용하려고 한다. 모듈은 여러 개의 슬롯을 가진 패널로 각 슬롯에는 특정 항목(기사)이 표시된다. 항목은 편집자가 선정한 여러 항목으로 구성된 항목 풀에서 선택된다. 설명의 편의를 위해 모듈의 여러 슬롯 중 전체 클릭 중 상당 부분이 이뤄지는, 눈에 가장 많이 띄는 1개의 슬롯에 대한 클릭 수를 최대화하는 것에 집중한다.

p_{it}는 시간 t 때 항목 i에 대한 순간 CTR을 나타낸다. 각 후보 항목 i에 대한 p_{it}를 알고 있다면 특정 시간 t 때 모든 사용자 방문을 대상으로 간단하게 당시 순간 CTR이 가장 높은 항목을 제공할 수 있다. 즉 시간 t 때 발생한 방문에 항목 $i^*_t = \arg\max_i \hat{p}_{it}$를 선택하면 된다. 하지만 순간 CTR은 주어지는 정보가 아니다. 데이터를 통해 예측해야 한다. $\hat{p}_{it}$가 데이터로 예측한 CTR이라고 해보자. 과연 예측한 순간 CTR이 가장 높은 항목을 제공하는 것으로 충분할까? 수학적으로 봤을 때, 과연 $\hat{i}^*_t = \arg\max_i \hat{p}_{it}$가 i^*_t를 제대로 추정한 값인가? 예측의 통계적 분산은 항목에 따라 다를 것이기 때문에 항상 그렇지 않을 것이라는 점은 명확하다. 예를 들어 2개의 항목이 있고 $\hat{p}_{1t} \sim D$(평균=0.01, 분산=0.005), $\hat{p}_{2t} \sim D$(평균=0.015, 분산=0.001)라고 해보자. D는 대략 정규 확률 분포를 나타낸다고 하자. 그러면 $P(\hat{p}_{1t} > \hat{p}_{2t})$ = 0.47이 된다. 즉 첫 번째 항목은 두 번째보다 못하지만, 첫 번째 항목을 선택할 가능성이 47%가 된다. 더 작은 표본 크기 때문에 첫 번째 항목의 CTR을 추측할 때의 분산이 두 번째를 추측할 때보다 상당히 크기 때문이다. 따라서 예상 CTR이 가장 높은 항목을 선택하는 단순한 전략은 실제로는(가장 좋은 항목을 선택하지 않는) 거짓 양성이 발생할 가능성이 크다는 것이 명확하다. 평균적으로 이런 거짓 양성을 줄일 수 있는 다른 전략이 있을까? 답은 '그렇다'이다. 예상 CTR이 가장 높은 항목을 선택하는 욕심스러운 전략보다 좋은 전략은 여러 가지가 있으며(탐색 이용 전략이라고도 함), 특히 항목 풀에 처음 들어왔을 때 예상 CTR의 통계적 분산이 클 때 적용 가능한 전략이 여럿 있다.

가장 단순한 탐색 이용 전략은 전체 방문 건수 중 일부를 무작위로 선정해서 랜덤 서빙 전략random serving scheme에 할당하는 것이다. 랜덤 서빙 전략에서는 선정된 방문 건수를 대상으로 항목 풀의 각 항목을 동일한 확률로(1 / 전체 항목 수) 제공하게 된다. 이렇게 나눈 일부 방문 건수를 하나의 랜덤 버킷random bucket으로 본다. 랜덤 버킷의 데이터는 특정 항목의 순간 CTR을 추론하는 데 사용해서 랜덤 버킷에 포함되지 않는 그 외 방문 건에 예상 CTR이 가장 높은 항목을 제공하게 된다. 랜덤 버킷에 포함되지 않은 방문 건은 서빙 버킷serving bucket이라고 부른다. 여기서 핵심은 랜덤 설계를 통해 CTR을 추측해서 항목 간의 표본 크기 및 분산 격차를 줄이는 것이다. 랜덤 버킷은 또한 항목 풀의 모든 항목이 계속해서 어느 정도의 표본을 받을 수 있게 하므로 항목 '굶주림starving' 문제를 해결해 준다. 순간 CTR은 랜덤 버킷의 데이터를 활용해서 이동 평균moving averages, 동적 상태-공간 모델dynamic state-space models과 같은 시계열 기법을 통해 예측할 수 있다.

그림 1.4는 투데이 모듈 항목의 이틀 간 CTR 곡선을 보여주고 있다(곡선이 어느 정도 퍼진 상태). 각 곡선은 랜덤 버킷에서 수집한 데이터로 예측한 특정 항목의 시간에 따른 CTR을 보여주고 있다. 그림에서 확인할 수 있듯이, 각 항목의 CTR은 시간이 지남에 따라 달라지며 항목의 수명은 대부분 짧다(최소 몇 시간에서 최대 하루). 따라서 최근 데이터에 더 많은 가중치를 줘서 바뀌는 CTR 경향을 반영해서 반드시 각 항목의 CTR 예상치를 계속 갱신할 필요가 있다.

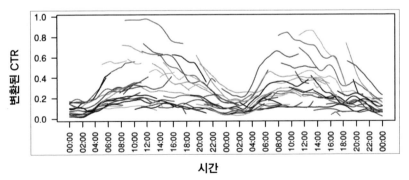

그림 1.4. 야후! 투데이 모듈 항목의 이틀 간 CTR 곡선
y축은 실제 CTR, 클릭, 뷰 수치는 가리기 위해 비율 척도로 표시돼 있다

어떤 항목에 대해 이 곡선이 평평해지도록 만들어주는 간단한 상태-공간 모델에는 클릭과 뷰를 대상으로 각각 지수 가중 이동 평균$^{EWMA, Exponentially}$ $^{Weighted\ Moving\ Average}$ 함수를 수행하는 것이 포함된다. 비율 예측으로 순간 항목 CTR을 알 수 있다. 더 구체적으로 이해하기 위해 애플리케이션에서 추정치를 10분마다 갱신한다고 해보자. 반복 주기 길이를 10분으로 한 것은 오프라인 처리를 위해 데이터를 웹 서버에서 분산 컴퓨팅 클러스터로 옮기기 위해 시간이 필요하기 때문이다. 보통, 반복 주기 길이를 작게 하면 변화에 더 빠르게 반응할 수 있지만 필요한 기반 서실 비용이 늘어난다. 또 반복 주기 길이를 줄이면 주기별로 사용할 수 있는 표본 크기도 줄어들게 되며 추가적인 기반 시설 투자의 효과가 떨어지기도 한다. 경험적으로 봤을 때 평균적으로 항목당 5번의 클릭이 발생하게 되는 주기보다 작은 반복 주기를 선택한다고 해서 눈에 띄는 효과는 없었다.

만약 t번째 반복 주기 말에 특정 항목의 클릭과 뷰에 대한 EWMA 추정치를 각각 α_{it}와 γ_{it}라고 한다면 다음과 같이 표현할 수 있다.

$$\alpha_{it} = c_{it} + \delta\alpha_{i,t-1}$$
$$\gamma_{it} = n_{it} + \delta\gamma_{i,t-1}, \tag{1.1}$$

수식 1.1에서 c_{it}와 n_{it}는 각각 t번째 반복 주기에서 항목 i의 클릭과 뷰 횟수를 나타내며 $\delta \in [0, 1]$은 교차-검증$^{cross-validation}$을 통해 얻을 수 있는 예측 정확성을 최소화하는 평화^{smoothing} 매개변수다(검색 범위로 [.9, 1] 정도가 적절하다). 시간이 지남에 따라 순간 CTR이 떨어지지 않는 추정기를 사용할 때 $\delta = 1$로 하고(관찰된 클릭과 뷰의 중요도가 시간에 따라 떨어지지 않는다), $\delta = 0$으로 하면 현재 반복 주기 데이터만 사용한다. α와 γ는 항목과 관련된 허위-클릭과 허위-뷰로 볼 수도 있다. 마지막으로 $\alpha_{i0} = p_{i0}\gamma_{i0}$로 초기화할 수 있고, 여기서 p_{i0}는 항목 i의 CTR 값의 초기 추정치이며 γ_{i0}는 초기 CTR 추정치의 신뢰 정도를 반영한 허위-뷰 수다. 일반적으로 다른 정보가 주어지지 않았을 때 p_{i0}는 전체 시스템 평균값으로 하고 γ_{i0}는 1과 같은 작은 수로 한다(또는 $p_{i0}\gamma_{i0}$가 1이 되도록 γ_{i0} 값을 설정할 수 있다).

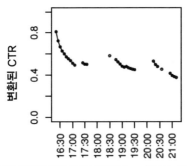

그림 1.5. 어떤 항목을 반복해서 보여주면 그 항목의 CTR은 감소한다

기억해야 할 중요한 사항이 또 있다. 같은 항목을 특정 사용자에게 반복해서 보여줬을 때의 영향이다. 이런 상황은 서빙 버킷에서, 또 방문 횟수가 많은 사용자에게 발생할 가능성이 상대적으로 높다. 그림 1.5는 사용자가 클릭하지 않았음에도 같은 항목을 사용자에게 계속해서 보여줬을 때 관련된 CTR의 감소를 보여주고 있다. 특정 항목을 같은 사용자에게 여러 번 보여주면 CTR이 상당히 떨어진다는 것을 알 수 있다. 그렇기 때문에 서빙 버킷에 항목을 보여줄 최고 인기 항목 알고리듬은 특정 사용자가 이미 같은 항목을 본 횟수에 따라 항목의 CTR을 '할인'하도록 해야 한다. 즉 사용자 u와 시간 t에서 항목 u에 대한 순간 CTR은 $\hat{p}_{it}f(v_{iu})$로 표현할 수 있다. 여기에서 $\hat{p}_{it}$는 랜덤 버킷 데이터를 사용해서 추정한 항목 i의 순간 CTR이며 $f(v_{iu})$는 사용자 u가 항목 i를 과거에 본 횟수다. 일반적으로 $f(v)$는 각 v값에 대해 실험적으로 예상할 수 있다. 혹은 지수 감쇠[exponential decay]와 같은 매개 방정식을 사용할 수도 있다.

소개한 CTR 최대화를 위한 최고 인기 항목 알고리듬은 다음과 같이 정리할 수 있다.

1. 방문할 때마다 무작위로 항목을 보여주는 작은 랜덤 버킷을 만든다.
2. 랜덤 버킷 데이터를 사용해서 전통적인 시계열 모델을 통해 각 항목의 순간 CTR을 추정한다. CTR은 일정 시간 동안 주기 단위로 데이터를 수집해서 업데이트한다(예: 시간에 민감한 애플리케이션은 10

분 단위로).

3. 사용자에게 같은 항목을 계속 보여주는 것을 막기 위해 사용자에게 해당 항목을 보여준 과거 이력을 바탕으로 할인 인자를 계산한다.

4. 서빙 버킷에 포함된 방문 건마다 할인된 CTR이 가장 높은 항목을 표시한다.

랜덤 버킷을 사용해서 모든 후보 항목을 살펴보고 서빙 버킷에 추정 CTR이 가장 높은 항목을 추천하는 전략을 E 그리디 탐색 이용$^{E-greedy\ explore-exploit}$ 전략이라고도 한다. E 값(랜덤 버킷의 크기)은 실험을 통해 선택해야 하는 조정 계수다. 과거 실험을 통해 항목 수보다 클릭 수가 상대적으로 클 때 1에서 5% 정도가 적당한 것으로 나타났지만 애플리케이션에 따라 다를 수 있다.

항목 수가 커지거나 항목당 가용한 표본 크기가 줄어들면 이-그리디보다 인색한 탐색 이용 전략이 필요하다. 많은 애플리케이션에서 최고 인기 항목 추천이 좋은 출발점이 될 수 있겠지만, 인기라는 것도 사용자 집단에 따라 달라질 수 있다. 또한 사이트에 자주 방문하는 사용자를 위해서는 맞춤형 추천을 하는 것이 좋다. 이때 가장 큰 문제는 데이터가 많지 않다는 점인데 해결책을 이 책에서 집중적으로 알아본다.

연습문제

1. 좋아하는 제품 중 추천 알고리듬으로 구동되는 것을 생각해보자. 1장에서 설명한 프레임워크를 사용해서 처음부터 시스템을 구축한다면 이 문제를 어떤 식으로 접근하겠는가?

2. 1.1의 예제 해결 방법을 제공하는 확률적 상태-공간 모델을 작성해보자. 그런 다음 확률 모델을 사용해서 추정치의 분산을 도출해보자. 특정 항목이 전체 K개의 항목으로 구성된 풀에 포함돼 있을 가능성을 나타내는 수식을 도출해보자. 도출한 수식을 사용해서 더 좋은 탐색 이용 전략을 만들어 낼 수 있는가?

02
전통적 기법

추천 시스템은 주어진 상황에서 하나 이상의 목적을 달성하기 위해 각 사용자 방문마다 몇 가지 항목을 추천하는 시스템이다. 2장에서는 추천할 때 사용하는 전통적인 기법을 살펴본다.

일반적으로 추천은 다음과 같은 사항을 기반으로 이뤄진다.

- 항목에 관해 아는 것(2.1절)
- 사용자에 관해 아는 것(2.2절)
- 과거에 사용자가 항목과 한 상호작용에 관해 아는 것(예: 클릭 여부)

사용자에 관한 정보는 사용자 특성 벡터 i로 나타내고 항목에 관한 정보는 항목 특성 벡터 j로 표현하도록 한다(벡터의 구체적인 예제는 나중에 나온다). 2장에서 하나의 (사용자 i, 항목 j) 페어^{pair}에 대한 $\hat{y}_{ij}$ 점수를 계산하는 전통적인 기법을 다룬다. $\hat{y}_{ij}$ 점수는 보통 다음과 같은 방식으로 계산한다.

- 사용자 i와 항목 j의 특성 벡터 간의 유사도(2.3절)
- 항목 j와 '유사한' 항목에 대한 사용자 i의 과거 반응 및 사용자 i와 '유사한' 다른 사용자의 항목 j에 대한 반응(2.4절)

- 위 2가지의 적절한 조합(2.5절)

이미 정의된 유사도 측정법을 활용하는 기법도 있고, 데이터에서 직접 유사도 측정법을 학습하는 기법도 있다.

전통적 기법은 2장 후반에 나오는 여러 발전된 기법의 토대가 된다. 이 책에서는 전통적 기법을 소개하는 수준까지만 다룬다. 전통적 기법을 더 알고 싶다면 아도메비시우스와 투칠린(Adomavicius and Tuzhilin)(2005), 제네치 외(Jannach et al.)(2010), 리치 외(Ricci et al.)(2011)를 참조하자.

표기법: i와 j는 각각 사용자와 항목을 나타내도록 한다. y_{ij}는 특정 사용자 i가 항목 j에 주는 랭킹이라고 하자. 여기서 항목의 랭킹이란 포괄적인 의미를 가진다. (영화, 책, 제품에 주는) 별 5개처럼 어떤 명시적인 등급이거나 (추천된 항목에) 클릭하는 것처럼 겉으로는 드러나지 않는 암시적인 등급일 수도 있다. $Y = \{y_{ij}$: 사용자 i가 랭킹을 준 항목 $j\}$으로 관찰된 랭킹 세트를 나타내고 이것을 등급 행렬이라고 부른다. 등급 행렬의 원소 중 다수는 관찰하지 못한 것일 수도 있다는 것을 알아야 한다. x_i와 x_j는 각각 사용자 i와 항목 j의 특성 벡터를 나타낸다. 사용자와 항목 특성 벡터 모두 x로 표시하긴 했지만 x_i와 x_j는 특성과 차원 수가 다를 수 있다는 것을 알아야 한다. 그림 2.1은 항목 특성 벡터 x_j와 사용자 특성 벡터 x_i 예제를 보여주고 있다. 다음 절에서는 특성 벡터를 구성하는 방법을 살펴본다.

항목 특성 벡터 예제		**사용자 특성 벡터 예제**	
범주: 비즈니스	0.0	성별: 남성	1.0
범주: 오락	1.0	나이: 0~20	1.0
...		...	
범주: 과학	0.0	나이: 80+	0.0
단어: 최고	0.0	단어: 최고	0.3
단어: 최악	0.2	단어: 최악	0.1
단어: 서프라이즈	0.3	단어: 서프라이즈	0.1

그림 2.1. 특성 벡터 예제. 각 차원의 의미는 벡터 왼편에 표시돼 있다

2.1 항목 특성화

항목 특성 벡터 x_j를 구성하는 방법은 여러 가지가 있다. 도출할 수 있는 특성 유형은 항목의 성격에 따라 달라진다. 문서의 특성 벡터는 사진의 그것과 상당히 다르다. 여기에서 다양한 항목에 대해 사람들이 고려하는 모든 특성을 자세히 설명하진 않는다. 대신, 보편적인 웹 추천 문제에 일반적으로 많이 사용하는 항목 특성의 예를 제공한다. 하지만 그 외에도 관련된 정보를 항목과 관련해서 수치 형태의 벡터로 표현할 수 있다면 이 책에서 설명하는 통계 기법을 적용할 수 있다.

항목에 관한 이런 특성 벡터를 만들 때 많이 사용하는 기법으로 분류 categorization(2.1.1절), 단어 가방 모델(2.1.2절), 주제 모델링(2.1.3절) 등이 있다. 2.1.4절에서 기타 항목 특성을 다룬다.

2.1.1 분류

많은 애플리케이션에서 이미 정의된 체계에 따라 항목을 분류할 수 있다. 예를 들어 야후! 뉴스와 같은 웹사이트에서 뉴스 기사를 분류할 때 '미국', '세계', '비즈니스', '오락', '스포츠', '기술', '정치', '과학', '건강' 등 범주를 둔다. 각 범주 안에는 여러 개의 하위 범주가 존재한다. '미국' 범주에는 '교육', '종교', '범죄와 재판' 등과 같은 하위 범주가 있다. 이커머스 사이트 제품도 분류 체계에 따라 분류할 수 있다. 아마존에는 '책', '영화' '음악', '게임', '전자기기 & 컴퓨터', '가정, 정원 & 도구' 등 범주가 가장 상위에 있다. '책'이라는 범주에는 '예술 & 사진', '자서전 & 추억', '비즈니스 & 투자'와 같은 하위 범주가, '예술 & 사진'에는 '건축 예술 & 설계', '예술 비즈니스', '수집, 카탈로그 & 전시', '장식용 예술 & 설계' 등이 있다. '건축 예술 & 설계'라는 범주에도 '빌딩', '장식 & 장신구', '역사', '개인 건축가 & 건축 사무소' 등 하위 범주가 존재한다. 또한 하나의 항목이라도 속하는 정도를 달리해서 여러 범주에 속할 수 있다.

항목은 여러 가지 방법으로 분류 체계에 따라 분류할 수 있다. 물론 가장 간단한 방법은 사람이 직접 라벨링labelling을 하는 것이다. 많은 뉴스 웹사이트에서 기사를 편집하는 과정을 사람이 분류하고 있다. 제품의 경우 판매자가 잠재 고객이 제품을 쉽게 발견하게끔 제품을 분류하게 된다. 사람이 직접 라벨링하는 방법은 항목의 수가 상대적으로 적을 때는 효과적이지만 빠른 속도로 많은 수의 항목이 소개되는 추천 문제일 때는 상당히 많은 비용이 발생한다. 모든 항목을 사람이 라벨링할 수 없다면 분류 체계에 따라 적절한 범주로 항목을 자동으로 분류하기 위한 통계 기법을 사용할 수 있다. 통계 기법에서는 라벨링된 범주별 데이터 예제를 표준 지도 학습 기법을 적용한 학습 과정에 넣어서 모델을 만들게 된다. 일반적인 지도 학습 기법을 더 자세히 살펴보려면 해스티 외(Hastie et al.)(2009), 미첼(Mitchell)(1997)을 참조할 수 있다. 자동 텍스트 분류 기법 조사에 관해서는 세바스티아니(Sebastiani)(2002)를 참조하면 된다.

사용자가 웹사이트를 효과적으로 탐색하고 관심 있는 항목을 쉽게 찾게 하기 위해서 보통 항목을 분류 체계에 따라 분류하지만 때로는 항목에 관한 유용한 정보를 얻을 수도 있다. 항목–범주 관계에서 특성 벡터를 구성하는 방법은 하나의 차원이 한 범주에 해당하도록 벡터 공간을 정의하는 것이다. 항목 j의 특성 벡터 x_j의 1번째 차원은 항목 j가 1번째 범주에 속한다면 1이 되고 아니면 0이 된다. 그림 2.1의 항목 특성 벡터의 윗부분은 범주 특성을 나타낸다. 예제로 주어진 항목은 '오락' 범주에 속한다. 어떤 범주에 속한 정도, 즉 멤버십membership 정보가 있다면(항목을 분류할 때 통계 기법이 사용된 경우 일반적으로 이런 정보가 있다), 0 또는 1로 표현된 항목 특성 벡터 값은 이런 멤버십 수치로 대체할 수도 있다. 또한 $\| x_j \|_1 = 1$이나 $\| x_j \|_2 = 1$이 되도록 특성 벡터를 정규화normalize하는 경우도 많다. 하지만 정규화의 효과는 애플리케이션에 따라 다르며 실증적 평가가 필요하다.

2.1.2 단어 가방 모델

관련된 텍스트가 있는 항목에는 항목 특성을 구성할 때는 단어 가방 공간 모델(솔턴 외(Salton et al.)(1975))을 많이 사용한다. 항목의 주요 구성요소가 텍스트가 아닌 애플리케이션에서도 항목과 관련된 텍스트는 어느 정도 존재한다. 제품 항목은 대부분 텍스트로 된 설명을 어느 정도 갖고 있으며 멀티미디어 항목도 제목과 텍스트로 된 설명이나 태그가 있다.

단어 가방 공간 모델에서는 항목 뭉치item corpus에 등장하는 각 단어를 하나의 차원으로 취급하기 때문에 많은 차원이 있는 벡터 공간을 만들게 된다. 여기서 항목 뭉치란 시스템에 등장하는 보편적인 항목들을 모아둔 큰 집합을 말한다. 각 항목 j는 단어 가방 공간에 하나의 점 x_j로 표현된다. 이때 $x_{j,l}$은 벡터 x_j의 l번째 차원 값을 나타낸다. 벡터 공간에 어떤 항목을 매핑하기 위해 많이 사용하는 방법 세 가지를 소개한다.

1. **가중치를 부여하지 않는 방법:** 항목 j에 l번째 단어가 포함되면 $x_{j,l} = 1$, 그렇지 않으면 $x_{j,l} = 0$이다.

2. **용어 빈도TF, Term Frequency에 따른 방법:** 항목 j에 l번째 단어가 나타나는 빈도를 $TF(j, l)$이라고 한다면 $x_{j,l} = TF(j, l)$이 된다.

3. **용어 빈도–역 문서 빈도TF-IDF, Term Frequency – Inverse Document Frequency에 따른 방법:** (어떤 항목 뭉치에서) l번째 단어가 포함된 항목의 비율과 항목을 설명하기 위해 사용된 단어가 얼마나 드물게 나타나는지 보여주는 $IDF(l) = log(1/DF(l))$이 주어졌을 때 $x_{j,l}$은 $TF(j,l) \cdot IDF(l)$로 정의한다.

각 x_j 벡터는 $\| x_j \|_2 = 1$이 되도록 정규화한다. 정보 검색에서 정규화된 항목 벡터 페어의 내적inner product 결괏값은 (두 벡터 사이 각도의 코사인cosine값과 같고) 두 항목 간의 유사도 측정치를 제공한다. 그림 2.1의 항목 특성 벡터의 아래쪽은 이런 단어 가방 특성을 나타내고 있다.

희소[Sparse] **포맷:** x_j는 주로 많은 차원의 값이 0인 희소 벡터인 것에 주목하자. 모든 0을 저장하지는 않도록 하면 메모리를 아낄 수 있다.

밀집 포맷

차원	벡터
1	0.0
2	0.8
3	0.0
4	0.0
5	0.6
6	0.0

희소 포맷

인덱스	값
2	0.8
5	0.6

그림 2.2. 밀집 및 희소 포맷 벡터 예제

희소 벡터를 저장하는 방법은 i번째 차원값이 0이 아닌 v라는 값을 갖고 있을 때만 (i, v) 값을 (인덱스, 값) 페어로 저장하는 것이다. 그림 2.2는 밀집 및 희소 포맷 벡터 예제다. 이 책을 읽는 동안은 x_j는 0이 여럿 포함된 고차원 벡터이며 실제 x_j를 메모리에 저장할 때 벡터 차원 수보다 훨씬 적은 양의 메모리를 사용한다는 것을 이해해야 한다.

구절 및 개체명: 텍스트 정보를 포착하는 특성을 '단어 가방'이라고 하나, 연관된 텍스트로 항목을 단어 단위로만 설명할 필요는 없다. 연속되는 2개 단어(바이그램, bi-grams) 또는 경우에 따라 연속되는 3개 단어(트라이그램, tri-grams)로 구성된 구절을 차원으로 추가해서 벡터 공간을 확장할 때도 많다. 사람, 조직, 위치처럼 개체명을 존재하는 특성으로 하는 것이 효과적이다. 객체명 인식 기법은 나도우와 세키네(Nadeau and Sekine(2007))를 참조해도 좋다.

차원 수 줄이기: 구절을 제외하더라도 항목 뭉치에 있는 단어는 매우 많을 수 있고, 그중 일부는 소수의 항목에만 나타날 때가 많다. 또한 각 항목에는 보통, 전체 뭉치의 단어 중 극히 일부만 등장한다. 궁극적인 목표는 항

목 특성 벡터를 통해 점수를 추정하는 것이기 때문에 차원 수가 많거나 데이터가 분산되면 특정 입력의 점수를 추정하는 데 어려움이 많다. 연관된 정보가 많거나 노이즈가 적은 항목을 늘리는 차원 수 줄이기 과정을 거치면 유용하다.

다음은 분산 및 차원 수를 줄이는 데 많이 활용하는 방법이다. 대부분 비지도 기법으로 여러 표준 지도 점수 추정 기법에 입력으로 사용할 수 있는 유용한 정보를 제공한다. 특정 애플리케이션 전용 지도 학습 문제에 가장 좋은 입력을 얻기 위한 직접적인 방법은 7장과 8.1절에서 다룬다.

1. **동의어 확장:** 항목에 포함된 단어를 확장할 때는 동의어를 추가하는 방법이 가장 간단하고 유용하다. 예를 들어 어떤 항목에 '근면한'이라는 단어가 포함돼 있다면 '헌신적인', '성실한'과 같은 동의어를 단어 가방에 추가해서 '헌신적인', '성실한' 특성 벡터 차원 값이 0이 아닌 값이 되도록 할 수 있다. 동의어는 유의어 사전이나 프린스턴 대학교에서 제공하는 워드넷(WordNet)(2010)과 같은 어휘 데이터베이스에서 찾을 수 있다.

2. **특성 선택:** 모든 단어가 유용하지는 않다. 특성 선택 기법(Guyon and Elisseeff)(2003)을 통해 가장 유용한 상위 K개의 단어를 선택할 수 있다. 간단한 선택 방법은 너무 자주 혹은 너무 드물게 나타나는 단어는 제외하는 것이다. 최소 N개의 항목에 등장하는 단어만을 고려하는 방법을 예로 들 수 있는데, 이 방법으로 문제의 차원 수와 노이즈가 줄어들 때가 많다.

3. **단일 값 분해:** 분산과 차원 수를 줄이는 또 다른 방법은 단일 값 분해SVD, Singular Value Decomposition다(Golub and Van Loan)(2013). X는 $m \times n$ 행렬이고 j번째 행은 항목 j의 특성 벡터 x_j라고 했을 때, m은 항목 수이고 n은 특성 벡터의 차원 수를 나타낸다. X의 SVD는 수식 2.1과 같다.

$$X = U\Sigma V'$$ (2.1)

U는 $m \times m$ 직교행렬이고, V는 $n \times n$ 직교행렬이다. Σ는 대각행렬로 대각선상에 점차 작아지는 음수가 아닌 단일 값을 갖는다(최대 $min(m,n)$개의 0이 아닌 값이 대각선에 위치한다). 차원 수를 줄이기 위해 단일 값이 가장 큰 d를 기준으로 상위 d개($d<<min(m, n)$)의 예상치를 남겨 놓을 수 있다. 가장 값이 큰 d개의 단일 값을 남겨서 만든 $d \times d$ 대각행렬을 Σ_d라고 한다. U와 V의 첫 d개의 열만 남겨놔서 만든 $m \times d$ 및 $n \times d$ 행렬을 각각 U_d와 V_d라고 해보자. 에카르트 영Eckart-Young 이론에 의하면, $U_d\Sigma_dV'_d$는 최고 등급 d 행렬로 두 행렬 간의 프로베니우스 놈Frobenius norm을 최소화하면서 X를 예측하게 된다. V'는 벡터 공간만 회전시키는 직교 변환이기 때문에 원래의 $m \times n$ 특성 행렬 X를 $m \times d$ 특성 행렬로 대체할 수 있다. $U_d\Sigma_d = XV_d$ 즉, 항목 j에 관한 n차원 특성 벡터 xj를 새로운 d차원 특성 벡터 V'_dx_j로 대체할 수 있고, 여기서 V'_d는 x_j를 n차원 벡터 공간에서 d차원 공간으로 옮겨준다.

4. **랜덤 예측:** SVD 기법은 고차원 공간에서 저차원 공간으로 순차적으로 전환하는 과정을 기반으로 한다는 것에 주목하자. 무작위 순차 전환을 사용하면 단순하면서 효과적인 대안이 된다(Bingham and Mannila)(2001). R_d는 $n \times d$ 행렬로 각 원소는 표준정규분포에서 가져온 것이라고 해보자. R'_dx_j는 항목 j에 관한 새로운 d차원 특성 벡터로 사용한다. 기본적인 생각은 d가 충분히 크다면 원래 벡터 공간에서 2개의 지점 사이의 유클리드Euclidean 거리는 새로운 d차원 벡터 공간에서도 대략 유지된다(Johnson-Lindenstrauss).

애플리케이션 환경에 가장 적합한 표현 방식이 무엇인지 결정할 때 주로 실험적 평가가 필요하다. 위의 표현 방식을 여러 개 구성해서 점수 계산을 위한 지도 학습의 입력으로 사용하면 유용하다. 딥러닝을 통해 비순차적 표현을 더 잘 학습할 수 있는 새로운 기법(Bengio et al.)(2003)이 더 적합한 애플리케이션도 있다. 최신 지도 학습 방법은 과적합을 피하고자 L_2 또는 L_1 놈[norm]과 같은 정규화 기법을 사용하므로, 일정한 크기의 입력 특성 풀 중에 가장 유용한 특성을 선택하는 데 효과적이다. 정규화에 관해서는 2.3.2절 끝에서 다룬다.

2.1.3 주제 모델링

직접 설정한 범주, 분류 체계, 항목을 설명하는 하위 단어 가방 외에도 최근 텍스트 기반 항목의 비지도 군집화(클러스터링, clustering) 분야에서도 상당한 연구 성과가 있었다. 문서에 사용 가능한 비지도 군집화 기법은 여럿 있지만, 그 중 블레이 외(Blei et al.)(2003)가 제안한 잠재 디리클레 할당[LDA, latent Dirichlet allocation] 모델이 가장 주목받고 있다. 연구에서는 텍스트 콘텐츠를 기반으로 각 (항목 j, 주제 k) 페어마다 항목 j가 주제 k에 대한 것일 확률을 대변하는 멤버십 점수를 할당한다. 여기에서 각 주제를 하나의 군집으로 생각할 수 있다.

LDA 모델은 각 항목에 특정 단어가 나타나는 방법을 설명한다. 전체 항목 뭉치에는 총 K개의 주제가 있다고 가정한다. K는 사전에 정해진 값이다. 단어와 항목은 이런 주제를 통해 서로 연결된다. 각 주제는 뭉치의 모든 단어를 대상으로 한 다항 확률질량함수[multinomial probability mass function]로 표현될 수 있다. W는 중복을 제외한 뭉치 전체 단어 수라고 하자. 주제 k의 확률질량함수는 단체[單體, simplex]상 음수가 아닌 수로 구성된(벡터의 원소들의 합이 1이 되는) W차원 벡터 Φ_k로 표현될 수 있다. 벡터의 각 원소는 주제 k에 속한 항목에서 단어 w를 보게 될 확률을 나타낸다. 즉, $\Phi_{k,w} = Pr($단어 $w \mid$ 주제 $k)$가 된다. 각 항목 j는 주제에 대한 다항 확률질량함수로 표현되며, K차원 벡터 θ_j로 벡터의 k번째 원소는 항목 j가 주제 k에 관한 것일 확률이 된다. 즉 $\theta_{j,k} = Pr($주제 $k \mid$ 항목 $j)$가 된다. 만약 Φ_k와 θ_j가 주어진다면, 항목 j의 단어 j는 우선 θ_j에서 주제 k를 추출한 다음, 주제 k가 주어졌으니 Φ_k

에서 단어를 추출해서 생성할 수 있다. 모델의 베이지안[Bayesian] 명세를 완성하기 위해 다항 확률질량함수 2개, 즉 Φ_k와 θ_j에 콘주게이트 디리클레 분포[conjugate Dirichlet priors]를 더 하게 된다. 각 항목의 단어가 어떻게 만들어지는지 규정하는 생성 모델의 전체 명세는 다음과 같다.

- 각 항목 k에 대해 초매개변수 η를 활용해서 디리클레 분포에서 W 차원 확률질량함수 Φ_k를 도출한다.
- 각 항목 j에 대해,
  - 초매개변수 λ를 활용해서 디리클레 분포에서 K차원 확률질량함수 θ_j를 도출한다
  - 항목 j에서 특정 단어가 나타날 때마다,
    - 확률질량벡터 θ_j에서 주제 k를 뽑고
    - 방금 뽑은 주제 k와 연관해서 확률질량벡터 Φ_k에서 단어 w를 뽑아낸다

앞에서 설명한 절차는 LDA 모델을 기반으로 각 항목에서 어떤 단어를 뽑는 방법을 설명하고 있다. 이제 항목 세트와 연관된 단어들이 관찰 데이터가 주어졌을 때 모델의 매개변수를 추측해본다. 각 항목 j에 관한 θ_j의 사후 확률[posterior distribution]과 각 주제 k에 관한 Φ_k의 사후 확률은 변분 베이지안 추론[variational approximation](Blei et al.)(2003) 또는 깁스 샘플링[Gibbs sampling] (Griffiths and Steyvers)(2004)을 통해 추정할 수 있다. θ_j의 사후 평균[posterior mean]은 항목 j가 다른 주제에 관한 것일 확률의 베이즈 추정량[Bayes estimator] 이며, Φ_k의 사후 평균은 각 주제 k를 이해하는 데 도움을 준다. Φ_k에서 확률질량이 가장 높은 상위 n개의 단어를 살펴봄으로써 다양한 기사에서 발견한 유의미한 주제를 보고한 연구가 많다. 관심 있는 독자는 블레이 외 (2003), 그리피스와 스테이버스(2004)를 참조하면 LDA에 관해 자세히 살펴볼 수 있다. 9장에서 LDA 모델을 확장해서 사용자와 항목 및 항목의 주제와의 상호작용을 동시에 모델링하고 깁스 샘플링을 기반으로 매개변수를

추정하는 방법을 자세히 살펴본다.

2.1.4 기타 항목 특성

사용자 특성을 설명하기 전에 다양한 추천 문제에 있는 기타 항목 특성 유형을 잠시 살펴본다. 다음 목록은 모든 특성을 포함하지 않으나 각 애플리케이션마다 고유한 특성이 있다.

- **출처**source: 사용자가 특정 출처를 다른 출처보다 선호한다면 어떤 항목의 출처(예: 저자와 출판사)는 유용한 특성이 될 수 있다.
- **위치:** 애플리케이션에 따라 항목에 지리적 위치 정보를 붙이기도 한다. 예를 들어 휴대폰으로 촬영한 사진에 지리적 위치를 태그로 붙이기도 쉽고, 항목이 특정 제품이라면 제품을 판매하는 가게의 위치를 태그로 붙일 수 있다. 이런 정보는 지리 정보를 활용하는 애플리케이션에 중요하다. 위치는 2개의 숫자, 즉 위도와 경도로 표시할 수도 있고, 아니면 (국가, 시/도, 마을 등 수준으로 분류하는) 위치 분류 체계의 특정 노드로 표현될 수도 있다.
- **이미지 특성:** 항목에 이미지나 영상 클립이 포함돼 있으면 이미지 특성이 추천에 유용한 정보가 될 수 있다. 다타 외(Datta et al.) (2008), 디슬레러스 외(Deselaers et al.)(2008)의 논문을 참고하면 이미지 특성에 관한 정보를 얻을 수 있다.
- **오디오 특성:** 마찬가지로 오디오 클립을 포함한 항목이라면 오디오 특성이 유용하다. 푸 외(Fu et al.)(2011), 미트로비치 외(Mitrović et al.)(2010) 논문을 참조하자.

일반적인 특성 외에는 항목 특성은 보통 애플리케이션에 따라 달라진다. 좋은 항목 특성을 식별하려면 도메인domain 지식, 경험, 애플리케이션에 대한 이해 등이 필요하다.

2.2 사용자 특성화

사용자 i의 사용자 특성 x_i를 만드는 여러 방법을 살펴본다. 일반적으로 사용자 특성은 사전에 제공한 프로파일(2.2.1절), 콘텐츠와 사용자의 과거 상호작용(2.2.2절), 추천 시스템에 가용한 기타 사용자 정보(2.2.3절) 등에서 도출할 수 있다.

2.2.1 사전 제공 프로파일

사용자는 애플리케이션에서 회원가입을 할 때 자신에 관한 기본적인 정보를 제공하면서, 다양한 주제에 대한 관심도를 입력해야 할 때가 있다. 추천 시스템에서 다음과 같은 사용자 제공 특성이 가용한 경우가 많다.

- **인구통계 정보:** 서비스에 가입할 때 사용자는 자신의 나이, 성별, 직업, 교육 수준, 위치 등과 같은 인구통계 정보를 요청 받을 때가 많다. 모든 사용자가 모든 인구통계 정보를 제공하지는 않지만, 제공하는 사용자도 다수 있다. 성별이 다르거나 연령대, 거주지가 다른 사용자가 특정 항목에 서로 다른 선호도를 보일 가능성이 있다. 따라서 추천 시스템에서 이런 인구통계 특성을 고려하는 것이 유용할 때가 많다.
- **선택한 관심 분야:** 사용자가 정해진 범주 중에 몇 개를 선택하거나 키워드를 입력하게 해서 자신의 관심 분야를 사전에 제공할 수 있게 하는 추천 시스템도 있다. 비록 자신의 관심 분야를 제공하지 않는 사용자가 많기는 하지만, 관심 분야를 입력한 사용자는 스스로 선택한 선호 분야 정보가 그들에게 항목 추천을 할 때 중요한 특성이 될 수 있다. 사용자가 선호 분야를 제공할 수 있게 하는 추천 시스템을 구현할 때, 이런 관심 분야 도출 과정을 가급적 자연스럽고, 어렵지 않으며 심지어 재미도 있는 과정이 될 수 있게 하느냐가 중요한 설계 요소다.

사용자 고지 정보의 특성 벡터는 항목 특성과 유사한 방식으로 구성할 수 있다. 성별, 직업, 교육, 관심 분야와 같은 범주 특성은 2.1.1절에서 살펴본 내용과 비슷한 방식으로 처리할 수 있다. 키워드 기반 특성은 2.1.2절과 비슷하게 처리한다. 나이와 같은 수치적 특성은 특성 벡터의 하나의 차원으로 취급하거나 여러 집단(예: 연령대)으로 분류해서 각각을 하나의 범주로 볼 수도 있다. 그림 2.1의 오른쪽 영역은 사용자 특성 벡터 예제를 보여주고 있다.

2.2.2 콘텐츠 기반 프로파일

과거에 항목과 상호작용한 적이 있는 사용자일 때, 사용자에 관한 특성 벡터를 만들려면 사용자가 상호작용한 항목의 특성 벡터를 종합하면 된다(추가 항목 특성을 구성할 때도 비슷한 전략을 사용할 수 있다). 사용자 i가 과거에 상호작용한 적이 있는 항목들을 모아서 J_i라고 해보자. 상호작용의 유형은 애플리케이션에 따라 달라지며, 클릭, 공유, (기사 추천의 경우) 읽기, (제품 추천의 경우) 구매, (일반 사용자가 콘텐츠를 생산하기도 하는 댓글 등의 경우) 저술 등이 있다. x_j는 항목 j의 특성 벡터임을 상기하자. 사용자 i의 콘텐츠 기반 특성 벡터는 수식 2.2와 같이 표현한다.

$$x_i = F(\{x_j : j \in \mathcal{J}_i\}), \tag{2.2}$$

수식에서 F는 종합하는 함수로 여러 벡터를 입력으로 받아서 하나의 벡터를 결과로 제공한다. F로 많이 사용하는 함수는 평균 함수다. F를 간단하게 확장하는 방법으로는 가중치를 준 평균을 사용하는 방법도 있다. 이때 최근에 상호작용한 항목에 가중치를 주게 된다.

과거에 사용자 i가 상호작용한 항목 그룹 J_i에는 추천 대상이 아닌 항목도 포함돼 있을 수 있다. 영화 추천 시스템은 사용자에게 뉴스 기사, 댓글은 추천하지 않지만, 사용자가 클릭했거나 보고 난 후 댓글을 단 영화 관련 기사를 바탕으로 사용자의 콘텐츠 기반 사용자 특성을 구성할 수 있다.

2.2.3 기타 사용자 특성

사용자 제공 정보와 콘텐츠 기반 사용자 특성 외에 추천 시스템이 기타 사용자 특성 정보에 접근할 수 있다. 몇 가지 예제를 소개한다.

- **현재 위치:** 사용자는 회원가입 때 제공한 위치에 항상 있지 않을 수도 있다. 사용자의 현재 위치는 보통 사용자 기기의 IP 주소로 추측할 수 있고, 사용자 기기에 GPS가 있다면 더 정확한 위치를 식별할 수도 있다. 사용자 위치 정보는 가게, 음식점 등 위치가 중요한 항목을 추천할 때 중요하다. 자동차에서 사용하는 아이폰 앱이 여기에 해당한다.

- **사용 기반 특성:** 사용자가(현재 설계 중인 추천 시스템이 사용될) 웹사이트와 상호작용하는 방법에 관한 통계 정보 또한 사용자의 특징을 묘사하는 데 유용할 수 있다. 사용자가 웹사이트를 얼마나 자주 방문하는지(예: 월별 평균 방문 횟수), 사용자가 기기, 서비스, 웹사이트의 특정 구성요소 등을 사용한 빈도가 있을 수 있다.

- **검색 이력:** 검색 기능을 제공하는 웹사이트를 위한 추천 시스템을 설계하고 있다면 사용자의 검색 이력이 사용자가 관심이 있는 분야와 최근 의도 등에 관한 중요한 정보를 제공해 줄 수 있다. 사용자가 최근 어떤 단체를 검색했다면 그 단체를 다루는 뉴스 기사에 흥미를 느낄 수 있다. 일반적으로 사용자의 검색 기록은 2.1.2절에서 설명한 것과 유사하게 단어 가방 벡터를 사용해서 표현 가능하다.

- **항목 세트:** 사용자가 과거에 관심을 가졌던(예: 클릭, 공유, 좋아요를 한) 항목 세트로 유용한 특성을 구성할 수 있다. 이때는 단어 가방 접근 방식과 유사하게 특성 벡터를 만들 수 있으며, 여기서 각 항목을 '단어'로 보게 된다.

2.3 특성 기반 기법

사용자 특성과 항목 특성이 주어지면 점수를 주는 보편적인 방법의 하나는 각각의 특성 벡터를 기반으로 사용자 i와 항목 j 간의 관련성을 측정하는 채점 함수 $s(x_i, x_j)$를 설계해서 특정 사용자에 대한 특정 항목의 점수를 계산하는 방식이다. 그런 다음, 점수를 기반으로 항목의 랭킹을 산정해서 사용자에게 필요한 추천을 하게 된다. 채점 함수는 비지도 방식(2.3.1절)이나 지도 방식(2.3.2절)을 통해 도출할 수 있다.

일반적으로 좋은 특성을 찾기는 복잡하지만 제대로 작업하면 성능을 상당히 끌어올릴 수 있다. 2.4.3절에서 과거 사용자−항목 상호작용 데이터에서 사용자와 항목의 특성 벡터를 자동으로 '학습'하는 기법을 설명한다. 이렇게 '학습된' 특성은 요인factors이라고 불러서 지도 학습 없이 만드는 일반적인 특성과 구별한다.

2.3.1 비지도 기법

비지도 기법의 채점 함수는 일반적으로 사용자 특성 벡터 x_i와 항목 특성 벡터 x_j 간의 어떤 유사도 측정을 기반으로 한다. 2개 벡터 간의 유사도를 측정하는 방법은 여러 가지다. 우선 x_i와 x_j가 같은 벡터 공간 내 어떤 지점인 간단한 상황을 가정한다. 즉 사용자와 항목을 같은 특성 세트로 표현할 수 있는 상황이다. 사용자와 항목을 같은 뭉치의 단어 가방으로 묘사할 수 있는 경우가 그 예다. 항목과 관련된 텍스트가 있다면(2.1.2절에서 설명한 것과 같이) 단어 가방으로 자연스럽게 표현할 수 있다. 이때 사용자에 관한 단어 가방 특성 표현을 콘텐츠 기반 프로파일에서 가져올 수 있다(2.2.2절 참조). 여기서는 수식 2.3과 같이 코사인 유사도를 채점 함수로 많이 사용한다.

$$s(\boldsymbol{x}_i, \boldsymbol{x}_j) = \frac{\boldsymbol{x}_i' \boldsymbol{x}_j}{||\boldsymbol{x}_i|| \cdot ||\boldsymbol{x}_j||} \tag{2.3}$$

x_i는 열벡터 x_i를 전치한 것이고, $x_i'x_j$는 2개 벡터의 내적이다. 단어 가방 특성에 많이 사용하는 또 다른 유사도 함수로 정보 취득에 널리 사용하는 TF-IDF 기반 유사도 함수인 오카피 비엠25[Okapi BM25](Robertson et al.)(1995)가 있다. 이진 특성에는 자카드 유사도[Jaccard similarity](Jaccard)(1901)가 많이 사용된다. 2개 세트 간의 자카드 유사도는 교집합의 크기를 합집합의 크기로 나눠서 구할 수 있다.

$\| x_i \|_2 = \| x_j \|_2 = 1$이 되도록 x_i와 x_j를 정규화하면 내적 $x_i' x_j = \sum_k x_{i,k} x_{j,k}$는 2개 벡터 간의 코사인 유사도가 되며, $x_{i,k}$와 $x_{j,k}$는 벡터 x_i와 x_j의 k번째 차원의 값이 된다. 간단하게 확장하는 방법으로 차원마다 서로 다른 가중치를 부여하는 방법이 있다. 즉 $s(x_i, x_j) = x_i' A x_j = \sum_k a_{kk} x_{i,k} x_{j,k}$에서 A가 대각행렬이고 A 행렬의 (k, k) 위치에 있는 원소 a_{kk}가 k번째 차원의 가중치가 된다.

$$x_i = \begin{pmatrix} x_{i1} \\ x_{i2} \\ x_{i3} \end{pmatrix} \qquad x_j = \begin{pmatrix} x_{j1} \\ x_{j2} \end{pmatrix} \qquad A = \begin{pmatrix} a_{11} & a_{12} \\ a_{21} & a_{22} \\ a_{31} & a_{33} \end{pmatrix}$$

$$x_i x_j' = \begin{pmatrix} x_{i1}x_{j1} & x_{i1}x_{j2} \\ x_{i2}x_{j1} & x_{i2}x_{j2} \\ x_{i3}x_{j1} & x_{i3}x_{j2} \end{pmatrix} \qquad x_{ij} = \begin{pmatrix} x_{i1}x_{j1} \\ x_{i2}x_{j1} \\ x_{i3}x_{j1} \\ x_{i1}x_{j2} \\ x_{i2}x_{j2} \\ x_{i3}x_{j2} \end{pmatrix} \qquad \beta = \begin{pmatrix} a_{11} \\ a_{21} \\ a_{31} \\ a_{12} \\ a_{22} \\ a_{32} \end{pmatrix}$$

그림 2.3. 이중선형과 일반적인 형태 간의 관련성: $x_i' A x_j = x_{ij}' \beta$

더 확장하려면 A가 완전한 행렬이 되도록 해야 한다. 즉 $s(x_i, x_j) = x_i' A x_j = \sum_{kl} a_{kl} x_{i,k} x_{j,l}$이고 a_{kl}은 사용자 특성 공간의 k번째 차원과 항목 특성 공간의 l번째 차원 간의 유사도를 직관적으로 나타낸다. 이렇게 확장하면 x_i와 x_j는 다양한 특성으로 구성될 수 있으며 서로 차원 수도 다를 수 있다. 하지만 A행렬을 어떻게 명시할 것인가? x_i와 x_j의 차원 수가 많으면 명시하기 어려워 이때 지도 학습 기법을 활용한다.

2.3.2 지도 기법

지도 기법은 과거 사용자–항목 상호작용에서 수집한 관찰된 등급 정보를 활용해서 아직 관찰되지 않은 (사용자, 항목) 페어의 등급을 관련된 특성을 기반으로 예측하는 모델을 학습하기 위해 사용한다. '등급'은 사용자가 특정 항목을 대상으로 보이는 모든 종류의 반응을 지칭하기 위해 사용하는 보편적인 용어임을 상기하자. 실제로 등급 예측 문제는 일반적인 지도 학습 문제로 바로 적용할 수 있는 지도 학습 기법이 여럿 있다. $s_{ij} = s(x_i, x_j)$가 사용자 i에게 항목 j가 갖는 점수를 나타낸다고 해보자. 핵심 개념을 이중선형 회귀 모델을 사용해서 설명한다.

$$s_{ij} = s(\boldsymbol{x}_i, \boldsymbol{x}_j) = \boldsymbol{x}_i' \boldsymbol{A} \boldsymbol{x}_j \tag{2.4}$$

수식 2.4에서 A는 회귀 계수로 구성되는 행렬이다. 이런 이중선형 형태를 일반적인 형태로 변환하는 것은 직관적으로 할 수 있다. 행렬 $x_i x_j'$의 각 열을 순차^{concat} 해서 구성하는 벡터를 x_{ij}라고 하고 행렬 A의 각 열을 순차해서 구성한 벡터를 β라고 하자. 그러면 일반적인 선형 형태를 한 $s_{ij} = x_{ij}'\beta$를 갖게 된다. 그림 2.3은 관련 예제를 보여준다.

A를 추정하는 기법은 관찰된 등급의 유형에 따라 달라진다. 네 가지 유형의 등급을 다음에서 살펴보고 각 유형에 많이 사용하는 모델을 소개한다.

이진 등급(논리 모델): 사용자 i가 항목 j에 부여하는 등급 $y_{ij} \in \{+1, -1\}$는 (예: 사용자 i가 항목 j를 클릭하는지 여부) 논리 반응 모델을 기반으로 도출된다고 가정한다.

$$y_{ij} \sim \text{Bernoulli}((1 + \exp\{-s_{ij}\})^{-1}) \tag{2.5}$$

관찰된 (사용자 i, 항목 j) 페어는 Ω로 나타내고, 관찰된 등급은 $Y = \{y_{ij} : (i, j) \in \Omega\}$으로 나타낸다. 그러면 로그 우도$^{log\text{-}likelihood}$ 함수는 수식 2.6과 같다.

$$\log \Pr(Y \mid A) = - \sum_{(i,j) \in \Omega} \log(1 + \exp\{-y_{ij}\, x_i' A x_j\}) \tag{2.6}$$

논리 회귀에 관해서는 해스티 외(Hastie et al.)(2009)의 4.4절을 참조하자.

숫자 등급(가우시안 모델): 사용자 i가 항목 j에 주는 숫자 등급 y_{ij}는 (예: 사용자 i가 항목 j에 주는 점수나 별 개수) 가우시안 반응 모델을 기반으로 도출된다고 가정한다.

$$y_{ij} \sim \mathrm{Normal}(s_{ij},\ \sigma^2) \tag{2.7}$$

로그 우도log-likelihood 함수는 수식 2.8과 같다.

$$\log \Pr(Y \mid A) = -\frac{1}{2\sigma^2} \sum_{(i,j) \in \Omega} (y_{ij} - x_i' A x_j)^2 \tag{2.8}$$

가우시안 선형 회귀에 관해서는 해스티 외(2009)의 3장을 참조하라.

서수 등급(누적 로짓Cumulative Logit 모델): 많은 애플리케이션에서의 등급은 순서를 가지며 k개로 구역으로 분류될 수 있는 어떤 척도상에 표시된다. 서수형 등급(예: 별 개수)에 가우시안 모델 방정식(수식 2.7)을 많이 사용하지만, 이론적으로 가장 좋은 해결책은 아니다. 별 5개 등급과 별 4개 등급 간의 차이가 별 4개 등급과 별 3개 등급 간의 차이와 같지 않을 수 있는 것처럼 말이다. 이때는 서수형 회귀(McCullagh)(1980)가 더 적합할 수 있는데, 모델에서는 사용자 i가 항목 j에 주는 $y_{ij} \in \{1, \cdots, R\}$ 등급이 다항 분포에 따라 도출된 것으로 가정한다.

$$y_{ij} \sim \mathrm{Multinomial}(\pi_{ij,1}, \ldots, \pi_{ij,R}) \tag{2.9}$$

수식 2.9에서 $\pi_{ij,r}$는 사용자 i가 항목 j에 r 등급을 줄 확률이다. 관찰된 등급 y_{ij}와 연관된 랜덤random 변수를 y_{ij}라고 해보자. $\Pr(Y_{ij} > r)$의 로그 확률은 $s_{ij} - \theta_r$라고 가정한다. $r = 1, \ldots, R - 1$에 대해 수식 2.10이 성립한다.

$$\text{logit}(\Pr(Y_{ij} > r)) = \log \frac{\Pr(Y_{ij} > r)}{1 - \Pr(Y_{ij} > r)} = s_{ij} - \theta_r \qquad (2.10)$$

정의에 따라 $\Pr(Y_{ij} > R) = 0$이며, $\theta_1 \leq \cdots \leq \theta_{R-1}$은 구해야 한다. θ_R는 레벨 r과 $r+1$ 사이의 컷 포인트(연결된 공간에서 해당 지점의 제거가 공간을 분리하는 지점)를 나타낸다. $s_{ij} > s_{il}$인 2개의 항목 j와 l이 있다고 했을 때 모든 레벨 $r = 1, \ldots, R - 1$에 대해 $\Pr(Y_{ij} > r) > \Pr(Y_{il} > r)$이 성립하게 된다. 즉, 사용자 i는 항목 l보다 항목 j를 선호한다. 이를 통해 수식 2.11을 쉽게 도출할 수 있다.

$$\Pr(Y_{ij} > r) = \sum_{q=r+1}^{R} \pi_{ij,q} = (1 + \exp\{-(s_{ij} - \theta_r)\})^{-1} \qquad (2.11)$$
$$= (1 + \exp\{-(\boldsymbol{x}_i' \boldsymbol{A} \boldsymbol{x}_j - \theta_r)\})^{-1}.$$

수식 2.11에서 $f_{ij}(r, \theta, A) = \Pr(Y_{ij} > r)$라고 하자. θ는 $\theta_r s$의 벡터를 나타낸다. $f_{ij}(0, \theta, A) = 1$이고 $f_{ij}(R, \theta, A) = 0$인 것을 주목하자. 로그 우도 함수는 수식 2.12와 같다.

$$\log \Pr(\boldsymbol{Y} \mid \boldsymbol{A}, \boldsymbol{\theta}) = \sum_{(i,j) \in \Omega} \log(f_{ij}(y_{ij} - 1, \boldsymbol{\theta}, \boldsymbol{A}) - f_{ij}(y_{ij}, \boldsymbol{\theta}, \boldsymbol{A})) \qquad (2.12)$$

페어와이즈 선호 점수: 애플리케이션에 따라 사용자가 특정 항목을 선호하는 것이 나타낼 때가 있다. 또는 사용자 반응을 페어와이즈pairwise 선호 점수로 변환할 수도 있다(예: 어떤 사용자의 입장에서 클릭한 항목이 그렇지 않은 항목에 비해 선호되는 것이라고 볼 수 있다(Furnkranz and Hullermeier)(2003). 선호 데이터를 모델링하기 위해 사용하고 있는 표기법을 약간 수정한다. 사용자 i가 항목 l보다 항목 j를 선호하는지는 $y_{ijl} \in \{+1, -1\}$로 나타낸다. 관찰된 (i, j, l) 조합은 Ω로 나타낸다. 사용자 i가 항목 l보다 항목 j를 선호할 경향(로그 확률)이 $s_{ij} - s_{il}$에 비례할 것이라고 가정하면 수식 2.13이 성립한다.

$$y_{ij\ell} \sim \text{Bernoulli}((1 + \exp\{-(s_{ij} - s_{i\ell})\})^{-1}) \qquad (2.13)$$

로그 우도 함수는 수식 2.13과 같다.

$$\log \Pr(Y \mid A) = - \sum_{(i,j,\ell) \in \Omega} \log(1 + \exp\{-y_{ij\ell}\, \boldsymbol{x}_i' A(\boldsymbol{x}_j - \boldsymbol{x}_\ell)\}) \quad (2.14)$$

정규화 최대 우도 추정: 지금까지 살펴본 채점 기법에서는 채점 함수를 얻기 위해 알려지지 않은 매개변수 A를 추정해야 했다. x_i와 x_j의 차원 수가 많으면 A의 회귀 계수 중 알지 못하는 비율이 높다. 정규화 변수 $r(A)$를 로그 우도 함수에 추가하게 되면 회귀가 더 안정되며 과적합의 영향도 줄어든다. 일반적으로 많이 사용하는 정규화 변수로는 L_2 놈과 L_1 놈이 있다. a_{ij}가 A 행렬에서 (i, j) 위치에 있는 원소라고 해보자. L_2 놈은 $r(A) = \sum_{ij} a^2_{ij}$가 되고 L_1 놈은 $r(A) = \sum_{ij} |a_{ij}|$가 된다. 등급 Y가 주어졌을 때 채점 함수의 매개변수 A는 수식 2.15와 같이 구할 수 있다.

$$\arg \max_{A,\boldsymbol{\theta}} (\log \Pr(Y \mid A, \boldsymbol{\theta}) - \lambda\, r(A)) \quad (2.15)$$

λ는 정규화 강도를 명시하는 튜닝 매개변수이고 θ는 누적 로짓 모델(수식 2.10)의 컷 포인트 벡터가 되고 논리, 가우시안, 페어와이즈 선호 모델에서는 비어 있게 된다. 수식 2.15의 최적화 문제는 L-BFGS(Zhu et al.)(1997)와 같은 표준 최적화 기법, 좌표 하강coordinate descent, 확률적 경사 하강stochastic gradient descent(Bottou)(2010) 등을 통해 풀 수 있다.

2.3.3 문맥 정보

지금까지는 사용자 i가 항목 j에 주는 등급 y_{ij}를 예측하는 것만 살펴봤다. 등급은 문맥에 따라 달라질 때가 많다. 가령, y_{ij}(사용자 i가 항목 j를 클릭할지 여부)는 웹페이지에서 항목의 위치에 따라 달라지기도 한다. 같은 항목이라도 눈에 띄는 위치에 있을 때가 상대적으로 찾기 어려운 위치에 있을 때보다 클릭될 확률이 높다. 클릭 가능성은 하루 중 언제인지, 주중인지 주말인지, 사용하는 기기(데스크톱 PC인지 모바일 기기인지), 같은 웹페이지에 있는 다른 항목 등에 따라서도 달라질 수 있다. 이런 맥락의 정보를 사용자 i가 항목 j와 상호작용했을 때의 정황을 나타내는 특성 벡터 z_{ij}로 표현한다면 2.3.2절에서 살펴본 지도 기법으로 예측된 등급이나 점수를 수식 2.16과 같이 다시 정의해서 손쉽게 문맥 정보를 고려하도록 할 수 있다.

$$s_{ij} = s(\boldsymbol{x}_i, \boldsymbol{x}_j, \boldsymbol{z}_{ij}) = \boldsymbol{x}_i' A \boldsymbol{x}_j + \boldsymbol{b}' \boldsymbol{z}_{ij} \qquad (2.16)$$

이것은 여전히 선형 모델로 x_i, x_i, z_{ij}, 회귀 계수 행렬 A, 회귀 계수 벡터 b를 특성으로 갖고 있다. 2.3.2절에서 살펴봤던 사항은 모델에 직관적으로 적용할 수 있다.

표기법: 표기법을 단순화하기 위해 특성은 x로 표현하려고 한다. 따라서 3장에서는 정황 특성을 z_{ij} 대신 x_{ij}로 표기한다. 또한 현재의 표기법은 사용자 i가 항목 j와 최대 한 번만 상호작용한다고 가정한다. 사용자 i가 항목 j와 여러 번 상호작용했다면(그리고 매번 정황이 달랐다고 한다면), 사용자 i와 항목 j 간의 k번째 상호작용에 관한 특성 벡터를 $x_{ij}^{(k)}$로 나타내도록 표기법을 확장해야 한다. 간결하게 유지하도록 3장에서는 주로 x_{ij}라고 표기한다. x_{ij}에서 $x_{ij}^{(k)}$로 확장하는 것은 필요하면 직관적으로 할 수 있다.

2.4 협력 필터링

사용자가 다양한 항목에 주는 등급은 사용자의 선호도를 반영하는 경우가 많다. 같은 항목에 비슷한 등급을 주는 2명의 사용자는 선호하는 항목이 비슷할 가능성이 있다. 이런 가정 하에, 사용자 i가 주어졌을 때 주는 등급 측면에서 그와 비슷한 다른 사용자들을 식별할 수 있다. 사용자 i에게 있어, 항목 j가 가질 점수는 i와 유사한 사용자들이 항목 j에 준 등급의 평균으로 할 수도 있다. 이런 접근 방식은 주로 사용자가 과거에 준 등급을 기반으로 사용자가 특정 항목을 얼마나 선호하는지 예측하게 되며 다른 사용자 및 항목 특성에 의존하지 않는다. 또한 사용자가 항목에 등급을 주는 과정을 하나의 협력 과정으로 취급하게 된다. 즉 사용자들끼리 서로 흥미를 느낄만한 항목을 식별하는 것을 도와주게 돼(서로 협력하고 있다는 것을 인지하지 못하지만) 협력 필터링이라고 한다.

2.4.1 사용자-사용자 유사도 기반 기법

사용자 i가 아직은 등급을 주지 않은 항목 j의 등급(또는 점수) s_{ij}를 사용자 i와 유사한 다른 사용자가 항목 j에 준 등급을 기준으로 예측하는 협력 필터링 기법을 살펴본다. 이때 유사한 사용자들이 준 등급의 평균을 사용하는 방법을 많이 사용한다. 사용자 i와 유사도가 더 높은 사용자에게는 가중치를 주는 가중치 반영 평균을 쓸 수도 있다.

$I_j(i)$가 사용자 i와 유사하면서 이미 항목 j에 등급을 준 사용자들을 나타내보자. 이것을 어떻게 구성해야 하는지는 2.4.1절 후반에서 알아본다. $w(i,l)$는 사용자 i가 항목 j에 어떤 등급을 줄지 예측할 때 사용자 l이 준 등급에 적용할 가중치를 나타내보자. y_i는 사용자 i가 준 평균 등급이다. 이렇게 가정했을 때 사용자 i가 항목 j에 부여할 것으로 예상되는 등급 s_{ij}는 수식 2.17과 같다.

$$s_{ij} = \bar{y}_{i\cdot} + \frac{\sum_{\ell \in \mathcal{I}_j(i)} w(i, \ell) (y_{\ell j} - \bar{y}_{\ell\cdot})}{\sum_{\ell \in \mathcal{I}_j(i)} |w(i, \ell)|} \tag{2.17}$$

사용자들이 등급을 줄 때 나타나는 개별적인 편향성을 완화하기 위해 '중심' 등급을 기준으로 평균을 내게 된다(같은 등급이라도 서로 다른 사용자에게 의미하는 만족도는 다를 수 있기 때문). '중심'을 기준으로 하는 것 외에도 중심 등급을 사용자가 준 등급의 표준 편차로 나눠서 사용자들이 주는 등급을 표준화할 수 있다. 허라커 외(Herlocker et al.)(1999)에 관련 예제가 있다.

유사도 함수: 사용자 간의 유사도 함수로 많이 사용하는 것 중 하나는 레스닉 외(Resnick et al.)(1994)에서 사용한 피어슨 상관[Pearson correlation] 함수다. 사용자 i와 l 간의 유사도는 수식 2.18과 같이 정의된다.

$$sim(i, \ell) = \frac{\sum_{j \in \mathcal{J}_{i\ell}} (y_{ij} - \bar{y}_{i \cdot})(y_{\ell j} - \bar{y}_{\ell \cdot})}{\sqrt{\sum_{j \in \mathcal{J}_{i\ell}} (y_{ij} - \bar{y}_{i \cdot})^2} \sqrt{\sum_{j \in \mathcal{J}_{i\ell}} (y_{\ell j} - \bar{y}_{\ell \cdot})^2}} \quad (2.18)$$

J_{il} 는 사용자 i와 l 모두가 등급을 준 항목들이다. 상관관계는 음수가 될 수 있음을 유의하자. 상관관계가 음수이면 0으로 하기로 선택할 수도 있다. 더 많은 유사도 함수는 데로지에즈와 케러피(Desrosiers and Karypis)(2011)를 참조하자.

이웃Neighborhood **선택:** 유사 사용자 세트 $l_j(i)$는 다양한 방법으로 구성할 수 있다. 간단하게 항목 j에 등급을 준 모든 사용자를 선택해서 사용자 i가 줄 등급을 예측할 때 사용자 i와 l 간의 유사도를 활용해서 가중치 $w(i,l)$를 정의할 수도 있다. 많은 사용자가 등급을 준 항목을 다룰 때는 많은 수의 사용자들이 준 등급의 평균을 구하려면 많은 연산 자원이 필요하다. 다른 방법으로는 사용자 i와 가장 유사한 n명의 사용자를 선정하거나 사용자 i와의 유사도가 특정 기준선 이상인 사용자만 선택하는 방식도 있다. 일반적으로 주어진 애플리케이션에 가장 좋은 방법을 알아내려면 여러 가지를 시험해 봐야 한다.

가중치 부여: 가장 일반적으로는 $w(i, l) = sim(i, l)$로 가중치를 부여하는 방법이다. 사용자 i와 l 모두 등급을 준 몇 개의 항목 J_i를 기준으로 $sim(i, l)$을 계산하게 되면 표본의 크기가 작아서 그 값이 갖는 신뢰성이 낮을 수 있다. 이렇게 표본 크기가 작아서 생기는 문제를 처리하는 방법으로 신뢰성이 낮은 유사도 값에는 작은 가중치를 주는 방식이 있다. 예를 들어 허라커 외 (1999)는 수식 2.19와 같은 식을 사용했다.

$$w(i, \ell) = \min\{|\mathcal{J}_{i\ell}|/\alpha , 1\} \cdot sim(i, \ell) \quad (2.19)$$

수식 2.19에서처럼 자신의 데이터에 $\alpha = 50$이라는 값이 가장 좋은 결과를 도출한다는 점을 발견했다. $l_j(i)$에서 가장 유사도가 높은 n명의 사용자만 선택한다면 $w(i, l) = 1$로 설정해서 가중치를 부여하지 않은 유사한 사용자들의 평균 등급을 구할 수 있다. 이때도 마찬가지로 가장 좋은 방법을 알아내려면 여러 번의 실험이 필요하다.

2.4.2 항목–항목 유사도 기반 기법

2.4.1절에서는 사용자 간의 유사도를 측정하는 방법을 살펴봤다. 점수를 예측할 때 항목 간의 유사도를 활용할 수도 있다. 사용자 i가 항목 j와 유사한 항목에 준 등급의 평균으로 사용자 i가 항목 j에 줄 등급을 예측하게 된다.

$J_i(j)$가 사용자 i가 항목 j와 유사한 항목에 준 등급을 나타낸다고 해보자. 사용자 i가 항목 j에 줄 등급을 예측할 때 사용자 i가 항목 l에 준 등급에 적용할 가중치를 $w(j, l)$라고 하자. $\bar{y}_{.j}$가 항목 j의 평균 등급을 나타낸다고 하면, 사용자 i가 항목 j에 줄 등급 s_{ij}는 수식 2.20과 같이 예측할 수 있다.

$$s_{ij} = \bar{y}_{.j} + \frac{\sum_{\ell \in \mathcal{J}_i(j)} w(j, \ell)(y_{i\ell} - \bar{y}_{.\ell})}{\sum_{\ell \in \mathcal{J}_i(j)} |w(j, \ell)|} \tag{2.20}$$

$J_i(j)$와 $w(j, l)$은 2.4.1절에서 설명한 것과 비슷한 방식으로 구할 수 있다.

2.4.3 행렬 분해

전통적인 사용자–사용자 및 항목–항목 유사도 기반 기법은 사용자가 항목에 줄 등급을 사전에 정해진 유사도 함수를 기반으로 예측한다. 사용자–사용자 및 항목–항목 유사도 기반 기법에서 사용하는 유사도 함수 및 가중치 부여 기법은 직관적이긴 하지만 데이터의 모든 주요 구조를 포착하지 못할 수 있다. 더 유연한 접근 방식은 등급 데이터에서 채점 함수를 직접 학습하는 방법이다. 아직 관찰되지 않은 등급을 특성을 사용하지 않고 이미 확인된 등급이 부분적으로만 존재하는 행렬을 가지고 하위 등급$^{low-rank}$ 행렬 분해에 의존한 모델을 통해 예측하는 데 행렬 분해가 최근 선호되고 있다. (i, j) 원소 Y_{ij}가 사용자 i가 항목 j에 줄 등급일 때 이런 행렬 Y를 등급 행렬이라고 한다. 일반적으로 많은 사용자가 소수의 항목에만 등급을 주기 때문에 실제로는 등급 행렬의 많은 원소는 아직 확인되지 않은 값이다.

s_{ij}는 사용자 i와 항목 j 간의 친밀도(점수)를 나타낸다고 해보자. 이 값은 또한 사용자 i가 항목 j에 줄 등급을 예측한 값으로 볼 수도 있다(물론 등급을 실제로 어떻게 해석할지는 사용되는 반응 모델에 따라 달라진다). 행렬 분해 기법은 수식 2.21을 가정한다.

$$s_{ij} = \boldsymbol{u}_i' \boldsymbol{v}_j \tag{2.21}$$

수식 2.21에서 u_i와 v_j는 각각 사용자 i와 항목 j와 연관된 L차원 벡터다. 주어진 행렬 Y에서 그것들을 추정해야 한다. 벡터 u_i와 v_j는 사용자 i와 항목 j에 대한 잠재 요인latent factor이라고 부르며, L은 잠재 변수라고 한다. 보통 사용자 수 M 및 항목 수 N보다 상대적으로 훨씬 작은 수가 된다. 설명의 편의를 위해 u_i와 v_j 또한 요인factors이라고 부르기로 한다. 직관적으로 이 모델은 각 사용자 i와 항목 j를 같은 L차원 잠재 벡터 공간에서 하나의 지점으로, 즉 u_i와 v_j로 매핑하고 이 벡터 공간의 내적을 가지고 사용자 i와 항목 j 간의 친밀도를 측정한다. L차원 벡터 공간이 '잠재'인 이유는 공간 안에서 사용자와 항목의 위치를 아직은 관찰하지 못했기 때문이다. 이 책에서는 특성feature이란 등급에 어떤 지도 학습 기법을 적용하기 전에 사용자나 항목에 관해 주어진 정보를 말하며, 요인은 아직 관찰되지 않은 사용자 및 항목 특성으로 지도 학습을 등급 데이터에 적용해서 알게 될 실제 모델 매개변수를 지칭한다.

2.4.3절 후반에서는 가우시안 반응 모델을 활용해서 행렬 분해 접근 방식에서 요인 예측을 설명한다. 사용자 i가 항목 j에 줄 것으로 예상되는 등급 y_{ij}는 평균 s_{ij}와 아직은 확인되지 않은 고정된 분포 값 σ^2(수식 2.7에서와 같이)을 갖고 가우시안 분포에 따라 생성된다고 가정한다. 수식 2.5, 수식 2.10, 수식 2.13에서 정의한 다른 반응 모델도 마찬가지로 적용할 수 있다. 가우시안 모델에 필요한 u_i와 v_j의 최대 우도 추정치MLE, maximum likelihood

^{estimate}는 수식 2.22를 해결해서 구할 수 있다.

$$\arg\min_{\boldsymbol{u}_i, \boldsymbol{v}_j, \forall i \forall j} \sum_{(i,j) \in \Omega} (y_{ij} - \boldsymbol{u}'_i \boldsymbol{v}_j)^2 \tag{2.22}$$

수식 2.22에서 U의 i번째 행이 행 벡터 $\boldsymbol{u}'_i$가 되고 V의 j번째 행이 행 벡터 $\boldsymbol{v}'_i$가 되도록 U와 V 행렬을 정의한다. $Y_{(ij)}$는 행렬 Y의 (i, j) 원소를 나타낸다. 그랬을 때 수식 2.22의 최적화 문제는 수식 2.23과 같이 표현할 수 있다.

$$\arg\min_{U, V} \sum_{(i,j) \in \Omega} ((\boldsymbol{Y})_{ij} - (\boldsymbol{UV}')_{ij})^2 \tag{2.23}$$

Y는 일부 원소가 이미 확인된 등급 행렬임을 상기하자. 최대 우도 추정은 2개의 하위 등급 행렬 $U_{M \times L}$와 $V'_{L \times N}$을 활용해서 행렬 $Y_{M \times N}$을 추론하거나 분해하는 것과 연관되며, 이때 아래 첨자는 행렬의 크기를 나타내고 L은 M과 N보다 상대적으로 매우 작은 수다. 함축된 행렬 분해는 앞에서 설명한 분해 과정을 통해 이루어지지만 이렇게 일부만 값이 확인된 행렬의 분해는 완전한 행렬의 분해와는 다르다는 것을 인지하는 것이 중요하다.

정규화: 추정해야 하는 요인의 수 $(L(M+N))$은 비록 전체 등급 행렬 $(M\,N)$보다는 상대적으로 크기가 매우 작지만, 지금까지 관찰된 등급의 수에 비해서는 작은 수가 아닐 수 있다. 이렇게 매개변수가 너무 많으면 최대 우도 추정치의 신뢰도가 낮고 아웃 오브 샘플$^{out-of-sample}$ 예측 정확도가 낮을 수 있다. 사용자(또는 항목) 중 L개의 항목(또는 사용자)보다 작은 수에 등급을 준(또는 등급이 부여된) 사용자(또는 항목)의 경우, 나머지 모든 항목(또는 사용자) 요인을 안다고 해도 연관된 사용자(또는 항목) 요인을 알 수 없을 때도 있다. 이런 상황을 해결해야 할 때는 다음과 같이, 목적 함수에 L_2 처벌^{penalty}을 추가해서 정규화하는 방법을 많이 사용한다. 즉 수식 2.24와 같이 할 수 있다.

$$\arg\min_{\boldsymbol{u}_i, \boldsymbol{v}_j, \forall i \forall j} \sum_{(i,j) \in \Omega} (y_{ij} - \boldsymbol{u}'_i \boldsymbol{v}_j)^2 + \lambda_1 \sum_i \|\boldsymbol{u}_i\|^2 + \lambda_2 \sum_j \|\boldsymbol{v}_j\|^2 \tag{2.24}$$

수식 2.24에서 λ_1와 λ_2는 튜닝 매개변수다. L_2 처벌을 추가해 정규화하는 방법의 바탕에는 관찰된 등급 데이터가 적거나 없는 사용자나 항목의 경우 추정된 요인의 값을 잔류 분포의 평균인 0으로 수렴하게 해서 그 영향을 줄여야 한다는 생각이 깔려 있다.

최적화 기법: 수식 2.24의 최적화 문제는 여러 방법으로 해결할 수 있다. 우선 최적의 해결책이 하나만은 아니라는 사실을 알아야 한다. 즉 모든 요인의 부호를 바꾼다고 해서 목적 함수의 값이 바뀌지 않는다. 실무에서는 개별 요인이 의미하는 것을 이해하려고 하지 않는 이상 고유한 요인이 부족하다고 해서 특별히 신경 쓰지 않는다. 다음으로 널리 사용하는 최적화 기법 두 가지를 간단하게 살펴본다.

1. **교차 최소 제곱**alternating least squares: 모든 사용자 i에 대해 u_i를 상수로 고정하면 목적 함수는 결국 모든 j의 v_j에 대해 볼록한 형태를 갖게 되며, 각 항목이 L_2 정규화가 된 여러 개의 최소 제곱 선형 회귀 문제가 된다. 모든 항목 j에 대해 v_j를 상수로 고정했을 때 u_i에도 마찬가지가 성립한다. I_j는 항목 j에 등급을 준 사용자들을 나타내고 J_i는 사용자 i가 등급을 준 항목들을 나타낸다고 해보자. I는 단위행렬identity matrix이다. 알고리듬은 다음과 같다. 우선 모든 i와 j에 대해 u_i와 v_j를 무작위로 초기화한다. 그런 다음, 수렴될 때까지 아래 두 단계를 계속해서 반복한다.

   ○ 모든 i에 대해 u_i를 상수로 고정해서 각 j를 위한 새로운 추정치 v_j를 얻기 위해 최소 제곱 문제를 푼다.

   $$v_j^{\text{new}} = \left(\lambda_2 I + \sum_{i \in \mathcal{I}_j} u_i u_i'\right)^{-1} \left(\sum_{i \in \mathcal{I}_j} u_i \, y_{ij}\right) \qquad (2.25)$$

   ○ 모든 j에 대해 v_j를 상수로 고정해서 각 i를 위한 새로운 추정치 u_i를 얻기 위해 최소 제곱 문제를 푼다.

$$u_i^{\text{new}} = \left(\lambda_1 I + \sum_{j \in \mathcal{J}_i} v_j v_j'\right)^{-1} \left(\sum_{j \in \mathcal{J}_i} v_j y_{ij}\right) \qquad (2.26)$$

2. **확률적 경사 하강**^{stochastic gradient descent}: 경사 하강 기법 중 최근 각광 받고 있는 것은 확률적 경사 하강^{SGD}이다.

$$f_{ij}(u_i, v_j) = (y_{ij} - u_i' v_j)^2 + \frac{\lambda_1}{|\mathcal{J}_i|}\|u_i\|^2 + \frac{\lambda_2}{|\mathcal{I}_j|}\|v_j\|^2 \quad (2.27)$$

수식 2.24는 수식 2.28과 같이 표현할 수 있다.

$$\underset{u_i, v_j, \forall i \forall j}{\arg \min} \sum_{(i,j) \in \Omega} f_{ij}(u_i, v_j) \qquad (2.28)$$

SGD 기법은 각 $(i, j) \in \Omega$에 대해 $f_{ij}(u_i, v_j)$에 걸쳐 경사에 따라 작은 단위로 점진적으로 하강해서 경사 하강을 하게 된다. 알고리듬은 다음과 같이 동작한다. 모든 i와 j에 대해 u_i와 v_j를 무작위로 초기화한다. 그런 다음, 관찰된 각 등급 $(i, j) \in \Omega$를 수식 2.29와 같이 u_i와 v_j를 업데이트한다.

$$\begin{aligned} u_i^{\text{new}} &= u_i - \alpha \nabla_{u_i} f_{ij}(u_i, v_j) \\ v_j^{\text{new}} &= v_j - \alpha \nabla_{v_j} f_{ij}(u_i, v_j) \end{aligned} \qquad (2.29)$$

α는 튜닝이 돼야 하는 작은 폭이고, $\nabla_{u_i} f_{ij}(u_i, v_j)$와 $\nabla_{v_j} f_{ij}(u_i, v_j)$는 각각 u_i와 v_j와 연관된 $f_{ij}(u_i, v_j)$의 경사다.

$$\begin{aligned} \nabla_{u_i} f_{ij}(u_i, v_j) &= 2(y_{ij} - u_i' v_j)v_j + 2\frac{\lambda_1}{|\mathcal{J}_i|}u_i \\ \nabla_{v_j} f_{ij}(u_i, v_j) &= 2(y_{ij} - u_i' v_j)u_i + 2\frac{\lambda_2}{|\mathcal{I}_j|}v_j \end{aligned} \qquad (2.30)$$

앞에서 설명한 경사 하강을 관찰된 각 등급을 대상으로 수렴할 때까지 여러 번 실행하게 된다. 매번 하강하는 폭의 크기도 처음에 특정 값을 선택하는 것이 아니라 상황에 맞게 선택하는 것이 일반적이다(Duchi et al.)(2011).

보통, 좀 큰 값으로 시작해서 각 반복 주기마다 점차 작아지게 하는 방법을 사용한다.

2.5 하이브리드 기법

협력 필터링과 특성 기반 기법 모두 각자의 장단점이 있다. 특성 기반 기법은 일반적으로 예측 특성을 정의, 분석, 생성하는 데 노력이 필요하지만, 협력 필터링은 특성을 사용하지 않고 학습 데이터에 일정 수준 이상의 사용자 및 항목이 포함되면 특성 기반 기법보다 좋은 성능을 낼 수 있다. 예를 들어, 필라지와 틱(Pilaszy and Tikk)(2009)은 영화 추천 문제에서 다수의 영화 관련 특성을 사용하는 것보단 새로운 영화 등급 정보 10개만 가지고도 더 좋은 예측 정확성을 보일 수 있다는 것을 보여줬다. 이런 시나리오에서는 추천 시스템을 어느 정도 예열하기 위해 필요한 만큼의 과거 사용자 및 항목 등급 데이터가 있기 때문에 이를 웜 스타트warm-start 상황이라고 한다. 하지만 과거 데이터가 없거나 거의 없는 사용자와 항목이라면(콜드 스타트 상황) 협력 필터링이 좋은 성능을 내지 못한다. 아직 어떤 항목에도 등급을 주지 않은 새로운 사용자라면 협력 필터링을 통해 항목의 점수를 예상하기 어려울 것처럼 말이다. 특성 기반 기법에는 특성 값이 존재하기만 하면 그것이 새로운 사용자 및 항목에 대한 것인지 상관하지 않기 때문에 이런 콜드 스타트 상황에서는 특성 기반 기법이 협력 필터링보다 좋은 성능을 내는 경우가 많다. 대부분 웹사이트는 회원가입 절차에서 신규 사용자에 관한 기본적인 프로필을 기록하며, 또한 시스템에 새로운 항목을 추가할 때 콘텐츠 특성을 추출하기도 한다.

협력 필터링은 웜 스타트 시나리오에서는 잘 되지만 콜드 스타트 시나리오에서는 좋은 성능을 내지 못한다. 반면, 특성 기반 기법은 예측 특성이 있는 콜드 스타트 시나리오에서 잘 동작하지만, 웜 스타트 시나리오에서는 협력 필터링만큼 정확하지 않다. 두 가지 방식의 장점을 모으기 위한 하이브리드 기법이 개발되고 있는데, 하이브리드 기법 몇 가지를 소개한다.

- **앙상블**^{Ensemble}: 직관적인 하이브리드 접근법은 몇 개의 서로 다른 기법(예: 협력 필터링과 특성 기반)을 독립적으로 구현해서 결과를 합치거나, 선형 조합이나 투표 전략을 통해 결과 등급을 예측하는 방법이다. 클레이풀 외(Claypool et al.)(1999)에서 관련된 설명을 찾을 수 있다.

- **협력 필터링을 특성으로 취급**: 협력 필터링을 특성 기반 기법에 통합하는 또 다른 간단한 방법은 협력 필터링 기법을 통해 식별한 (사용자, 항목) 페어의 점수를 각 (사용자, 항목) 페어와 연관된 하나의 새로운 특성으로 취급하는 방법이다.

- **특성 기반 유사도를 유사도 기반 협력 필터링에 사용**: 사용자–사용자 또는 항목–항목 유사도를 기반으로 하는 협력 필터링 기법은, 등급의 유사도를 기반으로 하는 것 하나와 그것의 특성 벡터의 유사도를 기반으로 하는 두 가지 구성요소를 선형 조합해서 새로운 유사도 함수를 정의할 수 있다(Balabanović and Shoham)(1997).

- **가상 특성 기반 등급으로 증강되는 협력 필터링**: 콜드 스타트 문제를 해결하기 위해 새로운 사용자나 항목에 등급을 주는 과정을 가상으로 할 수도 있다. 새로운 항목이 나타나면 특성 기반 모델이 주는 예측 등급을 활용해서 모든 항목(새로운 항목 포함)에 등급을 준 가상 사용자를 추가한다. 그런 다음, 전통적인 협력 필터링 기법을 이렇게 증강된 등급 데이터에 적용해서 새로운 항목을 추천할 수 있다. 콘스탄 외(Konstan et al.)(1998))에서는 이런 가상 사용자를 '필터봇^{filterbots}'이라고 불렀다. 마찬가지로, 특성 기반 모델이 주는 예측 등급을 가지고 모든 사용자(새로운 사용자 포함)가 등급을 준 몇 개의 가상 항목을 추가할 수도 있다.

발표된 초기 하이브리드 기법은 주로 관측된 결과에 기반한 것으로 토대를 형성할 유연한 프레임워크는 없었다. 8장에서 다양한 관점을 풍부한 확률 모델을 통해 부드럽게 조합하는 하이브리드 기법을 소개한다.

2.6 요약

사용자 및 항목 특성을 구성하는 여러 방법과 전통적인 특성 기반, 협력적, 하이브리드 기법을 활용해서 사용자-항목 친밀도 점수를 예측하는 전략을 살펴봤다. 하지만 이 분야의 연구에서 집중하는 부분은 회고 데이터를 대상으로 한 아웃 오브 샘플 예측 정확성 개선이다. 이것이 추천 시스템을 구축할 때 중요한 사항이긴 하지만, 유일한 목적은 아니다. 좋은 서빙 전략 serving schemes을 구성해서 클릭, 수익, 매출 최대화 같은 전반적인 목적을 최대화하려면 예측 정확성 개선을 넘어선 다른 요소를 고려해야 한다. 그러려면 성능 최적화에 필요한 학습 데이터를 지속해서 수집할 방법을 연구해야 한다. 따라서 2장에서 다룬 기법과 탐색 이용 방법론을 적절히 조합해야 한다. 또한 다양한 애플리케이션과 가용한 특성 정보의 정도, 항목 풀 크기, 항목 수명 분포, 데이터 밀도, 시스템에서 콜드 스타트의 정도 등에 맞게 동작하는 프레임워크를 개발하는 것이 중요한데, 3장에서 집중해서 알아본다.

연습문제

1. 확률적 잠재 시맨틱 분석PLSI, Probabilistic Latent Semantic Indexing에 익숙해지자. LDA와 PLSI의 차이는 무엇인가? 둘 중 알아내야 하는 매개변수가 더 많은 것은 무엇인가?

2. 일부 사용자에 관한 사용자 인구통계 정보가 없는 애플리케이션이 많다. 이런 시나리오에서 점수를 예측하기 위해 인구통계 정보를 어떤 방식으로 가져오겠는가?

3. 오카피 비엠25^{Okapi BM25} 유사도 함수에 익숙해지자.

4. 이진 응답을 하는 행렬 분해를 위한 교차 최소 제곱^{ALS, Alternating Least Squares}과 확률적 경사 하강^{stochastic gradient descent}을 도출해 보자.

03

추천 문제를 위한 탐색 이용

2장에서 어떤 상황에서 한 항목이 사용자에게 갖는 의미를 점수로 측정하는 전통적인 기법을 살펴봤다. 3장에서는 최신 기법, 특히 탐색 이용 기법을 기반으로 한 점수 채점 방법을 다룬다.

채점이란 어떤 조건에서 특정 항목이 갖는 '가치'를 추정하는 것으로 볼 수 있다. 오늘날 대부분 추천 문제는 사용자의 의도가 명확하지 않고 조금이라도 사용자의 의도가 드러나면 그나마 다행인 상황이기 때문에, 주로 등급이나 반응 예상치를 기반으로 채점하는 방법을 많이 사용한다. 간단히 '긍정' 라벨은 '클릭, 좋아요, 공유' 등 사용자가 항목과 긍정적인 상호작용을, '부정' 라벨은 이런 긍정적인 상호작용의 부재를 의미하는 이진 분류를 생각해 볼 수 있다. 뉴스 추천 문제에서 가장 명확한 긍정 반응은 추천된 항목을 사용자가 클릭하는 것이다. 항목의 점수는 반응률, 즉 사용자 반응 기대치가 된다. 정의에 의하면 이진 변수에 대한 반응률은 긍정 반응의 확률로 해석할 수 있다. 설명의 편의를 위해 3장에서는 긍정 반응을 나타내기 위해 클릭을 사용하고 관련된 반응률을 나타내기 위해서는 CTR을 사용한다.

추천 문제에서 추천 항목의 클릭과 같은 긍정 반응의 수를 늘리는 것을 목표로 할 때가 많다. 뉴스 추천의 경우 추천된 뉴스 기사가 클릭되는 횟수를 최대화하는 것이 가장 큰 목적이다. 모든 항목에 대한 반응률을 이미 알고 있다면, 반응률이 가장 높은 항목을 매번 추천해서 목적을 쉽게 달성할 수 있을 것이다. 하지만 반응률을 모르기 때문에 항목 풀pool에 있는 각 항목의 반응률을 정확하게 예측하는 것이 중요해진다. 2.3절과 2.4절에서 특성 기반 모델과 협력 필터링을 통해 반응률을 추정하는 다양한 지도 학습 기법을 살펴봤다. 3장에서 추천 시스템에서 개별 항목을 채점하는 것은 순수 지도 학습 문제가 아닌 일종의 탐색 이용 문제임을 알게 된다. 표본 크기가 아직 작거나 또는 완전 새로운 항목을 사용자가 방문했을 때 제공해서 반응률을 탐색 혹은 시험해 보는 것과 이미 반응률이 높다는 것이 통계적으로 확인된 항목을 이용하는 것 사이의 적절한 균형을 잡아야 한다. 탐색했을 때는 지금까지 수집된 데이터를 통해 반응률이 높은 것으로 증명된 항목을 보여주지 않는 기회비용이 발생한다. 두 가지 요소의 균형을 잡는 것이 탐색 이용 딜레마다.

추천 문제는 탐색 이용 문제이기 때문에 지도 학습 기법은 잊어버리고 탐색 이용 기법에만 집중해야 한다고 말하는 사람도 있다. 하지만 이런 주장은 탐색 이용과 지도 학습 모두 적절하게 조합하는 것이 실제로는 더 효과적인 해결 방법을 제공한다는 점을 놓치고 있다. 적절한 지도 학습을 통해 얻은 모델은 이런 문제가 본질적으로 가지고 있는 어려움, 즉 너무 많이 생기게 되는 차원 수를 줄여서 탐색이 더 효율적으로 이루어질 수 있도록 해준다. 차원 수를 줄이는 것은 차원 수가 많은 경우 상당한 영향을 준다.

3장에서는 탐색 이용 문제가 생기는 이유를 설명하고(3.1절), 전통적인 탐색 이용 기법을 살펴본다(3.2절). 추천 시스템에서 생기는 탐색 이용 문제를 알아보고(3.3절), 마지막으로 이런 문제를 해결하기 위한 주요 기법을 소개한다(3.4절). 구체적인 해결 방법은 책의 2부에서 소개한다. 6장에서는 후보 항목과 각 항목의 선호도 모두가 시간이 지남에 따라 달라지는 상황에서 최고 인기 항목 추천에 사용할 수 있는 탐색 이용 기법을 살펴본다. 7

장과 8장에서는 다양한 항목에 관한 개인의 선호도를 탐색 이용하기 위해 필요한 데이터의 양이 적은 상황에서 무언가 추천하는 어려움을 해결하기 위한 방법을 살펴본다.

3.1 탐색 이용 딜레마 소개

탐색 이용 문제를 직관적으로 이해하려면 두 개의 항목이 있는 추천 문제를 살펴봐야 한다. 사용자 방문마다 하나의 항목을 추천하게 되며, 목표는 총 클릭 수를 최대화하기 위해 이어지는 사용자 방문 100건에 사용할 최적의 추천 알고리듬을 개발하는 것이다. 항목은 2개이고 방문 건수는 100건이기 때문에 고려할 수 있는 추천 조합은 2^{100}(2조 이상!)개가 된다. 하나의 자원을 여러 개의 프로젝트에 동적으로 할당하는 전통적인 멀티 암드 밴딧 문제와 유사하다고 볼 수 있다(Robbins)(1952). 주목할 만한 것은 최적의 해답이 존재한다는 것이고, 해결책은 과거의 데이터를 기반으로 미래의 결정을 바꾸는 것과 관련 있다(Gittins)(1979).

멀티 암드 밴딧이라는 이름은 카지노에서 도박꾼이 여러 개의 팔이 달린 슬롯머신을 하면서 다음에 어떤 팔을 당겨야 하는지 결정하는 문제에서 유례했다. 각 팔을 당겼을 때 보상을 얻을 확률은 다르며 도박꾼은 그 확률을 모른다. 멀티 암드 밴딧 문제는 기본적인 탐색 이용 딜레마를 보여준다. 도박꾼은 잠재적인 가능성이 있는 팔을 당겨서 그것의 보상 확률을 더 정확하게 탐색하고자 할 수 있고, 아니면 높은 확률로 좋은 결과를 내는 것으로 보이는 팔을 이용하기로 할 수도 있다. 이것을 추천 문제에 적용해 본다면, 시스템은 도박꾼이 되고 팔을 당기는 것을 사용자에게 특정 항목을 보여주는 것으로 생각하고, 보상은 사용자가 해당 항목과 상호작용하는(클릭 또는 클릭하지 않는) 것으로 볼 수 있다. 또 항목의 CTR은 보상 확률이 된다.

탐색 이용 딜레마가 생기는 이유는 CTR 추정치의 불확실성 때문이다. 20

번의 사용자 방문 이후 항목 1과 항목 2의 추정 CTR이 각각 1/3(15번의 방문 중 다섯 번의 클릭)과 1/5(5번의 방문 중 한 번의 클릭)이 됐다고 해보자. 그러면 항목 2는 제외하고 남은 방문 80건에 모두 항목 1을 제공할 유혹이 생길 수도 있지만, 소량의 표본만 가지고 측정한 지금의 항목2 CTR 값이 정확하지 않을 수 있기 때문에 그렇게 하는 것이 최선의 방법이 아닐 수 있다. 톰슨(Thompson)(1933)이 발표한 항목 2개로 살펴보는 탐색 이용 문제는 멀티 암드 밴딧 문제의 최적 해결책이 발견되기 훨씬 이전이었다. 제안된 알고리듬은 간단하게 모든 후보 항목 중 해당 항목이 가장 선호되는 항목일 확률을 가지고 항목을 제공하는 것과 관련 있다. 알고리듬은 3.2.3절에서 더 자세히 살펴본다.

추천 문제에서 탐색 이용 딜레마가 멀티 암드 밴딧 문제와 매우 유사하게 보일 수 있으나, 실제로는 탐색 이용 딜레마의 경우 멀티 암드 밴딧 문제의 최적 해결책을 얻기 위해 필요한 여러 가정이 위배할 수 있다. 많은 웹 애플리케이션에서 항목 풀은 시간이 지남에 따라 달라진다. 반응률도 일정하지 않을 수 있고 회신되는 데이터도 받으려면 시간이 걸릴 수 있다(사용자가 제공된 항목에 반응하기까지 시간이 필요하고 웹 서버에서 백 엔드까지 데이터가 전송되는 시간도 있다). 하지만 가장 어려운 문제는 아마도 항목 수가 많기도 하고 바뀌기도 하는 항목 풀을 가지고 개인별로 무언가 추천하려면 차원의 수가 급격하게 늘어날 수밖에 없다는 저주와 또 그런 상황에서 항목 반응률을 수시로 추정하기 위해서는 너무 많은 연산 자원이 필요하다는 점이다. 그래서 웹 추천 문제는 전통적 멀티 암드 밴딧 전략만으로는 만족스러운 해결책을 찾기 힘들다.

3.2 멀티 암드 밴딧 문제

추천 시스템에서의 탐색 이용 문제를 얘기하기 전에 탐색 이용 문제의 한 유형으로 많이 언급되는 멀티 암드 밴딧^{MAB} 문제를 살펴보자. 도박꾼이 다음에 당길 팔을 선택하는 과정을 다시 생각해보자. 팔 i의 알려지지 않은 보상 확률을 p_i라고 해보자. 즉 팔 i를 당겼을 때 도박꾼이 단위 보상 1개를 확률 p_i로 얻을 수 있고, 보상을 아무것도 얻지 못할 확률은 $1-p_i$가 된다. 팔의 개수와 각각의 보상 확률은 시간이 지나도 변하지 않는다고 가정한다. 도박꾼의 목표는 순서대로 팔을 당겨서 총 보상을 최대화하는 것이다.

도박꾼이 시간 t 이전에 여러 팔을 당겨서 수집한 모든 정보를 θ_t라고 해보자. 이때 벡터 θ_t는 시간 t에서의 상태 매개변수 또는 상태^{state}라고 하며, 각 팔 i를 당긴 횟수 γ_i와 지금까지 얻은 총 보상 α_i가 관련성을 갖는다. 밴딧 전략$^{bandit\ scheme}$이란 입력으로 θ_t가 주어졌을 때 결과로 다음에 당길 팔을 알려주는 결정 함수 π를 말한다. 이것을 탐색 이용 전략 또는 정책이라고도 한다. 밴딧 전략은 결정적 함수 혹은 상태 매개변수의 확률 함수일 수 있다.

3.2절에서는 앞에서 정의한 전통적인 밴딧 환경에서의 다양한 유형의 탐색 이용 전략을 살펴본다. 크게 3가지 부류로 나누게 되는데 베이지안 기법 (3.2.1절), 미니맥스 기법(3.2.2절), 발견적 기법(3.2.3절)이 있다.

3.2.1 베이지안 접근법

베이지안 관점에서 본다면 MAB 문제는 마르코프 결정 과정$^{MDP,\ Markov}$ $^{Decision\ Process}$으로 표현할 수 있고 동적 프로그래밍을 통해 최적의 해답을 얻을 수 있다. 최적의 해답이 존재하지만 문제를 풀려면 많은 연산 자원이 필요하다.

MDP는 순차 결정 문제$^{sequential\ decision\ problems}$를 연구하는 데 활용할 수 있

는 유연한 프레임워크다. MDP에서는 순차 문제를 상태, 보상 함수, 전이 확률이라는 공간을 통해 정의하게 된다. 베이지안 접근법은 MAB 문제와 관련된 MDP에 관한 베이지안 최적 해답을 얻고자 한다. 이제 전통적인 밴딧 문제를 위한 베타 이항Beta-binomial MDP를 정의해보자.

상태: 보상을 최대화하려면 도박꾼은 각 팔의 보상 확률을 추정해야 한다. 시간 t에서의 상태 θ_t는 t 이전에 도박꾼이 실험을 통해 수집한 데이터를 기반으로 한 지식을 나타낸다. 즉 이런 지식수준은 각 팔에 2개의 매개변수를 가진 베타 분산으로 표현할 수 있다. $\theta_t = (\theta_{1t}, \cdots, \theta_{kt})$, 여기서 θ_{it}는 시간 t에서 팔 i의 상태를 나타내며 $\theta_{it} = (\alpha_{it}, \gamma_{it})$는 팔 i에 관해 베타 분산을 따르는 2개의 매개변수를 표현하고 있다. γ_{it}는 시간 t 전에 도박꾼이 팔 i를 당긴 횟수를 나타내며 α_{it}는 시간 t 전에 팔 i를 당겨서 얻은 총 보상을 나타낸다. 팔 i에 관한 $Beta(\alpha_{it}, \gamma_{it})$ 분산은 수식 3.1과 같다.

$$
\begin{aligned}
\text{평균} &= \alpha_{it}/\gamma_{it} \\
\text{분포} &= (\alpha_{it}/\gamma_{it})(1 - \alpha_{it}/\gamma_{it})/(\gamma_{it} + 1)
\end{aligned}
\tag{3.1}
$$

평균은 지금까지 수집한 데이터를 기반으로 도박꾼이 실험적으로 추정한 보상 확률이 된다. 분산은 그가 한 실험적 추정의 불확실성을 나타낸다.

상태 전이: 도박꾼이 팔 i를 당기고 결과를 관찰한 후에는 팔 i에 관한 추가 정보를 얻게 되며 그 정보는 자신이 가지고 있던 팔 i에 관한 지식을 업데이트하는 데 활용할 수 있다. 즉 현재 상태 θ_t에서 새로운 상태인 θ_{t+1}로 옮겨간다. 가능한 결과로는 보상을 얻는 경우와 얻지 못하는 경우 두 가지가 있다. 따라서 새로운 상태도 두 가지가 가능하게 된다.

- (현재 상태에서 팔 i을 당겨서 보상을 받을 확률을 나타내는) α_{it}/γ_i의 확률로 도박꾼은 보상을 획득하게 될 것이며 팔 i의 상태를 $\theta_{it} = (\alpha_{it}, \gamma_{it})$에서 $\theta_{i,t+1} = (\alpha_{it} + 1, \gamma_{it} + 1)$로 업데이트하게 된다.

- 반면 $1 - \alpha_{it}/\gamma_{it}$의 확률로 도박꾼은 보상을 획득하지 못할 것이며 팔 i의 상태를 $\theta_{it} = (\alpha_{it}, \gamma_{it})$에서 $\theta_{i,t+1} = (\alpha_{it}, \gamma_{it}+1)$로 업데이트하게 될 것이다.

i를 제외한 나머지 모든 팔 j의 상태는 동일하게 유지된다. 즉, 모든 $j \neq i$에 대해 $\theta_{j,t+1} = \theta_{j,t}$가 된다. 이런 점이 전통적인 밴딧 문제가 가지고 있는 주요 특징이다. 팔 i를 당긴 후 상태 θ_t에서 상태 θ_{t+1}로 전이할 확률, 즉 전이 확률은 $p(\theta_{t+1} \mid \theta_{t,i})$로 나타낸다. 현재 상태에서 옮겨갈 수 있는 상태는 두 가지 밖에 없기 때문에, 두 가지를 제외한 모든 상태로 전이할 확률은 모두 0이 된다.

아래 상태 전이는 베타 이항 공동^{Beta-binomial conjugacy}을 따른다. 도박꾼이 팔 i를 당겨서 보상을 받을지는 $c_i \in \{0, 1\}$로 나타내도록 하자. 수식 3.2를 살펴보자.

$$c_i \sim \text{Binomial}(\text{확률} = p_i, \ \text{크기} = 1)$$
$$p_i \sim \text{Beta}(\alpha_{it}, \gamma_{it}) \tag{3.2}$$

수식 3.2에서 p_i는 보상 확률을 나타내며, c_i를 포함한 후 p_i의 사후 확률 분포^{posterior distribution}는 수식 3.3과 같다.

$$(p_i \mid c_i) \sim \text{Beta}(\alpha_{it} + c_i, \gamma_{it} + 1) \tag{3.3}$$

상태 전이 규칙이 각 팔의 상태가 과거 관찰 데이터를 기반으로 한 베타 분포에 따른다는 것을 보여준다.

보상: 보상 함수 $R_i(\theta_t, \theta_{t+1})$는 팔 i를 당기고 상태가 θ_t에서 θ_{t+1} 바뀌었을 때 받게 되는 보상을 나타낸다. 전통적인 밴딧 문제는 간단한 보상 함수를 가진다. 도박꾼은 팔 i의 상태가 $(\alpha_{it}, \gamma_{it})$에서 $(\alpha_{it+1}, \gamma_{it+1})$로 바뀔 경우 단위 보상 1개를 얻게 되고, 그렇지 않다면 보상을 받지 못한다.

미래의 보상을 최대화하려고 할 때 도박꾼이 팔을 무한정 당길 수 있다고 가정한다면 시간이 지난 후의 보상은 어느 정도 할인하는 것이 유용하다. 할인 보상 환경에서는 미래 보상을 지수 단위로 할인하는 것이 일반적이다. 즉 미래 t번째 단계에서 얻게 되는 보상은 d_t만큼 할인하게 된다. 여기서 $0 < d < 1$이다. 고정 보상 환경에서는 정해진 어떤 T번의 단계 동안의

보상을 최대화하는 것이 일반적이다.

최적 정책: 탐색 이용 정책 π는 입력으로 상태 θ_t를 받고 다음에 당겨야 할 팔 $\pi(\theta_t)$을 리턴하는 함수다. 총 K개의 팔이 있다고 가정해보자. θ_t는 음수가 아닌 정수로 구성된 $2K$ 차원 벡터이며 π는 각 $2K$ 차원 벡터를 팔 $\in \{1, \cdots, K\}$에 매핑해야 한다. 나중에 살펴보겠지만 최적의 정책을 찾기는 쉽지 않고 최적의 해결책을 도출하는 방법은 이 책의 범위를 벗어난다.

놀라운 점은 한 팔 밴딧 문제 K개를 각각 해결해서 할인-보상 K-암드 밴딧 문제의 최적 해답을 얻을 수 있다는 것이다. 각 한 팔 밴딧 문제에서 한 팔을 당기기 위해서는 어떤 비용이 발생하게 되며, 그러다 보니 도박꾼은 팔을 더 당길지 아니면 그만 멈출지 결정해야 한다. 존스와 기틴스(Jones and Gittins)(1972)와 기틴스(Gittins)(1979)에서 처음으로 제시된 의견이며 기틴스 인덱스Gittins index라고 불린다. 직관적인 해석법은 상태 θ_{it}인 어떤 팔에 관한 기틴스 인덱스 $g(\theta_{it})$가 한 팔 밴딧 문제에서 팔을 한 번 당기는 데 필요한 어떤 정해진 비용으로 보는 것이다. 이때 비용은 베이지안 최적 전략으로 생성되는 보상이 0이 되도록 하는 것이다. 비용 $g(\theta_{it})$는 팔의 2차원 상태 θ_{it}에 따라 달라지며 다른 팔의 영향은 받지 않는다. 그러면 어느 시점에서든 단순하게 기틴스 인덱스가 가장 높은 팔을 당길 수 있다. 즉 수식 3.4이 성립한다.

$$\pi(\boldsymbol{\theta}_t) = \arg\max_i \ g(\boldsymbol{\theta}_{it}) \tag{3.4}$$

팔의 기틴스 인덱스를 계산하는 것 역시 많은 연산 자원이 필요하다는 점을 유의해야 한다. 더 자세히 알고 싶다면 베리아 외(Varaiya et al.)(1985), 카테하키스와 베이놋(Katehakis and Veinott)(1987), 니나-모라(Ni~no-Mora)(2007)를 참조하자. 위틀(Whittle)(1988)은 전통적인 밴딧 문제를 확장해서 팔의 보상 확률이 시간이 지남에 따라 달라지는 상황에 대한 연구를 발표했다. 아직은 문제에 관한 최적의 해답은 발견하지 못하고 있다.

최적화 문제를 살펴보자. 3.2.1절의 마지막에서는 고정-보상 K팔 밴댓 문제의 최적 해답을 찾는 과정에 집중해본다. 목표는 이어지는 T번의 당김 동안 발생하게 될 보상을 최대화하는 정책을 찾는 것이다. T는 예산budget이라고 부른다. 해답을 찾을 때 많은 연산 자원이 필요하며 K와 T의 값을 너무 크게 잡지 않더라도 해답을 찾지 못할 수도 있다. 문제 분석에 관심이 없다면 3.2.2절로 바로 건너뛰어도 된다.

$V(\pi, \theta_0, T)$는 시작 상태 θ_0에서 전략 π로 팔을 T번 당겼을 때 얻는 보상의 총합을 전략 π의 값value이라 부르기로 한다. π의 값은 수식 3.5과 같이 회귀적으로 정의할 수 있다.

$$V(\pi, \theta_0, T) = E_{\theta_1}\left[R_{\pi(\theta_0)}(\theta_0, \theta_1) + V(\pi, \theta_1, T-1)\right]$$
$$= \sum_{\theta_1} p(\theta_1 \mid \theta_0, \pi(\theta_0)) \cdot \left[R_{\pi(\theta_0)}(\theta_0, \theta_1) + V(\pi, \theta_1, T-1)\right]$$

$$(3.5)$$

$R_{\pi(\theta_0)}(\theta_0, \theta_1)$는 바로 발생하게 되는 보상을 나타내며 $V(\pi, \theta_1, T-1)$는 다음 상태인 θ_1에서 전략 π를 가지고 팔을 $T-1$번 당겼을 때 발생하게 될 값이다. $\pi(\theta_0)$는 전략 π가 상태 θ_0에서 선택하게 될 팔 i이며 θ_1는 이어지는 상태를 정확하게 모르기 때문에 무작위로 선택한 매개변수다.

베이지안 최적 전략 π^*는 값을 최대화하는 전략이다.

$$\pi^* = \arg\max_\pi V(\pi, \theta_0, T) \qquad (3.6)$$

당길 수 있는 최선의 팔은 또한 이어질 당김의 총 예산 T의 영향을 받는다. 밴딧 전략 π는 상태 θ_t와 예산 T를 입력 받아서 다음에 당길 팔 $\pi(\theta_t, T)$을 리턴한다. T가 작을 때는 베이지안 최적 전략을 정확하게 계산할 수 있다. $V(\theta_0, T) = V(\pi^*, \theta_0, T)$가 최적 해답의 값을 나타낸다고 하자. $T = 0$일 때 값이 해당 값은 0이 된다는 것은 쉽게 알 수 있다. 즉 모든 상태 θ_t에 대해 $V(\theta_t, 0) = 0$이 된다. 초기 상태 θ_0에서 $T = 1$일 때 수식 3.7을 풀어서 $\pi^*(\theta_0, 1)$를 구한다.

$$\pi^*(\boldsymbol{\theta}_0, 1) = \arg\max_i E_{\boldsymbol{\theta}_1}\left[R_i(\boldsymbol{\theta}_0, \boldsymbol{\theta}_1) \mid \text{pulling } i\right]$$
$$= \arg\max_i \{\alpha_{i0}/\gamma_{i0}\} \tag{3.7}$$

팔 i를 당겼을 때 기대 보상은 그것의 보상 확률 α_{i0}/γ_{i0}이 된다. 모든 초기 상태 $\boldsymbol{\theta}_0$에 대해 수식 3.8을 구한다.

$$V(\boldsymbol{\theta}_0, 1) = \max_i \{\alpha_{i0}/\gamma_{i0}\} \tag{3.8}$$

초기 상태 $\boldsymbol{\theta}_0$에서 $T=2$일 때 수식 3.9를 풀어서 $\pi^*(\boldsymbol{\theta}_0, 2)$를 구한다.

$$\pi^*(\boldsymbol{\theta}_0, 2) = \arg\max_i E_{\boldsymbol{\theta}_1}\left[R_i(\boldsymbol{\theta}_t, \boldsymbol{\theta}_1) + V(\boldsymbol{\theta}_1, 1) \mid \text{pulling } i\right] \tag{3.9}$$

수식 3.9는 모든 이어지는 상태 $\boldsymbol{\theta}_1$을 나열해서 해결한다. 실제로 베타 이항 MDP에서 각 팔의 가능한 상태는 두 가지만 존재한다. 즉 평가해야 할 다음 상태는 총 $2K$개가 된다. 여기서 K는 팔의 개수다. 당기지 않은 팔의 상태는 변하지 않기 때문에 가능한 상태의 총 수는 팔의 수 K와 선형적인 관계를 이룬다는 점을 주목해야 한다. 팔 i의 새로운 상태가 $(\alpha_{i0}, \gamma_{i0} + 1)$이 되는 점(보상 없이 팔 i를 당기는 것) 외에는 $\boldsymbol{\theta}_1^{(i,\,0)} = \boldsymbol{\theta}_0$가 되고, 팔 i의 새로운 상태가 $(\alpha_{i0} + 1, \gamma_{i0} + 1)$가 되는 점(팔 i를 당겨서 보상을 받은 것) 외에는 $\boldsymbol{\theta}_1^{(i,\,0)} = \boldsymbol{\theta}_t$가 된다. 최적 해답은 수식 3.10을 풀어서 구할 수 있다.

$$\pi^*(\boldsymbol{\theta}_0, 2) = \arg\max_i \left[\frac{\alpha_{i0}}{\gamma_{i0}}\left(1 + V(\boldsymbol{\theta}_1^{(i,1)}, 1)\right) + \left(1 - \frac{\alpha_{i0}}{\gamma_{i0}}\right)\left(0 + V(\boldsymbol{\theta}_1^{(i,0)}, 1)\right)\right] \tag{3.10}$$

$V(\cdot, 1)$는 수식 3.8을 풀면서 구했다. 또한 $T \geq 2$에 대해서는 수식 3.11을 통해 최적 해답을 구할 수 있다.

$$\pi^*(\boldsymbol{\theta}_0, T) = \arg\max_i \left[\frac{\alpha_{i0}}{\gamma_{i0}}\left(1 + V(\boldsymbol{\theta}_1^{(i,1)}, T-1)\right) + \left(1 - \frac{\alpha_{i0}}{\gamma_{i0}}\right)V(\boldsymbol{\theta}_1^{(i,0)}, T-1)\right] \tag{3.11}$$

하지만 $V(\cdot, T-1)$를 구하려면 많은 연산이 필요하다. 순환 정의를 기반으로 간단하게 계산해 보면, 평가해야 할 상태의 총수는 대략 $(2K)^{T-1}$ 정도에

이를 것이다. 여기에서 베이지안 접근법이 얼마나 많은 연산 비용이 드는지 알 수 있다. 최적 해답에 관한 상세한 분석을 보려면 푸터맨(Puterman)(2009)을 참조하라.

3.2.2 미니맥스 접근법

탐색 이용 전략은 미니맥스^{minimax} 접근법을 통해서도 개발할 수 있다. 이때의 핵심은 가장 안 좋은 성능이 나타나게 되는 경우를 일정한 범위로 제어하는 전략을 찾는 것이다. 미니맥스 접근법에서 전략의 성능은 일반적으로 후회^{regret}라는 개념을 기반해 측정한다. 각 팔의 보상 확률이 변하지 않는다고 가정한다면, 보상 확률이 가장 높은 팔이 가장 좋은 팔이 될 것이다(하지만 전략은 그것이 어떤 팔인지 모른다). 전략에서 T번의 당김 이후의 후회는 가장 좋은 팔을 T번 당겼을 때 얻었을 기대 보상에서 해당 전략을 통해 획득한 보상을 뺀 것이다.

미니맥스 접근법에서는 아워 외(Auer et al.)(2002)가 제안한 UCB1가 많이 사용되는 전략이다. UCB는 신뢰 상한선^{upper confidence bound}의 약자다. 시간에서 UCB1은 각 팔 i에 수식 3.12와 같은 우선순위 점수를 할당한다.

$$\frac{\alpha_i}{\gamma_i} + \sqrt{\frac{2 \ln n}{\gamma_i}} \tag{3.12}$$

수식 3.12에서 α_i는 지금까지 팔 i를 당겨서 받은 총 보상을, γ_i는 팔 i가 지금까지 몇 번 당겨졌는지, n은 팔을 총 몇 번 당겼는지를 나타낸다. 그런 다음, 간단하게 우선순위 점수가 가장 높은 팔을 당기게 된다. 처음에 즉 γ_i = 0일 때는 각 팔을 한 번씩 당긴다. 팔 i의 보상 확률의 현재 추정치는 $\frac{\alpha_i}{\gamma_i}$이라는 점과 수식의 뒷 부분은 현재 추정치의 불확실성을 나타낸다는 것을 주목하자. 체르노프–휘프딩 경계^{Chernoff-Hoeffding bound}에 기초해, 아워는 T번 당김 후 UCB1의 후회는 최대 $O(\ln T)$임을 증명했는데, 라이와 로빈스(Lai and Robbins)(1985)가 전통적 밴딧 문제를 위한 그 어떤 전략의 후회도 T번의 당김 후에 최소 $O(\ln T)$ 차수 단위가 된다는 사실을 보여준 것을 생각하면 이것은 상당한 의미가 있다.

아워의 결과는 UCB1이 실제로도 가장 좋은 성능을 낼 수 있다는 것을 시사하지는 않는다. 빅오 표기법(big-O)에 포함된 상수들 때문에 차이가 발생하기 때문이다. T번의 당김 후의 UCB1의 정확한 후회 경계는 수식 3.13과 같다.

$$\left(8 \sum_{i:\mu_i < \mu^*} \frac{\ln T}{\Delta_i} \right) + \left(1 + \frac{\pi^2}{3} \right) \left(\sum_{i=1}^{K} \Delta_i \right) \tag{3.13}$$

수식 3.13에서 μ_i는 팔 i의 아직은 모르는 보상 확률이며 $\mu^* = \max_i \mu_i$와 $\Delta_i = \mu^* - \mu_i$가 성립한다. 실제로, 평균 성능에 관심을 가진다면 UCB1은 최악의 경우 성능을 보장하기 위해 보통 더 많은 탐색을 하게 된다.

미니맥스 접근 방법은 또한 적대적인 환경에서의 밴딧 문제에도 적용됐다. 이러한 문제에서는 각 팔의 보상 확률은 시간의 흐름에 따라 변하거나 때에 따라 보상을 최소화하는 방법으로 제멋대로 변할 수도 있다. 아워 외(2002)는 이러한 문제를 연구하고 경계가 정해진 후회를 발생시키는 EXP3 알고리듬을 개발했다. 관심 있는 독자는 아워 외(1995)를 참고하자.

3.2.3 휴리스틱 밴딧 전략

휴리스틱heuristic, 발견적 밴딧 전략 몇 가지를 살펴본다.

$\hat{p}_i = \alpha_i / \gamma_i$가 팔 i의 현재 보상 확률 추정치라고 하자.

- **E 그리디**E-Greedy: 확률 E로 무작위로 선택한 팔을 당기고, 확률 $1-E$로 추정 보상 확률이 가장 높은, 즉 $\arg\max_i \hat{p}_i$인 팔을 당긴다. 과도한 탐색을 줄이려면 시간의 흐름에 따라 E를 줄여야 한다. 예를 들어 n이 총 당김 횟수라면 상수 δ에 대해 $E_n = \min\{1, \delta/n\}$을 설정할 수 있다. 아워 외(2002)는 δ를 적절하게 설정하면 로그 후

회 경계를 얻을 수 있음을 밝혔다.

- **소프트맥스**^{SoftMax}: '온도^{temperature}' 매개변수 τ가 주어지면, 수식 3.14의 확률로 팔 i를 당길 수 있다.

$$\frac{e^{\hat{p}_i/\tau}}{\sum_j e^{\hat{p}_j/\tau}} \tag{3.14}$$

온도 τ가 높을 때는 $e^{\hat{p}_i/\tau} \to 1$가 되고 각 팔은 선택될 확률이 거의 같아진다. 반대로 τ가 낮으면, 확률의 대부분은 추정 보상 확률이 가장 높은 팔에 집중된다.

- **톰슨 샘플링**^{Thompson sampling}: 톰슨(1933)이 처음으로 제시한 접근법이다. 각 팔의 보상 확률을 추정하기 위해 베이지안 접근 방법을 사용한다고 하자. P_i는 팔 i의 보상 확률의 사후 분포를 나타낸다. 당길 팔을 선택하기 위해 먼저 각 팔 i의 분포 P_i에 따라 무작위로 P_i를 우선 뽑은 다음 P_i가 가장 높은 팔을 당긴다. 수식 3.2와 3.3에 있는 베타 이항 모델을 사용해 각 팔의 사후 확률을 도출할 수 있다.

- **k-편차 UCB**: UCB 기법 또한 휴리스틱 접근 방식으로 적용될 수 있다. $E[p_i]$와 $Dev[p_i]$가 팔 i의 보상 확률의 사후 분포 pi의 평균과 표준 편차를 나타낸다고 하자. 그런 다음, $s_i = E[p_i] + k \cdot Dev[p_i]$ 점수가 가장 높은 팔 i를 당긴다. k는 발견적(휴리스틱)으로 선택한다. 베타 사후 분포의 평균과 분산은 수식 3.1에서 설명하고 있다.

3.2.4 참조

베이지안 접근법을 사용하려면 많은 연산 자원이 필요하지만, 모델링 과정에서 합리적으로 가정할 경우 비교적 좋은 성과를 낼 수 있다. 반대로 미니맥스 방법은 최악 사례에서 가장 좋은 성능을 얻을 수 있지만, 평균적인 사례에서는 많은 탐색을 하게 된다. 실제로는 휴리스틱 기반 방법을 흔히 사용한다. 최악 사례나 평균 사례에서 성능이 보장되는 것은 아니지만 실행하기 간단하고 적절히 튜닝하면 괜찮은 성능을 낼 수 있다.

3.3 추천 시스템에서의 탐색 이용

추천 시스템에서의 탐색 이용 문제를 살펴보고 주요 어려움을 설명한다.

3.3.1 최고 인기 항목 추천

하나의 자리에 최고 인기 항목을 모든 사용자에게 추천해서 긍정 반응 수를 최대화하는 문제로 시작한다. 이때 모든 사용자 방문을 대상으로 사용자 정보는 전혀 고려하지 않고 같은 항목을 추천한다고 가정한다. 즉 개인별 맞춤형 추천을 하지 않는다. 최고 인기 항목 추천은 비교적 간단한 문제이지만 항목 추천에 필요한 기본적인 요소를 포함하고 있으며 (1.2절에 설명된 바와 같이) 더 복잡한 기법을 살펴보기 위한 기준이 될 수 있다.

항목 인기(반응률) 추정은 몇 가지 측면을 갖고 있다. 항목 인기를 추정할 때 모집단에 대한 대표성을 갖기에 충분한 만큼의 표본 사용자에게 각 항목을 보여주고 해당 항목의 인기를 도출하는 것이 이상적인 방법이다. 예를 들어, 아침 시간대에 수집한 데이터를 기반으로 추정한 인기 정도를 가지고 밤 시간대 사용자에게 가장 인기 있는 항목을 보여주게 되면 사용자 모집단의 차이 때문에 기대했던 것과는 다른 결과를 얻을 수 있다. 예전 시스템에서 수집한 회고 데이터를 사용할 경우 여러 가지 요소들이 인기도 추정치를 편향시킬 수 있다. 편향성을 방지하기 위해서는 칼만 필터^{Kalman} ^{filter}(Pole et al.)(1994) 또는 1.2절에서 소개했던 간단한 지수 가중 이동 평균 EWMA, Exponentially Weighted Moving Average을 사용하고 풀에 포함된 각 항목에 주어진 시간대 내에 일어난 방문 횟수의 일정 부분을 할당하는 무작위화 randomization를 통해 모은 데이터를 사용해서 인기도 추정치를 재빠르게 업데이트하는 것이 유용하다. 후보 항목과 각 항목의 반응률 모두 시간에 따라 변하기 때문에 전통적인 밴딧 전략의 최적 해답은 최고 인기 항목 추천 문제에는 적용되지 않는다. 3.2.3절에서 설명한 E 그리디 전략은 모든 항목에 대해 똑같이 무작위화하며 실행도 단순하기 때문에 좋은 출발점이 된다. 그러나 각 시간대에서 항목당 이용 가능한 표본 크기가 작은 웹 애플리케이션에서는 E 그리디 전략은 최적 해답이 될 수 없다. 다행히 각 항목의 최적 무작위화 정도는 확장된 밴딧 전략을 사용해 비교적 정확하게 계산할 수 있다. 확장된 전략은 6장에서 설명한다.

3.3.2 개인별 맞춤 추천

최고 인기 항목 추천 방법의 단순한 확장 방법은 인구 통계적 특성이나 지리적 위치 같은 특성에 따라 사용자를 대략 분류한 다음 집단별로 최고 인기 항목 추천 기법을 적용하는 것이다. 이런 접근 방식은 분류된 집단이 개략적이고 같은 집단 내 사용자의 항목 선호도가 상대적으로 비슷할 때 효과적이다. 군집화(클러스터링), 결정 트리decision tree(해스티 외(2009) 9장과 14장 참조)와 같은 기법을 통해 집단을 결정할 수 있다.

집단별 최고 인기 항목 추천 방법은 각 후보 항목을 탐색하는 데 가용한 사용자 방문 횟수가 집단별로 '충분'해서 최고 반응률을 신뢰할 수 있게 추정할 수 있을 때만 유효하다. 풀의 규모가 클 때는 개인별 맞춤 추천을 하는 것이 어렵기도 하다. 각 항목을 한 명의 사용자에게 한 번씩이라도 보여주는 것조차도 불가능하기 때문이다!

실제로는 각 시간 구간에서 항목당 가용한 표본 크기에 따라 집합의 밀도를 통제하면서 집합별 최고 인기 항목 추천을 적용하는 것은 간단하고 합리적인 접근 방법이다. 또한 더 많은 표본이 포함되도록 각 구간의 크기를 늘려서 집합의 밀도를 높일 수도 있다. 구간 크기와 집합 범위의 정확성 사이의 균형은 사례에 따라 다양한 시도를 해서 찾아야 한다.

3.3.3 데이터 희소성 문제

데이터 희소성은 많은 추천 시스템에서 겪는 가장 어려운 문제다. 데이터 희소성을 야기하는 주요 원인은 다음과 같다.

- **개인화 필요성:** 사용자 방문 분포는 꼬리 부분에 집중되는 경향이 있다. 사용자의 상당수는 산발적인(심지어 처음인) 방문자이며, 자주 방문하는 사용자는 일부다. 자주 방문하는 사용자를 대상으로는 맞춤 정도 심도 있게 하고 산발적인 방문자에 대해서는 부분화된 최고 인기 항목 추천 방법을 적용하는 방법이 가장 이상적이다. 표본 크기가 이런 이질성이 있을 때 개인화 실행을 위한 탐색 이용 전략을 반드시 개발해야 한다.
- **크고 동적인 항목 풀:** 각 사용자의 독특한 관심사를 충족하기 위해서는 항목 풀이 충분히 커야 한다. 항목은 일반적으로 시간에 민감하며 항목에 대한 사용자 흥미는 보통 시간에 따라 쇠퇴한다. 실제로 어떤 시점에서 각 항목에 대한 반응률을 추정하는 데 사용할 수 있는 데이터는 많지 않을 수 있다.

3.4 데이터가 적은 상황에서의 탐색 이용

3.4절에서는 데이터 희소성 문제에 대처하기 위해 이 책에서 소개하는 통계적 방법을 개발하는 데 사용할 핵심 개념을 살펴본다. 먼저 사용자와 항목의 특성에 따라 유사한 집합을 만들어서 차원 수를 줄인 다음(3.4.1절), 차원 감소와 탐색 이용을 결합하게 된다(3.4.2절). 차원 감소와 탐색 이용을 조합하는 것이 이상적이지만, 최적의 해답을 찾기는 어려울 수 있다. 실제로는 휴리스틱 기법이 자주 사용된다. 시간에 민감한 항목을 위해서는 최신 사용자 피드백을 갖고 온라인에서 지속해서 모델 매개변수를 업데이트하고 신속한 모델 융합을 촉진하기 위해 온라인 모델을 초기화하는 것 또

한 중요하다.

3.4.1 차원 축소 기법

추천 문제를 위해 실제로 많이 사용되는 대표적인 차원 축소 접근 방법 몇
가지를 살펴보자.

계층을 통한 집합 분류: 사용자 및 항목이 계층적으로 구성된 경우가 있다.
사용자가 사는 도시는 어떤 주에 속해 있으며, 그 주는 어떤 나라에 속해
있는 것처럼 말이다(그림 3.1).

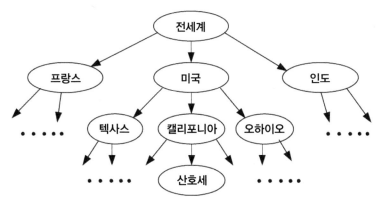

그림 3.1 지리적 계층도 예시

계층 구조가 없을 때는 계층 클러스터링^{hierarchical clustering}이나 결정 트리 학
습(해스티 외(2009), 9장과 14장 참조) 기법을 적용해서 데이터에서 계층 구조
를 자동으로 만들어낼 수 있다.

사용자별로 항목마다 탐색 이용하는 대신 개략적인 사용자 집단별로 개략
적인 항목 범주를 탐색 이용하는 것으로 시작해서 더 많은 데이터를 수집
해 가면서 더 세밀하게 분류된 사용자 집단과 항목으로 점차 옮겨갈 수 있
다. 코치시와 세베츠이(Kocsis and Szepesvari)(2006), 판데이 외(Pandey et al.)
(2007)에서 관련 예제를 찾을 수 있다.

선형 추정linear projections**을 통한 차원 축소:** 일반화된 선형 모델 프레임워크 (Nelder and Wedderburn)(1972)를 사용하는 방법이다. 인구 통계적, 지리적, 또 정보 검색과 같은 행동 정보 등 사용자 특성 정보를 풍부하게 확보한 경우가 많다. 사용자 i의 특성 벡터를 $x_i = (x_{i1}, \ldots, x_{iM})$라고 해보자. 숫자 M은 일반적으로 매우 크다(천 단위 또는 백만 단위). 일반화된 선형 모델은 사용자 i가 항목 j에 관해 보이는 반응률은 특성 $x'_i\beta_j$와 각 항목 j에 대해 알려지지 않은 계수 벡터 β_j간의 선형 조합으로 된 단조함수monotone function이고 사용자 간의 항목 상호작용 데이터를 이용해서 예측할 수 있다. 각 항목 j는 각 항목의 독특한 행동을 모델링하기 위한 자신만의 계수 벡터 β_j를 가지고 있음을 주목해야 한다. 모델은 각각의 (사용자, 항목) 조합별로 반응률을 추정하지 않고 각 항목에 관한 M 계수만 추정하도록 해서 할 일을 줄여주긴 하지만 M이 크면 여전히 많은 연산이 필요하다. 이때 선형 투영 행렬 B를 통해서 β_j를 저차원 공간으로 투영시킨다. 즉 θ_j의 차원 수가 적다고 하고 $\beta_j = B\theta_j$가 되도록 하는 것이다. 투영 행렬 B는 주성분 분석PCA, Principal Component Analysis(해스티 외(2009) 14장 참조) 또는 사용자 특성을 가지고 하는 단일 값 분석(2.1.2절)을 사용해 비지도 형태로 추정할 수 있다. 비지도 방법보다는 좋은 성과를 내는 추가적인 클릭 피드백 정보를 활용한 지도 방법이 있으며 관련 내용을 7장에서 소개한다.

협력 필터링을 통한 차원 축소: 일반적인 추천 시스템에서는 추천 모듈과 자주 상호작용을 하는 사용자가 일부 있다. 그러한 사용자는 자신의 과거 상호작용 정보만을 갖고도 항목 선호도에 영향을 직접 주는 특성을 도출할 수 있다. 2.4절에서 설명한 바와 같이 협력 필터링 같은 기법을 사용해 상호작용 횟수가 적은 사용자를 대상으로도 그런 특성을 도출할 수 있다. 예를 들어 전체 사용자 모집단 데이터를 기반으로, '항목 A를 좋아하는 사용자는 항목 B도 좋아한다'와 같은 관련성을 추정할 수 있다. 관련성이 강할수록 유효 차원 수는 더 작아진다. 관련성은 모든 사용자-항목 페어별 반응률의 결합 분포 범위를 어느 정도 제약하기 때문이다. 이런 방법은 다른 사용자와 항목 특성이 없는 상황에서도 실제로 효과가 있다(Pilaszy' and Tikk)(2009), (Das et al.)(2007).

요인 모델factor models에 기반을 둔 협력 필터링 방법이 현재 최고의 성능을 내고 있다(Koren et al.)(2009). 개념은 사용자 i와 항목 j를 같은 유클리드 Euclidean 공간에서 두 개의 지점 u_i와 v_j로 매핑하는 것이다. 지점 u_i와 v_j는 데이터에서 학습해야 하며 각각 사용자 요소 벡터와 항목 요소 벡터로 불린다. 그런 다음 사용자-항목 선호도는 u_i와 v_j의 내적 $u_i'v_j$로 구하게 된다. 이것이 둘 사이의 유사성 측정치다. 벡터 u_i와 v_j의 각 차원을 하나의 '집합'으로 생각할 수 있으며 벡터 u_i와 v_j의 k번째 차원 값은 사용자와 항목이 k번째 집합에 속할 경향을 나타낸다. 명시적인 관심 범주와 달리, 집합은 잠재적이며 회고적 데이터로부터 추정된다. 많지 않은 (몇십 또는 몇백) 요소를 사용했을 때도 일반적으로 좋은 성능을 얻을 수 있다.

3.4.2 차원 축소를 활용한 탐색 이용

차원 축소를 통해 맞춤형 추천에 필요한 최적의 탐색 이용 해답을 얻기는 어렵다. 3.2.3절에서 설명한 휴리스틱 전략이 실제로는 자주 사용된다. 일부 조정은 필요할 수도 있다. 사용자가 항목 i에 보일 반응률 추정값 $\hat{p}_i$(밴딧 문제에서 보상 확률)는 항목에 반응한 횟수를 세어서 계산하지 않고 3.4.1절에서 설명한 맞춤형 모델을 사용해서 계산하게 된다. 이런 변화로 인해 E 그리디와 소프트맥스를 맞춤형 추천에 쉽게 적용할 수 있다. 랭포드와 장(Langford and Zhang)(2007), 카카디 외(Kakade et al.)(2008)에서 몇 개의 사례를 소개하고 있다. 맞춤형 모델이 관찰된 데이터를 가지고 사용자별 각 항목 반응률의 사후 분포를 예측할 수 있다면 톰슨 샘플링과 k편차 UCB 또한 적용될 수 있다. 리 외(Li et al.)(2010)에서 관련 사례를 소개하고 있다.

실무에서는 반응률 추정의 불확실성을 탐색 이용에 고려하는 톰슨 샘플링과 k편차 UCB가 그렇지 않은 E 그리디와 소프트맥스보다 유용하다. 톰슨 샘플링과 k편차 UCB의 경우 성공의 열쇠는 적절한 통계 모델을 사용해 반응률의 (단순히 평균만이 아닌) 사후 분포를 정확히 추정하는 것이다.

3.4.3 온라인 모델

항목이 시간에 민감하고 수명이 짧은 추천 문제가 많다. 뉴스 추천에서 속보 기사는 몇 시간 안에 수명이 다하고 상관이 없어지게 되는 것처럼 말이다. 시간에 민감한 항목의 반응률을 추정하는 모델은 최신 사용자 피드백을 갖고 자주 업데이트돼야 한다. 온라인 모델의 매개변수는 초깃값으로 우선 설정된 후 새로운 데이터를 이용해서 가능할 때마다 계속해 매개변수를 계속 업데이트하게 된다. 예를 들어 요인 모델에서는 사용자 요인 추정치 u_i가 항목 v_j의 추정치보다 더 안정적이라고 가정한다고 해보자. 이때는 v_j만 온라인 방법 즉, 계속해서 업데이트할 필요가 있다. 베이지안 관점에서는 항목 j에 대한 클릭 피드백 정보 없이 평균 μ_j와 일정한 분산을 활용해 v_j의 사전 분포를 상정한다. 피드백(클릭 또는 클릭되지 않음)을 받은 후 v_j의 사전 분포를 업데이트해서 사후 분포를 얻는다. 이렇게 얻은 사후 분포는 후속 업데이트의 사전 분포로 사용된다. 상세한 설명은 7.3절을 참조하자. 영화 추천과 같이 항목이 시간에 민감하지 않은 사례는 자주 업데이트를 하는 것이 효과를 높여주지 않을 수도 있다.

새로 등록되거나 클릭 피드백 정보가 거의 없는 항목 j의 경우 반응률을 예측하는 것은 사전 평균 μ_j, 즉 초기 추정치에 전적으로 의존한다. 단순하게 모든 항목의 μ_j를 모든 사용자에게 같은 값, 예를 들어 0으로 설정할 수도 있다. 더 좋은 방법은 항목 j의 특성 벡터 z_j를 갖고 항목 요소 v_j를 $v_j = D'z_j + \eta_j$로 초기화하는 것이다. D는 회귀 계수 행렬이고 η_j는 항목 특성을 갖고 포착되지 않은 항목 특유의 기이성을 학습한 수정 변수다. 직관적으로 항목 요소 벡터 v_j는 항목 특성 z_j에 기반한 회귀 $D'z_j$로 먼저 예측하게 된다. 회귀 결과 v_j는 (숫자가 아닌) 벡터여서, 회귀 계수는 (벡터가 아닌) 행렬 D로 표현된다. 클릭 피드백이 거의 없는 새로운 항목은 주로 이러한 특성 기반 회귀를 통해 항목 요인을 도출하게 된다. 그러나 항목 특성을 항상 이렇게 추측해야 하는 것은 아니다. 클릭 피드백 정보가 풍부한 항목이라면, 수정 변수 n_j를 사용해 특성으로는 포착하지 못하는 신호를 포착해서 특성 요인을 더 정확히 추정할 수 있다. 사용자 요인도 비슷한 방식으로 접근할 수 있다. 자세한 설명은 8장에서 살펴본다.

3.5 요약

3장을 한 문장으로 정리하면 '대부분의 웹 추천 문제의 목표는 사용자와 항목 간의 긍정적인 상호작용을 나타내는 어떤 측정지표를 최대화하는 것'이다. 거의 모든 얘기의 초점은 지도 학습 기법을 활용한 그런 측정지표의 예측 정확성을 개선할 방법에 관한 것이었지만 추천 문제를 지도 학습 문제로만 볼 수는 없다. 실제로는 탐색 이용에 관한 문제다. 하지만 지도 학습 기법은 이런 탐색 이용 문제의 차원 수를 줄이는 데 기여하며, 주어진 상황에서 어떤 사용자에게 가장 좋은 항목을 신속하게 선정하는 데 도움을 준다. 실사용에서는 지도 학습 방법을 전통적인 멀티 암드 밴딧 전략과 계층적으로 결합하는 간단한 방법이 좋은 효과를 낼 수 있다. 다차원 탐색 이용 문제를 위한 더 좋은 방법의 개발은 지금도 활발히 연구되고 있는 분야다.

연습문제

1. 각각 CTR이 p_1과 $p_1 + \delta(> 0)$인 두 개의 항목이 있는 최고 인기 항목 추천 문제를 생각해보자. 하나의 항목은 n번, 다른 항목은 kn번$(k > 0)$ 보였다고 가정하자. 같은 사전 값을 가진 베타 이항 분포를 사용해 n = 5, 10, 15에 대해 k와 δ의 함수로서 첫 번째 항목이 두 번째 항목보다 좋을 사후 확률을 계산해보자. 관찰 내용을 요약해보자.

04
평가 방법

추천 시스템에 사용할 통계 기법을 개발한 후에는 다양한 상황에서 성능 측정지표를 통해 성능을 평가해 보는 것이 중요하다. 넓게 봐서 평가를 크게 두 가지 유형으로 분류할 수 있는데, 추천 알고리듬, 더 정확히는 알고리듬에 사용된 모델이 사용자에게 배포됐는지에 따라 다음과 같이 나눌 수 있다.

1. **배포 이전 오프라인 평가:** 새로운 모델은 실제 사용자에게 배포되기 전에 기존 베이스라인^{기준, baseline} 모델에 비해 상당한 성능 향상을 확실하게 보여줘야 한다. 오프라인 평가란, 실제 사용자 방문에 새 모델을 테스트하기 전, 모델의 잠재적 가능성을 정확하게 확인하기 위해 과거(역사적) 데이터로 다양한 성능 측정지표를 측정하는 과정이다. 오프라인 평가를 수행하려면 과거 사용자-항목 상호작용을 기록한 데이터를 시스템에 등록해야 한다. 모델 간의 비교는 그러한 데이터에 기반해 다양한 오프라인 측정지표를 측정해서 수행된다.

2. **배포 이후 온라인 평가:** 온라인 평가란 오프라인 측정지표 결과를 봤을 때 모델 성능이 희망적이면 모델을 소수의 실제 사용자 방문에 테스트하는 과정을 말한다. 온라인 평가를 할 때 일반적으로 무작

위 온라인 실험을 한다. 웹 애플리케이션에서 A/B 테스트 또는 버킷 테스트라고도 하는 무작위 실험은 새로운 기법을 기존의 베이스라인과 비교하는 방식으로 이뤄진다. 여기에서는 무작위로 선정한 사용자 또는 방문 집합을 각각 처리 버킷treatment bucket과 제어 버킷control bucket으로 지정하게 된다. 보통 처리 버킷을 제어 버킷보다 작게 한다. 처리 버킷은 사용자에게 테스트 대상인 새로운 추천 모델을 적용하지만, 제어 버킷은 사용자에게 현재의 모델을 적용하기 때문이다. 일정 시간 동안 이런 버킷 테스트를 수행한 후에 각 버킷에서 수집된 데이터로 계산된 측정지표를 비교해서 모델 성능을 측정한다.

4장에서는 추천 모델의 성능을 측정하는 여러 방법과 각각의 장단점을 알아본다. 4.1절에서 과거 등급 데이터를 사용해 아웃 오브 샘플 즉, 표본에 포함되지 않은 새로운 데이터 대상 예측 정확성을 측정하는 전통적인 오프라인 평가 측정지표를 살펴보면서 출발한다. 등급ratings이라는 용어는 넓은 의미로 사용되며 영화에서의 별 등급과 같은 명시적인 등급뿐만 아니라 추천 항목에 대한 클릭과 같은 암시적 등급(반응) 모두를 포함한다. 4.2절에서 온라인 평가 방법을 논의하면서 성능 측정지표와 온라인 버킷 테스트를 올바르게 수행하는 방법을 설명한다. 모델의 온라인 성능을 개선하는 것이 궁극적인 목표다. 그러나 성능이 떨어지는 모델은 사용자 경험에 심각한 영향을 미칠 수 있기 때문에 온라인 평가를 하게 되면 어느 정도 손실이 발생할 수밖에 없다. 온라인 성능 측정지표 예상치 계산에 오프라인 평가를 이용할 수 있을까? 불행하게도 항상 그렇지는 않다. 4.3절과 4.4절에서 시뮬레이션과 리플레이를 통해 상황 속에서 괴리를 줄이는 오프라인 기법 두 가지를 설명한다.

4.1 전통적 오프라인 평가

사용자 i가 항목 j에 부여할 등급을 예측하는 추천 모델은 예측 모델이어서 보이지 않은 등급, 즉 아직은 관찰되지 않은 사용자-항목 페어pair의 등급을 추정하는 아웃 오브 샘플 예측 정확성이 자연스러운 측정지표가 될 수 있다. 2.3.1절에서 논의한 비지도 기법과 같은 다른 유형의 추천 모델의 경우 목표는 등급 예측이 아니다. 그러한 모델에서는 모델의 등급 선정 성능을 측정하는 측정지표가 유용하다. 사실 등급 선정 성능 측정지표는 훨씬 광범위한 상황에서 유용하게 사용된다. 왜냐하면 많은 추천 문제의 목표는 (예측 모델, 비지도 기법 모두) 점수에 따라 항목의 등급을 매기는 것이기 때문이다. 상대적인 척도에 따라 항목 순위를 적절하게 매길 수 있는 한, 굳이 사용자별 절대적인 등급을 정확하게 예측할 필요는 없다.

오프라인 평가는 과거 항목에 사용자가 부여한 관찰된 등급에 기반을 둔다. 관찰되지 않았거나 예측된 등급과 차별화하기 위해 이것을 관찰된 등급이라는 용어로 표현한다. 모델의 아웃 오브 샘플 정확성이나 랭킹(등급산정) 성능을 측정하기 위해 먼저 관찰된 등급을 학습 세트와 테스트 세트로 분할한 다음 테스트 세트에 있는 자료로 다양한 상황에서 아직 관찰되지 않은 등급을 '시뮬레이션'하기 위한 적절한 방법을 사용한다. 데이터-분할 방법을 소개한 후에 4.1.2절에서 보편적으로 사용하는 정확성 측정지표를, 4.1.3절에서는 많이 사용하는 랭킹 측정지표를 살펴본다.

4.1.1 데이터 분할 방법

4.1.1절에서는 관찰된 등급을 두 개로 즉, 학습 세트와 테스트 세트로 분할하는 방법을 설명한다. 알려지지 않은 모든 모델 매개변수는 학습 세트에 있는 데이터만 사용해서 추정돼야 한다. 추정된 모델은 테스트 세트를 대상으로 한 예측 등급과 랭킹 결과를 종합해 테스트 세트 정확성을 계산하는 데 사용된다. 설명의 편의를 위해 계산할 측정지표가 기본적으로 '정확

성'이라고 가정한다. 다음에서 설명하는 데이터-분할 방법을 적용해서 랭킹 측정지표를 계산하는 과정은 직관적이다. 아직 정확성과 랭킹 측정지표를 구체적으로 설명하지 않았으므로 지금은 학습 세트와 테스트 세트를 기반으로 추천 모델의 성능을 측정한 수를 리턴하는 함수라고만 알아두자.

분할 방법: 지도 학습 과업에서 데이터를 학습 세트와 테스트 세트로 분할하는 방법은 모델 성능을 평가하기 위해 많이 사용하지만, 구체적인 분할 방법은 사용하려는 추천 모델의 특성에 따라 달라진다. 다음은 데이터를 분할하는 여러 가지 방법을 설명하고 각 방법의 특징을 설명한다.

- **무작위 분할:** 관찰된 등급의 일정 비율(P%)을 무작위로 선택해 학습 세트를 만들고 관찰된 등급 중 나머지(100 − P)는 테스트 세트로 만든다. 무작위 분할은 통계 모델의 예측 정확성을 측정하는 하나의 표준적인 방법이다. 그러나 실제 시스템에서 추천 모델의 기대 성능을 추정하는 데 적절하지 않을 수 있다. 가령, 어떤 사용자(또는 항목)가 오래 전에 준 등급이 테스트 세트에 포함되고 사용자(또는 항목)가 준 새로운 등급이 학습 세트에 포함될 수 있다. 이때, 모델은 결국 미래 등급을 사용해 과거 등급을 예측하는 것것인데, 실제로 예측이 그렇게 진행되는 경우가 없다. 그러나 통계 모델의 예측 정확성만 측정하고자 한다면 무작위 분할도 적절한 방법이 될 수 있다. 무작위 분할의 장점은 여러 번 쉽게 할 수 있으며 서로 다른 학습 테스트 분할에서 얻어진 정확성 수치의 분산을 계산할 수 있다는 것이다.
- **시간 기반 분할:** 사용자가 항목의 등급을 매기는 시간을 기록한다면 특정 시점 이전에 관찰된 등급 데이터로 학습 세트를 만들고 나머지를 사용해 테스트 세트를 만드는 방법으로 데이터를 분할할 수 있다. 시간 기반 분할을 하면 미래의 데이터를 기반으로 과거를 예측하는 문제가 생기는 것을 막아주기 때문에 실제 적용 상황에서 모델의 성능을 파악하는 데 좋은 분할 방법이 될 수 있다. 무작

위 분할과 달리 분할 시점에 따라 학습 테스트 분할이 달라지다 보니 같은 비율로 학습(혹은 테스트) 데이터가 나눠진 학습 테스트 분할을 여러 개 만드는 데 시간 기반 분할을 사용할 수는 없다. 그래도 부트스트랩 샘플링^{bootstrap sampling}(Efron and Tib-shirani)(1993)을 통해 이러한 분할 방법에서 모델 정확성의 분산을 추정할 수 있다. 학습 테스트 분할을 한 후 원래의 학습 세트와 테스트 세트에서 무작위 샘플링을 통해 얻은 학습 및 테스트 데이터를 대체해서 여러 버전의 학습 세트와 테스트 세트를 얻을 수 있다.

- **사용자 기반 분할:** 아직 어떤 항목에도 등급을 주지 않은 새로운 사용자 대상 모델의 정확성을 파악하는 것이 목표라면 P 퍼센트의 사용자 및 그들이 준 등급을 무작위로 선택해서 학습 세트를 만들고, 나머지 (100 − P) 퍼센트 사용자의 등급으로 테스트 세트로 만들 수 있다. 사용자 기반 분할은 테스트 세트에 포함된 사용자에 관해 모델이 사용할 수 있는 어떤 과거 등급 데이터도 없는 시나리오를 시뮬레이션한다. 그러므로 테스트 세트 정확성은 새로운 사용자가 선정할 등급을 예측하는 모델의 능력을 측정하게 된다. 무작위 분할 방법과 유사하게 쉽게 여러 개의 학습 테스트 분할을 해서 분할 방법을 사용한 모델 정확성의 분산을 평가할 수 있다.

- **항목 기반 분할:** 아직 어떤 등급도 주어지지 않은 새로운 항목 대상 모델 정확성을 이해하는 것이 목표라면 항목들을 분할해 학습 항목 세트와 테스트 항목 세트를 만들 수 있다. 학습 항목에 관한 모든 등급은 학습 세트에 속하고, 테스트 항목에 관한 모든 등급은 테스트 세트에 속하게 된다. 마찬가지로 복수의 학습 테스트 분할이 쉽게 이루어질 수 있다.

교차 검증: 복수의 학습 테스트 분할을 할 필요가 있을 때 각 관찰 등급이 테스트 세트 정확성 계산에 정확히 한 번 사용되는 것을 보장하기 위해서 n 폴드^{n-fold} 교차 검증이 유용한 방법이다. 무작위 분할에 교차 검증을 적

용하는 방법을 설명하지만, 사용자 기반 분할과 항목 기반 분할에도 유사하게 적용할 수 있다. n 폴드 교차 검증은 다음과 같이 이뤄진다.

- 관찰된 등급을 개략적으로 동일한 크기의 파티션(집합)으로 무작위로 분할한다.
- 1부터 n까지의 k에 대해, 다음을 수행한다.
  - k번째 파티션을 테스트 세트로 하고 나머지 $(n-1)$개의 파티션을 합쳐서 학습 세트로 취급한다.
  - 학습 세트를 사용해 모델을 훈련하고 테스트 세트를 사용해 정확성 측정지표를 계산한다.
- n개의 파티션별 정확성 수치의 평균으로 최종 정확성 추정치를 얻는다. 분산 및 표준 편차 역시 n개의 파티션별 정확성 수치에서 계산할 수 있다.

튜닝 세트: 모델 피팅fitting 알고리듬은 그것이 추정하지는 않지만, 알고리듬에 중요한 입력 값이 되는 몇 개의 튜닝 매개변수를 갖고 있는 것이 일반적이다. 튜닝 매개변수는 피팅 알고리듬이 어떻게 일반 모델 매개변수를 결정하는지에 영향을 미칠 때가 많다. 예를 들어, 정규화 매개변수(예: 수식 2.15에서의 λ, 수식 2.24에서의 λ_1과 λ_2)는 보통 튜닝 매개변수로 취급한다. 행렬 인수 분해에서의 잠재적 차원의 수가 여기에 해당한다. SGD 기법에서의 스텝 크기step size(예: 수식 2.29에서의 α)도 다른 예로 볼 수 있다. 일반적으로 실무에서 테스트 세트 대상 정확성에 기반해 여러 튜닝 매개변수 설정을 비교해서 가장 좋은 테스트 세트 정확성을 보이는 설정을 사용하는 것은 좋은 방법이 아니다. 튜닝 매개변수를 추정한 후 테스트 세트를 사용해 얻는 최고 테스트 세트 정확성 값은 언제나 낙관적으로 측정되며 관찰되지 않은 등급을 대상으로 모델이 보일 실제 정확성을 과대평가하게 된다. 간단한 예로 등급을 무작위적으로 예측하는 모델을 생각해보자. 테스트 세트를 대상으로 모델을 여러 번 실행하고 모든 시도 중 최고의 테스트

세트 정확성을 보고한다면 시도 횟수가 늘어날수록 모델 성능은 더 좋아질 것이다. 여기에서 각 시도를 모델 성능에 실제로 전혀 영향을 미치지 않는 튜닝 매개변수 설정으로 여길 수 있다. 테스트 세트가 크고 튜닝 매개변수 설정 수가 작으면 이러한 낙관적인 추정이 심각한 문제가 되지 않을 수 있다. 그래도 학습 세트를 두 부분으로 더 분할하는 것이 좋은 습관이다. 하나는 튜닝 세트, 남은 부분은 계속 학습 세트라고 한다. 학습 세트는 모델 매개변수를 결정하는 데 사용하고, 튜닝 세트는 튜닝 매개변수의 좋은 설정을 선택하는 데 사용한다. 마지막으로, 테스트 세트를 사용하지 않고 있다가 모든 미지의 변수를 확정한 후 가장 좋은 설정을 가진 모델에 테스트 세트를 적용하고 모델의 정확성을 측정한다. 절차는 다음과 같다.

- 튜닝 매개변수의 각 설정 s에 대해 다음과 같이 한다.
  - 튜닝 매개변수 설정 s와 학습 세트를 사용해 모델을 피팅한다.
  - 튜닝 세트를 사용해 결과 모델의 정확성을 측정한다.
- s^*가 가장 높은 튜닝 세트 정확성을 보인 가장 좋은 튜닝 매개변수 설정을 나타낸다고 하자.
- 튜닝 매개변수 설정 s^*와 학습 세트(혹은 학습 세트와 튜닝 세트를 합쳐서)를 사용해 모델을 피팅한다.
- 테스트 세트를 사용해 피팅된 모델의 정확성을 측정한다.

위의 과정에 교차 검증은 사용되지 않는다. 교차 검증을 적용해 학습 튜닝 분할을 하고 튜닝 매개변수의 가장 좋은 설정을 찾아내는 과정은 직관적으로 적용 가능할 것이다.

4.1.2 정확성 측정지표

테스트 세트에 포함된 (사용자 i, 항목 j) 페어들을 Ωtest라고 하자. 앞에서와 마찬가지로 y_{ij}가 사용자 i가 항목 j에 준 관찰된 등급을 나타내고 $\hat{y}_{ij}$가 모델이 예측한 등급을 나타내도록 한다. 정확성은 여러 가지 방법으로 측정할 수 있다.

- **평균 제곱근 오차**^{root mean squared error}: 숫자로 표시되는 등급은 예측 등급과 관찰된 등급 간의 평균 제곱근 오차^{RMSE}가 자주 사용되는 정확성 측정지표다.

$$\text{RMSE} = \sqrt{\frac{\sum_{(i,j)\in\Omega^{\text{test}}}(y_{ij} - \hat{y}_{ij})^2}{|\Omega^{\text{test}}|}} \qquad (4.1)$$

넷플릭스^{Netflix} 대회에서 RMSE를 정확성 측정지표로 선정한 사실 때문에 최근에 특히 인기가 높다.

- **평균 절대 오차**^{mean absolute error}: 숫자 등급에 자주 사용하는 또 다른 측정지표는 평균 절대 오차^{MAE}다.

$$\text{MAE} = \frac{\sum_{(i,j)\in\Omega^{\text{test}}}|y_{ij} - \hat{y}_{ij}|}{|\Omega^{\text{test}}|} \qquad (4.2)$$

- **정규화 Lp 놈**^{normalized Lp norm}: MAE와 RMSE는 각각 정규화 L_p놈의 유형으로 각각 $p=1$ 또 $p=2$일 때를 나타낸다.

$$\text{정규화 } L_p \text{ 놈} = \left(\frac{\sum_{(i,j)\in\Omega^{\text{test}}}|y_{ij} - \hat{y}_{ij}|^p}{|\Omega^{\text{test}}|}\right)^{1/p} \qquad (4.3)$$

p 값이 커질수록 오차가 큰 (사용자, 항목) 페어에 더 불리해진다. 극단적으로 무한대로 늘어나면 $L\infty = \max_{(i,j)\in\Omega^{\text{test}}}|y_{ij} - \hat{y}_{ij}|$가 된다. 실무에서는 MAE와 RMSE가 광범위하게 사용된다.

- **로그 우도**: 사용자가 어떤 항목에 긍정적으로 반응할 확률(예: 클릭 비율)을 예측하는 모델은 (학습 세트가 아닌) 테스트 세트를 대상으로 한 모델의 로그 우도가 유용한 정확성 측정지표가 될 수 있다. $\hat{p}_{ij}$는 사용자 i가 항목 j에 긍정적으로 반응할 예상 확률을 나타내고 $y_{ij} \in \{1, 0\}$은 사용자 i가 항목 j에 실제로 긍정적으로 반응할

지 여부를 나타낸다고 하자. 그러면 수식 4.4가 성립한다.

$$\text{Log-likelihood} = \sum_{(i,j) \in \mathbf{\Omega}^{\text{test}}} \log \text{Pr}(y_{ij} \mid \hat{p}_{ij})$$

$$= \sum_{(i,j) \in \mathbf{\Omega}^{\text{test}}} y_{ij} \log(\hat{p}_{ij}) + (1 - y_{ij}) \log(1 - \hat{p}_{ij})$$

$$(4.4)$$

정확성 측정지표는 예측 모델에 사용하는 기본적 평가 측정 방법이다. 새로운 예측 모델을 기존 모델과 비교할 때, 새로운 모델이 기존 모델보다 과거 데이터를 대상으로 더 높은 정확성을 보이도록 하는 것은 좋은 출발점이다. 그러나 다음과 같은 한계가 있어 정확성 측정 지표에만 전적으로 의존하면 안 된다.

- **랭킹 성능 측정에 적합하지 않음:** 대부분의 시스템에서 최고 항목 몇 개만 사용자에게 추천된다. 높은 등급이 매겨질 가능성이 있는 항목에 대한 정확성이 낮은 등급 항목에 대한 정확성보다 상대적으로 중요하다. 예를 들어 이진 반응 문제에서 낮은 반응률을 추정할 때 발생하는 비교적 큰 오차는 성능에 많은 영향을 미치지 않을 수 있다. 낮은 반응률을 가진 항목과 높은 반응률을 가진 항목 사이에는 큰 차이가 있을 수 있기 때문이다. 전통적인 정확성 측정 지표는 항목의 순위를 고려해서 각 오차에 적절한 가중치를 부여하지 않는다.

- **정확성 개선을 실제 시스템 성능 향상과 연관 짓기 어려움:** 모델 정확성 개선은 보통 고무적인 신호가 된다. 그러나 오프라인 정확성 향상이 실제 온라인 시스템에서의 성능 향상으로 반드시 이어지는 것은 아니다. 가령, 만약 모델의 RMSE가 0.9에서 0.8로 좋아졌다고 해서 추천 시스템이 얼마만큼이나 개선될 것인지 또는 모델의 로그 우도가 10% 개선됐다고 얼마나 더 많은 클릭을 얻을 수 있는지를 말하기 어렵다.

4.1.3 랭킹 측정지표

추천 문제는 보통 랭킹(순위 매김) 문제다. 어떤 모델이 높은 등급을 받을 항목을 나머지 항목보다 상대적으로 얼마나 잘 선정할 수 있는가에 따라 모델을 평가하는 것이 유용하다. s_{ij}가 모델이 특정 (사용자 i, 항목 j) 페어에 부여하는 점수를 나타낸다고 하자. 그러한 점수가 여러 항목에 사용자가 가질 친밀도에 따라 항목의 순서를 정하는 데 사용할 수 있다면 실제 점수와 등급이 같은 척도를 가질 필요는 없다. 앞에서와 같이 y_{ij}로 사용자 i가 항목 j에 주는 관찰된 등급을 나타내도록 하고 그 관찰된 등급(더 정확하게는 해당 등급을 주는 것으로 관찰한 사용자–항목 페어)을 학습 세트와 테스트 세트로 분할한 후 테스트 세트로 사용해 랭킹 측정지표를 측정한다.

먼저 글로벌 랭킹 측정지표를 살펴보자. 모델이 예측한 점수에 따라 전체 테스트 세트의 순위가 정해지고 높은 등급을 가진 사용자–항목 페어가 낮은 등급의 페어보다 높은 순위가 매겨지는 정도를 측정한다. 그 후 로컬 랭킹 측정지표를 살펴본다. 여기에서는 개인 사용자별로 항목의 순위를 정하고 그 사용자를 대상으로 높게 순위가 매겨진 항목이 낮은 등급을 받은 항목보다 순위가 높은 정도를 측정한 다음 모든 사용자의 평균을 구하게 된다.

글로벌 랭킹 측정지표: 관찰된 등급 y_{ij}가 이진 문제 즉, 두 가지 중 하나에 해당하는 문제이거나 (예: 클릭 여부) 이진 문제로 변환될 수 있는(예: 어떤 등급이 기준보다 크면 긍정으로, 그 외의 경우 부정으로 취급) 추천 문제를 갖고 출발한다. Ω_+^{test}가 긍정 등급이 매겨진 테스트(사용자 i, 항목 j) 페어를, Ω_-^{test}가 부정 등급을 받은 페어를 나타낸다고 하자. 어떤 임계치 값 θ가 주어졌다면 $s_{ij} > \theta$인 (i, j) 페어는 예측 긍정 페어, $s_{ij} \le \theta$인 (i, j) 페어는 예측 부정 페어가 된다.

표 4.1 *TP, TN, FP, FN* 정의

$$TP(\theta) = |\{(i, j) \in \Omega_+^{\text{test}} : s_{ij} > \theta\}|,$$

참 긍정 사용자–항목 페어의 수

$$TN(\theta) = |\{(i, j) \in \Omega_-^{\text{test}} : s_{ij} \leq \theta\}|,$$

참 부정 사용자–항목 페어의 수

$$FP(\theta) = |\{(i, j) \in \Omega_-^{\text{test}} : s_{ij} > \theta\}|,$$

거짓 긍정 사용자–항목 페어의 수

$$FN(\theta) = |\{(i, j) \in \Omega_+^{\text{test}} : s_{ij} \leq \theta\}|,$$

거짓 부정 사용자–항목 페어의 수

표 4.1에서 $TP(\theta)$, $TN(\theta)$, $FP(\theta)$, $FN(\theta)$ 등을 정의한다. 다음은 이러한 수치를 기반으로 많이 사용하는 몇 개의 측정지표다.

- **정밀도–재현률**^{precision-recall} **곡선**(P–R): 모델의 P–R 커브는 θ를 마이너스 무한대에서 플러스 무한대까지 옮겨가면서 얻는 2차원 곡선이다. 특정 θ일 때 곡선 위의 지점은 ((Recall(θ), Precision (θ))가 된다. 정밀도와 재현률은 수식 4.5와 같이 계산된다.

$$\text{Precision}(\theta) = \frac{TP(\theta)}{TP(\theta) + FP(\theta)}$$

$$\text{Recall}(\theta) = \frac{TP(\theta)}{TP(\theta) + FN(\theta)} \tag{4.5}$$

- **수신자 조작 특성 곡선**^{Receiver operating characteristic curve}: 모델의 수신자 조작 특성 (ROC) 곡선 또한 θ를 마이너스 무한대에서 플러스 무한대까지 옮겨가면서 얻는 2차원 곡선이다. 특정 θ일 때 곡선 위의 지점은 (($FPR(\theta)$, $TPR(\theta)$)가 된다. FPR과 TPR은 수식 4.6과 같이 계산된다.

$$TPR(\theta) = \frac{TP(\theta)}{TP(\theta) + FN(\theta)} \quad \text{즉, 참 긍정 비율}$$

$$FPR(\theta) = \frac{FP(\theta)}{FP(\theta) + TN(\theta)} \quad \text{즉, 거짓 긍정 비율} \tag{4.6}$$

무작위 s_{ij} 점수를 결과로 제공하는 무작위(랜덤) 모델은 ROC 곡선은 (0,0)에서 (1,1)까지의 직선이 된다는 것을 쉽게 알 수 있다.

- **ROC 곡선 아래 면적**^{AUC, Area Under the ROC Curve}: P–R 곡선과 ROC 곡선 모두 2차원 도표가 된다. 모델의 성능을 하나의 숫자로 요약하는 것이 유용할 때가 있다. AUC는 곡선 아래 면적을 계산해서 ROC 곡선을 요약하는 데 널리 사용되는 측정지표다. 범위는 0부터 1까지가 되고 값이 클수록 좋은 성능을 나타낸다. 무작위 모델의 AUC는 0.5가 된다.

모델의 랭킹 성능을 측정하는 또 다른 방법은 모델 점수 s_{ij}에 따라 분류된 테스트 사용자–항목 페어의 등급 명단을 관찰된 등급 y_{ij}에 따라 분류된 테스트 사용자–항목 페어의 실제^{ground-truth} 등급 명단과 비교하는 등급 상관 계수를 사용하는 것이다. 두 개의 등급 명단이 비슷할수록, 모델의 성능은 좋게 여겨진다. 등급 명단 두 개의 유사성을 측정하기 위해 많이 사용하는 등급 상관 측정지표로는 스피어맨^{Spearman}의 ρ와 켄달^{Kendall}의 τ가 있다.

- 스피어맨의 ρ는 두 명단에 속한 요소의 등급 값 간의 피어슨^{Pearson} 상관 계수다. s_{ij}^* 는 s_{ij}에 따라 랭킹이 선정된 명단에 속한(사용자 i, 항목 j) 페어의 등급을 나타내고 y_{ij}^* 는 y_{ij}에 따른 등급 리스트에서의 등급을 나타낸다고 하자. 예를 들어 s_{ij}가 테스트 세트에 있는 모든 사용자–항목 페어에서 k번째로 높은 점수라면, $s_{ij}^* = k$가 된다. 점수가 같다면 다음과 같이 다루어진다. 같은 등급 (또는 점수) 값 y를 가진 n개의 사용자–항목 페어가 있고 y보다 큰 등급(또는 점수)을 가진 m개의 사용자–항목 페어가 있다면, n개의 사용자–항목 페어의 등급은 평균 등급인 $\sum_{i=m+1}^{m+n} i/n$이 된다. 그리고 $\bar{s}^*$와 $\bar{y}^*$가 각각 모든 테스트 (i, j) 페어에 대한 s_{ij}^*와 y_{ij}^*의 평균을 나타내 보자. 수식 4.7과 같이 피어슨 상관 계수를 계산할 수 있다.

$$\frac{\sum_{(i,j)\in\Omega^{\text{test}}}(s_{ij}^* - \bar{s}^*)(y_{ij}^* - \bar{y}^*)}{\sqrt{\sum_{(i,j)\in\Omega^{\text{test}}}(s_{ij}^* - \bar{s}^*)^2}\sqrt{\sum_{(i,j)\in\Omega^{\text{test}}}(y_{ij}^* - \bar{y}^*)^2}}. \tag{4.7}$$

- 켄달의 τ는 두 개의 사용자–항목 페어가 서로 다른 2개의 등급 명단에 동일하게 순위가 정해질 확률을 측정한다. 테스트 세트에 있는 임의의 2개 사용자–항목 페어 (i_1, j_1)과 (i_2, j_2)가 있다고 했을 때 수식 4.8과 같이 2개의 지표 함수를 정의한다.

조화 $\quad ((i_1, j_1), (i_2, j_2))$
$$= I((s_{i_1 j_1} > s_{i_2 j_2} \text{ and } y_{i_1 j_1} > y_{i_2 j_2}) \text{ or } (s_{i_1 j_1} < s_{i_2 j_2} \text{ and } y_{i_1 j_1} < y_{i_2 j_2}))$$

부조화 $\quad (i_1, j_1), (i_2, j_2))$
$$= I((s_{i_1 j_1} > s_{i_2 j_2} \text{ and } y_{i_1 j_1} < y_{i_2 j_2}) \text{ or } (s_{i_1 j_1} < s_{i_2 j_2} \text{ and } y_{i_1 j_1} > y_{i_2 j_2}))$$

n_c와 n_d가 조화 및 부조화 페어의 수를 나타낸다고 하자.

$$n_c = \frac{1}{2} \sum_{(i_1, j_1)\in\Omega^{\text{test}}} \sum_{(i_2, j_2)\in\Omega^{\text{test}}} \text{Concordant}((i_1, j_1), (i_2, j_2))$$
$$n_d = \frac{1}{2} \sum_{(i_1, j_1)\in\Omega^{\text{test}}} \sum_{(i_2, j_2)\in\Omega^{\text{test}}} \text{Discordant}((i_1, j_1), (i_2, j_2)) \tag{4.8}$$

켄달의 τ는 수식 4.9와 같이 정의된다.

$$\tau = \frac{n_c - n_d}{n(n-1)/2} \tag{4.9}$$

$n = |\Omega^{\text{test}}|$는 테스트 사용자–항목 페어의 총 수다. 등급 상관 계수 측정지표는 이진이 아닌 등급을 자연스럽게 처리하게 된다. 동점 상황에 대처하기 위한 방법도 여러 가지가 있다(예: τb, τc).

로컬 랭킹 측정지표: J_i^{test}가 사용자 i가 등급을 준 항목들을 나타낸다고 하자. 먼저 J_i^{test}를 기준으로 각 사용자 i의 랭킹 측정지표를 계산한다. 그 후 모든 사용자의 평균을 구한다. 고려 대상은 이진 등급이고, 그렇지 않으면 어떤

임계치를 기준으로 다양한 등급 수치를 이진 등급으로 환산하거나 모든 사용자의 평균 등급 상관 계수를 계산한다. 많이 사용되는 측정지표는 다음과 같다.

- **등급 K에서의 정밀도**precision at rank K(P@K): 각 사용자 i에 대해 모델이 예측한 항목 점수에 따라(최고에서 최저 순으로) J_i^{test}에 있는 항목의 등급을 매긴다. $P@K$는 첫 번째 K개 항목 중에서 긍정 항목의 비율이다. 각 사용자의 $P@K$를 계산한 후, 모든 사용자의 결괏값을 갖고 평균을 구한다. 보통, 몇 개의 K값(예: 1,3,5)으로 계산한다. 좋은 모델은 K값에 상관없이 베이스라인 모델보다 지속해서 더 좋은 성과를 내야 한다.

- **평균 정밀도**MAP, Mean Average Precision: 모든 K값에 대한 $P@K$를 요약하는 방법은 평균 정밀도인데 다음과 같이 계산할 수 있다. 앞에서와 같이 각 사용자 i에 대해 예측된 점수에 따라 J_i^{test}에 있는 항목들의 순위를 정한다. 평균 정밀도는 항목이 긍정적인 등급을 갖는 K값에 대한 $P@K$의 평균으로 정의된다. 그리고 평균 평균 정밀도MAP는 모든 사용자의 평균 정밀도 값의 평균이 된다.

- **정규화된 할인 누적 이익**nDCG, Normalized Discounted Cumulative Gain: 여기서도 각 사용자 i에 대해 예측된 점수에 따라 J_i^{test}에 있는 항목의 순위를 정한다. 등급 지점 k에 있는 항목에 사용자 i가 긍정적인 등급을 줬다면 $p_i(k)=1$로 하고, 그렇지 않으면 $p_i(k)=0$으로 한다. $n_i=|J_i^{test}|$ ni+가 J_i^{test}에 있는 항목 중 사용자 i에 의해 긍정적인 등급이 주어진 것들의 수를 나타내보자. 할인 누적 이익DCG은 수식 4.10과 같이 정의된다.

$$\text{DCG}_i = p_i(1) + \sum_{k=2}^{n_i} \frac{p_i(k)}{\log_2 k} \qquad (4.10)$$

nDCG는 사용자 i에 대해 최대 달성 가능 DCG 값으로 정규화한 DCG이다.

$$nDCG_i = \frac{DCG_i}{1 + \sum_{k=2}^{n_i^+} \frac{1}{\log_2 k}} \tag{4.11}$$

수식 4.11에서 분모는 사용자 i에 대해 달성 가능한 최대 DCG 값
으로 $n_i^+ = 1$이면 1이 된다. 마지막으로 최소 하나의 긍정 등급을
매긴 모든 사용자 i에 대해 $nDCG_i$의 평균을 구하게 된다.

주: 대부분 랭킹 측정지표는 원래 정보 검색IR, Information Retrieval 시스템의 성
능을 측정하기 위해 정의됐다. 정보 검색 시스템에서의 목표는 IR 모델이
주어진 쿼리와 '관련 있는' 문서에 '관련 없는' 문서보다 더 높은 랭킹을 매
기는지 여부를 측정하는 것이다. 보통 IR 작업의 목표에 따라 일부 쿼리가
표본으로 추출되고, 각 쿼리별로 원하는 분포에 따라 몇 개의 문서를 표본
으로 추출한다. 그 후, 인간 평가자가 어떤 문서가 그 쿼리와 관련이 있는
지 판단한다.

추천 모델에 글로벌 랭킹 측정지표를 적용할 때는 쿼리 개념도 없고 IR의
용도도 명확하지 않다. 사실 (사용자, 항목) 페어의 등급을 평가해서 얻는 글
로벌 랭킹 측정지표는 랭킹 모델이 사용자별로 항목의 순위를 정하는 능력
을 직접 측정하지는 않는다. 대신 측정지표는 지도 학습의 분류 과업에서
의 정확성 측정지표와 유사하게 취급돼야 한다. 따라서 정확성 측정지표가
갖는 여러 한계는 글로벌 랭킹 측정지표에도 적용된다.

로컬 랭킹 측정지표는 각 사용자는 하나의 쿼리가 되고 사용자가 등급을
매긴 테스트 데이터 항목은 문서가 되며, 긍정적인 등급은 '관련 있다' 판단
이 된다. 로컬 랭킹 측정지표는 사용자를 위한 항목의 등급을 매기는 모델
의 능력을 측정하는 데 유용하다. 그러나 선택 편향성과 랭킹 측정지표를
온라인 성능으로 해석하는 데 발생하는 어려움 때문에 한계가 있다.

희망 분포에 따라 표본 문서를 추출하는 정형화된 IR 과업과 달리 로컬 랭

킹 측정지표를 계산하기 위해 사용할 항목 표본을 선정할 때는 선택 편향성이 발생한다. 명시적인 등급의 경우 사용자 본인이 등급을 정할 항목을 선택한다. 사용자는 보통 자기가 좋아하는 항목의 등급을 매길 가능성이 높다. 그러므로 테스트 데이터(등급이 정해진 항목으로 구성되고 그 중 상당수는 사용자들이 좋아하는 항목인)의 항목 분포는 실제 사용자를 대상으로 할 새로운 모델에 의해 얻어진 항목 분포(항목 대부분은 사용자가 아직 보지 못한 것이다)와는 상당히 다를 수 있다. 묵시적(눈에 보이지 않는) 등급, 예컨대 추천 항목에 대한 클릭의 경우 테스트 데이터는 흔히 기존 추천 시스템에서 수집한다. 데이터 수집 기간 동안 시스템에서 사용한 모델이 테스트 데이터의 항목 분포를 결정한다. 테스트될 새로운 모델이 테스트 데이터에 포함되지 않은 항목을 선택하는 경향이 있다면 모델의 성능을 정확하게 측정할 수 없다.

모델의 온라인 성능을 측정하는 것이 실험을 하는 궁극적인 목표다. 랭킹 측정지표를 통해 새로운 모델이 기존 모델보다 항목의 등급을 더 잘 매길 수 있는지를 쉽게 예상할 수 있다. 하지만 추천 항목 클릭 같은 온라인 사용자 관여 측정지표 성능 개선을 확인할 때 오프라인 측정지표를 사용하기는 어렵다. 랭킹 측정지표에서의 10% 개선에 상응하는 온라인 성능 향상 정도를 예측하기는 어려운 경우처럼 말이다.

4.2 온라인 버킷 테스트

추천 모델의 진정한 성능을 측정하려면 모델이 무작위로 선택된 일부 사용자에게 적용됐을 때 사용자가 추천된 항목에 어떻게 반응하는지 살펴봐야 한다. 이런 실험을 온라인 버킷 테스트 또는 버킷 테스트라고 한다. 4.2절에서는 먼저 온라인 버킷 테스트를 준비하는 방법과 많이 사용하는 측정 지표를 소개한다. 버킷 테스트 결과 분석 방법도 마지막으로 살펴본다.

4.2.1 버킷 구축

설명의 편의를 위해 추천 모델 2개 즉, 모델 A와 모델 B를 비교하는 버킷 테스트를 예를 들어 설명한다. 먼저 사용자 또는 '요청'(사용자 방문)으로 구성된 서로 겹치지 않는 2개의 무작위 표본 집합을 만든다. 그 후 일정한 시간 동안 모델 A를 하나의 집단에 적용하고 모델 B를 나머지 집단에 적용한다. 각 표본 집합을 하나의 버킷이라고 한다. 보통 두 가지 유형의 버킷이 사용된다.

1. **사용자 기반 버킷:** 무작위로 선정한 사용자 집합이 버킷이 된다. 버킷에 사용자를 할당하는 간단한 방법은 각 사용자 ID에 해시 함수를 적용하고 사전에 정해 놓은 범위의 해시 값을 갖는 사용자를 하나의 버킷에 할당하는 것이다. 론 라이베스트[Ron Rivest]가 설계한 MD5 해시가 좋은 예다.

2. **요청 기반 버킷:** 하나의 버킷은 무작위로 선정한 요청들로 구성된 집합이 된다. 요청 기반 버킷을 만들 때 각 요청에 하나의 무작위 숫자를 할당하고 사전에 정해 놓은 범위에 드는 숫자를 가진 요청을 같은 버킷에 할당하는 방법이 간단하다. 실험 기간 동안 발생한 같은 사용자의 서로 다른 방문 건은 서로 다른 버킷에 속할 수 있다는 점을 유의해야 한다.

일반적으로 사용자 기반 버킷이 요청 기반 버킷보다 버킷 간 구분을 더 명확하게 할 수 있다. 가령, 요청 기반 버킷을 사용할 때 사용자의 이전 요청을 모델 B가 처리했다면 모델 A가 처리한 요청에 대한 사용자의 반응이 모델 B의 영향을 받을 수 있다. 사용자 기반 버킷은 그렇지 않다. 또한 장기적으로 모델이 사용자의 행동에 주는 영향은 사용자 기반 버킷으로만 측정할 수 있다. 그러나 성능이 떨어지는 모델이 사용자 기반 버킷에 적용될 때 버킷에 속한 사용자는 좋지 않은 결과를 얻게 될 것이고 그로 인해 좋지 못한 사용자 경험을 얻을 수 있다. 요청 기반 버킷은 이러한 문제에 덜 민감하다. 한 사용자의 모든 요청이 같은 버킷에 할당될 가능성이 거의 없기 때문이다. 일반적으로 사용자 기반 버킷을 더 선호하게 된다.

통제된 실험에서 버킷은 정확하게 똑같이 구성하되 버킷의 처리만 달라야 한다. 즉 모델 A가 한 버킷에 적용되고, 모델 B는 다른 버킷의 처리에 사용돼야 한다. 특히 두 개의 버킷에 같은 선택 기준을 적용하는 것이 중요하다. 한 버킷이 로그인한 사용자로만 구성된다면 다른 버킷도 똑같이 구성해야 한다.

사용자 기반 버킷을 사용할 때는 서로 다른 테스트에 '독립적인' 해시 함수를 적용해서 직교성을 보장해야 한다. 하나의 웹페이지에 2개의 추천 모듈이 있고 각 모듈은 테스트해야 할 모델을 2개씩 갖고 있다고 가정해보자. 2개의 모듈에 상응하는 2개의 테스트 즉, 테스트 1과 테스트 2가 있을 것이다. 각 테스트 i는 2개의 추천 모델에 적용할 2개의 버킷 즉, A_i와 B_i를 가진다. 2개 테스트에 동일한 해시 함수를 사용하고 2개 모듈에서 똑같이 임계치 이하의 해시 값을 가진 사용자를 모델 A_i에 배정하고 나머지 사용자를 모델 B_i에 배정한다면, 모델 A_1은 항상 모델 A_1와 함께 사용되고 모델 B_1은 항상 모델 B_2와 함께 사용될 것이다. 그 결과 모델 A_1, B_1이 A_2, B_2와의 상호작용 때문에 모델 A_1과 B_1 사이의 비교가 잘못될 수 있다. 문제를 해결하려면 사용자가 A_1에 배정될 확률이 그 사용자가 테스트 2에서 A_2 또는 B_2에 배정될 확률과 명확하게 구별되도록 해야 한다. 테스트 1에서 사용자 ID와 해시 값의 매핑 방식이 테스트 2에서 사용된 그것과 통계적으로 독립적이면 이것을 쉽게 달성될 수 있다. 독립적인 해시 함수를 사용하는 것도 현재 테스트와 이전 테스트 간의 의존성을 통제하는 데 도움이 된다.

실무적으로 유용한 기법이 있다. 첫째, 동일한 모델을 두 버킷에 적용해보고 두 개의 버킷을 대상으로 한 성능 측정지표가 통계적으로 유사한지를 확인하는 방법으로, 이를 보통 A/A 테스트라고 한다. A/A 테스트는 좋은 통계적 변동성 추정치를 제공할 뿐만 아니라, 실험 구성에서의 명백한 오류를 찾아내는 데 유용하다. 둘째, 최소 1주 또는 2주 동안 버킷 테스트를 진행하는 방법이다. 사용자 행동이 보통 하루 중에는 시간에 따라, 또 일주일 중에는 요일에 따라 다르기 때문에 이런 방법이 유용하다. 기존 모델이 추천한 항목과 다른 항목을 새로운 추천 모델이 추천하면 사용자는 신선함 효과novelty effect 덕에 초기에 더 공격적으로 클릭하는 경향이 있다. 이런 현상이 야기하는 잠재적 편향성을 줄이려면 일정한 시간 동안 테스트 측정지표를 계속해서 관찰할 때는 테스트 기간 중 처음 며칠 동안의 테스트 결과는 폐기하는 것이 효과적이다.

실무적 방법 이외에 표준적인 실험 설계 방법을 사용해 통계적 유의성을 얻는 데 필요한 버킷 크기를 결정할 수도 있다. 부트스트랩 샘플링bootstrap sampling 방법이 성능 측정지표의 분산을 결정하는 데 좋아서 버킷에 들어갈 표본 크기 계산에도 도움이 된다. 부트스트랩 샘플링 방법은 이 책에서 다루지 않으며, 몽고메리(Montgomery)(2012)와 에프론과 팁시라니(Efron and Tibshirani)(1993)를 참조하면 관련 내용을 알 수 있다.

4.2.2 온라인 성능 측정지표

추천 시스템이 사용해야 하는 성능 측정지표는 애플리케이션의 목적에 따라 결정돼야 한다. 시스템은 사용자 참여를 높이는 것에 초점을 맞추고 있다. 널리 사용되는 사용자 참여 측정지표를 소개한다.

- **클릭률**^{Click-Through Rate}: 추천 모듈의 클릭률^{CTR}은 모듈이 보여질 때 마다의 평균 클릭 횟수다. 모듈이 클릭된 횟수를 해당 모듈이 사용자에게 보여진 총 횟수로 나눠서 구할 수 있다. 모듈 항목이 클릭된다는 것은 일반적으로 추천된 항목에 소비자가 관심을 가진다는 것을 나타내는 좋은 지표로 볼 수 있다. 그러나 사용자 관심 측정에 상관없는 클릭이 일부 있는데 제외시켜야 한다. 예를 들어 소프트웨어 로봇이나 기타 다른 유형의 스팸으로 발생하는 클릭, 클릭 후 곧바로 돌아가는 클릭(항목 내용이 추천 모듈에서 제공한 설명과 맞지 않을 때 흔히 발생한다), 깨진 링크에 대한 클릭(사용자는 보통 그런 링크를 여러 번 클릭하기 때문에)을 들 수 있다. 각각의 (사용자, 항목) 페어에 할당되는 가중치를 제한하기 위해 한 사용자가 같은 항목을 여러 번 클릭한 데이터도 제외하는 것이 좋다. 이때 CTR의 분자는 사용자가 항목을 클릭한 (사용자, 항목) 페어의 수가 된다.

- **사용자당 평균 클릭 수**: 사용자가 웹사이트를 계속해서 방문하게끔 유도하는 것이 좋은 추천이다. 이런 사용자 방문 빈도 증가는 사용자 관심의 증가로 볼 때가 많다. 그러나 동시에 CTR의 분모가 늘어나게 하기 때문에 모델의 CTR이 낮아지기도 한다. 이때, 분모를 버킷에 있는 사용자의 총수로 바꾸면 문제를 해결할 수 있다. 그렇게 하면 사용자당 평균 클릭 수를 나타내는 측정지표가 된다. 즉 클릭 수를 사용자 수로 나눈 값이 된다. 측정지표는 요청 기반 버킷보다 사용자 기반 버킷에 더 유용한데, 요청 기반 버킷에서는 한 사용자가 방문마다 서로 다른 모델의 서비스를 받을 수 있기 때문이다.

- **클릭하는 사용자 비율**: 추천 항목에 한 번도 클릭하지 않는 사용자도 있다. 좋은 모델은 그런 사용자의 클릭을 유도할 수 있는 모델이다. 이런 측면을 정량화하는 하나의 측정지표가 클릭하는 사용자

비율로 추천된 항목 중 하나라도 클릭하는 사용자의 수를 버킷에 있는 사용자의 총 수로 나눈 것이다.

- **클릭 외 행동:** 클릭은 긍정적인 사용자 행동의 한 유형일 뿐이다. 각각의 추천 항목에 버튼을 여러 개 제공해서 사용자가 '공유, 좋아요, 댓글 달기'를 할 수 있도록 하는 시스템도 있다. CTR과 유사한 방법으로 다른 유형의 행동 비율, 예컨대 '공유 비율, 좋아요 비율, 댓글 비율'을 정의할 수 있다. 사용자당 행동 수 또 행위자 비율도 클릭과 비슷하게 정의된다.

- **소비 시간:** 행동 외에도 사용자가 추천된 항목을 클릭하거나 어떤 행동을 취한 후 사이트에서 보내는 시간의 양도 관심을 측정할 수 있는 유용한 지표가 된다. 그러나 정확하게 소비 시간을 추정하기는 어렵다. 뉴스 기사 추천 시스템에서 사용자가 기사가 포함된 페이지를 연 다음 페이지를 떠나기까지의 시간을 측정하는 것은 상대적으로 쉽지만 사용자가 실제로 그 기사를 읽고 있었는지 아니면 페이지를 열어 놓고 다른 일을 하고 있었는지 알기 어렵다.

애플리케이션에서는 앞에서 설명한 관심 측정지표 전부나 대부분을 계산해서 모델 성능을 완전하게 파악해두도록 한다.

4.2.3 테스트 결과 분석

성능 측정지표를 측정하기 전에 몇 가지 '온전성 검사sanity checks'를 통해 실험 구성의 타당성을 확인하는 것이 좋은 습관이다.

온전성 검사: 여러 버킷에서 결괏값이 같을 것으로 예상되는 몇 가지 통계 수치가 있다. 통계 수치를 확인해서 버킷을 제대로 구성했는지 검증할 수 있다. 유용한 통계를 살펴보자.

- **사용자 특성 히스토그램:** 사용자 인구통계 정보(예: 나이, 성별, 지리적 위치, 직업), 사용자가 머무는 시간(사용자 등록 시점과 현재까지의 시

간), 사용자가 밝힌 관심 사항 등 히스토그램은 여러 버킷에서 같은 분포를 갖고 있어야 한다.

- **노출 통계:** CTR이 핵심 성능 측정지표로 사용될 때는 서로 크기가 같은 여러 버킷에서 추천 모듈이 보여주는 횟수(노출 횟수)가 비슷한지(크기가 다른 버킷은 버킷 크기로 정규화한다) 확인하는 것이 좋다.

- **시간의 흐름에 따른 버킷의 노출, 클릭, 사용자 수:** 시계열 도표^{time series} plots는 버킷이 기대대로 구성됐는지 보여준다. 통계 중 시간이 흐름에 따라 비정상적인 수치가 있다면 조사해야 할 문제가 있다는 점을 알려준다.

- **빈도별 사용자 방문:** 빈도별 사용자 방문의 분포는 모든 버킷에 걸쳐 같아야 한다. 카이 제곱^{chi-squared}과 같은 통계적 테스트를 통해 차이가 나는지 찾을 수 있다. 차이가 발견된다면 실험 구성 또는 데이터에 오류가 있음을 시사한다.

대부분의 엔드 투 엔드 추천 시스템은 복잡하기 때문에 실험 결과에 신뢰도를 높이려면 측정지표를 통한 시스템 모니터링이 중요하다.

부문별 측정지표: 새로운 모델을 온라인 테스트할 때 전체 테스트 기간 모든 사용자 결과를 평균한 하나의 측정지표가 모든 내용을 완전하게 나타내지 못할 수도 있다. 모델의 성능을 더 잘 이해하려면 서로 다른 집단별로 측정지표를 계산할 수 있다.

- **사용자 속성 기준 분류:** 두 개의 모델을 비교할 때, 한 모델이 다른 모델보다 몇 개의 알려진 속성(예: 나이, 성별, 지리적 위치)을 기준으로 분류한 모든 또는 대부분의 사용자 집단에서 일관되게 더 좋은 성능을 보이는지 확인하는 것이 유용하다.

- **사용자 행동 수준 기준 분류:** 모델을 자주 사용하는 사용자에게는 적

합한 추천을 할 수 있으나, 상대적으로 방문 횟수가 적은 사용자에게는 적절한 추천을 하지 못한다. 반면, 자주 방문하는 사용자와 방문 횟수가 적은 사용자 모두에게 비슷한 성능을 내는 모델도 있다. 서로 다른 행동 기반 사용자 집단별로 성능 측정지표를 계산하면 해당 모델을 사용했을 때 가장 많은 효과를 보는 사용자 집합을 알 수 있다. 월별 사용자 방문이나 행동 횟수를 기반으로 행동 기반 사용자 집합을 분류할 수 있다.

- **시간 기준 분류:** 일정 시간 동안 모델의 성능을 지켜보면 하루 중의 시간이나 평일 대 주말과 같은 요소가 모델 성능에 영향을 미치는지 알 수 있다. 또한 신선함의 효과(실험 초기에) 또는 추세(장기간 테스트 때)와 같은 시간의 효과를 식별하는 데도 유용하다.

4.3 오프라인 시뮬레이션

온라인 버킷 테스트는 오프라인 테스트보다 상대적으로 비용이 많이 든다. 온라인 테스트는 실제 사용자가 참여하는 실험이 필요하고 실제 사용자가 성능이 떨어지는 추천 시스템을 만나면 사용자 경험에 부정적인 영향을 미치기 때문이다. 그러므로 여러 모델 버전을 온라인으로 동시에 테스트하기는 어렵다. 오프라인 테스트는 실행 비용이 적지만 온라인 모델 성능을 정확하게 예측하지 못할 수도 있다. 일부 가정을 충족해서 이러한 괴리를 좁히는 데 도움이 되는 오프라인 평가 방법 두 가지를 살펴본다. 먼저 오프라인 시뮬레이션 방법을 알아보고, 4.4절에서는 오프라인 리플레이 방법을 공부한다.

시뮬레이션의 핵심 생각은 오프라인 방법으로 항목에 대한 사용자의 반응을 모의 실험할 수 있는 그라운드 트루스 모델ground-truth model을 구축하는 것이다. 그라운드 트루스 모델이 존재한다면 항목 추천에 그것을 사용하지 굳이 다른 모델을 평가할 필요도 없다고 주장할 수도 있다. 물론, 그런 모델은 실제로 구축하기 어렵다. 사용자가 항목과 상호작용할 때 사용자 행동의 모든 뉘앙스를 포착할 수 있는 모델 대신, 상대적으로 간단하면서 매개변수를 추정할 때 테스트 데이터를 사용한다는 장점이 있는 모델을 선택한다. 평가될 모델은 테스트 데이터를 볼 수 있다는 이런 결정적인 이점이 없다. 몇 개의 예를 살펴보자.

최고 인기 추천 시뮬레이션: 3.3.1절에서 설명한 간단한 최고 인기 항목 추천 문제를 살펴보자. 목표는 각 시점에서 최고 인기 항목을 선택하는 것이다. 항목의 인기는 전반적인 긍정 반응률(예: CTR)로 측정한다고 가정하자. 설정에서는 그라운드 트루스 모델은 다음의 요소로 구성된다.

- 각 시점 t에서 각 항목 j의 반응률 p_{jt}. 보통 같은 시간 간격을(예: 시간 축을 10분 단위로 구분) 만들고 t번째 구간을 t라고 한다.
- 구간 t 내 사용자 방문 횟수 n_t
- 구간 t 내 후보 항목의 집합 J_t

보통 온라인 시스템에서 데이터를 수집해 p_{jt}, n_t, J_t를 추정하고 그것을 평가 목적을 위한 실측(근거) 자료로 취급한다. 데이터 수집 기간이 주어지면 t구간에서의 사용자 방문 횟수를 살펴봐서 쉽게 n_t를 추정할 수 있다. J_t는 그 구간 동안의 후보 항목 집합이 된다. p_{jt}를 추정하기 위한 데이터를 수집할 때 무작위 버킷을 만드는 방법이 좋은데, 버킷에서 각 후보 항목은 버킷에서의 모든 사용자 방문에 사용자에게 보일 확률이 긍정적인 것들이다. 버킷에서 수집한 데이터를 기반으로 시계열 평평화 또는 추정을 사용해 p_{jt}를 얻을 수 있다(자세한 내용은(Pole et al.)(1994) 참조). $\{p_{jt}\}_{\forall t}$는 항목 j에 관한 반응률의 시계열인 것을 알아야 한다. 풀에 항목이 너무 많으면 표본 크기가 작아져서 각 항목에 대한 신뢰할 수 있는 반응률 추정치를 얻기 어렵다. 평가 목적을 위해 실무에서 사용할 수 있는 간단한 해결 방법은 베이스라인^{baseline} 추천 모델을 통해 가장 상위 K개 항목을 선정해서 그것만 후보 집합 J_t에 넣는 것이다. 실측(근거) 자료 모델의 $\{p_{jt}\}$ 추정치는 전체 시계열을 사용해 얻을 수 있다. 즉 p_{jt} 추정치는 t 시점 이전 데이터와 이후 데이터 모두에 의해 영향을 받는다.

시뮬레이션을 수행하려면 실측(근거) 자료 분포에 대한 가정이 필요하다. 모델이 t시점에서 m_{jt}번의 사용자 방문에 항목 j를 추천한다면, 항목에 대한 클릭 수 c_{jt}는 평균 $p_{jt}m_{jt}$를 가진 분포에 따라 생성된다. c_{jt}의 분포로 많이 사용하는 것은 이항 분포, 또 사용자가 같은 항목을 여러 번 클릭할 수 있도록 할 경우에는 푸아송^{Poisson} 분포다.

$$c_{jt} \sim \text{Binomial}(\text{probability} = p_{jt}, \text{size} = m_{jt}) \text{ 혹은}$$
$$c_{jt} \sim \text{Poisson}(\text{mean} = p_{jt}m_{jt}) \tag{4.12}$$

수식 4.12와 같이 동작하는 확률적 최고 인기 항목 추천 모델 M을 살펴보자. 모델 M은 각각의 시간 구간 t에 대해 구간이 시작되기 전에 구간에서 사용할 서빙 계획을 결정한다. 서빙 계획은 각 후보 항목 j에 대해 구간 안에서 항목 j를 추천할 사용자 방문 횟수 x_{jt}들로 구성된다. 성능 측정지표는 M이 추천하는 항목에 대한 전반적 반응률이다. M을 테스트하기 위해 다음 절차를 사용한다.

1. 각 시간 구간 t에 대해 다음을 수행한다.

   ❶ 시간 t에서 $j \in J_t$인 각 항목 j를 추천할 사용자 방문 집합을 도출할 때 모델 M을 사용한다. 이때 $\sum_j x_{jt} = 1$이 되고 $x_{jt} \geq 0$이 되도록 한다. $m_{jt} = n_t x_{jt}$가 항목 j를 추천받을 사용자 방문 횟수가 되게 하자. 이 결정은 시간 t 이전에 관찰된 데이터에 기반을 둔 두게 된다. 즉 $\{(c_{j\tau}, m_{j\tau})\}_{\forall j, \tau < t}$이다.

   ❷ 각 항목 j에 대해 p_{jt}와 m_{jt}를 기준으로 실측 (근거) 자료 분포에서 클릭 수 c_{jt}를 뽑아낸다.

2. 모델 M의 반응률을 $(\sum_t \sum_j c_{jt})/(\sum_t n_t)$로 계산한다.

집합별 최고 인기 항목 추천 시뮬레이션: 최고 인기 항목 추천을 확장할 때 사용자를 작은 집단으로 나눠서 실행하면 간단하다. 집단이 정해지면(사용자를 집단으로 나누는 방법을 비교하지는 않는다) 이렇게 나누지 않았을 때 최고 인기 항목 추천과 비슷한 방법으로 집합별 최고 인기 항목 추천 모델을 평가할 수 있다. U가 모든 사용자 집합을 나타낸다고 하자. p_{ujt}와 n_{ut}가 각각 시간 t에서 집합 $u \in U$ 내 사용자가 항목 j에 보인 CTR과 시간 t에서 집합 u의 사용자 방문 횟수다. 집합을 아주 정밀하게 나누게 되면 p_{ujt}와 n_{ut}의 추정치에 너무 많은 노이즈가 생겨 근거 자료로 쓸 수 없게 된다.

모든 사용자 집합 U가 주어졌을 때 집합별 최고 인기 항목 추천 모델 M_s를 테스트하기 위해 다음 절차를 거친다.

1. 각 시간 구간 t에 대해 다음을 수행한다.

   ❶ 모델 M_s를 사용해서 시간 t에서 $j \in J_t$ 항목을 추천할 집합 u의 사용자 방문 건수 x_{ujt}를 결정한다. 이때 모든 u에 대해 $\sum_j x_{ujt} = 1$이 되도록 한다. 이 결정은 시간 t 이전에 관찰된 데이터를 기반으로 한다. 즉 $\{(c_{uj\tau}, m_{uj\tau})\}_{\forall u,j,\tau < t}$이고 여기서 $c_{uj\tau}$는 클릭 수를 나타내며 $m_{ujt} = n_{ut} x_{jt}$가 성립한다.

   ❷ p_{ujt} 및 m_{ujt}로 실측 근거 자료 분포에서 클릭 수 c_{ujt}를 뽑아낸다.

2. 모델 M_s의 반응률을 $(\sum_u \sum_t \sum_j c_{ujt})/(\sum_u \sum_t n_{ut})$으로 계산한다.

간단한 문제에서는 시뮬레이션이 모델을 비교하는 유용한 수단이다. 그러나 문제가 복잡해질수록(예: 좋은 사용자 집합을 만드는 방법, 요인화가 유사성-기반 모델보다 더 좋은지를 결정하는 방법) 좋은 그라운드 트루스 모델을 얻기가 어렵다. 서로 다른 종류의 모델을 비교할 때 선택된 실측 근거 자료 모델과 더 유사한 추천 모델에 유리하게 작용할 것이기 때문에 그라운드 트루스 모델을 선택하면 편향성이 생기게 할 수 있다.

4.4 오프라인 리플레이

4.4절에서는 일반적인 문제에서 로그 데이터에 과거 추천을 '리플레이'해서 오프라인 평가를 하는 문제를 살펴본다. 4.4.1절에서는 정해진 몇 개의 항목 중에서 사용자 방문 건별로 하나의 항목을 추천하는 단순한 상황을 가정해서 시작한다. 4.4.2절에서 다른 상황을 다루는 방법을 알아본다. 최대화하기를 바라는 성능 측정지표는 '보상'으로 한다. 특정 항목을 클릭하거나 기타 긍정적인 행동을 보이는 것이 보상이 해당한다. 클릭과 같은 긍정적인 행동은 랜딩 페이지(항목에 관한 상세한 정보를 제공하고 사용자가 추천된 항목을 클릭하면 보여지는 페이지)에서의 광고 매출이나 소비 시간과 같은 후속 지표를 기반으로 가중치가 부여될 수 있다. 목표는 과거에 수집한 데이터를 사용해 새로운 추천 모델의 기대 보상을 추정하는 것이다.

4.4.1 기본 리플레이 추정자

정해진 항목 풀에서 각 사용자 방문 건에 하나의 항목을 추천하는 상황을 생각해보자. 추천하는 시점에 이용 가능한 모든 정보를 x라고 하자. x에는 다음이 포함돼 있다.

- 사용자 ID와 연관된 사용자 특성
- 후보 항목 목록, 후보 항목 목록의 ID 및 특성
- 정황 특성(예: 표시 형식, 레이아웃, 하루 중 시간, 요일 등)

r은 보상 값들의 벡터를 나타내도록 하자. $r[j]$는 항목 j가 추천될 때의 보상이다. P가 (x, r)의 결합 확률 분포joint probability distribution를 나타내보자. 목표는 새로운 추천 모델 h의 기대 보상을 추정하는 것이고 모델은 x에 따라 정해진 후보 집합에서 한 항목을 리턴하는 함수 $h(x)$다. 함수 h는 특성을 기반으로 계산되며 일부 무작위화도 포함할 수 있다. 예를 들어 h는 E 확률로 항목 풀에서 항목을 무작위로 균일하게 선택할 수 있으며, 회귀 모델

을 통해 추정된 가장 높은 반응률을 가진 항목을 선택할 확률은 $(1-E)$가 된다. 기대 보상은 수식 4.13과 같다.

$$E_{(x,r)\sim P}\left[\sum_j r[j] \cdot \Pr(h(x) = j \mid x)\right] \qquad (4.13)$$

수식 4.13에서 $E_{(x,r)\sim P}$는 (x,r)의 결합 분포 P에 걸쳐 도출한 기대치를 나타내고 $\Pr(h(x) = j \mid x)$는 특성 x가 주어졌을 때 모델 h가 항목 j를 선택하는 조건 확률이다. 기대 보상을 추정하기 위해 과거 사용자-항목 상호작용을 연관된 보상 결과 함께 기록한다. 기록한 데이터는 과거 모델 s를 통해 얻게 되며, 모델은 x를 기준으로 정해진 후보 집단에서 한 항목을 리턴하는 함수 $s(x)$이다. t가 각각의 개별 사용자 방문을 표시하기 위해 사용됐던 4.3절과는 달리 여기서는 각각의 개별 사용자 방문을 표시하기 위해 t를 사용한다. 기록된 t번째 사용자 방문의 특성을 x_t로 나타내도록 하자. $i_t = s(x_t)$가 t번째 기록된 사용자 방문에 과거 모델 s가 선정한 항목을 나타내본다. 기록된 데이터는 수식 4.14와 같은 형태를 가진다.

$$D = \{(x_t, \ i_t, \ r_t[i_t])\}_{t=1}^{T} \qquad (4.14)$$

수식 4.14에서 T는 기록된 사용자 방문의 총 수를 나타낸다. 기록된 데이터에서 각각의 사용자 방문 t에 대해 보상 벡터 r_t에서 하나의 요소만 관찰한다는 점을 유의해야 한다. 즉 $s(x_t)$에서 리턴한 값만 본다.

새로운 추천 함수 h를 평가하기 위한 다음의 리플레이 절차를 생각해보자.

1. $t = 1$에서 T까지에 대해 기록 $(x_t, i_t, r_t[i_t])$를 얻어 다음을 진행한다.

   ❶ h를 사용해 후보 항목을 선택한다. j_t가 선택된 항목을 나타내도록 하자. 즉 $j_t = h(x_t)$이다.

   ❷ $j_t = i_t$라면 보상 $r_t[i_t] \cdot w_{jt}$를 세어본다. w_{jt}는 추후에 결정할 보상의 가중치다.

❸ $j_t \neq i_t$라면 이 기록은 무시한다.

2. 발생한 모든 보상의 합을 T로 나누고 리턴한다.

절차의 결과를 리플레이 추정자$^{\text{replay estimator}}$라고 한다.

$$\frac{1}{T} \sum_{t=1}^{T} \sum_{j} r_t[j] \cdot \mathbf{1}\{h(\boldsymbol{x}_t) = j \text{ and } s(\boldsymbol{x}_t) = j\} \cdot w_{jt} \qquad (4.15)$$

$\mathbf{1}\{X\}$는 구문 X가 참이면 1을 리턴하고, 그렇지 않으면 0을 리턴한다. w_{jt}는 t번째의 사용자 방문에서 항목 j의 중요성 가중치(이후 결정됨)다. 수식 4.16을 유의해야 한다.

$$(h(\boldsymbol{x}_t) = j \text{ and } s(\boldsymbol{x}_t) = j) \iff j_t = i_t. \qquad (4.16)$$

편향되지 않은 기대 보상 추정자: 편향되지 않은 기대 보상 추정자를 얻기 위해 리플레이 추정자의 중요성 가중치 w_{jt}를 구해보자. 기록된 데이터 $\{(\boldsymbol{x}_t, r_t)\}_{\forall t}$가 P에 있는 (x, r) 중 iid개의 표본으로 구성돼 있다고 가정하자. 리플레이 추정자의 기대치는 수식 4.17과 같다.

$$\frac{1}{T} \sum_{t=1}^{T} E_{(\boldsymbol{x}_t, r_t)} \left[\sum_{j} r_t[j] \cdot \Pr(h(\boldsymbol{x}_t) = j \text{ and } s(\boldsymbol{x}_t) = j \mid \boldsymbol{x}_t) \cdot w_{jt} \right]$$

다음과 같이 설정했을 때,

$$w_{jt} = \frac{1}{\Pr(s(\boldsymbol{x}_t) = j \mid h(\boldsymbol{x}_t) = j, \ \boldsymbol{x}_t)}, \qquad (4.17)$$

조건 확률의 정의에 따라 리플레이 추정자의 기대치는 다음과 같다.

$$\frac{1}{T} \sum_{t=1}^{T} E_{(\boldsymbol{x}_t, r_t)} \left[\sum_{j} r_t[j] \cdot \Pr(h(\boldsymbol{x}_t) = j \mid \boldsymbol{x}_t) \right]$$

(x_t, r_t)는 idd의(x, r)이므로 이것은 정확히 기대했던 보상이다.

수식 4.17에서 확률은 입력 x_t에 따른 확률 함수 h와 s를 분모로 해서 정의된다. 실무에서는 2개의 함수(새로운 추천 모델과 과거 모델)는 무작위로 선정된 독립적인 랜덤 시드에 기반을 두고 생성되기 때문에 독립적으로 취급할 수 있다. 간단하게 수식 4.18과 같이 설정한다.

$$w_{jt} = \frac{1}{\Pr(s(x_t) = j \mid x_t)} \tag{4.18}$$

독립성을 확인하기 위해 $h(x_t)$를 $h^*(x_t, \xi_t)$로, $s(x_t)$를 $s^*(x_t, \eta_t)$로 다시 쓸 수 있다. h^*와 s^*는 결정적인 함수이고 ξ_t와 η_t는 랜덤 시드다. 정의에 따라 x_t가 주어졌을 때 ξ_t와 ηt가 독립적이라면 x_t가 주어졌을 때 $h(x_t)$와 $s(x_t)$는 독립적이다.

새로운 추천 모델 h는 결정적인 함수가 될 수 있지만, 과거 모델 s는 아니다. 특히 각각의 사용자 방문 t와 각 항목 j에 대해 과거 모델 s는 항목 j를 선택할 확률이 0이 아닌 수를 가져야 한다. 그렇지 않으면 중요성 가중치 w_{jt}를 정의할 수 없다. 각 사용자 방문에 대해 항목 풀에서 무작위로 한 개의 항목을 일관되게 뽑게 하면 과거 모델 s를 간단히 선정할 수 있다. 사용자에게 주는 부정적인 영향을 최소화하기 위해 작은 사용자 버킷을 가지고 실행한다. 과거 모델에서는 리플레이 추정자의 해석은 간단하다. 즉 일관된 무작위화를 통해 얻은 과거 기록 데이터를 대상으로 보이는 랭크1[Rank1] 정밀도가 된다. 항목 풀과 사용자 방문에 대한 일관성 있는 무작위화는 다양한 상황에서 새로운 추천 모델 h에 대한 종합적인 평가를 신뢰성 있게 실행하는 데 도움을 준다.

기본적인 리플레이 추정자는 온라인 학습과 탐색 이용 기법을 평가하는 데 사용된다. $h(x_t)$는 h에 의해 이전에 선택된 항목에서 얻은 보상에 따라 달라지는데, 약간의 한계가 있다. 리플레이 방법은 $h(x_t) = s(x_t)$일 때 보상만을 사용해서 트래픽 양이 적을 때 온라인 학습 및 탐색 이용 방법의 기대 보상을 추정할 수 있다. 트래픽 양(단위 시간당 사용자 방문 수)은 원래의 양에 $h(x_t) = s(x_t)$일 확률을 곱한 값으로 감소한다. 또한 후보 항목 집합이 클 때는 $h(x_t) = s(x_t)$일 확률이 작을 것이고, 따라서 추정자의 분산은 클 것이다.

4.4.2 리플레이 확장

기본적인 리플레이 추정자는 정해진 후보 항목 중에서 각 사용자 방문에 하나의 항목을 추천하고 각 항목의 보상 분산이 시간에 따라 달라지지 않는 추천 시스템을 평가할 때의 기대 보상을 편향성 없이 추정하기 위한 것이다. 일반적인 상황으로 확장하는 방법을 알아본다.

사용자 방문에 따라 변하는 항목 풀: 사용자 방문에 따라 다른 항목 풀이 달라지는 애플리케이션을 생각해보자. 예를 들어 사용자에게 친구들의 상태 업데이트나 공유 내용을 추천하는 페이스북/링크드인 뉴스피드Facebook/LinkedIn Newsfeed와 같은 추천 시스템에서는 각 사용자는 등록된 친구가 서로 다르기 때문에 각기 다른 항목 풀을 가진다. 또 뉴스와 같이 시간에 민감한 항목을 추천하는 애플리케이션에서는 항목의 수명이 짧고 항목 풀도 시간에 따라 수시로 바뀐다.

시간 τ에 특성 x를 가진 사용자 방문에 대한 후보 항목 집합을 $J_\tau(x)$라고 해보자. τ의 분산을 D라고 하고 P_τ가 시간 τ 때 (x, r)의 분포를 나타내도록 하자. P_τ는 시간에 민감하게 변하지 않는다고 가정한다. 기대 보상은 수식 4.19와 같다.

$$E_{\tau \sim D} \, E_{(x,r) \sim \mathcal{P}_\tau} \left[\sum_{j \in \mathcal{J}_\tau(x)} r[j] \cdot \Pr(h(\boldsymbol{x}) = j, \mid \boldsymbol{x}) \right] \quad (4.19)$$

추정자는 수식 4.20과 같다.

$$\frac{1}{T} \sum_{t=1}^{T} \sum_{j \in \mathcal{J}_t(\boldsymbol{x}_t)} r_t[j] \cdot \mathbf{1}\{h(\boldsymbol{x}_t) = j \text{ and } s(\boldsymbol{x}_t) = j\} \cdot w_{jt} \quad (4.20)$$

여기에는 편향성이 존재하지 않는다.

복수 슬롯slots**:** 각 사용자 방문에 추천 항목을 표시할 수 있는 슬롯이 2개 이상인 애플리케이션도 있다. 사용자 방문 t에 추천 항목을 표시할 수 있는 슬롯이 K_t개 있다고 가정하자. 사용자 방문 t 때 슬롯 k에서 표시되는 항목 j의 보상을 $r_t^{(k)}[j]$라고 한다. 모델 h가 사용자 방문 t 때 슬롯 k에 추천하는 항목을 $h_k(\boldsymbol{x}_t)$, 과거 모델이 슬롯 k에 표시한 항목을 $s_k(\boldsymbol{x}_t)$라고 한다. 상황에 유용한 리플레이 추정자는 수식 4.21과 같다.

$$\frac{1}{T} \sum_{t=1}^{T} \sum_{k=1}^{K_t} \sum_{j \in \mathcal{J}_t(\boldsymbol{x}_t)} r_t^{(k)}[j] \cdot \mathbf{1}\{h_k(\boldsymbol{x}_t) = j \text{ and } s_k(\boldsymbol{x}_t) = j\} \cdot w_{jt}^{(k)} \quad (4.21)$$

수식 4.21의 추정자는 하나의 슬롯에 표시된 항목의 보상은 같은 시간에 다른 슬롯에 표시된 항목의 영향을 받지 않는다고 가정한다. 실제로는 이런 가정이 성립하지 않는 애플리케이션이 많다. 뉴스 추천 시스템에서는 새로운 정치 뉴스를 다른 정치 뉴스 2개와 동시에 추천했을 때의 보상은 낮은 것과 같다. 그러므로 추정자는 보통 편향성을 띤다. 항목 풀이 크고 랭킹을 할 때 서로 의존성이 있는 여러 슬롯이 있는 추천 문제를 위한 편향성 없는 리플레이 측정지표는 아직 연구 중이다.

4.5 요약

추천 시스템 개발 과정에서 평가는 중요한 부분이다. 실제 사용자에게 추천을 제공하기 위한 새로운 추천 모델을 배포하기 전에 새로운 모델에 눈에 띄는 문제가 없고 무엇을 기대할 수 있는지 이해하기 위해 먼저 오프라인 평가를 해야 한다. 배포 후 실제 사용자 대상 성능을 정확하게 예측하는 편향되지 않은 오프라인 평가는 꽤 어렵다. 하지만 잘 통제되고 무작위로 선정된 방법으로 데이터를 수집할 수 있다면, 단순한 환경(예: 상대적으로 작은 수의 후보 항목에서 각 사용자 방문에 한 개 항목만 추천)에서의 편향되지 않은 모델 성능 추정치는 오프라인 리플레이 기법을 통해 얻을 수 있다. 일반적인 상황을 가정했을 때 편향성 없는 오프라인 평가는 여전히 연구 대상이다.

실제 사용자에게 새로운 추천 모델을 배포한 다음에는 온라인 평가를 수행해 모델 성능을 검증해야 한다. 처리(신규 모델), 통제(베이스라인) 버킷을 적절히 구축해서 정확한 비교가 가능하게 해야 한다. 사용자 및 데이터 기록을 여러 기준으로 나눠서 측정한 측정지표를 고려해서 모델 성능을 더 정확하게 이해하는 것이 유용하다.

일반적으로 모델을 지속적으로 개선해야 좋은 시스템을 만들 수 있다. 이를 위해서는 모델 평가에 대한 충분한 관심, 적절한 평가 방법 및 측정 지표의 조심스러운 선택과 측정이 필요하다.

연습문제

1. 항목의 클릭과 뷰에 관한 시계열 $\{(c_t, n_t): t = 1, \cdots, T\}$가 주어졌을 때, CTR$\{p_t\}$ 시계열을 추정하기 위한 기법을 생각해보자. 추정치의 불확실성 추정치를 동시에 제공하는 방법을 사용했을 때 이점이 있는가? 그렇다면 실측 그라운드 트루스 모델의 평균과 불확실성 추정치가 주어졌을 때 시뮬레이션 방법을 보완하기 위한 전략을 제시해보자.

제2부

일반적인 문제 상황

05
문제 구성과 시스템 설계

추천 시스템은 하나 이상의 목적을 위해 사용자에게 항목을 추천한다. 1부에서 살펴본 내용을 간단히 요약하면, 1장에서는 가능한 목표를 소개했고, 2장에서는 전통적 추천 방법, 3장에서는 탐색 이용 딜레마와 문제의 차원을 줄이는 주요 방법, 4장에서는 추천 모델을 평가하는 방법을 알아봤다. 5장부터 11장까지는 일반적인 상황에서 사용할 수 있는 다양한 통계 방법을 살펴본다. 그중에서도 주요 목표가 긍정적인 사용자 반응을 최대화하는 것이 문제인 상황을 중점으로 살펴본다. 많은 문제에서 항목을 클릭하는 것이 가장 핵심적인 긍정 반응이다. 클릭 횟수를 최대화하려면 클릭 연결 비율^{CTR}이 높은 항목을 추천해야 하므로, CTR 추정에 가장 관심이 많다. 클릭과 CTR을 핵심 목표로 사용하지만, 다른 유형의 긍정 반응(예: 공유, 좋아요)도 비슷하게 다뤄질 수 있다. 다목적 최적화에 관해서는 11장에서 살펴본다.

추천 문제를 위한 통계 방법의 선택은 문제가 무엇인가에 달려 있다. 5장에서는 이어지는 4개의 장에서 소개할 기법을 소개한다. 5.1절에서 다양한 문제 환경을 소개한 다음 5.2절에서는 실제로 추천 시스템이 어떻게 동작하는지 묘사하기 위해 시스템 설계 예시 하나를 살펴본다. 여기서 통계 방법의 역할을 설명한다.

5.1 문제 구성

추천 시스템은 웹페이지의 하나의 모듈로 구현한다. 5.1절에서는 보편적인
추천 모듈과 애플리케이션 구성을 구체적으로 살펴본다. 마지막으로 많이
사용하는 통계 방법을 알아본다.

표 5.1. 웹사이트 및 추천 모듈

웹사이트 분류	예제	일반적인 추천 모듈		
일반 포털	www.yahoo.com www.msn.com www.aol.com	홈페이지	특집 모듈 (FM: 보편 및 도메인 전용)	
개인 포털	www.yahoo.com igoogle.com	홈페이지	특집 모듈 (FM: 맞춤형)	
도메인 전용 사이트	sport.yahoo.com	홈페이지	특집 모듈(FM: 도메인 전용)	
소셜네트워크 사이트	money.msn.com music.aol.com facebook.com linkedin.com twitter.com	세부 페이지 홈페이지 세부 페이지	연관 콘텐츠 모듈(RM) 네트워크 업데이트 모듈(NM) 연관 콘텐츠 모듈 (RM)	

참고: 아가왈 외 (2013)

5.1.1 보편적 추천 모듈

웹사이트는 일반 포털, 개인 포털, 도메인 전용 사이트, 소셜네트워크 사이
트, 네 가지 범주로 나눈다. 표 5.1에 관련 정보를 정리했다.

일반 포털은 다양한 콘텐츠를 광범위하게 제공하는 웹사이트다. 야후,
MSN, AOL 같은 다양한 콘텐츠를 제공하는 홈페이지를 예로 볼 수 있다.

개인 포털은 사용자가 자신이 원하는 콘텐츠로 홈페이지를 설정할 수 있는
웹사이트다. 예를 들어 마이 야후My Yahoo! 사용자는 다양한 출처의 콘텐츠

피드를 선택해서 선호에 따라 정리하고 배열해서 자신의 홈페이지를 설정할 수 있다.

도메인 전용 사이트는 스포츠, 금융, 음악, 영화 등 특정한 도메인의 콘텐츠를 제공하는 웹사이트다. 도메인 전용 사이트는 넓게는 2개의 유형으로 나눌 수 있다. 즉 사이트의 핵심 정보를 제공하는 홈페이지와 상세한 콘텐츠를 제공하는 다양한 상세 페이지들로 나눌 수 있다. 상세 페이지의 예로는 기사 수록 페이지, 영화 관련 페이지, 제품 관련 페이지 등을 생각할 수 있다.

소셜 네트워크 사이트는 사용자들이 서로 관계를 맺고 자신의 네트워크를 통해 정보를 전파할 수 있는 웹사이트로, 링크드인^{LinkedIn}, 페이스북^{Facebook}, 트위터^{Twitter} 등이 있다. 도메인 전용 사이트와 마찬가지로 페이지를 두 가지 유형으로 구별한다. 즉 사용자의 관심사를(일반적으로 관계를 맺고 있는 다른 사용자가 업데이트한 내용을) 요약해주는 개인 홈페이지와 개별 개체(예: 사용자, 기업, 기사)에 관한 상세한 콘텐츠를 제공하는 다수의 상세 페이지가 존재한다.

그림 5.1. 야후! 홈페이지의 투데이 모듈(일반 FM)

웹사이트의 추천 모듈은 넓게 3가지 범주 즉, 특집 모듈, 네트워크 업데이트 모듈, 관련 콘텐츠 모듈로 나눌 수 있다.

특집 모듈(FM)은 흥미롭거나 최신 '특집' 콘텐츠를 사용자에게 추천한다. 야후! 홈페이지의 투데이 모듈은 일반 FM의 예다. FM은 다양한 콘텐츠를 보여주며 전체 콘텐츠 네트워크(예: 스포츠, 금융 등)의 여러 항목과 연결된 링크를 제공하며 사용자를 네트워크의 다양한 도메인 전용 사이트로 보내는 유통 채널 역할을 한다. 일반 포털도 특정 도메인 항목만 추천하는 도메인 전용 FM을 갖고 있다. 그림 5.2는 MSN의 뉴스, 스포츠, 엔터테인먼트 도메인 전용 FM을 보여준다. 개인 포털에서 맞춤형 FM은 각 사용자의 개인적 관심사에 대변한 추천을 제공한다. 그림 5.3은 마이 야후!에서 사용자가 신청한 콘텐츠 피드에서 콘텐츠를 추천하는 '뉴스 포 유News For You'라는 맞춤형 FM을 보여준다. 일반 및 도메인 전용 FM도 사용자별로 맞춰서 정보를 제공할 수 있다. 세 가지 유형의 FM에 필요한 추천 기법은 매우 유사하다.

그림 5.2. MSN의 도메인-전용 FM

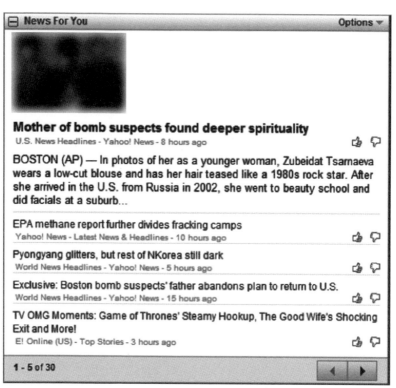

그림 5.3 마이 야후!의 뉴스-포-유 모듈 (맞춤형 FM)

네트워크 업데이트 모듈NM, Network-update modules은 소셜네트워크에서 사용자 친구의 업데이트(예: 상태 업데이트, 프로파일 업데이트, 기사와 사진 공유) 사항을 추천한다. FM과는 달리 NM이 보여주는 항목은 일반적으로 친구에게만 보이도록 제한된 업데이트를 포함한다. 공유, 좋아요, 댓글 등과 같은 사회적 행동도 포함된다. 이런 환경에서 좋은 추천을 하기 위해서는 일반적으로 사용하는 특성 외에 항목 생산자의 평판, 생산자와 취득자 간의 유대 정도, 관련 사회적 행동의 성격 등도 함께 고려해야 한다.

그림 5.4 링크드인의 관련-콘텐츠 모듈

관련 콘텐츠 모듈RM, Related-content modules은 보통 상세 페이지에 나타나며 상세 페이지의 주요 콘텐츠(예: 기사)와 '관련된' 항목을 추천한다. FM이나 NM과 달리 RM은 고려할 수 있는 정보인 정황이 있다. 상황 상세 페이지는 정황을 제공하며, 추천은 정황과 관련이 있어야 한다. 그림 5.4는 리더십과 경영 분야의 저명한 인사인 잭 웰치Jack Welch가 작성한 「리더쉽의 여섯 가지 치명적 죄악」 기사 페이지에 게재된 링크드인의 RM 예시다. 좋은 추천은 보통 사용자의 동시 구독 행동(예: 항목 A를 읽는 사용자는 항목 B도 읽는다), 의미론적 관련성, 항목 인기도, 사용자의 개인적 관심에 대한 항목의 연관성 정도 등을 모두 고려해서 이뤄진다.

5.1.2 애플리케이션 환경

애플리케이션에 적합한 추천 모델을 선택할 때는 애플리케이션의 특성을 고려해야 한다. 추천 애플리케이션의 특성을 파악해야 할 때 점검 사항을 표 5.2에 담았다.

표 5.2. 추천 애플리케이션의 특성

사용자	신뢰할 수 있는 사용자 식별 인자가 존재하는가? 가용한 사용자 특성(예: 인구 통계 정보, 위치 등)은 무엇이 있는가? 사용자는 추천 모듈과 자주 접하는가?
항목	후보 항목 풀의 크기와 품질은 어떤가? 가용한 항목 특성(예: 분류, 개체, 키워드 등)은 무엇인가? 항목은 시간에 민감한 것들인가?
정황	정황 정보가 있는가? 만약 있다면, 어떤 정황 특성이 있는가?
반응	사용자 반응 정보(예: 클릭, 등급 등)가 존재하는가? 현재의 피드백을 가지고 얼마나 빠르게 모델을 업데이트할 수 있는가?

사용자 관련 특성: 맞춤형 추천 제공 가능 여부는 신뢰할 수 있는 사용자 식별 정보가 있는가에 달려있다. 개인 포털과 소셜네트워크 사이트는 보통 사용자가 콘텐츠를 소비하기 위해서 우선 로그인하도록 요구하기 때문에 신뢰할 수 있는 사용자 식별자를 얻을 수 있다. 일반 또는 도메인 전용 포털은 보통 사용자가 로그인하도록 요구하지 않다 보니 믿을 수 있는 사용자 식별자가 없을 수 있다. 브라우저 쿠키로 사용자를 추적하고 로그인하지 않은 사용자의 식별자로 활용할 수 있다. 더 정확하게 말하면, 브라우저 쿠키는 사용자가 아니라 웹브라우저에 대한 식별자다. 따라서 브라우저 쿠키는 불완전한 식별자가 된다. 여러 사용자가 같은 브라우저를 사용할 수 있고 한 사용자가 여러 브라우저를 사용하기도 하며 사용자가 브라우저 쿠키를 삭제할 수도 있기 때문이다. 사용자를 식별할 수 있게 된 후에는 가용한 사용자 특성이 무엇이고 사용자가 추천 모듈과 자주 상호작용하는지 알아본다. 가용한 사용자 특성이 있다면 특성을 이용해 사용자 반응을 예측할 수 있다. 가용한 사용자 특성이 없을 때도 협력적 필터링 기법을 통해 방문 횟수가 많은 사용자에게 맞춤형 추천을 제공할 수 있다. 또한 모든 추천 모듈이 모두 개인화가 필요한 것은 아니다. 일반 포털이나 도메인 특유 포털의 FM은 개인화가 많이 필요하진 않다.

항목 관련 특성: 추천 기법 선택은 항목 풀의 크기와 품질에 달려 있다. 적은

수의 고품질 항목에 관한 순위를 결정하는 것은 저품질 항목이 많은 경우와는 다르게 접근해야 한다. 전자는 많은 기회비용이 발생하게 하지 않고 효율적인 탐색 이용 방법을 통해 각 항목의 CTR을 빠르고 정확하게 추정하는 것이 목적인 데 반해, 후자는 사용자 반응 관찰을 시작하기도 전에 저품질 항목 제거부터 해야 한다. 또한 항목 풀이 작고 사용자 방문 횟수가 많을 때는 항목 특성이 크게 중요하지 않다. 항목 특성과 상관없이 항목의 CTR을 정확하게 추정하기에 충분한 항목별 사용자 반응 데이터가 있기 때문이다. 항목 풀이 클 때는 좋은 항목 특성을 사용해 각 항목에 대한 사전 정보를 제공해서 탐색 비용을 줄일 수 있다. 항목이 시간에 민감한지도 고려해야 할 주요 사항이다. 뉴스 기사는 수명이 짧으며 하루 이틀 만에 수명이 다하게 된다. 반면, 어떤 분야의 전문가가 쓴 정보 제공 기사의 수명은 길고 작성되고 얼마의 시간이 지났는지는 크게 상관이 없을 수 있다. 항목의 유형에 따라 사용자의 반응률도 시간에 따라 변할 수 있다. 그러므로 매개변수가 자주 업데이트되는 온라인 모델을 통해 변화를 계속 추적하는 것이 중요하다.

정황 관련 특성: 기사 상세 페이지의 RM과 같은 일부 추천 애플리케이션은 추천되는 항목이 어떤 명시적인 정황(예: 페이지의 기사)과 관련이 있을 것을 요구하지만 FM과 같은 애플리케이션은 그렇지 않다. 하지만 명시적인 정황이 없는 애플리케이션의 경우에도 하루 중의 시간, 평일과 주말, 모바일 기기 대 데스크톱 컴퓨터 등과 같은 묵시적인 정황이 있다. 정황 정보가 있을 때는 추천 문제가 사용자와 항목으로 구성된 2차원 행렬로 반응을 모델링하는 것으로부터 사용자, 항목, 정황 모두를 포함한 삼차원 텐서tensor로 반응을 모델링하는 것으로 확대된다. 관련해서는 10장에서 알아본다.

반응 관련 특성: 이 책에서 가정하고 있는 내용은 모델링에 사용할 수 있는 사용자 반응이 있다는 것이다. 그러나 일부 사용자와 항목에 대해서는 어떤 과거 반응 데이터도 없을 수 있다. 또한 일회성 사용자 반응 정보로 모델링을 하는 것과 실시간으로 꾸준히 제공되는 정보를 가지고 모델링을 하

는 것은 상당히 다르다. 시간에 민감한 항목을 추천하기 위해서는 후자가 필수다. 탐색 이용 전략의 적용 가능성 또한 실시간에 가깝게 지속해서 제공되는 사용자 반응 데이터 공급 여부에 따라 달라진다. 사용자가 여러 유형의 피드백(예: 클릭, 공유, 좋아요, 댓글)을 제공할 때 사용자 반응을 어떻게 해석해야 하는지도 고려해야 한다. 반응 모델의 선택(2.3.2절 참조)은 사용자 반응을 어떻게 해석하느냐에 달려있다. 다변량 반응 모델링은 사용자가 여러 유형의 반응을 보일 때 유용하다.

5.1.3 보편적 통계 방법

6장부터 9장까지 오프라인 모델, 온라인 모델, 탐색 이용 전략, 세 가지 유형의 통계 기법을 중점적으로 살펴볼 텐데, 보편적인 애플리케이션 환경에서 사용하는 기법을 살펴본다.

최고 인기 항목 추천: 1.2절과 3.3.1절에서 알아본 추천 형태다. 최고의 CTR을 가진 항목을 빠르게 찾아내서 모든 사용자에게 항목을 추천하는 것이 목표다. 항목은 시간에 민감하며 사용자 반응은 거의 실시간으로 제공된다고 가정한다. 탐색 이용 전략을 활용해 작은 고품질 항목 풀에서 인기도^{CTR}를 추정하는 방법으로 시작해서 항목 특성을 통해 각 항목의 사전 분포를 모델링하는 더 큰 항목 풀로 확장한다. 여기서는 세분된 최고 인기 항목 추천을 통해 간단한 개인화를 할 수 있다. 3.3.2절에서 살펴본 것처럼 사용자 모집단을 하위 집단으로 세분화하고 각 하위 집단에서 항목 인기도를 따로 추정해서 개인화가 가능하다. 간단한 개념이지만 최고 인기 항목 추천은 일반 또는 도메인-전용 포털에서 FM에 흔히 사용하는 기법이며 더 정교한 모델링 기법을 위한 든든한 베이스라인을 제공한다. 6장에서 최고 인기 항목 추천에 사용할 수 있는 다음 통계 기법을 소개한다.

- **온라인 모델:** 시간에 따라 항목의 CTR을 추적하기 위한 동적 베타 이항$^{Dynamic\ Beta-binomial}$ 및 감마 푸아송$^{Gamma-Poisson}$ 모델

- **오프라인 모델:** 항목 특성을 통해 새로운 항목의 CTR 추정을 할 온라인 모델을 초기화하기 위한 베타 이항 및 감마 푸아송 모델의 사전 매개변수의 최대 우도 추정
- **탐색 이용:** 라그랑지안 완화Lagrange relaxation를 통해 얻은 근사 베이즈Bayes 최적 해답에 특히 초점을 맞추면서 탐색 이용 균형을 높게 달성하기 위한 다양한 멀티 암드 밴딧 전략multiarmed bandit schemes

맞춤형 추천: 목표는 각 사용자가 특정 항목에 어떻게 반응할 것인가를 정확하게 예측해서 더 정확한 맞춤형 추천을 하는 것이다. 사용자 식별자가 일부 제공된다고 가정한다. 고려할 방법 중 일부는 사용자에 관해 제공되는 정보가 특성뿐일 때도 유효할 수 있다. 우선 시간에 민감하지 않은 상황에서 오프라인 모델을 살펴본다. 여기서 핵심은 어떻게 동시에 많은 과거 반응 데이터가 많은 사용자 및 항목과 과거 반응 데이터가 적거나 없는 사용자 및 항목에 대해 모델링할지 결정하는 것이다. 이어서 시간에 민감한 항목에 대한 온라인 모델로 확장한다. 맞춤형 추천은 많은 웹사이트의 FM과 NM을 포함한 여러 애플리케이션에 적용할 수 있다. 7장과 8장에서 다음 통계 방법을 소개한다.

- **오프라인 모델:** 콜드 스타트 상황에서 사용자 및 항목의 잠재 요인을 예측하기 위해 특성을 사용하는 유연 회귀 사전 확률을 가진(많은 애플리케이션 환경에서 최고의 성과를 달성하는) 매트릭스 인수 분해
- **온라인 모델:** 더 빠른 모델 수렴이 가능하도록 하는 차원 축소를 위한 랭크 축소 회귀reduced-rank regression, 최신 반응 데이터를 활용해 회귀 모델을 점진적으로 업데이트하기 위한 베이지안 상태-공간 모델
- **탐색 이용:** 톰슨 샘플링Thompson sampling, 상위 신뢰 제약UCB 방법, 소프트맥스soft max

정황 의존 추천: 사용자, 항목, 정황으로 구성된 3차원 텐서에서 CTR을 정확하게 예측하는 것이 목표다. 즉 사용자가 어떤 정황(예: 추천된 항목과 관련된 것으로 생각되는 기사 페이지)에서 특정 항목에 어떻게 반응할 것인가를 예측한다. 정황과 항목의 특성은 주어지고 그러한 특성으로 다른 유형의 유사성과 관련성을 측정할 수 있다고 가정한다.

정황 의존 추천은 많은 웹사이트의 상세 페이지에서 RM을 구축하는 데 유용하다. 모델링의 주요 난관 중 하나는 3차원 텐서에 들어갈 관찰된 사용자 반응의 수가 극도로 적다는 것이다. 10장에서 희소성 문제를 다루기 위해 회귀 사전 분포를 가진 텐서 요인화 및 계층적 평평화와 같은 오프라인 모델을 구체적으로 살펴본다. 온라인 모델과 탐색 이용 전략은 맞춤형 추천에서 소개한 것들과 유사하다.

5.2 시스템 설계

통계 방법을 더 깊이 있게 다루기 전에 통계 기법이 웹 시스템과 어떻게 상호작용하는지 이해해야 한다. 5.2절에서는 웹 추천 시스템의 주요 구성요소를 알아보고 민감한 항목의 맞춤형 추천에 관한 구체적인 예제 시스템을 살펴본다.

5.2.1 주요 구성요소

그림 5.5는 일반적인 웹 추천 시스템의 설계를 보여준다. 네 가지 주요 구성요소가 있다.

1. **추천 서비스:** 웹 서버에서 추천 요청을 받고 추천할 항목을 리턴하는 서비스다.
2. **저장 시스템:** 사용자 특성(잠재적 요인 포함), 항목 특성(요인 포함), 모

델 매개변수, 효율적인 검색을 위한 인덱스 항목을 저장하는 시스템이다.

3. **오프라인 러너**[learner]: 사용자 반응 데이터로부터 모델 매개변수(잠재적 요인 포함)를 학습해, 매개변수(요인 포함)를 온라인 저장 시스템으로 주기적으로 보낸다. 학습은 일반적으로 시간이 오래 걸리는 과정이고 특히 사용자 반응 데이터 수가 많을 때 더 시간이 소요돼 오프라인 러너는 밀리초[ms] 단위로 사용자 요청에 대응해야 하는 온라인 시스템과는 분리된 오프라인 환경에 놓는다.

4. **온라인 러너**: 최신 사용자 반응 데이터를 사용해서 실시간으로 모델 매개변수를 지속해서 업데이트해서 모델을 조정하게 된다.

5.2.2 시스템 예제

확장된 예제를 통해 구성요소를 되짚어 본다.

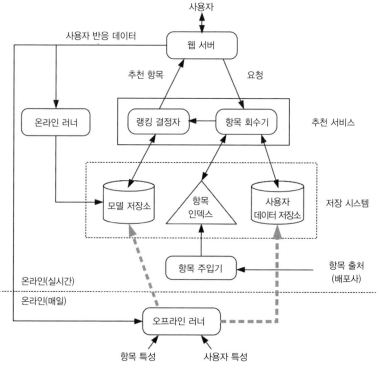

그림 5.5 일반적인 웹 추천 시스템의 설계

애플리케이션 환경: 뉴스 기사와 같이 시간에 민감한 항목을 다루는 포털에 있는 FM을 위한 맞춤형 추천 서비스를 구축하는 문제를 생각해보자. 후보 항목 풀은 시간에 따라 바뀌며 시점별로 많은 수의 후보 항목으로 구성된다. 사용자 특성은 프로파일 데이터(예: 인구 통계적 특성, 사용자가 밝힌 관심사)를 통해 확보할 수 있다. 반면에 단어 가방과 같은 항목 특성은 항목에서 추출한다. 사용자 반응 데이터는 대부분 최대 몇 분 안에 지속해서 수집되며 목표는 추천된 항목의 클릭 수를 최대화하는 것이라고 가정하자.

모델: CTR 예측을 위해 다음 모델을 고려한다. x_i는 사용자 i의 특성 벡터를 나타내고 x_j는 항목 j의 특성 벡터를 나타낸다고 하자. x_i와 x_j는 서로 다른 특성을 포함하고 길이가 다를 수 있다. u_i는 사용자 i의 잠재 요인 벡터를 나타내고 v_j는 항목 j의 잠재 요인 벡터를 나타낸다고 하자. 두 가지 모두 데이터로부터 학습된다. 로지스틱 반응 모델과 같이 $1/(1 + exp(-s_{ij}))$로 사용자 i가 항목 j와 상호작용할 때의 CTR을 예측할 수 있다. 점수 s_{ij}는 수식 5.1과 같다.

$$s_{ij} = x_i' A x_j + u_i' v_j \qquad (5.1)$$

수식 5.1에서 A는 데이터로부터 학습될 (각 사용자 특성과 항목 특성 페어별 상호작용에 대한) 회귀 계수 행렬이다. 회귀 계수는 시간에 크게 민감하지 않고 사용자 관심도 일반적으로 하루 안에 많이 변하지 않기 때문에 A와 u_i를 하루에 한 번씩만 업데이트해도 된다고 가정한다. 그러나 항목은 시간에 민감하기 때문에 새로운 사용자 반응 데이터가 생기면 가능한 한 빨리 v_j를 업데이트해야 한다.

저장 시스템: 후보 항목, 특성, 모델은 저장 시스템에 저장된다.

- **항목 지표:** 예제에서는 하나의 항목 주입기^{injector} 서비스가 여러 항목 출처(배포처)를 살펴보면서 새로운 항목이 있는지 모니터링한다. 새로운 항목 j가 나타나면 항목 주입기는 항목 특성 x_j를 추출해서 항목 및 그 특성을 항목 인덱스에 넣어서 특성별로 항목을 빠

르게 검색할 수 있도록 한다. 항목 인덱스 관련 예제는 폰토라 외 (Fontoura et al.)(2011)에서 찾아볼 수 있다.

- **사용자 데이터 저장고:** 사용자 특성 x_i는 사용자 데이터 저장소에 저장된다. 볼트모트 저장소와 같은 키 값 저장소(예: 볼드모트 저장소)로 주어진 키(사용자 ID)로 사용자 특성과 같은 값(예: 사용자 특성)을 신속히 검색할 수 있도록 지원하기 위해 설계된 것이다. 사용자 잠재 요인 u_i도 사용자 ID별로 입력되기 때문에 마찬가지로 사용자 데이터 저장소에 저장된다.

- **모델 저장소:** 회귀 계수 행렬 A는 모델 저장소에 저장되고 오프라인 러너에 의해 매일 업데이트된다. 항목 요인 v_j도 온라인 러너에 의해 지속해서 업데이트되는 온라인 모델의 모델 매개변수이기 때문에 모델 저장소에 저장된다. 모델 저장소 역시 키 값 저장소다. 항목 요인은 항목 ID별로 입력되고 회귀 계수 행렬을 저장하기 위해 보류된 특별한 키가 있다.

오프라인 러너: 사용자와 항목 특성(x_i와 x_j)과 사용자 반응 데이터가 주어지면 오프라인 러너는 웹 서버 로그에서 수집된 데이터로부터 모델 매개변수와 잠재 요인(A, u_i, v_j)을 추정한다. 오프라인 학습은 많은 경우 몇 시간씩 걸릴 수 있다. 예제에서는 하루에 한 번씩 오프라인 학습 절차를 진행하고 학습된 모델 매개변수와 요인을 관련된 온라인 저장 시스템에 매일 보내게 된다. 사용자 반응 데이터가 많을 때는 일반적으로 병렬 연산 환경이 필요하다. 많은 웹 애플리케이션에서는 맵리듀스[MapReduce]를 사용하며 하둡[Hadoop]도 여러 환경에서 많이 쓰이는 오픈소스 도구다.

온라인 러너: 사용자 특성 x_j, 항목 특성 x_j, 사용자 요인 u_i, 회귀 계수 행렬 A, 웹 서버 로그에서 실시간으로 지속해서 제공되는 사용자 반응 데이터가 제공되면 온라인 러너는 항목 요인 v_j를 계속 업데이트해서 각 항목의 가장 최근의 행동을 추적한다. x_i, x_j, A, u_i 등이 주어지면 항목별로 추정해야 할

여러 개의 독립적인 회귀 문제로 볼 수 있다, 각 회귀는 u_i를 특성 벡터로, x'_iAx_j를 오프셋(모델의 편향성 또는 절편항$^{intercept\ term}$ 값에 더해질 상수)해서 계수 벡터 v_j를 추정한다(7장과 8장에서 자세히 설명한다). 항목별 회귀 모델은 서로 독립적이고 개별 항목에 대한 사용자 반응 데이터의 수는 상대적으로 작아서 항목 요인은 오프라인 러닝 과정보다 훨씬 더 빠르게 학습될 수 있다는 점에 주목해야 한다.

오프라인과 온라인 러너의 동기화: 오프라인 학습은 시간이 걸린다는 점을 알아야 한다. 오프라인 러너가 그날 할 일을 마치고 새롭게 학습된 A, u_i, v_j를 저장 시스템에 보냈을 때 오프라인에서 학습된 항목 요인 v_j는 최신 상태가 아닐 수 있다. 오프라인 학습 시작 후 수집된 데이터가 아직 v_j 추정에 사용되지 않았을 수 있기 때문이다. 오프라인 모델이 값을 전달하는 시점 전후 모델 전이를 원활하게 하기 위해 모델 매개변수 A, u_i, v_j를 두 가지 버전으로 가져간다. 값들이 전달된 후에도 예전 버전을 가지고 계속해서 사용자에게 서비스를 제공하면서 새로운 버전이 준비될 때까지 예전 매개변수를 업데이트한다. 오프라인에서 학습된 A, u_i, v_j의 새로운 버전이 저장 시스템으로 일단 전달되면 오프라인 학습에 아직 사용되지 않은 데이터를 사용해 온라인에서 항목 요인 v_j의 새로운 버전으로 업데이트하기 시작한다. v_j의 새로운 버전이 온라인 데이터 모두를 포함하게 되면 사용자 서비스에 새로운 버전을 사용하기 시작하고 예전 버전의 v_j에 대한 업데이트를 중단한다.

추천 서비스: 특성, 요인, 모델 등이 저장 시스템에 저장되고 업데이트되면 추천 서비스는 다음과 같이 진행된다.

- **항목 검색:** 각각의 요청에 대해 항목 회수기^{retriever}는 사용자 ID로 사용자 특성 벡터 x_i 및 잠재 요인 벡터 u_i를 얻기 위한 쿼리를 사용자 데이터 저장소에 보낸다. 항목 회수기는 사용자 특성을 기반으로 사용자를 위한 후보 항목들을 얻는데 필요한 항목 인덱스를 쿼리한다. 필요하면 간단한 기준이나 모델을 설정해서 인덱스로

리턴 받는 항목을 상위 k개로 제한해서 연산의 복잡성을 줄일 수 있다. 그후, 후보 항목들은 사용자 특성 및 요인과 함께 랭킹 결정자 ^{ranker}에게 보내진다.

- **랭킹:** 사용자 i의 후보 항목을 받으면 랭커는 각 항목 j에 대한 예측된 반응률의 평균과 분산을 계산한다. 평균은 $x'_i A x_j + u'_i v_j$와 같은 간단한 함수를 통해 구한다. 분산을 계산하는 방법은 7장에서 소개한다. 마지막으로, 항목 고갈을 피하고 사용자를 위한 최선의 항목을 빠르게 결정하기 위해 모든 후보 항목에 대한 반응률의 평균 및 분산에 기반을 둔 탐색 이용 전략(방법)을 적용한다.

06
최고 인기 항목 추천

3장에서 탐색 이용 문제를 소개하고 추천 시스템의 항목 채점, 특히 전통적인 멀티 암드 밴딧[MAB] 문제와 중요성을 살펴봤다. MAB 문제의 베이지안 및 미니맥스 접근법과 실제로 사용되는 휴리스틱 방법도 알아봤다.

추천 시스템에서 MBA 문제의 기본적인 가정을 위반하는 현상이 나타난다. 바뀌는 항목 풀, 유동적인 CTR, 지연되는 피드백 등이 여기에 해당된다. 6장에서는 실무에서 효과적으로 사용할 수 있는 새로운 솔루션을 다룬다. 클릭률[CTR]과 같은 긍정적인 행동의 비율로 항목을 채점하는 것이 적합한 추천 시스템이 많은데, 추천 항목을 대상으로 한 행동의 수를 최대화 시키는 방식이다. 실무에서는 흔히 CTR이 가장 높은 상위 k개의 항목을 추천하는 방식을 사용하는데, 이를 최고 인기 항목 추천이라고 말한다. 이때 인기도는 항목별 CTR로 측정한다. 개념은 간단하지만 최고 인기 항목 추천은 항목의 CTR을 추정해야 하므로 기술적으로 간단하지 않다. 또한 맞춤형 추천을 하지 않아도 되는 애플리케이션에서는 좋은 베이스라인이 될 수 있다. 6장에서는 최고 인기 항목 추천 문제를 위한 탐색 이용 솔루션을 개발하는 것으로 시작한다.

6.1절에서 하나의 실질적인 적용 사례를 소개하고 사례에서 최고 인기 항

목 추천의 특성을 살펴본다. 6.2절에서 최고 인기 항목 추천의 탐색 이용 문제를 수학적으로 정의하고 6.3절에서는 첫 기본 원리로부터 베이지안 해답을 도출해본다. 6.4절에서는 널리 사용되는 베이지안이 아닌 솔루션을 검토해본다. 6.5절에서는 광범위한 실험을 통해 베이지안 프레임워크로 적절히 모델링할 수 있는 시스템을 대상으로 했을 때 다른 솔루션보다 베이지안 솔루션이 훨씬 더 좋은 성능을 보여준다는 것을 살펴본다. 6.6절에서 후보 항목 집합이 클 때 데이터 희소성 문제를 다루는 방법을 알아본다.

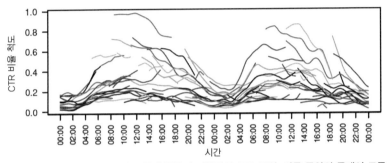

그림 6.1. 야후! 투데이 모듈에 포함된 항목의 이틀간의 CTR 곡선. 이틀 동안의 투데이 모듈. y축은 실제 CTR 값을 드러내지 않기 위해 비율 척도로 표시돼 있다.

6.1 애플리케이션 예제: 야후! 투데이 모듈

5.1.1절에서 웹 포털의 홈페이지에서 많이 보이는 속보 모듈을 소개했다. 야후! 홈페이지의 투데이 모듈이 전형적인 예다(그림 5.1 참조). 모듈의 목표는 홈페이지의 사용자 참여 즉, 클릭 수를 최대로 끌어낼 수 있는 항목(대부분 다양한 유형의 뉴스)을 추천하는 것이다. 모듈은 몇 개의 슬롯을 가진 하나의 패널panel로 각 슬롯은 여러 항목이 있는 콘텐츠 풀에서 선택된, 이야기와 같은 편집된 항목을 전시한다. 설명의 편의를 위해 모듈의 가장 두드러진 슬롯에 대한 클릭의 최대화에 초점을 맞춘다. 슬롯은 모듈에 이루어지는 클릭의 상당 부분을 차지한다.

애플리케이션의 특징을 더 잘 이해하기 위해 이틀 동안 투데이 모듈 항목의 CTR 곡선을 살펴보자. 그림 6.1에서 각 곡선은 무작위 실험으로 수집한 데이터를 기반으로 한 시간에 따른 특정 항목의 CTR을 표시하고 있다. 실험은 무작위로 (수십만에서 수백만의) 사용자들을 선정해서 실시됐다. 선정된 사용자 중 누군가 야후! 홈페이지를 방문하면 콘텐츠 풀에서 무작위로 하나의 항목을 선택해서 제공했다. 그림에서 확인할 수 있듯이 각 항목의 CTR은 시간에 따라 변하며 항목의 수명은 보통 짧았다(몇 시간에서 하루 이내). 항목의 수명은 항목이 편집돼서 콘텐츠 풀에 삽입되는 순간 시작해서 모듈 콘텐츠의 신선도 유지를 위해 해당 항목이 제거될 때 끝나게 된다.

시간에 민감한 이와 같은 추천 시스템의 보편적인 특징과 시스템 제약 때문에 전통적인 MAB에서 하는 여러 가정이 위배된다. 3.2절에서 설명한 전통적인 밴딧 문제는 아직은 모르지만 고정된 보상 확률(CTR)을 가진 팔(항목)이 있다고 가정한다. 또한 즉각적인 보상 피드백을 가정한다. 어떤 팔을 당기고 나면(어떤 항목을 사용자 방문에 보여준 후) 즉시 무언가 관찰(클릭 또는 클릭되지 않음)된다고 가정한다. 야후! 투데이 모듈과 비슷한 애플리케이션은 다음과 같은 특징이 있다.

- **동적인 항목 세트:** 항목은 보통 수명이 짧고 이용 가능한 항목 세트는 시간에 따라 변한다. 짧은 수명은 전통적인 밴딧 전략에서 사용하는 후회의 경계가 덜 유용하게 만든다. 당김의 횟수가 적을 때는 실무에서 빅오$^{big-O}$ 표기법의 상수들을 무시할 수 없기 때문이다.

- **유동적인 CTR:** 각 항목의 CTR은 시간에 따라 변한다. 사용한 애플리케이션에서 특정 항목의 CTR 곡선의 최고점은 최저점보다 400% 높을 수 있다. 그러나 CTR 곡선은 보통 시간에 따라 평탄해지며 적절한 시계열 모델을 통해 모델링할 수 있다. 아워 외(Auer et al.)(1995)와 같은 적대적^{adversarial} 밴딧 전략은 유동적인 CTR을 고려하지만, 특성은 그러한 설정과는 상당히 다르다.

- **배치 서빙**batch serving: 클릭 및 뷰 관찰 데이터는 시스템 성능 제약과 사용자 피드백 지연 때문에 지연이 생기게 된다. 후자는 항목을 보는 것(추천 시스템이 주는 항목 전시)과 이어지는 사용자 클릭(보통 몇 분 내) 사이의 시간 지연 때문에 발생한다. 지연을 다룰 때는 시간을 구간(예: n분 간격)으로 나누고, 모든 개별 사용자 방문에 대해 표본 추출 계획을 결정하는 대신 탐색 이용 전략이 다음 구간에 항목별로 할당할 뷰 비율을 결정하도록 하는 방법을 사용한다.

6.2 문제 정의

야후! 투데이 모듈 사례에서 살펴본 특성에 기반해 최고 인기 항목 추천 접근 방법을 구체적인 수학 연산을 통해 살펴보자. 목표는 기대 클릭 수 최대화를 위해 다음의 시간 구간에서 각 항목에 할당할 사용자 방문 비율을 결정할 서빙 전략을 찾는 것이다.

6장에서는 i와 t는 각각 항목 i와 구간 t를 나타낸다. 시간 t에서 항목 i의 아직 알지 못하는 시간에 따른 CTR을 p_{it}라고 하고 페이지 뷰와 같은 총 사용자 방문 횟수를 N_t, 시간 구간 t에서 이용 가능한 항목 세트를 I_t라고 하자. 이용 가능한 항목 풀은 동적이기 때문에 I에 t가 붙어 있다. 만약 CTR인 p_{it}를 알고 있다면 최적 솔루션은 시간 t에서 모든 사용자 방문 N_t에 항목 $i_t^* = \arg\max_i p_{it}$를 제공하는 방법이다. 하지만 CTR을 모르기 때문에 항목 i를 일부 사용자 방문에 보여줘서 p_{it}를 추정해야 한다. 각 시간 구간 t에서 사용자 방문 횟수 N_t는 알고 있다고 가정한다. 실무에서는 그 값을 예측 모델을 통해 얻게 된다. 가령, 그림 6.2는 야후! 투데이 모듈의 일주일 간 N_t를 보여준다. 트래픽 패턴은 규칙적이고 요일 및 시간대에 따른 변화도 분명하기 때문에 일반적인 시계열 기법을 통해 쉽게 모델링할 수 있다.

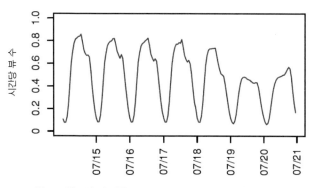

그림 6.2 일주일 간 야후! 투데이 모듈의 시간당 사용자 방문 수.
y축은 실제 트래픽을 숨기기 위해 선형 척도로 표시돼 있다.

정의 6.1. 서빙 전략: 서빙 전략 π(정책)는 각 시간 구간 t에서 t 이전에 관찰된 모든 데이터에 기반해 사용자 방문 중 각 항목에 할당할 비율을 결정하는 알고리듬이다. 구간 t에서 항목 i에 할당할 사용자 방문 횟수를 x_{it}^π라고 하자. 각 t에 대해 $\sum_i x_{it}^\pi = 1$이 되고 $x_{it}^\pi \geq 0$이 된다. 모든 i의 x_{it}^π 세트를 t시간대의 서빙 계획 또는 할당 계획이라고 한다.

구간 t에서 항목 i에 π가 할당하는 사용자 방문 횟수는 $x_{it}^\pi N_t$가 된다는 것은 쉽게 알 수 있다. 서빙 전략은 피드백이 즉각적이고 항목 상태는 각 사용자 방문 후 변한다고 가정하는 일반적인 멀티 암드 밴딧 전략과는 다르다. 이후에는 위 첨자 π와 아래 첨자 i는 상황상 따로 표기하지 않는다.

구간 t에서 사용자 방문 $x_{it}^\pi N_t$번에 항목 i를 제공한 후 얻게 되는 클릭 수를 c_{it}^π라고 하자. c_{it}^π는 랜덤(무작위) 변수다. 아가왈 외(Agarwal et al.)(2009)의 부록에 보고된 연구 결과를 기반으로 $c_{it}^\pi \sim \text{Poisson}(p_{it}x_{it}^\pi N_t)$를 가정할 수 있는데 이것은 지금 예제 외에도 여러 다른 웹 애플리케이션에도 적합할 수 있다. 전략 π를 사용해서 T 구간(보통 수개월) 동안 얻은 총 클릭 수(보장)를 $R(\pi,\ T) = \sum_{t=1}^T \sum_{i \in I_t} c_{it}^\pi$로 나타낼 수 있다.

정의 6.2. 오라클 최적 전략: p_{it}를 정확하게 아는 오라클을 가정해보자. 오라클 전략 $\pi+$는 각 구간 t에서 p_{it}가 가장 높은 항목 ($i_t^* = \arg\max_i p_{it}$)를 선택한다.

정의 6.3. 후회: 전략 π의 후회는 오라클 최적 보상과 π의 보상 간의 차이가 된다. 즉 $E[R(\pi^+, T)] - E[R(\pi, T)]$가 된다.

정의 6.4. 베이지안 최적 전략: p_{it}의 사전 분포 P를 가정해보자. N_t와 $I_t (1 \leq t \leq T)$가 주어졌을 때, $E_P[R(\pi^*, T)] = \max_\pi E_P[R(\pi, T)]$라면 P에서 서빙 전략 π^*가 베이지안 최적이 되고 E_P는 P에서의 기대가 된다.

목표는 베이지안 최적 전략을 찾는 것이다. 베이지안 최적 전략에서는 항목 CTR 추정을 위해 탐색을 하므로 후회가 영(0)이 아니지만, 오라클 최적 전략에서는 탐색을 전혀 하지 않는다.

탐색 이용 전략에 대해 알려진 대부분의 최적 해답은 팔(또는 항목)은 항상 이용 가능하며 후회는 가장 좋은 팔 하나만을 항상 움직이는 '최적 전략'을 기반으로 정의된다고 가정한다(예: 기틴스 1979, 라이와 로빈스 1985, 아워 2002 등). 일반적으로 웹 애플리케이션은 환경이 다르다. 팔의 수명은 뉴스와 광고처럼 짧고 시작 시간도 다르다. 그러므로 시점별로 가장 좋은 팔을 움직이게 하는 오라클 최적 전략을 기반으로 후회를 정의하게 된다. 서로 다른 시점에서 가장 좋은 팔은 변할 수 있음으로 이런 후회의 최적 경계는 아직 많은 연구가 필요한 분야다. 최고 인기 항목 추천 문제에서 이런 최적 후회 경계를 도출하는 대신 실무에서 좋은 효과를 보이는 전통적인 밴딧 솔루션의 적용을 살펴봐야 한다. 이러한 접근 방법은 애플리케이션의 특성을 적절히 모델링하게 된다. 단순화한 상황에서는 베이지안 최적 솔루션을 개발하고 적절한 근삿값 계산을 활용해 일반적인 상황에서 최적에 가까운 솔루션을 개발한 다음 실제 로그 데이터로 많은 수의 전략을 진행하는 실험을 통해 평가하는 것에 기반을 둔다. 야후! 투데이 모듈에서의 온라인 버킷 테스트 결과도 논의하며 실생활 탐색 이용 전략 사례 몇 개를 비교한다. 이런 평가는 드물지만, 야후! 재직 중 이런 연구를 할 수 있었다.

6.3 베이지안 솔루션

6.3절에서 계산이 가능한 근사치를 활용한 베이지안 탐색 이용 전략을 설명한다. 베이지안 솔루션을 단계적으로 개발할 것이며 정해진 항목 세트를 가진 간단한 상황의 최적 솔루션을 구해본다. 다음으로 인덱스 정책^{index} ^{policy}과 비슷하게 일반 사례를 위한 최적에 가까운 솔루션을 구한다(1차원 문제 K개를 해결해서 K차원 문제 풀기).

설명의 편의를 위해 항목 하나와 드롭 인덱스 i로 설명한다. 구간 t에서 항목 CTR은 사전 확률 $p_t \sim P(\theta_t)$를 가진다. 벡터 θ_t는 분포 상태 또는 매개변수가 된다. 항목을 $x_t N_t$번 제공해서 c_t번의 클릭을 획득한 후 시간 $t+1$에서의 사후 확률(업데이트된 사전 확률) $p_{t+1} \sim P(\theta_{t+1})$을 얻는다. c_t는 무작위 변수임을 기억해야 한다. θ_{t+1}가 c_t와 x_t의 함수임을 강조하기 위해 $\theta_{t+1}(c_t, x_t)$라고 표시하는 경우도 있다. 변하지 않는 CTR을 가정하고 감마 푸아송 모델을 고려한다. 동적 모델은 6.3.3절에서 다룬다.

감마 푸아송 모델^{GP}: 아가왈 외(Agarwal et al.)(2009)에 따라 시간 t에서 사전 확률 분포 $P(\theta_t)$는 Gamma(α_t, γ_t)이고 평균은 α_t/γ_t에 분산은 α_t/γ_t^2라고 가정한다. $x_t N_t$번의 사용자 방문에 항목을 제공해서 c_t번의 클릭을 얻는다고 가정하자. 클릭 수 분포는 $(c_t | p_t, x_t N_t) \sim$ Poisson$(p_t x_t N_t)$이다. 켤레류^{conjugacy}에 의해 $P(\theta_{t+1}) =$ Gamma$(\alpha_t + c_t, \gamma_t + x_t N_t)$가 된다. 직관적으로 α_t와 γ_t는 지금까지 관찰된 클릭과 뷰를 각각 나타내게 된다는 점을 기억하자. 구간 t에서 항목에 할당할 사용자 방문 비율을 계산할 때 항목 상태 $\theta_t = [\alpha_t, \gamma_t]$는 알려져 있다. 그러나 $\theta_{t+1}(c_t, x_t)$는 무작위 변수 c_t의 함수가 된다. 아직은 $x_t N_t$번의 사용자 방문에 할당했을 때 얻게 될 클릭 수 c_t를 아직 모르기 때문이다.

한 단계 앞 보기: 오직 하나의 구간이 남겨졌을 때의 최적 전략을 고려해보자(구간 1이라고 하고, 기대 클릭 수를 최대화하는 $x_{i1} s$을 찾고자 한다).

$$\max_{x_{i1}} E\left[\sum_{i \in \mathcal{I}_1} x_{i1} N_1 p_{i1}\right] = \max_{x_{i1}} \sum_{i \in \mathcal{I}_1} x_{i1} N_1 E[p_{i1}]$$

모든 i에서 $\sum_{i \in I_1} x_{i1} = 1$이고 $0 \le x_{i1} \le 1$이다. 사용자 방문 100%에 추정 CTR이 가장 높은 항목을 할당했을 때 최댓값을 얻게 된다는 것은 쉽게 알 수 있다. 즉 $E[p_{i*1}] = \max_i E[p_{i*1}]$이면 $x_{i*1} = 1$이고, 그 외에는 $x_{i1} = 0$이 된다.

6.3.1 2 X 2 사례: 두 항목, 두 구간

최적 솔루션을 효율적으로 계산할 수 있는 간단한 상황을 생각해볼 텐데, '2×2 사례'라고 한다. 즉 2개의 항목과 2개의 남은 구간이 있을 때 최적 솔루션을 찾는 경우다. 2개의 팔이 있는 밴딧 사례는 이전에 연구된 적이 있다(DeGroot)(2004), (Sarkar)(1991). 그러나 연구는 최고 인기 항목 추천 문제와 다른 가정을 두고 이뤄졌다. 쉬운 설명을 위해 한 항목의 CTR은 불확실성 없이 알고 있다고 가정하자. 2개의 구간을 나타내기 위해 0과 1을 사용한다. 사례에서는 항목이 2개만 있으므로 표기법을 단순화한다.

- N_0과 N_1은 각각 구간 0과 구간 1에서 사용자 방문 횟수다.
- q_0과 q_1은 각각 구간 0과 구간 1에서 알고 있는 항목의 CTR이다.
- $p_0 \sim P(\theta_0)$과 그리고 $p_1 \sim P(\theta_1)$은 각각 구간 0과 구간 1에서 모르는 항목의 CTR 분포다.
- x와 x_1은 각각 구간 0과 구간 1에서 모르는 항목에 할당할 사용자 방문 비율이다. $(1-x)$와 $(1-x_1)$은 알고 있는 항목에 할당할 사용자 방문 비율이다.
- c는 구간 0에서 모르는 항목으로 얻을 클릭 수를 나타내는 무작위 변수다.
- $\hat{p}_0 = E[p_0]$와 $\hat{p}_1(x, c) = E[p_1 \mid x, c]$가 되고 GP 모델의 경우 $\hat{p}_0 = \alpha/\gamma$와 $\hat{p}_1(x, c) = (c + p_0\gamma)/(\gamma + xN_0)$가 된다.

154

현재 상태 $\theta_0 = [\alpha, \gamma]$는 알고 있지만, θ_1은 c의 함수이기 때문에 무작위 값이 된다. 결정 x_1은 c의 함수인데, 강조하기 위해 $x_1(c)$이라고 표기하며 그런 모든 함수를 모아서 x_1이라고 표기한다. 목표는 두 구간에서 기대 클릭 수를 최대로 하는 $x \in [0, 1]$과 $x_1 \in X_1$을 찾는 것이다.

$$E[N_0(xp_0 + (1 - x)q_0) + N_1(x_1 p_1 + (1 - x_1)q_1)]$$
$$= E[N_0 x(p_0 - q_0) + N_1 x_1(p_1 - q_1)] + q_0 N_0 + q_1 N_1$$

$q_0 N_0$과 $q_1 N_1$은 상수이므로 기대 항만 최대화하면 된다. 즉 수식 6.1을 최대화하는 x와 x_1을 찾으면 된다.

$$\text{Gain}(x, x_1) = E[N_0 x(p_0 - q_0) + N_1 x_1(p_1 - q_1)] \quad\quad (6.1)$$

$\text{Gain}(x, x_1)$은 (1) 두 항목 중 하나를 사용자 방문에 할당하는 전략(xN_0과 $x_1 N_1$은 시간 0과 1에서 모르는 항목을 할당한다)과 (2) 항상 알고 있는 항목을 제공하는 전략의 기대 클릭 수의 차이가 된다. 다시 말해서 모르는 항목은 알고 있는 항목보다 좋을 가능성이 있기 때문에 모르는 항목을 탐색해서 얻게 되는 이득이 된다.

명제 6.5: θ_0, q_0, q_1, N_0, N_1이 주어졌을 때,

$$\max_{x \in [0,1], x_1 \in X1} \text{Gain}(x, x_1) = \max_{x \in [0,1]} \text{Gain}(x)$$가 되고,

여기서 $\text{Gain}(x) = \text{Gain}(x, \theta_0, q_0, q_1, N_0, N_1) = N_0 x(\hat{p}_0 - q_0) + N_1 E_c[\max\{\hat{p}_1(x, c) - q_1, 0\}]$이 된다.

$\hat{p}_0 \ (= \alpha/\gamma \text{ for Gamma})$와 $\hat{p}_1(x, c) \ (= (c + p_0\gamma)/(\gamma + xN_0) \text{ for Gamma})$는 $\theta_0 \ (= [\alpha, \gamma] \text{ for Gamma})$의 함수임에 주목하자. c의 한계 분포에 대한 꼬리 조건부 기대$^{tail\ expectation}$ $E_c[\max\{\hat{p}_1(x, c) - q_1, 0\}]$는 구간 1은 마지막 구간이고, 한 단계 앞 보기 사례에서는 이득이 최대화됐을 때 $x_1(c)$는 $\hat{p}_1(x, c) - q_1 > 0$에 따라 1 또는 0이므로 앞의 수식에 나타난다.

최적 솔루션: $\max_{x \in [0,1]} \text{Gain}(x)$는 2×2 사례의 최적 클릭 수다. 분포 P의

특정 클래스에 대해 최적 x는 연산을 통해 구할 수 있다. 연산 효율을 위해 정규 근사 추정$^{normal\ approximation}$을 사용한다. $\hat{p}_1(x, c)$는 대략 정규 분포를 가진다고 가정하자. 사후 확률$(p_1 \mid x, c)$은 정규 분포로 추정할 수밖에 없다. 사전 확률 p_0은 여전히 감마라고 가정한다. 감마 분포 p_0; $\sigma_0^2 = \alpha/\gamma^2$의 분산은 σ_0^2라고 하자. 분포 $(c \mid p_1)$과 p_1를 고려한 반복 기대$^{iterated\ expectations}$를 활용한 미분을 통해 다음을 얻을 수 있다.

$$E_c[\hat{p}_1(x, c)] = \hat{p}_0 = \alpha/\gamma$$

$$\mathrm{Var}_c[\hat{p}_1(x, c)] = \sigma_1^2(x) = \frac{x N_0}{\gamma + x N_0} \sigma_0^2$$

정규 근사 추론으로 꼬리 조건부 기대를 구할 수 있는 수식을 얻을 수 있다.

명제 6.6. (정규 근사): 표준 정규의 밀도와 분산 함수를 φ와 Φ라고 하자.

$$\mathrm{Gain}(x, \boldsymbol{\theta}_0, q_0, q_1, N_0, N_1) \approx N_0 x(\hat{p}_0 - q_0)$$
$$+ N_1 \left[\sigma_1(x)\phi\left(\frac{q_1 - \hat{p}_0}{\sigma_1(x)}\right) + \left(1 - \Phi\left(\frac{q_1 - \hat{p}_0}{\sigma_1(x)}\right)\right)(\hat{p}_0 - q_1) \right]$$

정규 근사는 $\mathrm{Gain}(x)$가 좋은 특성이 있는 미분 가능한 함수로 만든다. 그림 $6.3(a)$는 서로 다른 사전 평균을 가진 3개의 Gain 함수다. 특히 $\mathrm{Gain}(x)$는 최대 하나의 최소치와 최대 하나의 최대치를 (경계 제외) 가진다. 또한 $\frac{d^2}{dx^2}$ $\mathrm{Gain}(x) = 0$ 은 $0 \langle x \langle 1$에서 최대 하나의 해답을 갖는 것도 알 수 있다. 만약 있다면 해답을 C라고 하자. 또 $0 \langle x \langle C$에서 $\frac{d^2}{dx^2}$ $\mathrm{Gain}(x) \rangle 0$이고 $C \langle x \langle 1$에서는 $\frac{d^2}{dx^2}$ $\mathrm{Gain}(x) \langle 0$이기 $\frac{d}{dx}$ $\mathrm{Gain}(x)$가 줄어듦을 보여줄 수 있다.

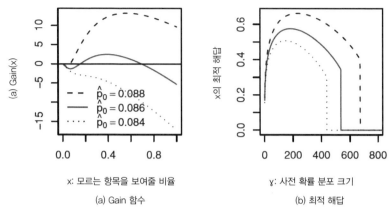

x: 모르는 항목을 보여줄 비율

(a) Gain 함수

γ: 사전 확률 분포 크기

(b) 최적 해답

그림 6.3. (a) $\gamma = 500$, $N_0 = 2K$, $N_1 = 40K$, $q_0 = q_1 = 0.1$일 때 다양한 $\hat{p}_0$의 Gain(x).
(b) γ의 함수로 $x(\arg \max_x \text{Gain}(x))$의 최적 해답.

이진 검색으로 $\frac{d}{dx}$ Gain(x) = 0이 되는 $C\langle x^* \langle 1$이 있다면 해답을 효율적으로 찾을 수 있는데 $x = 0$, x^* 또는 1이 된다.

명제 6.7. x^*가 정규 근사치의 최적 해답을 나타내도록 하자. $|x - x^*| < E$가 되도록 하는 해답 x를 찾는 것의 시간 복잡성은 $O(\log 1/E)$가 된다.

이분 알고리듬$^{\text{bisection algorithm}}$을 통해 최적 해답을 얻을 수 있다는 점에서 쉽게 유추할 수 있다.

이득 함수$^{\text{Gain function}}$의 특성: 그림 6.3(b)는 모르는 항목의 다양한 평균값을 위한 불확실성 함수(γ 값이 작다는 것은 불확실성이 크다는 의미)로 최적의 탐색 양을 나타내고 있다. 기대와는 다르게 불확실성이 낮아질수록 (γ 값이 올라갈수록) 탐색 양이 계속 떨어지지 않는다. 사실 불확실성의 정도가 너무 높을 때 (γ 값이 작을 때) 너무 많이 탐색하면 안 된다. 조심스러우며 높은 수준의 불확실성을 가진 항목에 너무 많은 양의 관찰을 할당하지 않는 전략을 사용하는데 두 구간 앞 보기만을 고려하기 때문이다.

6.3.2 K×2 사례: K개 항목, 2개의 구간

항목인 K개인 사례를 살펴본다. 구간은 여전히 두 개다. 문제의 최적 해답을 구하는 연산이 꽤 어려워, 라그랑지안 완화Lagrange relaxation 기법을 사용해 휘틀(Whittle)(1988)과 비슷한 방법으로 최적 해답의 유사치를 구해본다.

$p_{it} \sim P(\theta_{it})$가 시간 $t \in \{0, 1\}$에서 항목 i의 CTR을 나타낸다는 것을 기억하자. 그리고 $\mu(\theta_{it}) = E[p_{it}]$라고 하자. 표현의 단순화를 위해 벡터를 사용한다. $\theta_t = [\theta_{1t}, ..., \theta_{Kt}]$, $x_t = [x_{1t}, ..., x_{Kt}]$, $c_0 = [c_{10}, ..., c_{K0}]$이고 x_{it}는 시간 $t \in \{0, 1\}$에서 항목 i에 할당된 뷰의 비율이고 c_{10}은 시간 0에서 항목 i가 무작위로 얻은 클릭 수를 나타낸다. 목표는 두 구간에서 기대 클릭 수를 최대화하는 x_0과 x_1을 도출하는 것이다. 결정할 때 θ_0은 알고 있으며 $\theta_1 = \theta_1(x_0, c_0)$은 x_0과 c_0의 영향을 받는다. 또한 x_0은 수로 구성된 벡터지만 $x_1 = x_1(\theta_1)$은 θ_1의 함수다. $x = [x_0, x_1]$라고 하자.

총 기대 클릭 수는 다음과 같다.

$$R(\mathbf{x}, \boldsymbol{\theta}_0, N_0, N_1) = N_0 \sum_i x_{i0}\mu(\boldsymbol{\theta}_{i0}) + N_1 \sum_i E_{\boldsymbol{\theta}_1}[x_{i1}(\boldsymbol{\theta}_1)\mu(\boldsymbol{\theta}_{i1})]$$

목표는 가능한 모든 θ_1에 대해 $\sum_i x_{i0} = 1$과 $\sum_i x_{i1}(\theta_1) = 1$인 $R^*(\theta_0, N_0, N_1) = \max\limits_{0 \leq r \leq 1} R(\mathbf{x}, \theta_0, N_0, N_1)$을 찾는 것이다.

라그랑지안 완화: 앞 최적화의 계산을 위해 구간 1에서의 제약을 완화한다. 모든 가능한 θ_1에 대해 $\sum_i x_{i1}(\theta_1) = 1$을 요구하는 대신 평균이 $\sum_i x_{i1}(\theta_1) = 1$이 되도록 한다. 최적화 문제는 다음과 같아진다.

$$\sum_i x_{i0} = 1 \text{과} \; E_{\boldsymbol{\theta}_1}\left[\sum_i x_{i1}(\boldsymbol{\theta}_1)\right] = 1. \text{일 때}$$

$$R^+(\boldsymbol{\theta}_0, N_0, N_1) = \max\limits_{0 \leq \mathbf{x} \leq 1} R(\mathbf{x}, \boldsymbol{\theta}_0, N_0, N_1) \text{이다.}$$

다음 값 함수 V를 다음과 같이 정의한다.

$$V(\boldsymbol{\theta}_0, q_0, q_1, N_0, N_1) = \max_{0 \leq \mathbf{x} \leq 1} \{R(\mathbf{x}, \boldsymbol{\theta}_0, N_0, N_1)$$
$$- q_0 N_0 (\Sigma_i \, x_{i0} - 1) - q_1 N_1 (E[\Sigma_i \, x_{i0}] - 1)\}$$

q_0과 q_1은 라그랑지안 승수다. 완화된 조건에서 아래와 같이 된다.

$$R^+(\boldsymbol{\theta}_0, N_0, N_1) = \min_{q_0, q_1} V(\boldsymbol{\theta}_0, q_0, q_1, N_0, N_1)$$

계산을 쉽게 해주는 V 함수의 중요한 특성 두 가지를 살펴본다.

명제 6.8 (볼록성 Convexity**)** $V(\boldsymbol{\theta}_0, q_0, q_1, N_0, N_1)$은 (q_0, q_1)에서 볼록하다.

V가 (q_0, q_1)에서 볼록하므로 최소 해답을 찾을 때 표준적 볼록 최적화 도구를 사용할 수 있다. 하지만 (q_0, q_1)이 주어졌을 때 V를 효율적으로 계산해야 한다. 다음에 언급되는 분리 가능성 특성으로 효율적으로 계산 가능하다.

명제 6.9 (분리 가능성 Separability**)**

$$V(\boldsymbol{\theta}_0, q_0, q_1, N_0, N_1)$$
$$= \sum_i \left(\max_{0 \leq x_{i0} \leq 1} \mathrm{Gain}(x_{i0}, \boldsymbol{\theta}_{i0}, q_0, q_1, N_0, N_1) \right) + q_0 N_0 + q_1 N_1$$

$$(6.2)$$

이득Gain은 명제 6.5에 정의돼 있다.

분리 가능성 덕분에 V 함수는 각 항목 i에 대한 독립적인 최대화(x_{i0}에 걸쳐)에 의해 계산된다. 개별 최대화는 명제 6.5의 이득 최대화로 축소되며 명제 6.6을 사용해 효과적으로 풀 수 있다. 따라서 K차원 공간에서의 $(x_{10}, ..., x_{K0})$에 대한 전체 최대화 문제를 K개의 개별적 1차원 최적화를 통해 풀 수 있다. 분리해서 보는 접근 방식은 기틴스(Gittins)(1979) 인덱스 정책 계산과 유사하다.

근사 최적 해답: 직전 구간(구간 0)에서 각 항목 i에 할당할 사용자 방문 비율을 계산하기 위해 표준 볼록 최적화를 사용해 $\min q_0, q_1\ V(\theta_0, q_0, q_1, N_0, N_1)$을 계산한다. 최소 해답을 q_0^*과 q_1^*이라고 했을 때, 항목 i에 할당하는 비율은 다음과 같다.

$$x_{i0}^* = \arg \max_{0 \le x_{i0} \le 1} \text{Gain}(x_{i0}, \boldsymbol{\theta}_{i0}, q_0^*, q_1^*, N_0, N_1)$$

라그랑지안 완화 기법은 휘틀(Whittle)(1988)에서 최초로 밴딧 문제에 적용됐다. 글래이즈브룩 외(Glazebrook et al.)(2004, 57)의 휘틀 인덱스 [라그랑지안 완화 – 기반] 정책의 강력한 성과를 증명하기 위한 일련의 경험적 증거 개발(A developing body of empirical evidence testifies to the strong performance of Whittle's index [Lagrange relaxation – based] policies)처럼 관련된 (그러나 다른) 여러 문제에 관한 연구를 통해 라그랑지안 완화 기법은 일반적으로 근사 최적 해답을 제공한다는 것을 알게 됐다.

6.3.3 보편적 해답

일반적인 최고 인기 항목 추천 즉, 앞으로 구간이 많고, 후보 항목이 변하고 CTR도 동적인 문제에 대한 솔루션을 살펴보자. 나타날 구간이 2개 이상인 사례에 대한 2단계 근사치 추정으로 시작한 다음 후보 항목 세트가 변하는 상황으로 확장해 나간다. 마지막으로 변하는 항목 CTR을 다루기 위한 동적 감마 푸아송 모델의 사용 방법을 논의한다.

2단계 근사 추정

K개의 항목과 $T+1$개의 미래 구간($t = 0, \ldots, T$)이 있다고 가정하자. 먼저 모든 미래 구간에서 K개 항목 모두를 이용 가능하다고 가정한다. $K \times 2$ 사례와 비슷하게 라그랑지안 완화를 적용해도 볼록성과 분리 가능성 특성은 여전히(수식은 일부 수정) 유효지만, 계산의 복잡성은 T에서 기하급수적으로 늘어난다. 효율적인 계산을 위해 $T+1$구간 사례를 2개의 단계만 고려해 근

사 추정한다. 첫 단계(0으로 표시)는 N_0번의 사용자 방문을 가진 구간 0을 포함하고 두 번째 단계(1로 표시)는 $\sum_{t \in [1,T]} N_t$ 건의 사용자 방문을 가진 나머지 T개 구간을 포함한다. 두 번째 단계를 $K \times 2$ 사례에서의 두 번째 구간처럼 처리한다. 결국 N_1이 $\sum_{t \in [1,T]} N_t$로 대체된 $K \times 2$ 사례를 풀어서 근사 해답을 구하게 된다.

동적인 후보 항목 세트

$K \times 2$ 사례의 근사 최적 솔루션을 여러 미래 구간이 있고 동적인 항목 세트를 가진 문제로 확장한다. 항목 세트 I_t는 시간에 따라 변할 수 있다. $s(i)$와 $e(i)$가 각각 항목 i의 시작 시간과 끝나는 시간을 나타내도록 하자. 항목의 끝나는 시간은 확률적인데, 값 함수value function를 통해 영향을 줄여서 프레임워크에 통합된다. 설명의 편의를 위해 $e(i)$가 정해진 값이라고 가정한다. I_0는 현재 시간 $t = 0$에서 시작하는 $s(i) \leq 0$이고 $e(i) \geq 0$인 항목, 즉 라이브 live 항목의 세트다. $T = \max_{i \in I_0} e(i)$는 남아 있는 수명이 가장 긴 라이브 항목의 끝나는 시간을 나타내도록 하자. I^+는 미래 항목이라고도 하는 $1 \leq s(i) \leq T$인 항목의 세트라고 하자. $T(i) = \min\{T, e(i)\}$가 된다.

라그랑지안 완화를 적용해도 볼록성 및 분리 가능성은 여전히 유효하다(공식은 조금 수정됨). 그러나 구간의 개수에 따라 계산은 기하급수적으로 복잡해진다. 효율성을 위해 각 항목 i에 2단계 근사 추정을 적용한다. 항목의 첫 번째 구간 ($\max\{0, s(i)\}$)는 탐색 단계인 반면 항목의 나머지 구간 ($\max\{0, s(i)\} + 1$에서 $T(i)$까지)는 이용 단계가 된다. 이들은 각각 $K \times 2$ 사례에서의 $t = 0$과 $t = 1$에 상응한다. 2단계 근사 추정은 구간 $t = 0$에서의 서빙 계획을 계산할 때만 사용된다. $t = 1, \ldots, T(i)$에서는 순수한 탐색을 하지는 않는다. $t = 1$에서 $\max\{1, s(i)\}$를 항목 i의 탐색 단계로 취급하고 $t = 0$과 그 이전에 관찰된 데이터를 기반으로 서빙 계획을 계산하게 된다.

2단계 근사 추정 후에는 목적 함수 V(명제 6.9)는 수식 6.3과 같다.

$$V(\boldsymbol{\theta}_0, q_0, q_1, N_0, \ldots, N_T)$$

$$
\begin{aligned}
= &\sum_{i \in \mathcal{I}_0} \max_{0 \le x_{i0} \le 1} \mathrm{Gain}\left(x_{i0}, \boldsymbol{\theta}_{i0}, q_0, q_1, N_0, \sum_{t=1}^{T(i)} N_t\right) \\
&+ \sum_{i \in \mathcal{I}^+} \max_{0 \le y_i \le 1} \mathrm{Gain}\left(y_i, \boldsymbol{\theta}_{i0}, q_1, q_1, N_{s(i)}, \sum_{t=s(i)+1}^{T(i)} N_t\right) \\
&+ q_0 N_0 + q_1 \sum_{t \in [1,T]} N_t
\end{aligned}
\tag{6.3}
$$

표준 볼록 최소화 기법을 적용해 V 함수를 최소화하는 q_0^* 및 q_1^*를 찾을 수 있다. $q_0 = q_0^*$ 및 $q_1 = q_1^*$로 앞의 Gain 함수를 (두 번째 줄에서) 최대화하는 x_{i0}는 다음 주기에서 항목 i에 할당할 사용자 방문 비율이다.

수식 6.3을 설명한다. 라이브 항목 I_0(두 번째 줄)은 미래 항목 I^+(세 번째 줄)과는 다른 처리가 필요하다. 각 항목에 2단계 근사 추정을 적용한다. 라이브^{live} 항목 $i \in I_0$에 대해 첫 단계는 N_0 뷰를 가진 시간 0이고 두 번째 단계는 $\sum_{t \in [1, T(i)]} N_t$ 뷰가 있는 1에서 $T(i)$까지다. 미래 항목 $i \in I^+$에 대해서는 첫 단계는 $s(i) > 0$이고 두 번째 단계는 $s(i)$에서부터 $T(i)$까지다. 목표는 시간 $0(x_{i0})$에서 라이브 항목에 대한 서빙 계획을 결정하는 것이어서 시간 0 이후 시스템에 삽입되는 미래 항목 i에는 다른 변수 y_i를 사용한다.

수식 6.3에서 최적화로 할당된 뷰의 수가 명시된 전체 관람 수와 일치하도록 라그랑지안 승수 q_0과 q_1을 사용한다. 실제로 시간 0에서 q_0은 $\sum_i x_{i0} N_0 = N_0$을 보장하고 q_1은 시간 1부터 T까지, $E[\sum_{t \in [1,T]} \sum_i x_{it} N_t] = \sum_{t \in [1,T]} N_t$를 보장한다. 미래 항목 I^+는 시간 1에서 T까지에서만 발생한다. 그러므로 수식 6.3의 셋째 줄에 있는 이득 함수에서 q_1은 두 번 나타나고 q_0는 없다.

변수 θ_{i0}은 현재 예상하는 항목 i의 CTR을 나타낸다. 라이브 항목 $i \in I_0$에 대해 θ_{i0}은 항목의 CTR 모델의 현재 상태를 나타낸다. 미래 항목 $i \in I^+$에 대해 θ_{i0}은 과거에 예상했던(항목 특성을 활용해서 예측됐을 가능성이 있는) 항목의 CTR을 나타낸다.

정의 6.10. 베이즈 일반 전략: 수식 6.3의 해답을 베이즈 일반 전략이라고 한다.

베이즈 일반 전략은 q_0 및 q_1의 2차원 볼록, 미분 불가 최소화 문제를 풀어야 한다. 제약 조건을 충족하려면 최소화의 정밀도가 높아야 하는데 그러려면 실행 시간이 어느 정도 확보돼야 한다. 효율성을 위해 다음 근사 추정을 고려한다.

정의 6.11. 베이즈 2×2 전략: 베이즈 2×2 전략은 추정된 CTR이 가장 높은 즉, CTR $\max_i \mu(\theta_i, 0)$인 항목 i^*의 CTR로 q_0과 q_1의 근사치를 구한 다음 구한 q_0과 q_1을 바탕으로 각 x_{i0}에 대한 최적 해답을 찾는 방식으로 진행된다. 개념은 i^*의 CTR은 안다는 가정하에 2×2 사례를 활용해서 각 항목 i를 최고 항목 i^*와 비교하는 것이다. $\sum_i x_{i0}$이 1이 아닐 수 있기 때문에 항목 i에 할당된 비율을 ρx_{i0}라고 한다. ρ는 전역 튜닝 매개변수가 된다. i^*를 자신과 비교하는 것은 적절하지 않기 때문에 (x_{i^*0}가 항상 1이 된다) i^*에 할당할 비율을 $\max\{1 - \sum_{i \neq i^*} \rho\, x_{i0},\, 0\}$로 한다.

6.5절에서 베이즈 2×2의 성능이 베이즈 일반과 유사함을 보여 준다. ρ는 시뮬레이션을 기반으로 튜닝한다는 것과 베이즈 2×2의 성능은 ρ에 크게 민감하지 않다는 것을 살펴본다.

유동적인 CTR

시간에 따른 항목 CTR 분포의 업데이트를 위해 시계열 모델을 사용해 CTR 유동성을 처리한다. 일반적으로 CTR의 예측 분포를 정확하게 추정하는 모든 모델은 베이즈 솔루션에 통합될 수 있다. 아가왈 외(Agarwal et al.)(2009)에 따라 동적 감마 푸아송$^{DGP,\ dynamic\ Gamma\text{-}Poisson}$ 모델을 사용한다. 시간 $t-1$에서 항목 i의 CTR $p_{i,t-1}$이 $\text{Gamma}(\alpha, \gamma)$를 따른다고 가정하자. 최근 데이터에 가중치를 줘서 CTR의 시간적 변화를 포착한다. 효과적인 표본 크기 γ를 각 구간 이후에 하향 가중 처리하면 간단히 해결할 수 있다.

즉 t에서의 사전 분포가 $t-1$에서의 사후 평균을 중심으로 이뤄진다. 이때 분산은 '할인^{discounting}' 요인 w(분산은 효과적인 표본 크기에 의존한다)를 사용해 $t-1$에서의 사후 분산을 부풀려서 구한다. 상태 공간 모델에서의 할인 개념에 관해서는 웨스트와 해리슨(West and Harrison)(1997)을 참조할 수 있다. 구체적으로, 시간 t에서의 항목 i에 대한 클릭 c와 뷰 v를 관찰한 후 시간 t에서의 사전 분포는 $p_{i,t} \sim \text{Gamma}(w\alpha + c, w\gamma + v)$가 된다. $w \in (0, 1)$은 학습 데이터로 튜닝된 이미 정해진 할인 요인이다. 2×2 사례 솔루션에 DGP 모델을 통합하는 것은 직관적이다. 이득 함수를 계산할 때 두 번째 구간에 대한 α와 γ를 w로 하향 가중 처리한다. 특히 정규 근사 추정에서 수식 6.4와 같이 재정의한다.

$$\text{Var}_c[\hat{p}_1(x, c)] = \sigma_1(x)^2 \equiv \frac{x N_0}{w\gamma + x N_0}\sigma_{0w}^2, \quad \text{where } \sigma_{0w}^2 = \frac{\alpha}{w\gamma^2} \tag{6.4}$$

6.4 비베이지안 솔루션

표준 멀티 암드 밴딧 관련 논문에서 나오는 비베이지안 전략 중의 몇 가지(UCB, POKER, Exp3)를 동적인 항목 세트, 유동적인 CTR, 배치 서빙$^{batch\ serving}$(6.1절 참조)을 가진 추천 문제에 맞춰서 적용해 본다. 또한 6.5절에서 베이지안 솔루션과 실험적으로 비교할 베이스라인 기법을 알아본다. 설명의 편의를 위해 $\hat{p}_{it} = E[p_{it}]$가 DGP 모델에 의해 추정되도록 하자.

B-UCB1: 아워(Auer)(2002)에서 제안한 UCB1 전략은 널리 사용되는 한 번에 하나$^{one-at-a-time}$ 서버 전략이다. 우선순위가 가장 높은 항목 i를 들어 오는 페이지 뷰에 제공하고 항목 우선순위는 피드백(즉각적이라고 가정)이 생길 때마다 업데이트된다. 항목 i의 우선순위는 수식 6.5와 같다.

$$\hat{p}_{it} + \sqrt{\frac{2\ln n}{n_i}} \tag{6.5}$$

수식 6.5에서 n_i는 지금까지 항목 i에 할당한 전체 뷰의 수이고 $n = \sum_i n_i$가 된다. 이것은 살펴보고 있는 사례에는 적용되지 않아서 다음과 같이 전략을 수정한다.

- 유동적인 CTR을 처리하기 위해 항목 i에 대해 상태 $[\alpha_{it}, \gamma_{it}]$를 가진 DGP 모델로 $\hat{p}_{it} = \alpha_{it}/\gamma_{it}$를 추정하고 n_i를 효과적인 표본 크기 γ_{it}로 대체한다.
- 시간에 따라 변하는 I_t를 처리하기 위해 n을 $\sum_{i \in I_t} \gamma_{it}$로 대체한다.
- 배치 서빙을 위해서는 피드백 지연의 영향을 처리하기 위해 일종의 가상 실행^hypothetical run 기법을 제안한다. 주요 개념은 가상적으로 UCB1을 실행해서 다음 구간의 각 페이지 뷰에 서비스를 제공하는 것이다. 실제로는 어떤 페이지에도 서비스를 제공하지 않기 때문에 각 '가상' 서비스 제공(UCB1을 실행하려면 필요한) 이후 어떤 보상도 관찰되지 않는다. 대신, 항목 i를 제공했을 때의 보상은 그것의 현재 CTR 추정치가 된다고 가정한다. 다음 구간의 모든 사용자 방문을 대상으로 가상 실행을 한 후 항목 i에 할당할 뷰의 비율은 항목 i에 가상 서비스를 제공한 비율이 된다.

정리해 본다면, 다음 구간의 N_t번의 사용자 방문 각각에 대해 다음과 같이 실행한다. $k = 1$에서 N_t까지 우선순위가 가장 높은 항목 i^*에 k번째의 페이지 뷰를 제공하는 가상 실행을 해본다. 가상 실행 동안 항목 i에 할당된 뷰 수를 추적하는 카운터^counter를 m_i로 한다. 가상 실행을 하는 동안 현재 k의 값에서 표본 크기를 $n_i = \gamma_{it} + mi$와 $n = \sum_{i \in I_t} n_i$가 되도록 업데이트하면 i의 우선순위는 수식 6.6과 같아진다.

$$
\begin{aligned}
\text{튜닝 없음:} \quad & \hat{p}_{it} + \sqrt{\frac{2 \ln n}{n_i}} \text{ or} \\[2ex]
\text{튜닝 됨:} \quad & \hat{p}_{it} + \left(\frac{\ln n}{n_i} \min \left\{ \frac{1}{4}, \ \text{Var}(i) + \sqrt{\frac{2 \ln n}{n_i}} \right\} \right)^{\frac{1}{2}}
\end{aligned}
\tag{6.6}
$$

수식 6.6에서 $\text{Var}(i) = \hat{p}_{it}(1 - \hat{p}_{it})$가 된다. 가상 실행이 끝난 후 구간 t 동안 항목 i에 할당된 사용자 방문 수는 m_i가 된다. 그러므로 $x_{it} = m_i/\sum_j m_j$로 한다. 전략을 Batch-UCB1 또는 B-UCB1이라고 한다. 실험에서 튜닝된 버전이 튜닝되지 않은 버전보다 일관되게 우수했다.

B-POKER: 버모럴과 모리(Vermorel and Mohri)(2005)에서 제안한 POKER 전략은 UCB1과 비슷하지만, 우선순위 함수가 다르다. $K = |I_t|$로 하자. 일반성의 상실 없이 $\hat{p}_{1t} \geq \cdots \geq \hat{p}_{Kt}$라고 가정하자. B-UCB1 절차를 따르고 우선순위 함수만 아래로 대체하면 현재 설정에 POKER를 적용할 수 있다.

$$\hat{p}_{it} + \Pr(p_{it} \geq \hat{p}_{1t} + \delta)\,\delta H$$

$\delta = (\hat{p}_{1t} - \hat{p}_{\sqrt{K},t})/\sqrt{K}$이고, H는 튜닝 매개변수이며 꼬리 확률은 $p_{it} \sim P(\alpha_{it} + m_i\hat{p}_{it},\, \gamma_{it} + m_i)$를 계산해서 얻을 수 있다. 이때 P는 감마다.

Exp3: 아워 외(Auer et al)(1995)에서 제안한 Exp3은 대립적, 유동적 보상 분포를 위해 설계됐다. G_i(초깃값 0)가 지금까지 항목 i가 받은 '조정된' 클릭 수를 나타내도록 하자. $E \in (0, 1]$과 $\eta > 0$이 튜닝 매개변수가 되도록 하자. 각 시간 구간 t를 다음과 같이 처리한다.

1. 항목 i에 시간 t에서의 사용자 방문 중 x_{it}를 준다. $x_{it} = (1 - E)r_{it} + E/|I_t|$ 이고 $r_{it} \propto e^{\eta G_i}$다.
2. 구간 t의 끝에서 항목 i가 c_{it}개의 클릭을 받는다고 가정하면 G_i를 $G_i = G_i + c_{it}/x_{it}$로 업데이트한다.

베이스라인 휴리스틱 Baseline Heuristic **전략:** E 그리디는 각 구간에서 모든 라이브 항목을 일관되게 탐색하기 위해 사용자 방문 중 일정 부분 E로 탐색을 하고 나머지에 추정 CTR이 가장 높은 항목을 제공하는 간단한 전략이다. 소프트맥스Softmax도 간단한 전략으로 $x_{it} \propto e^{\hat{p}_{it}/\tau}$로 설정하게 되는데 온도 매개변수$^{temperature\ parameter}$ τ는 하나의 튜닝 매개변수다.

비교를 위해 WTA-UCB1과 WTA-POKER라고 불리는 비배치 UCB1과 POKER도 포함한다. WTA는 '승자가 모든 것을 갖는다$^{winner\ takes\ all}$'를 나타내며 한 구간의 모든 트래픽을 우선순위 값이 가장 높은 하나의 항목에 할당한다는 것을 의미다.

6.5 실험적 평가

6장에서 설명한 탐색 이용 전략을 위한 실험적 평가를 알아본다. 야후! 투데이 모듈에 대한 평가부터 시작하는데 모듈은 데이터 수집 기간 동안 평균적으로 선택될 수 있는 후보 라이브 항목을 20개 정도 갖고 있었다. 라이브 항목 수가 10에서 1,000까지인 가상 상황을 평가한다. 그 후 사용자 그룹에 멀티 암드 밴딧 전략을 적용했을 때 이점을 나타내는 분석을 한다. 이어서 야후! 투데이 모듈 트래픽 중 무작위로 정한 몇 개를 대상으로 수행한 온라인 버킷 테스트의 결과를 얻게 된다.

6.5.1 비교 분석

야후! 투데이 모듈 시나리오: 애플리케이션은 각 5분 구간에서 대략 20개의 라이브 항목 중 가장 인기 있는 항목을 선택한다. 시뮬레이션 실험을 준비하기 위해 과거 4개월 동안의 데이터를 수집해 각 구간에서의 라이브 항목 세트와 사용자 방문 수를 얻었다. 아가왈 외(2009)에서 제안한 것처럼 각 주기에서 각 항목의 실측 CTR을 로어스^{loess} 피팅^{fitting}과 잔차^{residuals}의 자기 상관을 최소화하기 위해 선택된 대역폭^{bandwidth}으로 추정했다. 데이터는 콘텐츠 풀의 모든 라이브 항목을 같은 확률로 보여준 무작위로 선택된 사용자들로 구성된 어떤 랜덤 버킷에서 수집했다. 버킷에 포함된 방문 수는 모든 구간의 모든 라이브 항목의 CTR을 신뢰성 있게 추정할 만큼 충분했다. 시간 t 전후의 데이터를 사용해 회고적으로 추정한 항목 CTR은 시간 t 이전 데이터만 살펴보고 예상한 CTR보다 더 정확하다.

표본 크기가 서로 다른 상황에서 각 전략의 성능을 평가하기 위해 $N'_t = a \cdot N_t$로 하고 a의 값은 다양하게 사용한다. N_t는 구간 t 데이터에서 관찰한 실제 뷰 수다. 전략을 사용해 계산한 할당량 N'_{it}에 대한 시간 t에서 항목 i의 클릭 수 c_{it}는 회고적 CTR 추정치를 사용해 Poisson($p_{it}\,N'_{it}$)로 시뮬레이션한다. Exp3을 제외한 모든 전략은 DGP 모델의 사후 평균 추정치로 유동적인 CTR을 앞서서 추정한다. 베이지안 전략들, B_UCB1(n_i는 모델에서 얻은 효과적인 표본 크기로 분산을 아는 것과 같다), WTA_UCB1, B_POKER, WTA_POKER 등은 모델의 분산 추정치도 사용한다. 첫 달 데이터를 이용해 전략의 튜닝 매개변수를 (있다면) 결정하고 나머지 세 달의 데이터를 가지고 전략을 테스트했다. 어떤 전략의 매개변수를 튜닝하기 위해 10개에서 20개의 매개변수 설정을 시도했으며, 각 설정으로 첫째 달 데이터로 시뮬레이션을 돌려서 최고의 성능을 보여주는 설정을 선택했다. 그림 6.4(a)에 전략별 후회 비율을 트래픽 양(구간당 평균 사용자 방문의 수로 표시)의 함수로 나타냈다.

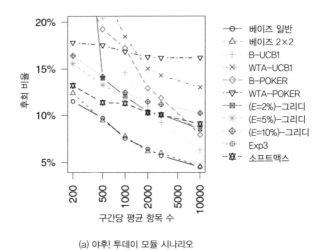

(a) 야후! 투데이 모듈 시나리오

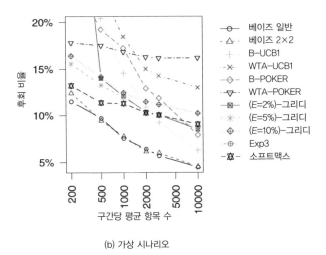

(b) 가상 시나리오

그림 6.4. 탐색 이용 전략의 실험적 비교. x축은 로그 척도다.
(a)에서 WTA_UCB1과 Exp3은 20% 이상의 후회를 가진다는 점에 주목하자.
(b)에서 WTA_POKER의 후회는 40% 이상이다.

전략 S의 후회 비율은 수식 6.7과 같이 정의된다.

$$\frac{\#\text{Clicks(Opt)} - \#\text{Clicks}(S)}{\#\text{Clicks(Opt)}} \tag{6.7}$$

Opt는 실측값을 전부 알고 있다는 가정하에서의 최적 전략 오라클[oracle]이
다. Opt는 각 구간에서 서로 다른 항목을 뽑을 수 있으며 같은 최고 항목을
모든 구간에 선택하는 표준 밴딧 문제의 최적 전략보다 더 우수한 후회 비
율을 보일 수 있다.

가상 시나리오: 구간의 라이브 항목 수를 바꿔서 몇 개의 가상 시나리오가
만들어졌다. 각 시나리오에서 트래픽을 구간당 천 뷰로 고정했으며 항목의
수명은 평균 20개 구간으로 해 푸아송에서 표본을 추출했고 항목의 실측
CTR은 실제 적용 데이터에서 얻은 평균 및 분산 추정치로 감마에서 표본
을 추출했다. 계획 기간은 구간 1,000개에 실행 10번으로 했다. 그림
6.4(b)는 각 전략의 후회 비율을 각 구간 내 라이브 항목 수의 함수로 보여
준다. 데이터는 가상 데이터여서 후회 비율이 그림 6.4(a)의 후회 비율과

일치하지 않을 수 있다.

결과 요약: 결과는 다음과 같다.

- 베이즈 일반과 베이즈 2×2는 다른 모든 전략보다 일관되게 좋은 성능을 보였다. 데이터 희소성이 증가할수록 성능 차이는 더 벌어졌다. 연산이 효율적인 베이즈 2×2(튜닝된 ρ)는 베이즈 일반과 유사한 성능을 보였다.
- 배치 전략(B_UCB1과 B_POKER)은 일반적으로 비배치 전략보다 좋은 성능을 보였다. 특히, 구간당 사용자 방문 수가 클 때 성능이 더 좋았다. 데이터가 극도로 작을 때는 WTA_POKER가 B_POKER보다 우수했다.
- E 그리디 전략은 일반적으로 좋은 성능을 제공했지만 적절한 E는 애플리케이션에 따라 달랐다.
- Exp3은 주로 가장 안 좋은 성능을 보였는데, 대립적 환경을 위해 설계됐기 때문이다. 소프트맥스는 τ을 잘 튜닝했을 때 좋은 성능을 보였다.

앞의 모든 관찰 사항은 통계적으로 유의하며 몇 개의 추가 데이터 세트로 여러 번 실험을 반복해 확인됐다.

6.5.2 전략 특징

각 전략의 탐색 이용 특성을 더 구체적으로 살펴보면 어떤 전략이 다른 전략보다 우수한 이유를 이해할 수 있다. 탐욕적 경향이 있는 전략은 사후 평균이 가장 높은 항목에 더 많은 사용자 방문을 신속하게 할당할 것이며 장기적으로는 클릭 수가 줄어들 가능성이 있다. 반대로, 사후 평균이 높은 항목에 사용자 방문 비율의 상당 부분을 할당함에 조심스러운 전략은 최고 항목으로 수렴하는 과정이 느리게 진행되기도 한다.

밴딧 전략의 이러한 탐색 이용 딜레마를 정량화하기 위해 3가지 기준으로 밴딧 전략을 분류한다. 주어진 시간에 전략으로 추정한 CTR이 가장 높은 항목을 해당 전략에서 최고 인기^{EMP} 항목이라고 해보자. 서로 다른 전략은 같은 시간에 같은 통계적 추정 기법을 갖고도 각 항목에 할당된 표본 크기의 차이 때문에 서로 다른 EMP 항목을 선정할 수 있다. n_{it}가 시간 t에서 전략이 항목 i에 할당한 뷰 수를 나타내도록 하고 $p_t^* = \max_i p_{it}$라고 하자. 일반성의 상실 없이 $i = 1$은 전략이 결정한 EMP 항목이라고 가정하자.

전략의 특징을 묘사하기 위해 다음 세 가지 측정지표를 정의한다.

1. **EMP 전시 비율:** 전략이 EMP 항목을 전시한 뷰의 비율은 $\sum_t n_{1t}/\sum_t \sum_i n_{it}$로, 전략이 항목에 관해 현재 알고 있는 지식을 이용하는 트래픽 비율을 나타낸다.

2. **EMP 후회:** EMP 항목을 전시했을 때의 후회는 $\sum_t n_{1t}(p_t^* - p_{1t})/ \sum_t n_{1t}$이다. 전략이 최적 항목(또는 좋은 항목)을 식별할 수 있는 능력을 정량화한다. 전략이 필요보다 탐색을 덜 하면 최고의 항목을 식별할 데이터가 부족해서 EMP 후회가 높을 가능성이 있다.

3. **비EMP 후회:** EMP가 아닌 모든 항목을 전시했을 때의 후회는 $\sum_t \sum_{i \neq 1} n_{it}(p_t^* - p_{1t})/ \sum_t \sum_{i \neq 1} n_{it}$이 된다. 탐색 비용을 정량화한 것으로, 전략이 항목 CTR을 정확하게 알고 있다면 항상 EMP 항목을 전시할 것이기 때문이다.

그림 6.5(a) 각 전략의 비EMP 후회 대비 EMP 후회를 나타낸다. 각 전략으로 구간당 20, 100, 1,000개의 항목을 가지고 3번의 시뮬레이션(그림의 3개 지점)을 수행하였다. 시뮬레이션 설정은 6.5.1절의 가상 시나리오 설정과 같다. 도표에서 하단 왼쪽으로 갈수록 좋은 전략이다. 그림 6.5(b)는 각 전략의 EMP 전시 부분 대비 EMP 후회를 보여 준다. 하단 우측으로 갈수록 좋은 전략이다.

베이지안 전략은 양쪽 모두에서 좋은 성능을 보인다. 심지어 항목 수가 클 때도 여전히 좋은 성능을 보여준다. 비배치 전략(WTA_UCB1 및 WTA_ POKER)은 각 구간에 하나의 항목만 보여주기 때문에 최고 항목을 식별하는 데 주로 실패한다. 항목 수명이 평균 20구간밖에 안 될 때 이런 전략들은 항목 수명이 끝나기 전에 좋은 항목을 식별할 만큼의 관찰 데이터를 수집할 수 없다. B_UCB1의 EMP 후회가 낮은 것에서 많은 오류 없이 좋은 항목을 식별할 수 있는 해당 전략의 특성을 보여준다. 그러나 베이지안 전략은 보통 필요 이상으로 탐색하는 성향이 있다. 그리디 전략 3개는 매우 유사한 특성이 있다. EMP 전시 비율은 1-E로 고정돼 있다. 비EMP 후회는 완전한 무작위화 때문에 크다. 항목의 수가 많아질수록 좋은 항목 식별 능력은 떨어진다. 소프트맥스는 경쟁력이 있으며 특히 항목 수가 적을 때 더욱더 그렇다. 그러나 전반적인 성능은 모든 시뮬레이션 설정에서 베이지안 전략보다 떨어진다. 더군다나 베이지안 전략은 온도 매개변수에 지나치게 민감하게 나타났기 때문에 매우 조심스럽게 그것을 수정해야 한다. 그래도 소프트맥스는 불확실성 추정치를 요구하지 않는다는 장점이 있다.

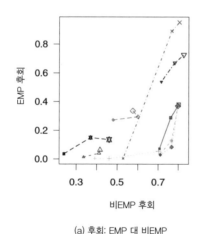

(a) 후회: EMP 대 비EMP

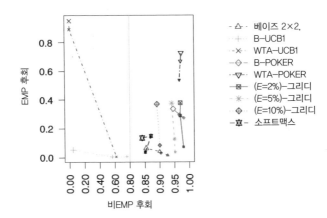

(b) EMP 후회 대 EMP 비율

그림 6.5. 밴딧 전략의 특성. 각 포인트는 어떤 전략의 시뮬레이션 결과를 나타낸다. 각 전략으로 구간당 20(소규모), 100(중규모), 1,000(대규모)개의 항목으로 3번의 시뮬레이션을 수행했다. 베이즈 일반 전략은 베이즈 2x2와 거의 동일한 특성을 보였기 때문에 제외됐다. (b)는 x축의 0.8 위쪽을 확대해서 보여준다.

6.5.3 세분화 분석

나이, 성별, 지리적 위치, 탐색 행동(검색 기록, 방문한 페이지, 클릭한 광고 등)과 같은 알려진 사용자 특성으로 사용해 만든 사용자 집단을 대상으로 전략을 시뮬레이션해서 전략의 맞춤형 추천 성능을 살펴봤다. 다른 특성 여러 개 평가해 봤지만, 예측력이 떨어지는 것으로 파악됐다. 각 항목에 직접 라벨을 붙여서 C개 콘텐츠 범주 중 하나에 할당했다. 많은 과거 데이터를 사용해 다음과 같이 사용자 집단을 분류했다.

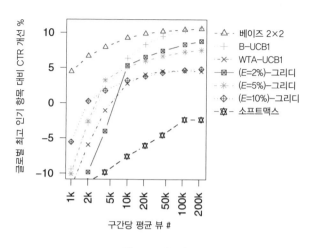

그림 6.6. 세분화 분석

시간 t에서 항목 i에 대한 사용자 u의 반응(클릭 또는 클릭하지 않음)을 y_{uit}라고 하고 사용자 특성은 x_{ut}(탐색 행동은 동적이기 때문에 접미사 t가 붙는다), 로지스틱 회귀$^{logistic regression}$ 모델 $y_{uit} \mid p_{uit} \sim \text{Bernoulli}(p_{uit})$를 피팅한다. 여기서 $\log(p_{uit}/(1 - p_{uit})) = x'_{ut}\beta_{c(i)}$가 되며 β_k는 범주 k의 잠재 요인이고 $c(i)$는 항목 i의 범주를 나타낸다. 추정된 β_ks를 사용해 특성 x_{ut}를 가진 사용자들을 범주 공간에 $[x'_{ut}\beta_1, \ldots, x'_{ut}\beta_C]$로 넣게 된다. 추정치를 신중하게 분석해서 다섯 개의 사용자 집합으로 나눈다. 야후! 투데이 모듈 애플리케이션의 스토리를 프로그래밍하는 편집자들 역시 이런 집합 분석을 한다. 집합 분류를 하면편집자가 표적 콘텐츠 항목 프로그래밍을 할 때 회귀 모델보다 쉽게 이해할 수 있다. 그림 6.6에 세분화 없는 각 전략의 오라클 최적 전략 대비 CTR 개선을 나타냈다. 최대 달성 가능한 개선은 약 13%다. 베이지안 전략은 다른 모든 전략보다 일관되게 좋은 성능을 보이며 트래픽에 상관없이 긍정적인 개선을 보여준다. B_UCB1과 E 그리디는 트래픽이 많을 때는 좋은 성능을 보여주지만, 트래픽이 줄어들면 급격히 나빠진다. 놀랍게도 소프트맥스는 이번 실험에서 결과가 나빴는데,모든 집단에 같은 τ을 사용했기 때문이다. τ은 항목 CTR의 규모에 민감하고 집단별로 서로 매우 다른 항목 CTR 분포를 가지므로, 모든 집단에 하나의 τ 값을 사용하면 좋지 못한 성능을 얻게 된다.

표 6.1. 버킷 테스트 결과

서빙 전략	탐색에서 CTR 개선도(%)	이용에서 CTR 개선도(%)	2주간 뷰 횟수
베이즈 2×2	35.7%	38.7%	7,781,285
B–UCB1	12.2%	40.1%	7,753,184
E 그리디	0.0%	39.4%	7,805,165

참고: 주: 5% 미만의 차이는 통계적으로 크게 의미가 없다.

표 6.1. 버킷 테스트 결과

6.5.4 버킷 테스트 결과

야후! 투데이 모듈의 실제 트래픽 중 일부를 대상으로 한 실험의 결과를 살펴본다.

실험 환경: 실험을 구축하기 위해 무작위로 선정한 같은 크기의 사용자 표본(버킷)을 여러 개 만든다. 각 사용자는 웹사이트가 사용자의 웹 브라우저에 저장한 식별자(쿠키)로 구분된다. 쿠키를 허용하지 않은 사용자의 표본 크기는 크지 않고 실험의 타당성에 영향을 주지 않기 때문에 제외한다. 각 버킷에 서로 다른 서빙 전략을 실행하고 같은 시간대 여러 전략의 성능을 비교한다. 세 가지 전략 즉, 베이즈 2×2, B_UCB1, E 그리디를 비교하며 모두 동일하게 2주 간 버킷의 전반적 CTR을 성능 측정치로 사용한다. 각 전략이 자신에게 할당된 버킷의 모든 트래픽에 대한 완전한 통제를 하는 것이 이상적이나 지나친 탐색으로 인한 부정적인 사용자 경험에 관한 염려 때문에 모든 전략에 같은 시간 최대 버킷의 15%만 탐색에 할당(탐색 트래픽)할 수 있도록 허용했다. 버킷의 나머지 85%(이용 트래픽)는 전략이 결정한 현재의 EMP를 보여줘야 한다. 탐색 트래픽과 이용 트래픽의 성능은 각각 보고한다. 베이즈 2×2와 B_UCB1 모두 추정 CTR이 가장 높은 항목에

전체 뷰의 85%를 할당하고 나머지 15%에는 이미 CTR이 가장 높은 항목을 할당한 85% 뷰의 피드백을 포함한 데이터에 대한 전략의 결과를 갖고 항목을 할당한다. E 그리디는 15%를 사용해서 이용 가능한 항목 모두를 무작위로 탐색한다. 보안 때문에 버킷의 실제 CTR은 밝히지 않으며 이용 가능한 항목 모두를 무작위로 서빙하는 버킷의 CTR 개선도만 보고한다.

표 6.1에 결과를 정리했다. 모든 전략이 이용 트래픽에서는 거의 동일한 CTR 개선도를 보였다. 그러나 탐색 트래픽에서는 베이즈 2×2가 B_UCB1보다 훨씬 좋고, B_UCB1은 무작위 선정보다 훨씬 좋았다. 각 5분 구간당 대략 20개 항목을 탐색하는데 약 270개의 뷰가 있을 때 모든 전략이 수월하게 현재 최고의 항목을 찾을 수 있었으며 베이즈 2×2가 가장 경제적이었다. 그림 6.7은 일별 기준으로 같은 결과를 보여준다. 베이즈 2×2는 탐색 버킷에서 매일 일관되게 다른 전략보다 우수한 결과를 나타냈다.

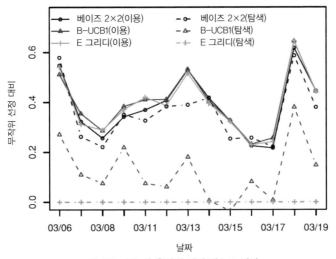

그림 6.7. 2주 간 온라인 버킷 테스트 결과

6.6 대규모 콘텐츠 풀

콘텐츠 풀의 크기가 적당한 상황에서의 최고 인기 항목 추천 문제를 살펴봤다. 후보 항목의 수는 사용자 방문 수와 비교해 상대적으로 작았다. 각 항목을 몇 번씩만이라도 탐색할 수 없을 정도로 콘텐츠 풀 크기가 엄청나게 큰 상황도 있다. 그런 상황에서는 사용자에게 항목을 추천하기 전에 탐색 비용을 줄이기 위해 항목 CTR의 사전 추정치를 확보해야 한다. 항목 특성을 사용해 항목 수명이 시작할 때 항목에 관한 유익한 정보를 제공하는 사전 분포를 얻는 방법이 있다. CTR 사전 추정치는 이후에 뷰와 클릭이 관찰될 때마다 지속해서 업데이트되고 탐색 이용 전략이 서빙 계획을 세울 때 활용한다.

계속 감마 푸아송 모델을 사용한다. 시간 t에서 항목 i에 대한 클릭 수와 뷰 수를 c_{it}와 n_{it}라고 하자. x_{it}가 시간 t에서 항목 i와 관련된 특성이라고 하자. 항목 i의 범주 정보 및 단어 가방 표현, 항목의 나이(항목 생성 이후 흐른 시간) 또는 하루 중 시간 등이 특성에 포함될 수 있다. x_{it}를 기준으로 항목을 몇 개의 집합으로 분류한다고 가정하자. $s(i)$는 항목 i가 속하는 집합이라고 할 때, 수식 6.8과 같은 모델을 얻을 수 있다.

$$
\begin{aligned}
c_{it} &\sim \text{Poisson}(p_{it} \cdot n_{it}) \\
p_{it} &\sim \text{Gamma}(\text{mean} = f(\boldsymbol{x}_{it}),\ \text{size} = \gamma_{s(i)})
\end{aligned}
\tag{6.8}
$$

p_{it}는 시간 t에서 항목 i의 아직 관찰되지 않은 CTR임에 주목하자. 감마 푸아송의 켤레류^{conjugacy} 때문에 p_{it}의 범위는 쉽게 구할 수 있다. 특히, $(c_{it} \mid f(x_{it}), \gamma_s(i))$의 분포는 마이너스 이항 분포다. **Obs**가 과거에 관찰한 (i, t) 페어의 세트를 나타내게 하고 $\alpha_{it} = f(x_{it}) \cdot \gamma_s(i)$로 하자. 로그 우도 함수는 수식 6.9와 같다.

$$
\sum_{(i,t) \in \textbf{Obs}} \log \frac{(\gamma_{s(i)})^{\alpha_{it}} \cdot \Gamma(c_{it} + \alpha_{it})}{(n_{it} + \gamma_{s(i)})^{(c_{it} + \alpha_{it})} \cdot \Gamma(\alpha_{it})} + \text{상수}
\tag{6.9}
$$

수식 6.9에서 $\Gamma(\cdot)$는 감마 함수다. 감마 분포의 평균은 양수이므로 예측 함수로 많이 선택하는 함수 중 하나는 $f(x_{it}) = \exp(\beta' x_{it})$이며, β는 회귀 계수 벡터다. 최대 추정 우도는 로그 우도 함수(수식 6.9)를 경사 하강 사용과 같이 최대화해 얻을 수 있다. 모델 피팅을 안정화하기 위해 손실 함수(음성 로그 우도)에 L2 정규화 $\lambda \cdot \|\beta\|^2$가 추가된다. λ는 튜닝 매개변수다.

6.7 요약

웹 추천 문제에서 최고 인기 항목 추천의 주요 문제는 탐색 이용 딜레마다. 많은 연구에서 오랫동안 다룬 전통적인 멀티 암드 밴딧 문제와 연결된 문제인데 중요한 가정이 성립하지 않아, 새로운 접근 방법이 필요하다. 이에 기본적인 원리 관점에서 문제를 극복한 베이지안 결정 이론적 접근 방법을 제시해 전통적 기법의 적용 방법을 알아봤다. 실험적 평가를 통해 베이지안 프레임워크를 사용해 시스템을 적절하게 모델링할 수 있으면 베이지안 솔루션이 다른 접근법보다 훨씬 좋다는 것을 살펴봤다. 적절한 모델링이 어렵다면 전통적 밴딧 전략을 적절히 적용한 간단한 휴리스틱 접근법도 좋은 방법이라는 것을 공부했는데, 휴리스틱 방법 중 B_UCB1, 적절하게 수정한 소프트맥스, 가장 간단한 E 그리디를 추천한다.

연습문제

1. 명제 6.5와 6.6의 구체적인 증거를 제시해보자. 명제 6.6 바로 뒤에 언급된 이득Gain 함수의 특성을 확인해보자.

2. 명제 6.8과 6.9의 구체적인 증거를 제시해보자. 수식 6.3의 공식을 도출해보자.

07

특성 기반 회귀를 통한 개인화

개별 사용자의 관심과 정보 욕구에 맞는 항목을 추천하는 것이 중요하다. 대중적인 인기에 따라 항목을 추천하는 것이 충분하지 않을 때가 많기 때문이다. 나이, 성별, 지리적 위치 같은 특성에 따라 사용자 집단을 만들고 (예: 동부 해안에 사는 20세 이상 40세 미만 남성 사용자를 하나의 사용자 집단으로 묶을 수 있다) 집단별 최고 인기 항목을 제공하는 방식으로 어느 정도의 개인화는 쉽게 달성할 수 있지만 한계가 있다. 사용자 집단이 많을 때는 데이터 희소성 때문에 각 집단의 항목 인기도를 신뢰 있게 추정하는 것이 어려운 탓이다. 또한 사용자 방문은 멱법칙$^{power\ law}$ 분포를 따르는 경향이 있다. 즉 실제 사용자 중 자주 방문하는 사용자는 소수이고 나머지 사용자는 가끔 방문한다. 사이트를 여러 번 방문한 활동적인 사용자에게 맞는 모델을 만드는 것이 바람직하다. 예를 들어 메리가 지난 주에 야후! 홈페이지를 100번 방문해서 다른 뉴스보다 야구 뉴스를 크게 선호하는 경향을 명확히 보였다면 콘텐츠 풀에 있는 야구 기사를 메리의 다음 방문에 우선 배정해야 한다. 산발적으로 방문하는 사용자는 일반적으로 비슷한 사용자의 데이터로 개인화하게 된다. 유사성을 정의하는 것이 문제의 핵심이며 주로 인구 통계 특성, 행동 특성, 소셜네트워크 정보 같은 사용자 특성을 포함한 여러 가지 신호를 통해 이뤄진다. 특성 신호를 정확하게 조합하기란 쉽지 않다. 또한 많은 사용자는 아주 활동적이 되느냐 아니면 산발적인 방문자로 남느냐의 경계에 있다. 어떤 사용자 자신의 과거 상호작용 데이터와 유사한 사용자에 부여할 적절한 가중치를 자동으로 도출할 방법이 필요하다.

사용자, 항목, 사용자 행동 등이 시간에 따라 변하지 않는 추천 시스템은 특정 시점에 수집한 많은 과거 데이터로 훈련한 오프라인 모델이 충분한데, 2장에서 모델에 관해 설명했다. 실제로는 새로운 항목이 자주 추가되고 사용자 행동과 관심사 또한 시간에 따라 변하는 애플리케이션이 많다. 유동성을 포착하려면, 추천 모델을 자주 업데이트해야만 한다.

7장에서는 회귀 접근법을 통해 유사성을 포착해서 시간에 민감한 항목의 추천을 개인화하는 특성 기반 회귀에 초점을 맞춘다. 8장에서는 유사성과 사용자의 과거 행동으로 도출한 신호에 적절한 가중치를 부여하는 행렬 분해 방법을 활용해 특성 기반 모델을 개선시켜 본다.

표준 방법으로는 오프라인 특성 기반 회귀 분석 방법과 표준 온라인 회귀 방법이 있다. 두 가지 모두 실행은 간단하지만 한계가 있다.

오프라인 특성 기반 회귀 방법에서 사용자 i와 항목 j는 각각 특성 벡터 x_i와 x_j를 가진다. 오프라인 회귀 모델은 사용자 i가 항목 j와 상호작용할 때 기대되는 반응 s_{ij}를 예측하기 위해 x_i와 x_j를 특성으로 해서 훈련하게 된다. 오프라인 회귀 모델은 사용자의 행동, 항목, 행동과 항목 간의 상호작용을 그것들의 특성을 가지고 완전히 포착할 수 있을 때 효과적이다. 그러나 완벽한 예측에 필요한 특성 세트를 찾기가 어렵다. 매우 유사한 특성을 가진 항목들이 사용자 집단에 따라 인기도가 다른 경우를 쉽게 발견할 수 있는데, 한정된 특성 세트가 데이터의 모든 이질성을 포착할 수 없기 때문이다. 또한 새로운 항목이나 사용자가 추가되면 이질성은 늘어나고 모델에 사용할 특성을 계속 수정해야 한다.

두 번째는 사용자나 항목을 위한 온라인 회귀 모델을 만드는 방법이다. 사용자 특성 세트를 위한 항목별 회귀를 배우고자 하는 상황을 가정해보자. 보편적인 선형 모델 $f(s_{ij}) = x'\beta_j$를 사용해 기대 반응 s_{ij}(또는 단조로운 변환)를 모델링할 수 있다. β_j는 사용자 특성 x_i에서의 항목 j의 회귀 계수 벡터다. 사용자 특성 벡터의 차원 수가 적을 때 온라인 회귀 모델을 만드는 방법이 특히 유용하다. β_j가 크면 온라인 시나리오의 수렴이 늦어지고 성능도 떨어진다. 또한 β_j는 항목 j에 대한 사용자 반응 데이터로 훈련되어야 한다는 점을 알아두자. 콘텐츠 풀에 항목이 많은 애플리케이션은 항목 j의 수명이 다하기 전에 β_j를 정확하게 배우는데 필요한 만큼의 사용자 반응 데이터가 없을 수 있다.

7장에서는 다음과 같은 특징이 있는 기법을 제시해본다.

- **항목별 또는 사용자별 행동의 빠른 학습:** 특성 기반 회귀 분석의 한계를 극복하기 위해 개별 항목이나 사용자 수준에서 사용자-항목 상호작용을 모델링하고자 한다. 항목별 또는 사용자별 요인 즉, 개별 항목 또는 사용자의 회귀 계수 세트를 사용해 특성 기반 모델을 확장해서 모델링할 수 있다. 새로운 항목이나 사용자에 관한 이런 요인은 미리 알지 못하기 때문에 제때 맞춤형 추천을 제공하기 위해서는 온라인 방법을 통해 신속하게 학습돼야 한다.
- **콜드 스타트의 적절한 처리:** 항목 또는 사용자 요인을 결정하는 데 이용할 수 있는 반응 데이터가 없을 때도 새로운 항목과 사용자를 위한 좋은 추천이 제공돼야 한다.
- **확장성:** 큰 항목 풀과 방문 빈도가 높은 애플리케이션이 많다. 그러므로 온라인 학습 방법은 연산이 효율적이며 확장 가능해야 한다.

7장에서는 항목별 요인 또는 사용자별 요인 모두가 아닌 그중 하나를 가진 둘 모델을 살펴본다. 설명의 편의를 위해 사용자 특성을 활용해서 항목별 요인을 학습하는 모델을 고려한다. 필요할 때 사용자와 항목의 역할을 서로 바꾸는 것은 직관적으로 할 수 있다. 사용자와 항목 요인 모두를 다루는 모델은 8장에서 알아본다.

항목별 요인을 다루는 모델을 항목별 요인과 사용자별 요인 모두를 다루는 모델의 하나로 볼 수 있지만, 전자에 필요한 연산이 상대적으로 간단하고 확장하기 쉽다. 사용자 방문 중 상당 부분이 산발적 방문자인 애플리케이션이라면 항목 요인만을 사용하는 모델을 사용하는 것이 관련된 연산이 줄여준다. 실제 추천 시스템에서 복잡한 모델의 서빙 비용을 고려하면 더 간단한 대체 모델을 살펴볼 필요가 있다. 실제 적용에서 정확성은 조금 희생하지만, 서빙에 필요한 공학적 비용을 상당 부분 줄여주는 간단한 모델이 보통 더 매력적이다.

7.1 신속 온라인 이중 선형 요인 모델

7.1절에서는 핵심 모델인 신속 온라인 이중 선형 요인 모델$^{FOBFM, Fast Online}$ $^{Bilinear\ Factor\ Model}$을 소개한다. 개요를 간단히 알아보고 7.1.2절에서 자세히 설명한다.

7.1.1 FOBFM 개요

개념적으로 FOBFM은 두 가지 주요 구성요소로 이뤄져 있다. 하나는 과거 데이터를 사용해 온라인 모델을 초기화하는 특성 기반 함수, 나머지는 온라인 구성요소를 위한 차원 축소 단계다. 이때 학습은 축소된 매개변수만을 위해 온라인으로 진행된다. 여기서는 단순화한 FOBFM 모델을 제시한다.

특성 기반 회귀 모델을 사용해 사용자 i의 항목 j에 대한 기대 반응 s_{ij} 즉, 다음 식을 예측한다.

$$x_i\,Ax_j + x_i\,v_j,\ 이때\ v_j\ = B\delta_j$$

x_i는 사용자 i와 연관된 특성 벡터이고 x_j는 항목 j의 특성 벡터다. A는 2.3.2절에서 설명한 바와 같이 x_i와 x_j 사이의 상호작용을 모델링하는(오프라인 학습 과정에서 얻은) 회귀 가중치 행렬이다. v_j는 항목 j의 항목 요인 벡터다. 사용자 및 항목 특성의 예는 2장에서 볼 수 있다. v_j의 차원 수는 x_i와 같으며 일반적으로 크다. 그러므로 그것을 모든 항목이 공유되는 글로벌 선형 예측 행렬 B와 각 항목에 대한 저차원 항목별 요인 벡터 δ_j로 분해한다. B는 오프라인으로 학습하고 δ_j는 온라인으로 학습한다. 모델의 핵심이 되는 네 가지는 다음과 같다.

특성 기반 초기화: 오프라인 이중 선형 특성 기반 회귀 모델 $x_i{'}Ax_j$는 특성 x_i와 x_j를 기반으로 한 δ_j의 온라인 학습을 위한 좋은 기준 즉, 오프셋을 제공한다. 온라인 모델은 오프셋으로부터의 차이만 학습만 학습하면 된다. 온라인 데이터($\delta_j = 0$일 때)가 관찰되기 전에는 오프라인 회귀 모델이 반응을 예측한다. 스포츠 기사를 남성이 클릭할 확률이 여성보다 4배 높다면, 오프라인 부분에서는 이런 지식을 활용해서 새로운 스포츠 기사의 온라인 항목 요인 추정치를 예측하게 되는 것처럼 말이다. 특성 기반 구성요소가 데이터에 포함된 신호의 대부분을 포착하는 애플리케이션에서는 온라인 구성요소가 필요하지 않을 수 있으나, 웹 추천에서는 이런 경우가 드물다.

차원 수 축소: 벡터 v_j는 각 항목 j에(항목별로 계수 벡터를 가진다) 대한 사용자 요인 회귀 계수 벡터다(사용자 특성당 하나의 계수를 가진다). 실제 적용에서는 v_j의 차원 수(사용자 특성 공간의 차원 수)는 데이터를 잘 모델링하기 위해서 적당히 클 필요가 있다. 그러나 v_j는 온라인으로 학습돼야 한다. 하나의 값으로 빠르게 수렴하기 위해서는 어떤 형태의 차원 축소가 필요하다. 특히 항목 수명의 초기에는 더욱 그렇다. 회귀에서는 과거 데이터를 통해 사전 정보를 추정해서 v_j의 자유도를 제한하는 위축 추정 기법으로 차원 축소를 달성할 수 있다. 매력적인 방법이나 여전히 온라인에서 수많은 매개변수의 업데이트가 필요하기 때문에 관련 연산 비용이 많이 든다. '축소'와 '빠른 업데이트' 모두를 달성하기 위해 축소된 랭크 회귀(Anderson)(1951)라

고 하는 오래된 기법을 사용해 저차원 예측을 통해 연관된 여러 회귀를 추정할 때 매개변수 공간의 차원을 축소한다. 그러므로 $v_j = B\delta_j$가 되고 B는 오프라인에서 학습된다. 따라서 항목당 차원 수가 작은 벡터 δ_j만 온라인으로 학습하면 된다. 실제로 랭크 축소는 축소 기법을 사용해서 사전 정보를 통해 v_j에 일종의 '약한' 제약을 주는 것과는 다르게 매개변수 벡터 v_j에 선형 제약을 가하는 것과 같고, 결국 축소된 랭크는 매개변수들에 일종의 '강한' 제약을 부과하게 된다.

표 7.1. 신속 온라인 이중 선형 요인 모델

관찰	$y_{ijt} \sim \text{Normal}(s_{ijt}, \sigma^2)$ 혹은 $y_{ijt} \sim \text{Bernoulli}(p_{ijt}),\ s_{ijt} = \log \frac{p_{ijt}}{1-p_{ijt}}$
오프라인 모델	$s_{ijt} = \boldsymbol{x}'_{ijt}\boldsymbol{b} + \boldsymbol{x}'_{it}\boldsymbol{A}\boldsymbol{x}_j + \boldsymbol{x}'_{it}\boldsymbol{v}_{jt}$ $\boldsymbol{v}_{jt} = \boldsymbol{B}\boldsymbol{\delta}_j$ $\boldsymbol{\delta}_j \sim N(\boldsymbol{0}, \sigma_v^2 \boldsymbol{I})$
온라인 모델	$s_{ijt} = \boldsymbol{x}'_{ijt}\boldsymbol{b} + \boldsymbol{x}'_{it}\boldsymbol{A}\boldsymbol{x}_j + \boldsymbol{x}'_{it}\boldsymbol{B}\boldsymbol{\delta}_{jt}$ δ_j만 온라인 회귀를 통해 학습된다

신속한 온라인 회귀: δ_j의 차원 수는 적기 때문에 표본 크기가 상대적으로 작을 때도 각 항목에 대한 신뢰할 수 있는 온라인 추정치를 얻을 수 있다. 각 δ_j는 독립적으로 학습되므로 항목에 관한 모델을 병렬로 피팅할 수 있다.

온라인 모델 선택: 랭크 축소 매개변수 $k = \text{rank}(B)$를 올바르게 추정하는 것은 매우 중요하다. 따라서 k개의 서로 다른 랭크 값을 갖고 각 항목 j에 관한 k개의 온라인 모델을 동시에 피팅하고 현재 최고의 예측 로그 우도를 가진 모델을 선택하게 된다.

7.1.2 FOBFM 상세 내용

FOBFM의 상세 내용을 표 7.1에 요약돼 있다. 사용자 i와 항목 j에 상응하는 페어를 (i, j)로 표기한다. y_{ijt}가 항목 j를 시간 t에 사용자 i에게 보여준

후 관찰된 반응(랭킹 또는 클릭)을 나타내도록 하자. x_{it}, x_j, x_{ijt}가 각각 사용자 i(시간 t에서), 항목 j, 페어 (i, j)(시간 t에서)의 특성 벡터를 나타낸다고 한다. 벡터 x_{it}는 사용자 인구 통계 정보, 지리적 위치, 검색 행동 등을 포함할 수 있고, x_j는 콘텐츠 범주, 항목 관련 설명이 제공될 때 제목이나 본문에서 추출된 토큰 등을 포함할 수 있다. 항목 특성은 시간에 따라 달라질 수도 있지만 여기서 설명하는 대부분 사례에서 그러지 않는다. 따라서 항목 특성 x_j에 아래 첨자 t가 없다. x_{ijt}는 사용자 또는 항목으로 명확하기 분류하기 힘든 특성들의 벡터다. 예를 들면 항목 i가 전시된 페이지에서의 위치, 항목이 표시된 시간 등이 여기에 해당한다. 시간 인덱스 t는 필요하지 않으면 제외될 수 있다.

반응 모델

사용자 i가 시간 t에서 항목 j에 줄 아직 관찰되지 않은 진짜 점수를 s_{ijt}라고 하자. 목표는 관찰된 반응 y_{ijt}(노이즈 포함 가능성 있음), 특성 x_{it}, x_j, x_{ijt}를 가지고 주어진 어떤 (i, j) 페어의 s_{ijt}를 예측하는 것이다. 2.3.2절에서 설명한 모든 반응 모델을 사용할 수 있다. 그중 가우시안 모델과 로지스틱 모델을 살펴본다.

- **수치적 반응을 위한 가우시안 모델**: 수치로 표현되는 반응(등급)일 때는 일반적으로 수식 7.1을 가정한다.

$$y_{ijt} \sim N(s_{ijt}, \sigma^2) \tag{7.1}$$

  수식 7.1에서 σ^2는 사용자 반응에 포함된 노이즈의 분산으로 데이터에서 추정한다. s_{ijt}는 사용자 i가 항목 j에게 줄 수치 등급의 평균을 나타낸다.

- **이진 반응을 위한 로지스틱 모델**: 항목에 대한 사용자 반응이 이진 형태(예: 클릭 또는 클릭하지 않음, '좋아요'를 선택하거나 그러지 않는다, 공유 또는 공유하지 않는다)일 때는 수식 7.2를 가정한다.

$$y_{ijt} \sim \text{Bernoulli}(p_{ijt}) \text{ 그리고 } s_{ijt} = \log \frac{p_{ijt}}{1-p_{ijt}} \qquad (7.2)$$

p_{ijt}는 사용자 i가 시간 t에서 항목 j에 긍정적으로 반응할 확률(클릭 확률)을 나타낸다.

온라인 회귀 + 특성 기반 오프셋

모델링에서 사용자 i와 항목 j 간의 시간에 따른 상호작용을 포착하는 s_{ijt}를 추정하는 것이 핵심이다. FOBFM은 s_{ijt}를 특성 기반 회귀와 항목당 회귀의 조합으로 모델링하게 된다.

$$s_{ijt} = (x'_{ijt}b + x'_{it}Ax_j) + x'_{it}v_{jt} \qquad (7.3)$$

특성 기반 회귀 $(x'_{ijt}b + x'_{it}Ax_j)$에서, b와 A는 아직은 모르는 회귀 가중치로 많은 과거 데이터를 가지고 추정할 수 있다. 항목 ID는 특성으로 취급하지 않는다는 점을 주목하자. 특성 기반 회귀 분석도 좋은 베이스라인을 제공하지만 항목당 회귀 $x'_{it}v_{jt}$를 추가하게 되면 예측 성능을 상당히 개선할 수 있다. v_{jt}는 항목별 요인 벡터로 개별 항목 수준에서의 이질성이 포함된다. 새로운 항목은 과거 데이터에 포함돼 있지 않기 때문에 그것의 v_{jt}는 온라인으로 학습돼야 한다.

특성 기반 회귀 $x'_{ijt}b + x'_{it}Ax_j$는 항목별 요인의 온라인 학습에 활용할 수 있는 좋은 오프셋을 제공한다. 실제로 오프셋과의 '차이'만 온라인으로 학습하면 된다. 특성들의 예측 관련성이 적당하다면 차이가 작기 때문에 모델이 빠르게 수렴하게 된다.

일반적으로 x_{it}와 x_j는 차원이 많아서 회귀 가중치 행렬 A는 크다. 그러나 x_{it}와 x_j는 많지 않은 경우가 보통이다. 희소성을 극복해서 확장 가능한 A의 추정치를 얻을 수 있는 학습 기법은 여럿 있다(예: 린 외(Lin et al.), 2008).

항목별 요인 v_{jt}는 모델의 복잡성을 늘리고 매개변수 추정을 어렵게 한다.

사용자 특성 벡터 x_{it}가 몇 천 개의 요소를 갖고 있다면 상당히 작은 수의 관찰 데이터로(새 항목은 표본 크기가 작으므로) 수천 개의 항목으로 구성된 항목 풀을(그다지 크지 않은 경우를 가정) 위한 수백만 개의 매개변수를 추정해야 할 수도 있다.

축소된 랭크 회귀

항목 회귀 매개변수에 선형 제약을 가해서 항목 간 매개변수를 공유하게 되고 결국 온라인 단계에서 연산의 복잡성이 크게 줄어든다. $v_{jt}s$는 알려지지 않은 예측 행렬 $B_{r \times k}$ $(k \ll r)$ 열로 구성된 k차원 선형 하위 공간에 속한다고 가정한다. 즉 모든 항목 j에 관해 수식 7.4를 가정한다.

$$v_{jt} = B\delta_{jt} \qquad\qquad (7.4)$$

모든 항목은 동일한 예측 행렬 B를 공유한다. B가 주어지면 각 항목 j에 대해 k차원 벡터 δ_{jt}만 온라인으로 학습하면 된다.

연산 중 안 좋은 수치 조정을 피하고자 $\delta_{jt} \sim \text{MVN}(0, \sigma_\delta^2 I)$를 가정한다. 여기에서 MVN은 다변량 정규 분포^{multivariate normal distribution}를 나타낸다. δ_{jt}를 축소하면서 봤을 때 $v_{jt} \sim \text{MVN}(0, \sigma^2 BB')$가 된다는 것을 쉽게 알 수 있다. $\text{rank}(B) = k < r$이기 때문에 이것은 모든 확률 분포를 B의 열로 구성된 저차원 하위 공간^{subspace}에 놓는다. 일반적으로 $v_{jt} = B\delta_{jt} + E_{jt}$를 가정하는 더 강건한 모델을 가지고 작업하는 것이 좋다. 이때 $E_{jt} \sim \text{MVN}(0, \tau^2 I)$은 k차원 선형 예측 후 남겨진 특이사항을 포착하는 백색 노이즈^{white-noise} 과정이다. 이것은 $v_{jt} \sim \text{MVN}(0, \sigma^2 BB' + \tau^2 I)$의 랭크 결핍과 주변 분포를 제거한다. 가우스 반응을 위해 모델로 작업하기가 쉽지만, 로지스틱 모델은 연산이 엄청나게 복잡해져 $\tau^2 = 0$을 가정한다.

7.2 오프라인 학습

FOBFM를 위해 사용하는 모델피팅 알고리듬은 오프라인 학습 알고리듬과 온라인 학습 알고리듬(7.3절에서 설명)이 있다. 오프라인 학습 알고리듬은 기댓값 최대화^{EM, expectation-maximization} 알고리듬에 기반해 과거 반응 데이터를 갖고 매개변수 $\Theta = (b, A, B, \sigma^2, \sigma_v^2)$를 추정한다. 단순하게 만들기 위해 시간 인덱스 t를 떼고 $y = \{y_{ij}\}$가 관찰 데이터 세트를 나타내도록 한다. 이런 '불완전한' 데이터는 관찰되지 않은 항목 요인 $\Delta = \{\delta_j\}_{\forall j}$를 가지고 증강돼서 완전한 데이터가 된다. EM 알고리듬의 목표는 Δ 분포에 걸친 배제화 이후 얻게 되는 '불완전' 데이터 우도 $\Pr(y \mid \Theta) = \int \Pr(y, \Delta \mid \Theta) d\Delta$를 최대화하는 매개변수 Θ를 찾는 것이다. 배제화는 연산 비용이 많이 들어 EM 알고리듬에 의지하게 된다.

7.2.1 EM 알고리듬

가우시안 모델의 완전한 데이터 로그 우도 $L(\Theta; y, \Delta)$는 수식 7.5와 같다.

$$
\begin{aligned}
L(\boldsymbol{\Theta}; \boldsymbol{y}, \boldsymbol{\Delta}) &= \log \Pr(\boldsymbol{y} \mid \boldsymbol{\Theta}, \boldsymbol{\Delta}) \\
&= -\frac{1}{2\sigma^2} \sum_{ij} (y_{ij} - \boldsymbol{x}'_{ij}\boldsymbol{b} - \boldsymbol{x}'_i \boldsymbol{A} \boldsymbol{x}_j - \boldsymbol{x}'_i \boldsymbol{B} \boldsymbol{\delta}_j)^2 - \frac{D}{2} \log \sigma^2 \\
&\quad - \frac{1}{2\sigma_v^2} \sum_j \boldsymbol{\delta}'_j \boldsymbol{\delta}_j - \frac{Nk}{2} \log \sigma_v^2
\end{aligned}
$$

$$(7.5)$$

수식 7.5에서 D는 관찰의 수이고, N은 항목의 수이며, δ_j는 k차원 벡터다. 로지스틱 모델 $(y_{ij} \in \{0, 1\})$은 수식 7.6과 같다.

$$
\begin{aligned}
L(\boldsymbol{\Theta}&; \boldsymbol{y}, \boldsymbol{\Delta}) \\
&= -\sum_{ij} \log \left(1 + \exp\{-(2y_{ij} - 1)(\boldsymbol{x}'_{ij}\boldsymbol{b} + \boldsymbol{x}'_i \boldsymbol{A} \boldsymbol{x}_j + \boldsymbol{x}'_i \boldsymbol{B} \boldsymbol{\delta}_j)\}\right) \\
&\quad - \frac{1}{2\sigma_v^2} \sum_j \boldsymbol{\delta}'_j \boldsymbol{\delta}_j - \frac{Nk}{2} \log \sigma_v^2
\end{aligned}
$$

$$(7.6)$$

h번째 반복주기에서 추정된 매개변수 설정 값을 $\Theta^{(h)}$라고 하자. EM 알고

리듬은 수렴할 때까지 다음의 2단계를 반복하게 된다.

1. **E스텝**E-step: $q_h(\Theta) = E_\Delta[L(\Theta; y, \Delta) | \Theta^{(h)}]$를 Θ의 함수로 계산하자. 기댓값은 $(\Delta | \Theta^{(h)}, y)$의 사후 분포를 가지고 구한다. $\Theta = (b, A, B, \sigma^2, \sigma_v^2)$는 함수 q_h의 입력 변수다. 그러나 $\Theta^{(h)}$는 이전 반복주기에서 결정된 이미 알고 있는 수치로 구성된다. y와 $\Theta^{(h)}$가 주어졌을 때 사후 평균과 분산을 각각 $\hat{\delta}_j$와 $\hat{V}[\delta_j]$라고 하자. 가우시안 모델에서는 수식 7.7과 같다.

$$
\begin{aligned}
q_h(\boldsymbol{\Theta}) &= E_\Delta[L(\Theta; y, \Delta) | \boldsymbol{\Theta}^{(h)}] \\
&= -\frac{1}{2\sigma^2} \sum_{ij} \left((y_{ij} - x'_{ij}b - x'_i A x_j - x'_i B \hat{\delta}_j)^2 + x'_i B \hat{V}[\delta_j] B' x_i \right) \\
&\quad - \frac{D}{2} \log \sigma^2 - \frac{1}{2\sigma_v^2} \sum_j \left(\hat{\delta}'_j \hat{\delta}_j + \mathrm{tr}(\hat{V}[\delta_j]) \right) - \frac{Nk}{2} \log \sigma_v^2
\end{aligned}
$$
(7.7)

로지스틱 모델은 7.2.2절에서 설명한다. E스텝에서 $q_h(\Theta)$의 충분한 통계적 수치(모든 항목 j의 $\hat{\delta}_j$와 $\hat{V}[\delta_j]$)를 계산한다.

2. **M스텝**: E스텝에서 계산된 기댓값을 최대화하는 Θ를 찾아보자.

$$
\boldsymbol{\Theta}^{(h+1)} = \arg\max_{\boldsymbol{\Theta}} q_h(\boldsymbol{\Theta})
$$
(7.8)

가우시안 모델에 대해 앞의 E스텝에서 계산한 $\hat{\delta}_j$와 $\hat{V}[\delta_j]$를 가지고 수식 7.7을 최대화하는 $(b, A, B, \sigma^2, \sigma_v^2)$를 찾는다.

이제 E스텝과 M스텝의 상세 내용을 살펴본다.

7.2.2 E스텝

E스텝의 목표는 각 항목 j에 대한 요인 벡터의 사후 평균 $\hat{\delta}_j$와 분산 $\hat{V}[\delta_j]$을 도출하는 것이다. $o_{ij} = x'_{ij}b + x'_i A x_j$이고 $z_i = B'x_i$라고 하자.

가우시안 모델: 가우시안 모델을 수식 7.9와 같이 서술한다.

$$y_{ij} \sim N(o_{ij} + z_i'\delta_j, \ \sigma^2)$$
$$\delta_j \sim N(\mathbf{0}, \ \sigma_v^2 I) \tag{7.9}$$

수식 7.9는(선형적으로 변형된) 특성 벡터 z_i와 오프셋 o_{ij}를 가진 베이지안 선형 회귀의 표준적인 형태다. 가우시안 켤레류에 따라 수식 7.10을 얻을 수 있다.

$$\hat{V}[\delta_j] = \left(\frac{1}{\sigma_v^2} I + \sum_{i \in \mathcal{I}_j} \frac{z_i z_i'}{\sigma^2} \right)^{-1}$$

$$\hat{\delta}_j = \hat{V}[\delta_j] \left(\sum_{i \in \mathcal{I}_j} \frac{(y_{ij} - o_{ij})z_i}{\sigma^2} \right) \tag{7.10}$$

로지스틱 모델: 비슷한 방법으로 로지스틱 모델을 다시 쓸 수 있다.

$$y_{ij} \sim \text{Bernoulli}(p_{ij}) \ \text{with} \ \log \frac{p_{ij}}{1 - p_{ij}} = o_{ij} + z_i'\delta_j$$
$$\delta_j \sim N(\mathbf{0}, \ \sigma_v^2 I) \tag{7.11}$$

수식 7.11은 가우시안 사전분포를 가진 표준적인 베이지안 로지스틱 회귀다. δ_j의 사후 평균과 분산은 제공되지 않는데, 라플라스^{Laplace} 근사 추정으로 구할 수 있다. 특히 δ_j의 사후 밀도는 수식 7.12와 같다.

$$p(\delta_j \mid \mathbf{y}) = p(\delta_j, \mathbf{y})/p(\mathbf{y})$$
$$\propto \ p(\delta_j, \mathbf{y}) = \sum_i \log f((2y_{ij} - 1)(o_{ij} + z_i'\delta_j)) - \frac{1}{2\sigma_v^2} \|\delta_j\|^2 \tag{7.12}$$

수식 7.12에서 $f(x)=(1 + e^{-x})^{-1}$은 시그모이드^{sigmoid} 함수다. 사후 모드에 의해 사후 평균의 근사치를 구한다,

$$\hat{\delta}_j \approx \arg \max_{\delta_j} p(\delta_j, \mathbf{y}) \tag{7.13}$$

사후 모드에서 평가된 2차 테일러 급수^{second-order Taylor series} 확장을 통해 사후 분산의 근사치를 구한다,

$$\hat{V}[\boldsymbol{\delta}_j] \approx \left[(-\nabla^2_{\boldsymbol{\delta}_j} \, p(\boldsymbol{\delta}_j, \boldsymbol{y}))|_{\boldsymbol{\delta}_j = \hat{\boldsymbol{\delta}}_j} \right]^{-1} \tag{7.14}$$

$g_{ij}(\delta_j) = f((2y_{ij} - 1)(o_{ij} + z'_i \delta_j))$라고 하자. 그러면 $\hat{\delta}_j$는 어떤 경사법을 통해서든 찾을 수 있고, 경사^{gradient}와 헤세^{Hessian}는 수식 7.15와 같다.

$$\nabla_{\boldsymbol{\delta}_j} p(\boldsymbol{\delta}_j, \boldsymbol{y}) = \sum_i (1 - g_{ij}(\boldsymbol{\delta}_j))(2y_{ij} - 1)\boldsymbol{z}_i - \frac{1}{\sigma_v^2}\boldsymbol{\delta}_j$$
$$\nabla^2_{\boldsymbol{\delta}_j} p(\boldsymbol{\delta}_j, \boldsymbol{y}) = -\sum_i g_{ij}(\boldsymbol{\delta}_j)(1 - g_{ij}(\boldsymbol{\delta}_j))\boldsymbol{z}_i \boldsymbol{z}'_i - \frac{1}{\sigma_v^2}\boldsymbol{I} \tag{7.15}$$

7.2.3 M스텝

다음을 최대화하는 Θ를 찾는 것이 M스텝의 목표다.

$$q_h(\Theta) = E_\Delta[\mathrm{L}(\Theta; \, y, \, \Delta) | \Theta^{(h)}]$$

가우시안 모델: 가우시안 모델의 $q_h(\Theta)$을 수식 7.7에 정의했다. 절차는 다음과 같다.

1. **회귀 계수**$(b, \, A, \, B)$ **추정:** 계산 효율성을 위해 다음 수식 7.16과 같이 근사치를 구한다.

$$E[\sum_{ij}(y_{ij} - \boldsymbol{x}'_{ij}\boldsymbol{b} - \boldsymbol{x}'_i\boldsymbol{A}\boldsymbol{x}_j - \boldsymbol{x}'_i\boldsymbol{B}\boldsymbol{\delta}_j)^2]$$
$$\approx \sum_{ij}(y_{ij} - \boldsymbol{x}'_{ij}\boldsymbol{b} - \boldsymbol{x}'_i\boldsymbol{A}\boldsymbol{x}_j - \boldsymbol{x}'_i\boldsymbol{B}\hat{\boldsymbol{\delta}}_j)^2 \tag{7.16}$$

플러그인 추정치를 사용해 정확한 공식을 추정해서 연산 속도를 높이는 방법은 많이 사용하는 방법이다(예: (Mnih and Salakhutdinov) (2007); (Celeux and Govaert)(1992). 최적화에서 공분산 요소 $\boldsymbol{x}'_i\boldsymbol{B}$ $\hat{V}[\delta_j]\boldsymbol{B}'\boldsymbol{x}_i$는 무시한다는 것을 의미하는데, 그러면 수식 7.17과 같은 표준적인 최소 자승 회귀 문제가 된다.

$$\arg\max_{b,A,B} \sum_{ij} (y_{ij} - x'_{ij}b - x'_i A x_j - x'_i B\hat{\delta}_j)^2$$

$$+ \lambda_1 \|b\|^2 + \lambda_2 \|A\|^2 + \lambda_3 \|B\|^2 \tag{7.17}$$

강건한 추정을 위해 L_2 정규화와 표준 최소 자승 문제에 적용할 수 있는 정규화 및 피팅 기법을 사용한다. 추정된 회귀 계수는 $\hat{b}, \hat{A}, \hat{B}$로 표시한다.

2. **관찰 분산 σ^2 추정:** σ^2를 고려한 $q_h(\Theta)$의 기울기를 0으로 해서 수식 7.18을 얻는다.

$$\hat{\sigma}^2 = \frac{1}{D} \sum_{ij} \left((y_{ij} - x'_{ij}b - x'_i A x_j - x'_i B\hat{\delta}_j)^2 + x'_i B\hat{V}[\delta_j]B' x_i \right) \tag{7.18}$$

3. **사전 분산 σ_v^2 추정:** σ_v^2를 고려한 $q_h(\Theta)$의 기울기를 0으로 해서 수식 7.19를 얻는다.

$$\frac{1}{Nk} \sum_j \left(\hat{\delta}'_j \hat{\delta}_j + \operatorname{tr}(\hat{V}[\delta_j]) \right). \tag{7.19}$$

로지스틱 모델: 가우시안 모델과 유사하다. 수식 7.20과 같이 근사 추정을 한다.

$$E[\sum_{ij} \log \left(1 + \exp\{-(2y_{ij} - 1)(x'_{ij}b + x'_i A x_j + x'_i B\delta_j)\} \right)]$$

$$\approx \sum_{ij} \log \left(1 + \exp\{-(2y_{ij} - 1)(x'_{ij}b + x'_i A x_j + x'_i B\hat{\delta}_j)\} \right) \tag{7.20}$$

(b, A, B)의 추정이 표준적인 로지스틱 회귀 문제가 됐다. 모든 정규화 및 피팅 기법이 사용될 수 있다. σ_v^2의 추정은 가우시안 모델과 같다는 것도 쉽게 알 수 있다.

7.2.4 확장성

E스텝은 각 항목에 대한 독립적인 베이지안 회귀 문제를 푸는 것으로 구성 돼 있다. 독립성 덕분에 반응 데이터를 항목별로 쉽게 나눌 수 있으며 모든 회귀 문제를 동시에 풀 수 있다. 개별 문제의 데이터 수는 보통 작다. 데이터 수가 많을 때도 δ_j의 차원 수가 적기 때문에 무작위로 일부를 추출한 표본을 사용해도 정밀성이 많이 떨어지지 않는다. M스텝의 핵심 연산은 (b, A, B)의 추정으로 표준적인 최소 자승 또는 로지스틱 회귀 문제가 된다. 확률적 경사도 하강^{SGD, stochastic gradient descent} 또는 켤레류 경사도^{CG, conjugate gradient} 같은 확장성이 있는 모든 피팅 모델이 사용될 수 있다.

7.3 온라인 학습

온라인 학습에서 사용될 오프라인 학습의 결과는 회귀 계수 (b, A, B)와 사전 분산 σ_v^2로 구성된다. 표 7.1에 나온 항목 j의 온라인 모델은 아래와 같이 풀어 쓸 수 있다.

$$s_{ijt} = \boldsymbol{x}'_{ijt}\boldsymbol{b} + \boldsymbol{x}'_{it}\boldsymbol{A}\boldsymbol{x}_j + \boldsymbol{x}'_{it}\boldsymbol{B}\boldsymbol{\delta}_{jt}$$
$$= o_{ijt} + \boldsymbol{z}'_{it}\boldsymbol{\delta}_{jt}$$

$o_{ijt} = x'_{ijt}b + x'_{it}Ax_j$ 는 오프셋이며, $z_{it} = B'x_{it}$는 차원 축소 사용자 특성 벡터이고 δ_{jt}는 회귀 계수 벡터다. 온라인 모델(각 항목 j당 하나)은 독립적이고 δ_j의 차원 수는 적기 때문에 모델 업데이트는 매우 효율적이고 확장할 수 있으며 병렬 연산이 가능하다. 일반적으로 표준적인 칼만 필터(West and Harrison)(1997)를 사용해 δ_j의 사전 평균과 분산을 각각 0과 σ_v^2로 해서 모델을 차례대로 업데이트할 수 있다. 가우시안 모델과 로지스틱 모델의 온라인 학습을 구체적으로 알아보고 탐색 이용과 δ_j 차원 수의 온라인 선정을 살펴본다.

7.3.1 가우스 온라인 모델

항목 j에 대해 초기 사전 평균의 분산으로 $\mu_{j0} = 0$과 $\Sigma_{j0} = \Sigma\sigma_v^2 I$를 사용한다. 시간 t(시간 t는 어떤 시간 구간을 나타낸다)에서 항목 j와 상호작용하는 사용자 i로 구성된 세트 I_{jt}의 반응 데이터를 받는다고 가정하자. 가우시안 온라인 모델은 수식 7.21과 같다.

$$
\begin{aligned}
y_{ijt} &\sim N(o_{ijt} + z'_{it}\delta_{jt},\ \sigma^2), \quad i \in \mathcal{I}_{jt}\text{인 모든 } i \\
\delta_{jt} &\sim N(\boldsymbol{\mu}_{j,t-1},\ \rho\boldsymbol{\Sigma}_{j,t-1})
\end{aligned}
\tag{7.21}
$$

$\rho \geq 1$(보통 1에 가깝다)는 시간에 따라 분산을 증가시켜서 최근 관찰 값의 가중치가 늘어나도록 한다. 가우시안 컬레류에 따라 수식 7.22를 얻게 된다.

$$
\begin{aligned}
\boldsymbol{\Sigma}_{jt} &= \left(\frac{1}{\rho}\boldsymbol{\Sigma}_{j,t-1}^{-1} + \sum_{i\in\mathcal{I}_{jt}} \frac{1}{\sigma^2} z_{it}z'_{it} \right)^{-1} \\
\boldsymbol{\mu}_{jt} &= \boldsymbol{\Sigma}_{jt}\left(\boldsymbol{\Sigma}_{j,t-1}^{-1}\boldsymbol{\mu}_{j,t-1} + \sum_{i\in\mathcal{I}_{jt}} \frac{(y_{ijt} - o_{ijt})z_{it}}{\sigma^2} \right)
\end{aligned}
\tag{7.22}
$$

7.3.2 로지스틱 온라인 모델

로지스틱 온라인 모델은 수식 7.23과 같다.

$$
\begin{aligned}
y_{ijt} &\sim \text{Bernoulli}(p_{ijt}), \\
\log \frac{p_{ijt}}{1 - p_{ijt}} &= o_{ijt} + z'_{it}\delta_{jt},\ i \in \mathcal{I}_{jt}\text{인 모든 } i \\
\delta_{jt} &\sim N(\boldsymbol{\mu}_{j,t-1},\ \rho\boldsymbol{\Sigma}_{j,t-1})
\end{aligned}
\tag{7.23}
$$

7.2.2절에서의 로지스틱 모델과 같이 δ_{jt}의 사후 평균과 분산은 한정된 형태로 이용할 수 없어서 라플라스 근사 추정을 사용한다.

$$p(\boldsymbol{\delta}_{jt}, \boldsymbol{y}) = \sum_{i \in \mathcal{I}_{jt}} \log f((2y_{ijt} - 1)(o_{ijt} + z'_{it}\boldsymbol{\delta}_{jt}))$$
$$- \frac{1}{2\rho}(\boldsymbol{\delta}_{jt} - \boldsymbol{\mu}_{j,t-1})' \boldsymbol{\Sigma}_{j,t-1}^{-1}(\boldsymbol{\delta}_{jt} - \boldsymbol{\mu}_{j,t-1}) \qquad (7.24)$$

수식 7.24에서 $f(x) = (1 + e^{-x})^{-1}$은 시그모이드 함수다. 사후 모드에 의해 수식 7.25와 같이 사후 평균의 근사치를 추정한다.

$$\boldsymbol{\mu}_{jt} \approx \arg\max_{\boldsymbol{\delta}_{jt}} p(\boldsymbol{\delta}_{jt}, \boldsymbol{y}) \qquad (7.25)$$

모드에서의 2차 오더 테일러 시리즈^{second-order Taylor series} 확장을 통해 사후 분산의 근사치를 구한다.

$$\boldsymbol{\Sigma}_{jt} \approx \left[(-\nabla^2_{\boldsymbol{\delta}_{jt}} \, p(\boldsymbol{\delta}_{jt}, \boldsymbol{y}))|_{\boldsymbol{\delta}_{jt}=\boldsymbol{\mu}_{jt}} \right]^{-1} \qquad (7.26)$$

$g_{ijt}(\boldsymbol{\delta}_{jt}) = f((2y_{ijt} - 1)(o_{ijt} + z'_{it} \, \delta_{jt}))$라고 하자. μ_{jt}는 모든 경사도 방법을 사용해 찾을 수 있다. 경사도와 헤세는 수식 7.27과 같다..

$$\nabla_{\boldsymbol{\delta}_{jt}} p(\boldsymbol{\delta}_{jt}, \boldsymbol{y}) = \sum_i (1 - g_{ijt}(\boldsymbol{\delta}_{jt}))(2y_{ijt} - 1)z_{it} - \frac{1}{\rho}\boldsymbol{\Sigma}_{j,t-1}^{-1}(\boldsymbol{\delta}_{jt} - \boldsymbol{\mu}_{j,t-1})$$
$$\nabla^2_{\boldsymbol{\delta}_j} p(\boldsymbol{\delta}_j, \boldsymbol{y}) = -\sum_i g_{ij}(\boldsymbol{\delta}_j)(1 - g_{ij}(\boldsymbol{\delta}_j))z_i z'_i - \frac{1}{\rho}\boldsymbol{\Sigma}_{j,t-1}^{-1} \qquad (7.27)$$

7.3.3 탐색 이용 전략

항목 j의 요인 벡터 δ_{jt}를 추정하기 위해 그 항목에 대한 사용자의 반응을 얻어야 한다. 불확실한 요인 추정치를 가진 항목, 특히 새로운 항목을 탐색하기 위해 탐색 이용 전략이 필요하다. 베이지안 탐색 이용 전략이 대부분의 다른 많은 전략보다 최고 인기 항목 추천 시나리오에서 우수하지만 많은 연산 비용이 발생하기 때문에 맞춤형 모델로의 확장이 쉽지 않다. 다음 탐색 이용 전략이 보편적으로 사용된다.

- **E 그리디:** 사용자 중 일부(또는 추천 모듈의 특정 위치에 대한 방문 건수의 일부) E를 기준 횟수보다 관찰 횟수가 적은 항목에 대한 무작

위 탐색에 할당한다. 나머지 사용자에게는 예측 반응률이 가장 높은 항목을 추천한다.

- **소프트맥스:** 각 사용자 방문 i에 대해 수식 7.28과 같은 확률로 항목 j를 선택한다.

$$\frac{e^{\hat{s}_{ijt}/\tau}}{\sum_j e^{\hat{s}_{ijt}/\tau}} \tag{7.28}$$

온도 매개변수 τ는 실험을 통해 조정할 수 있으며 s_{ijt}는 모델이 예측한 점수다.

- **톰슨 샘플링:** 각 사용자 방문 i에 대해 각 후보 항목 j를 가지고 $N(\mu_{jt}, \Sigma_{jt})N$에서 δ_{jt}를 뽑아내고, 추출된 표본 요인 벡터를 기반으로 점수 s_{ijt}를 계산한다. 그런 다음 점수에 따라 항목의 순위를 선정한다.

- **d-편차 UCB:** 각 사용자 방문 i에 대해 각 후보 항목 j를 가지고 d-편차 UCB 점수는 수식 7.29로 계산해서 나온 점수로 순위를 정한다. d는 실험을 통해 조정할 수 있다.

$$o_{ijt} + z'_{it}\mu_{jt} + d(z'_{it}\Sigma_{jt}z_{it})^{\frac{1}{2}} \tag{7.29}$$

7.3.3 온라인 모델 선택

항목당 요인의 수 k(벡터 δ_j의 길이)는 모델 성능에 영향을 준다. 항목 수명의 초반에 특히 그렇다. 어떤 항목에 대한 사용자 반응(관찰)의 수가 작을 때는 매개변수가 많은 모델을 훈련하기는 어려운 것을 예로 들 수 있다. 그러므로 k 값이 작은 모델의 성능이 좋을 것으로 예상할 수 있다. 그러나 k 값이 작은 모델의 유연성은 상대적으로 낮으며 보편적인 사용자와 항목의 상호작용에 포함된 구체적인 정보를 포착할 능력이 떨어진다. 그러므로 항목에 대한 관찰의 수가 증가하면 k 값이 큰 모델의 성능이 더 좋을 것으로 예상할 수 있다.

가장 적합한 k 값을 선택하기 위해 온라인 모델 선택 방법을 사용한다. 즉, 각 항목에 대해 미리 정한 여러 k 값(예: $k = 1, \cdots, 10$)별로 각각 모델을 유지한다. 어떤 항목을 대상으로 가장 좋은 k 값은 항목이 받은 관찰의 수 n의 함수라고 가정하며, $k^*(n)$으로 표시한다. $k^*(n)$을 결정하기 위해 예측적인 로그 우도를 선택 기준으로 사용한다. 항목 j에 대한 처음 n번의 관찰을 활용해 훈련된 k 요인 모델을 가지고 예측한 항목 j의 $(n+1)$번째 관측의 로그 우도를 $l(k, n, j)$로 표시하자. $J(n)$은 n번의 관찰을 받은 후보 항목의 세트를 나타내도록 하자. $J(n)$은 후보 항목의 세트와 각 항목의 관찰 수 모두 시간에 따라 변하기 때문에 시간에 따라 변하게 된다. n번의 관찰로 훈련된 k개의 요인을 갖고 있는 모델의 평균 로그 우도는 수식 7.30과 같다.

$$\ell(k, n) = \frac{\sum_{j \in \mathcal{J}(n+1)} \ell(k, n, j)}{|\mathcal{J}(n+1)|} \tag{7.30}$$

n번의 관찰을 받은 항목에 대해 $l(k, n)$이 가장 큰 k를 뽑을 수 있다. 즉 $k^*(n) = \arg\max_k l(k, n)$이다. 하지만 $|J(n+1)|$이 작으면 $l(k, n)$에 노이즈가 많다. 간단한 지수 가중 전략을 사용해 $l(k, n)$을 평탄하게 할 수 있다. 사전에 정해진 가중치를 $0 < w \leq 1$이라고 하자. 평탄화한 평균 로그 우도 $l^*(k, n)$은 수식 7.31을 통해 구한다.

$$\ell^*(k, 1) = \ell(k, 1)$$
$$\ell^*(k, n) = w\,\ell(k, n) + (1 - w)\,\ell^*(k, n - 1), \text{ for } n > 1 \tag{7.31}$$

7.4 야후! 데이터 세트 사례

야후! 홈페이지와 마이 야후!의 사용자 방문 서버 로그에서 각각 추출한 2개의 데이터 세트로 FOBFM을 적용해본다. 각 관찰은 사용자가 항목(기사 링크)을 클릭하는 긍정적인 이벤트 사용자가 항목을 봤지만 클릭하지 않는 부정적인 이벤트일 수 있다. 특히, 적절한 초기화 없이 많은 특성을 사용하는 온라인 모델은 콜드 스타트 상황에서 매우 떨어지는 성능을 보인다. 주성분 회귀$^{PCR, Principal Component Regression}$ 모델 역시 적절한 초기화가 되지 않으면 성능이 떨어질 수 있다. 반면 FOBFM은 온라인 학습을 효과적으로 촉진해 이번 애플리케이션 환경에서 기타 베이스라인 모델보다 상당히 우수한 성능을 보였다.

각 데이터 세트를 2개의 분리된 이벤트 세트로 나눈다.

1. **학습 세트:** 오프라인 모델 매개변수(예: FOBFM의 $\Theta = (b, A, B, \sigma^2)$)는 학습 세트를 사용해 추정한다. 필요하면 학습 세트를 다시 나눠서 일부 베이스라인 모델의 매개변수를 조정하기 위한 튜닝 세트를 만든다. FOBFM은 이런 조정이 필요하지 않다는 점에 주목한다. 모든 매개변수는 EM 알고리듬을 통해 학습 데이터로 추정된다.
2. **테스트 세트:** 모델 성능 측정지표는 테스트 세트 데이터로 계산한다. 모델이 테스트 이벤트를 예측하면 이벤트는 온라인 학습 모델이 이용할 수 있다(예: 매개변수 추정치 δ_{jt}를 업데이트하고 FOBFM에서 모델 랭크 k를 선택).

시간에 따른 모델 성능을 보고하기 위해 테스트 세트에 있는 이벤트를 시간 스탬프^{stamp}에 따라 분류한다. 각 항목에 대한 첫 n개의 이벤트를 버킷 1에 할당하고 이어지는 n개의 이벤트를 버킷 2에 할당하는 방식을 사용한다($n = 10$을 사용할 때가 많다). 그런 다음 각 버킷에서 성능 측정지표를 계산한다. 예를 들어 버킷 b에 있는 이벤트는 버킷 b 이전의 모든 이벤트에 대한 관찰 데이터를 사용해서 얻은 추정 매개변수를 가진 모델이 평가한다. 버킷 b에 있는 c번째 테스트 이벤트의 예측된 클릭 확률을 p_cs라고 하자. p_cs 중 긍정적인 이벤트 세트에 관한 것을 S^+, 부정적인 이벤트의 세트를 S^-라고 하자. 성능 측정지표 2개를 살펴본다.

1. **테스트 세트 로그 우도:** $\sum_{p_c \in S+} \log p_c + \sum_{p_c \in S-} \log(1 - p_c)$. 모델이 테스트 이벤트를 올바르게 처리할 가능성을 정량적으로 나타낸다 (모델이 클릭 확률을 얼마나 정확하게 예측하는지 나타낸다).

2. **테스트 세트 랭크 상관 계수:** 2개의 애플리케이션 모두에서 기사의 순위를 정하기 위해 모델 점수를 사용해서 $y_c s$(진짜 라벨)와 $p_c s$ 간의 켄달^{Kendall} τ 랭크 상관 계수에 기반을 두고 모델을 비교하는 것이 좋은 측정지표가 될 수 있다. 켄달의 τ에 관해서는 4.1.3절을 참조하자.

비교하는 기법은 다음과 같다.

- **FOBFM:** 여기서는 FOBFM은 온라인에서 모델 랭크 k의 자동 추정을 포함한다. FOBFM의 경우 매개변수 튜닝이 필요 없다.

- **오프라인:** 오직 오프라인 특성에만 기반을 두고 과거의 데이터로 이중 선형 회귀 모델을 훈련한다. 즉 $s_{ijt} = x'_{ijt}b + x'_{it}Ax_j$가 된다. 온라인 학습은 일어나지 않는다.

- **노 이닛$^{\text{No-init}}$:** 초기화가 없는 항목 수준 온라인 회귀 모델이다. 즉, $s_{ijt} = x'_{it}v_j$이다. v_j는 사전 $MVN(0, \sigma^2 I)$를 가지고 온라인에서 학습된다. 분산 요소 σ^2는 튜닝 세트를 사용해 추정되며, 가장 우수한 σ^2의 성능만 보고된다. 온라인으로 추정해야 할 매개변수가 많다. 각 (항목 ID, 사용자 특성) 페어별로 하나의 매개변수가 있다.

- **PCR:** 오프라인 이중 선형 회귀가 없는 주성분 회귀 모델이다. 즉 $s_{ijt} = x'_{it}B\delta_j$이다. 여기에서 B는 사용자 특성 상위 m개의 주성분으로 구성된다. B는 학습 세트의 x_{it}만을 기반으로 결정되며 m은 튜닝 세트를 사용해서 조정된다. 가장 좋은 m값의 성능만 보고한다.

- **PCR-B:** 오프라인 이중 선형 회귀를 포함하는 주성분 회귀 모델이다. 즉 $s_{ijt} = x'_{ijt}b + x'_{it}Ax_j + x'_{it}B\delta_j$이다. 여기에서 B는 사용자 특성 상위 m개의 주성분으로 구성된다. B는 x_{it}만 기반으로 결정된다.

그러나 A는 학습 세트의 y_{ijt}를 활용한 지도 기법으로 추정한다. 이 번에도 튜닝 세트로 추정된 가장 좋은 k의 성능만 보고한다.

7.4.1 마이 야후! 데이터 세트

마이 야후!(http://my.yahoo.com/)는 맞춤형 뉴스 구독 서비스다. 개인화는 사용자가 직접 신청한 RSS 피드를 기반으로 이뤄진다.

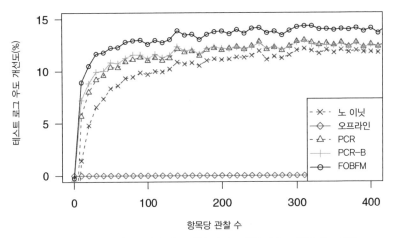

그림 7.1. 마이 야후! 데이터 세트 대상 여러 모델의 테스트 세트 로그 우도 (오프라인 모델의 로그 우도는 대략 −0.64이다)

추천된 기사에 대한 사용자의 상호작용을 기반으로 모든 마이 야후! 피드 (사용자가 신청한 피드의 기사만이 아닌) 기사의 맞춤형 추천을 제공하는 문제를 살펴본다. 시간에 민감하고 사용자는 빠른 시간 안에 기사를 보고 싶어 하므로 추천은 콜드 스타트 상황에서 진행돼야 하는 사례다.

데이터는 2009년 8월과 9월에 수집됐으며 13,808개의 항목(기사)과 약 3백만 명의 사용자로 구성돼 있다. 항목 특성에는 상위 키워드와 상위 URL 호스트 등이 있다. 사용자 특성에는 나이, 성별, 사용자 관심 범주, 다른 야후! 사이트에서 사용자의 활동 수준(Chen et al.)(2009) 등이 포함된다. 사용자가 어떤 항목을 클릭하면 하나의 긍정적인 이벤트가 기록된다. 클릭 순간에 클릭된 항목보다 상위에 노출돼 있었지만, 사용자가 클릭하지 않은 동일한 모듈의 모든 항목에는 부정적인 이벤트가 기록된다. 학습 세트는 첫 8천 개 항목들(항목 배포 시간에 따라)과 연관된 모든 이벤트로 구성되며, 나머지 데이터가 테스트 세트를 구성한다.

그림 7.1과 7.2에서 모델 성능을 각 항목에 대해 모델을 업데이트하기 위해 사용한 관찰의 수(x축)의 함수로 평가하고 테스트 세트 로그 우도와 랭크 상관 계수 측면에서 각 모델을 비교한다. 오프라인 모델 대비 각 모델의 로그 우도(그리고 랭크 상관 계수) 개선도를 보여준다. FOBFM이 다른 모든 모델보다 훨씬 우수한 성능을 보인다는 것을 그림에서 알 수 있다. 즉 개선도가 모든 시간대에서 다른 기법보다 일관되게 좋다. 데이터 세트에서 오프라인 모델의 빈약한 로그 우도 및 랭크 상관에서 확인할 수 있듯이, 항목 특성의 예측력은 매우 떨어진다. 사실, 오프라인 모델의 빈약한 성능이 온라인 모델의 성능이 크게 개선될 수 있도록 했다고 볼 수 있다.

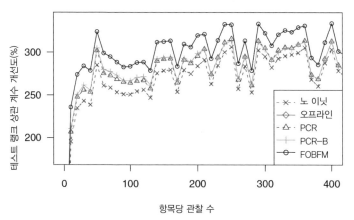

그림 7.2. 마이 야후! 데이터 세트 대상 여러 모델의 테스트 세트 랭크 상관 계수 (오프라인 모델의 랭크 상관 계수는 약 0.12이다)

온라인 모델 선택의 효과: FOBFM에서 온라인 모델 선택(랭크 k 선택)의 효과를 조사하기 위해 그림 7.3에서는 여러 랭크 매개변수 k 값을 가지고 축소된 랭크 회귀 모델의 로그 우도 개선도 곡선을 그려본다. 랭크 상관 계수 개선도 곡선도 비슷한 경향을 보인다. 물론 랭크를 늘리게 되면 온라인 수렴에 필요한 관찰 수도 늘어나게 된다. 대략 한 항목이 온라인 학습에 쓸 수 있는 관찰 데이터가 100개가 되기 전까지는 랭크 1 모델이 가장 좋은 성능을 보인다. 이어서 랭크 3 모델이 따라오고 그 후에 랭크 5 모델이 따라오는 형태로 진행된다. 데이터 세트의 경우 랭크 1 모델이 곡선의 초반부에서 지배적이고, 이어서 랭크 3 모델이 나머지 구간을 지배한다. 그림 8.3에서 온라인 모델 선택 전략이 일관되게 더 좋은 성능을 제공한다는 것도 알 수 있다.

7.4.2 야후! 홈페이지 데이터 세트

야후! 홈페이지 데이터 세트를 살펴본다. 야후! 홈페이지의 투데이 모듈 (http://www.yahoo.com, 상단 중간 모듈)은 모든 사용자 방문에 최근 기사 4개를 전시하는 모듈이다. 사용자 특성에 따라 추천을 개인화하는 적용 사례에 초점을 맞춰서 살펴본다.

2008년 11월부터 2009년 4월까지 6개월 동안 4,396개 항목과 약 1,350만 개의 이벤트로 구성된 데이터를 수집했다. 애플리케이션에서 각 항목은 편집자가 범주별로 라벨링한다. 사용자 특성은 마이 야후! 데이터 세트와 같다. 모듈의 첫 위치에 있는 항목을 사용자가 클릭하면 긍정 이벤트가 된다. 항목이 모듈의 초기 위치에 사용자에게 보여진 뒤 클릭되지 않고 위치를 옮기고 나서도 사용자가 클릭하지 않으면 부정 이벤트로 본다. 첫 4개월의 데이터를 학습 세트로, 나머지 2개월분을 테스트 세트로 사용한다.

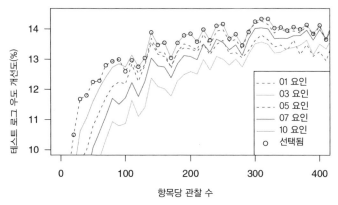

그림 7.3. 마이 야후! 데이터 세트 대상 요인 수에 따른 테스트 세트 로그 우도

그림 7.4와 7.5는 테스트 세트 로그 우도와 랭크 상관 계수 측면에서 여러 모델의 성능을 보여 준다. 각 모델에 대해 오프라인 모델 대비 로그 우도 (그리고 랭크 상관 계수) 개선도를 보고한다. 마이 야후! 데이터 세트에서와 같이 FOBFM이 모든 시간대에서 다른 모델보다 좋은 성능을 보여준다. 야후! 홈페이지 데이터 세트의 항목 특성이 예측력이 상대적으로 좋기 때문에(편집자가 라벨링한 범주) 항목 특성에 기반을 두지 않는 노 이닛과 PCR 모델은 항목 특성에 기반을 두는 모델과 비교해 상대적으로 안 좋은 성능을 보여준다. 또한 예측적인 항목 특성에 기반을 둔 베이스라인 모델(오프라인 모델)이 마이 야후!의 그것보다 더 우수하기 때문에 개선도가 상대적으로 작다.

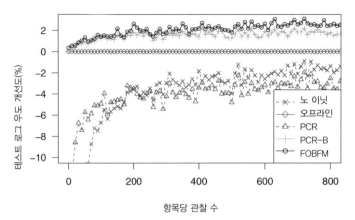

그림 7.4. 야후! 홈페이지 데이터 세트 대상 여러 모델의 테스트 세트 로그 우도
(오프라인 모델의 로그 우도는 약 −0.39이다)

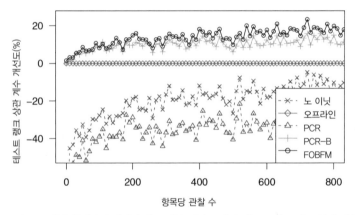

그림 7.5. 야후! 홈페이지 데이터 세트 대상 여러 모델의 테스트 세트 랭크 상관 계수
(오프라인 모델의 랭크 상관 계수는 약 0.34이다)

그림 7.6은 살펴본 온라인 모델 선택 전략의 효과를 보여준다. 사례에서 곡선은 그림 7.3보다 높은 변동성이 있다. 그런데도 FOBFM은 여전히 거의 모든 시간대에서 일관되게 더 좋은 성능을 보이는 것을 통해 온라인 모델 선택 전략의 유용성을 다시 한번 확인할 수 있다.

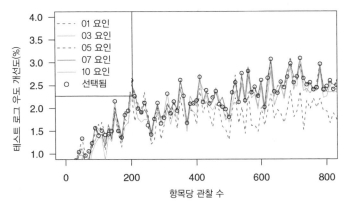

그림 7.6. 야후! 홈페이지 데이터 세트 대상 요인 수에 따른 테스트 세트 로그 우도

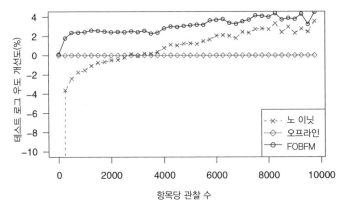

그림 7.7. 관찰 수가 많아지면서 노 이닛 모델이 따라잡기 시작한다.

야후! 홈페이지의 트래픽이 많고 항목 풀이 상대적으로 작아서 더 장기간에 걸쳐(온라인 학습에 사용할 수 있는 관찰이 많음) 모델 성능을 연구할 수 있다. 온라인에 데이터가 많은 상황에서는 포화된 노 이닛 모델이 다른 모델보다 좋은 성능을 낼 것으로 기대할 수 있다. 그렇게 되는 시점을 살펴보는 것도 흥미롭다. 그림 7.7은 노 이닛과 FOBFM 간의 간격이 시간이 지나면서 줄어들지만, 항목당 관찰이 1만 번 발생한 후에도 전자가 역전하지 못하고 있는데, 항목 계수에 중복이 있음을 암시한다. 탐색되면 FOBFM에서와 같이 온라인 항목별 모델의 신속한 수렴을 유도한다.

7.4.3 오프라인 이중 선형 항이 없는 FOBFM

예측적 항목 특성이 FOBFM에 주는 영향을 살펴본다. 그림 7.8은 야후! 홈페이지 데이터 세트와 마이 야후! 데이터 세트를 가지고 훈련한 FOBFM 에서 오프라인 이중 선형 항($x'_{ijt}b + x'_{it}Ax_j$)의 사용이 미치는 영향을 백분율로 보여준다. 그림을 통해 볼 수 있듯이 오프라인 이중 선형 항이 없는 모델이 그것을 가진 모델보다 미세하게 성능이 떨어진다. 마이 야후!는 항목특성이 예측력이 떨어지기 때문에 두 모델 모두 성능이 비슷하다. 그러나항목을 편집자가 라벨링하고 예측력이 높은 항목 특성이 있는 야후! 홈페이지에서도 여전히 두 모델 간 차이는 작다. 이것은 많은 과거 데이터가 있을 때 투영 행렬 B의 추정에 필요한 예측적인 항목 특성을 도출하기 위해추가로 들이는 비용이 추천 시스템에서는 큰 의미가 없음을 시사한다.

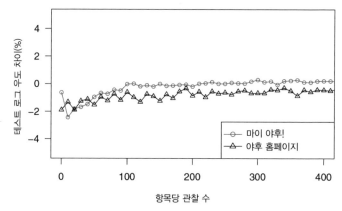

그림 7.8. 오프라인 이중 선형 항을 가진 FOBFM 모델과 갖지 않은 모델 간의 차이

7.5 요약

7장을 끝내면서 실험을 통해 얻은 지식을 요약해 본다. FOBFM에서 사용하는 랭크 축소 기법은 항목당 온라인 모델을 신속하게 학습할 수 있는 적

절한 초기화를 하는 데 효과적이다. 또한 성능은 모델 랭크 k에 의존한다는 것을 봤다. 작은 k 값은 항목 수명 초기에 좋다. 그러나 관찰 수가 늘어나면서 더 큰 k 값이 상대적으로 좋은 성능을 낸다. 비표본 예측적 로그 우도 최대화에 기반을 둔 온라인 모델 선택 기준은 효과적인 모델 선택 전략이 된다. 모든 항목 계수를 가진 포화된 모델은 축소된 랭크 모델보다 상대적으로 늦게 수렴한다는 점은 흥미롭다. 야후! 홈페이지 적용 사례에서는 예측력이 높은 항목 특성으로 FOBFM을 초기화했을 때 얻는 소소한 추가 이득도 흥미롭다. 그런 현상이 광범위한 웹 애플리케이션으로 일반화된다면, 웹에서 사용되는 추천 애플리케이션에서 항목 메타데이터를 수집하는 데 드는 비용을 크게 줄일 수 있다.

연습문제

1. $v_{jt} = B\delta_{jt}$ 대신 $v_{jt} \sim N(B\delta_{jt}, \tau^2 I)$를 가정하는 대체 공식을 생각해보고 모델의 피팅 알고리듬을 설명해보자.

08
요인 모델을 통한 개인화

7장에서 특성 기반 회귀 모델을 통한 개인화를 살펴봤다. 2장에서는 항목-항목 유사성, 사용자-사용자 유사성, 행렬 분해 등에 기반을 둔 모델을 검토했다. 행렬 분해는 웜 스타트 상황에서 예측 정확성이 더 높다. 즉 사용자와 항목 모두 학습 데이터에 관찰 데이터가 많은 (사용자, 항목) 페어의 반응을 예측할 때 정확성이 높다. 그러나 학습 데이터에 사용자(또는 항목)의 관측 데이터가 부족하면 예측 정확성은 떨어지는데, 흔히 콜드 스타트 상황이라고 한다. 8.1절에서 가용한 사용자 및 항목 특성을 동시에 활용하기 위해 행렬 분해를 확장하는 회귀 기반 잠재 요인 모델RLFM, Regression-Based Latent Factor Model을 설명한다. 회귀 기반 잠재 요인 모델 전략은 하나의 프레임워크에서 콜드 스타트와 웜 스타트 모두의 성능을 높여준다. 8.2절에서 모델 피팅 알고리듬을 논의하고 8.3절에서 다양한 데이터 세트를 대상으로 한 RLFM의 성능을 살펴본다. 8.4절에서 현대의 오늘날 추천 시스템이 일반적으로 다루는 빅데이터로 RLFM을 훈련하는 모델 피팅 전략과 8.5절에서 성능을 평가한다.

8.1 회귀 기반 잠재 요인 모델 (RLFM)

회귀 기반 잠재 요인 모델(RLFM)은 하나의 모델링 프레임워크에서 특성과 항목에 대한 사용자의 과거 반응을 활용하기 위해 행렬 분해를 확장한다 (Agarwal and Chen)(2009), (Zhang et al.)(2011). 또한 협력적 필터링과 콘텐츠 기반 기법 모두의 장점을 결합하는 기본 프레임워크를 제공한다. RLFM은 사용자 또는 항목의 잠재 요인을 결정하기에 과거 데이터가 충분하지 않을 때 특성에 기반을 둔 회귀 모델을 통해 잠재 요인을 추정하고, 충분하다면 잠재 요인을 행렬 분해와 동일하게 추정한다. RLFM은 콜드 스타트에서 웜 스타트로 매끄럽게 전환이 가능하다는 장점이 있다.

데이터 및 표기: 앞에서와 같이 i로 사용자를 나타내고 j로 항목을 나타낸다. 항목 j에 대한 사용자 i의 반응은 y_{ij}라고 하자. 2.3.2절에서 설명한 것처럼 반응은 여러 형태를 보인다. 가우시안 반응 모델처럼 어떤 수치(수치로 표현된 등급)일 수 있고 로지스틱 반응 모델의 이진 반응(클릭 또는 클릭하지 않음)일 수도 있다.

반응 데이터 외에도 가용한 사용자 및 항목 특성도 있다. x_i, x_j, x_{ij}가 각각 사용자 i, 항목 j, (i, j) 페어의 특성 벡터를 나타낸다고 하자. 사용자 i의 특성 벡터 x_i는 사용자의 인구 통계적 특성, 지리적 위치, 정보 탐색 행동을 포함할 수 있다. 항목 특성 벡터 x_j는 항목의 콘텐츠 범주나 항목이 텍스트로 된 설명이 있으면 제목이나 본문에서 추출된 토큰 등이 포함될 수 있다. 벡터 x_{ij}는 항목 j가 사용자 i에게 추천된(추천 예정일) 경우의 특성 벡터다. 예를 들어 페이지에 전시된 항목의 위치, 항목이 전시된 시간대, 사용자 i와 항목 j 간의 상호작용이나 유사성을 보여주는 모든 특성이 포함될 수 있다. 벡터 x_i, x_j, x_{ij}는 서로 다른 특성을 포함하며 차원 수도 다르다. 추천 문제에서의 특성에 관한 더 많은 예는 2장에서 찾아볼 수 있다.

8.1.1 행렬 분해에서 RLFM으로

행렬 분해에서는 $u'_i v_j$를 사용해 y_{ij}를 예측한다. u_i와 v_j는 각각 잠재 요인으로 구성된 r차원 벡터다(상세한 설명은 2.4.3절 참조). u_i를 사용자 i의 요인 벡터라고 하고 v_j를 항목 j의 요인 벡터라고 한다. r을 잠재 차원의 수로 부르는데 사용자나 항목의 수보다는 훨씬 작다. 각 사용자 및 항목은 연관된 r차원 매개변수 벡터를 가진다. 사용자 및 항목 간의 데이터 이질성과 반응 데이터의 노이즈 때문에 데이터가 많은 사용자 및 항목에 대한 요인을 정확하게 추정하기 위해 상대적으로 큰 r 값(수십부터 수백까지)을 사용하지만, 데이터가 적은 사용자 및 항목은 과적합을 피하고자 요인을 정규화하는 것이 일반적으로 좋은 방법이다. 가장 보편적으로는 요인을 영(0)으로 '축소'하는 방법으로 정규화한다. 예를 들어 사용자 i의 과거 반응 데이터가 부족하다면 요인 벡터 u_i를 중립 값인 0에 가깝게 제한하게 된다. 모든 i에 대해 u_i가 평균이 0인 가우시안 사전 확률 분포를 갖는다고 가정하는 것과 같으며 일반적으로 확률적 행렬 분해^{PMF, Probabilistic Matrix Factorization}라고 한다. 과거 반응 데이터가 없는 새로운 사용자 i는 $u_i = 0$일 것이며, 모든 항목 j에 대해 $u'_i v_j = 0$이 된다는 것을 의미하는 점에 주목해야 한다. 행렬 분해만으로 새로운 사용자에게 항목을 추천할 수 없다.

RLFM의 개념은 간단하다. u_i를 0을 향해 축소하는 대신 그것을 r차원 회귀 함수 $G(x_i)$를 통해 사용자 특성에 따라 결정한 0이 아닌 어떤 값을 향해 축소하게 된다. 다시 말해서 u_i의 사전 평균이 0이라고 가정하는 대신 u_i의 사전 평균이 $G(x_i)$라고 가정하는 것이다. 요인 u_i와 회귀 함수 G는 모델 피팅 과정 중에 동시에 학습된다. 같은 개념이 v_j에도 적용된다. RLFM의 기본적인 모델링 개념은 간단하지만, 추정은 어렵고 간단하지 않다.

RLFM은 각 사용자 (또는 항목) 요인 벡터를 특성을 기반으로 추정된 어떤 지점에서 출발해서 원활하게 이동할 수 있도록 한다. 실제로 이동 정도는 표본 크기와 관찰 값 간의 상관관계에 의존한다. 특히 데이터가 적은 사용자(또는 항목)는 특성 기반 지점으로 빠르게 축소된다. 그러므로 사용자 및 항목 요인은 특성에 기반해 초기화되지만, 데이터가 많아지면서 점차 정제된다. 달라지는 표본 크기, 상관관계, 데이터 이질성 등을 반영해 거친 솔루션에서 정제된 솔루션으로 원활히 이동하는 이런 능력이야말로 맞춤형 추천을 위한 정확하고, 확장 가능하며 범용적인 예측 방법을 제공할 수 있게 하는 점이 주요 특징이다.

1차원, 즉 $r = 1$인 잠재 요인 공간을 생각해보자. u_i는 스칼라가 된다. 그림 8.1은 야후! 홈페이지에서 데이터가 많은 사용자와 적은 사용자 표본에 대해 다음 3가지 모델을 사용해 개별적으로 추정한 사용자 잠재 요인의 분포를 보여준다.

1. **RLFM:** u_i는 평균 = $G(x_i)$인 사전 확률을 가진다.
2. **팩터온리**FactorOnly: u_i는 평균 = 0인 사전 확률을 가진다. 즉, PMF와 같다.
3. **피처온리**FeatureOnly: $u_i = G(x_i)$이다. 즉 y_{ij}는 특성의 영향만 받기 때문에 특성 기반 지점에서 벗어나지 않는 $G(x_i)'H(x_j)$로만 예측된다. 항목에 대한 회귀 함수를 나타내기 위해 H를 사용한다.

데이터가 적은 사용자는 팩터온리 요인을 0에 가깝게 '축소'하고 사용자 및 항목 특성에서 이용 가능한 정보를 포착하는 데 실패한다. 반대로 RLFM은 특성 기반 지점으로 다시 옮겨가서 데이터 희소성 문제를 완화한다. 데이터가 많은 사용자에 대해 팩터온리는 데이터에 과적합하는 경향이 있다. 반면 RLFM은 사전 평균에서 부드럽게 벗어나 더 좋은 정규화를 제공한다.

8.1.2 모델 명세

반응 모델: 사용자 i의 항목 j에 대한 반응을 정량적으로 나타내는 아직 관찰되지 않은 진정한 점수를 s_{ij}라고 하자. 목표는 지금까지 관찰된 모든 반응 y_{ij}와 특성 x_i, x_j, x_{ij}를 가지고 어떤 (i, j) 페어의 s_{ij}를 추정하는 것이다.

- **수치적 반응을 위한 가우시안 모델:** 수치로 표현되는 반응(또는 등급)은 수식 8.1과 같이 가정하는 것이 보통이다(반응을 변형하는 경우도 있음).

$$y_{ij} \sim N(s_{ij}, \sigma^2) \tag{8.1}$$

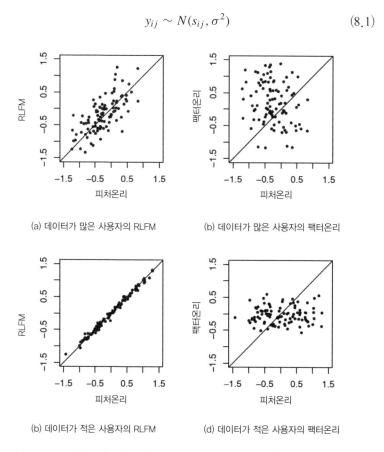

(a) 데이터가 많은 사용자의 RLFM

(b) 데이터가 많은 사용자의 팩터온리

(b) 데이터가 적은 사용자의 RLFM

(d) 데이터가 적은 사용자의 팩터온리

그림 8.1. RLFM, 팩터온리, 피처온리로 추정한 잠재 요인 비교. 각 (x, y) 지점은 그림에서 보여주는 2가지 기법으로 예측한 사용자의 첫 번째 잠재 요인의 추정된 x와 y 값을 나타낸다. 데이터가 적은 사용자의 팩터온리는 0으로 축소되는 반면 RLFM은 피처온리로 축소된다.

σ^2은 사용자 반응에 포함된 노이즈의 분산을 나타내며 데이터로 추정돼야 한다. s_{ij}는 사용자 i가 항목 j에 주는 반응의 평균을 나타낸다.

- **이진 반응을 위한 로지스틱 모델:** 사용자 반응이 둘 중 하나일 때는 (예: 클릭 또는 클릭하지 않음, 좋아요를 누르거나 좋아요를 누르지 않음, 공유 또는 공유하지 않음) 다음과 같이 가정하는 것이 일반적이다.

$$y_{ij} \sim \text{Bernoulli}(p_{ij}) \text{ 그리고 } s_{ij} = \log \frac{p_{ij}}{1 - p_{ij}} \tag{8.2}$$

p_{ij}는 사용자 i가 항목 j에 긍정적으로 반응할 확률이다.

요인 분해: s_{ij}는 다음과 같이 모델링한다.

$$s_{ij} = b(x_{ij}) + \alpha_i + \beta_j + u_i' v_j \tag{8.3}$$

구성요소는 다음과 같다.

- 함수 $b(x_{ij})$는 2.3절에서 설명한 방법 중 하나로 얻을 수 있는 특성 벡터 x_{ij} 기반 회귀 함수다. 예를 들어, $b(x_{ij}) = x_i' A x_j$일 수 있으며, 이때 A는 $x_{ij} = (x_i, x_j)$로 설정해서(2개의 특성 벡터를 연결해서) 데이터로 학습된다.

- 스칼라 α_i는 데이터로 학습되며 어떤 사용자가 다른 사용자보다 항목에 긍정적으로 (또는 부정적으로) 반응하는 경향 때문에 발생하는 사용자 i의 편향성을 나타낸다.

- 스칼라 β_j 또한 데이터로 학습되며 항목 j의 인기도를 나타낸다.

- 벡터 u_i는 데이터로 추정되는 사용자 i의 잠재 요인의 r차원 벡터 며 사용자와 항목과의 과거 상호작용을 요약한다.

- 벡터 v_j 또한 추정되는 항목 j 잠재 요인의 r차원 벡터이며 항목 j 와의 상호작용을 요약한다. 내적 $u_i' v_j$는 사용자와 항목 간의 관련성을 나타낸다.

모델의 잠재 차원 r은 사전에 정해진다. 실무에서는 다양한 r 값으로 모델을 피팅하며 4장에서 배운 평가 기법을 통해 가장 좋은 값을 선택한다. 쉽게 말해서 사용자 요인 $u_i = (u_{i1}, \ldots, u_{ir})$를 r개의 상이한 잠재 '주제'에 대한 사용자 i의 관련성으로 해석할 수 있고 항목 요인 $v_j = (v_{j1}, \ldots, v_{jr})$를 같은 '주제'에 대한 항목 j의 관련성으로 볼 수 있다. 사용자와 항목 모두 같은 잠재 벡터 공간에 매핑되기 때문에, 내적 $u'_i v_j = \sum_{k=1}^{r} u_{ik} v_{jk}$는 사용자와 항목 간의 유사성을 나타낸다.

과적합 문제: b의 매개변수 외에 데이터로부터 추정돼야 하는 추가 매개변수의 수는 $(r+1)(M+N)$이다. M은 사용자 수이고 N은 항목 수다. 실무에선 $(r+1)(M+N)$이 관찰의 수보다 클 수 있으며 이것은 심각한 과적합을 일으킨다. 이때 요인을 0으로 축소시키는 방법을 쓴다. 즉 잠재 요인에 평균이 0인 가우시안 사전 확률을 적용하게 된다. 그러나 0으로 축소하는 것은 여러 제약이 많으며 일반화가 잘 안 될 수도 있다. 콜드 스타트 상황에서 더 그렇다. 더군다나 어떤 사용자(또는 항목) 반응 수의 분포는 보통 비대칭적으로 비스듬하기 때문에 10 미만의 작은 r 값을 갖고 좋은 예측 정확성을 달성하기 어려울 수 있다. 그러므로 r 값을 크게 하고(수십에서 수백) 매개변수를 정규화해 자유도의 영향을 줄여야 한다. 0을 향해 축소하는 접근법은 분산 축소를 통해 과적합 문제를 어느 정도 처리하지만 거기서 얻은 모델은 콜드 스타트 상황에서 정확한 예측을 제공하는 데 실패하게 된다. 과거 관찰 데이터가 없는 사용자나 항목은 0이라는 동일한 요인 추정치를 물려받게 되는 것처럼 말이다. 사용자나 항목 특성이 가용한 상황에서는 더 잘 할 수 있어야 한다. 학습 데이터에 뉴욕과 캘리포니아 사용자가 많다면 2개 지역의 평균 요인 추정치에 차별이 발생할 수 있다. 새로운 사용자의 요인 예측 과정에서는 이러한 정보를 활용하면 편향성을 크게 줄일 수 있을 것이다.

회귀 사전: RLFM은 사용자 및 항목의 요인을 항상 0으로 축소하지 않고 사용자와 항목의 특성에 기반을 두고 적합한 평균값을 향해 축소하는 것이 핵심이다. 이러한 유연성을 가지려면 회귀와 요인 추정을 동시에 해야 한

다. 구체적으로는 수식 8.4와 같은 사전 확률을 α_i, β_j, u_i, v_j 등에 적용하게 된다.

$$\alpha_i \sim N(g(x_i), \sigma_\alpha^2), \quad u_i \sim N(G(x_i), \sigma_u^2 I)$$
$$\beta_j \sim N(h(x_j), \sigma_\beta^2), \quad v_j \sim N(H(x_j), \sigma_v^2 I) \tag{8.4}$$

수식 8.4에서 g와 h는 스칼라를 리턴하는 다양한 회귀 함수가 될 수 있고 G와 H는 r차원 벡터를 리턴하는 회귀 함수다. 회귀 함수를 사전 정보에 추가하는 것은 8.2절에서 살펴볼 다양한 연산 부담을 가져오게 된다. 일반적으로 u_i와 v_j의 사전 정보에 관한 완전한 분산–공분산 행렬을 특정할 수 있다. 설명의 편의를 위해 각각 대각 분산–공분산 행렬 $\sigma_u^2 I$와 $\sigma_v^2 I$을 가진 비상관 사전 정보에만 초점을 둔다. 경험상 비대각선 공분산 행렬이 일반적인 대각 행렬보다 유의미한 이점을 제공하지 않았다.

회귀 함수: b, g, h, G, H를 선형 회귀 함수로 설정하는 것은 아가왈과 첸 (Agarwal and Chen)(2009) 그리고 스턴 외(Stern et al.)(2009)가 제안한 모델과 맞다. 장 외(Zhang et al.)(2011)은 이러한 접근 방법을 다른 회귀 함수로 일반화했고, 그 결과 연구의 상당 부분을 비선형 회귀 모델에 활용할 수 있게 됐다. 예를 들어, b에 결정 트리decision tree를, g에 최근접 이웃 모델을, h에 랜덤 포레스트random forest를, G에 희소 라소LASSO 회귀 모델을, 그리고 H에 경사도–증대 트리 앙상블gradient-boosted tree ensemble을 사용할 수 있다.

G와 H는 리턴 벡터를 가진 함수다. 어떤 벡터에서 모든 값을 동시에 예측하기 위해 다변량 회귀 모델을 사용하거나 각각의 값을 따로 예측하기 위해 일반적인 일변량univariate 회귀 모델을 사용할 수도 있다. 전자는 벡터의 구성요소 간의 상관관계를 활용해서 더 좋은 정확성을 제공할 수 있지만, 후자는 단순함과 확장성이 큰 모델 피팅을 제공한다. 후자를 위해 $G(x_i)=(G_1(x_i),\ldots,G_r(x_i))$를 정의한다. 각 $G_k(x_i)$는 독립적인 일변량 회귀 함수다.

우도 함수: 사전 매개변수(초매개변수) 집합을 $\Theta=($ b, g, h, G, H, σ_α^2, σ_u^2, σ_β^2,

σ_v^2)라고 하자. b, g, h, G, H는 연관된 회귀 함수로 추정해야 하는 모델 매개변수다. 요인의 집합(랜덤 효과)은 $\Delta = \{\alpha_i, \beta_j, u_i, v_j\}_{\forall i, j}$라고 하자. 관찰한 반응은 y로 표시한다. 관찰된 반응은 정규 분포를 따르는 가우시안 모델에서 완전한 데이터 로그 우도^{log-likelihood}(y와 정해진 Δ 설정을 동시에 관찰할 확률)는 수식 8.5와 같다.

$$
\begin{aligned}
\log L(\boldsymbol{\Theta}; \boldsymbol{\Delta}, \boldsymbol{y}) = \log \Pr(\boldsymbol{y}, \boldsymbol{\Delta} \mid \boldsymbol{\Theta}) = \text{상수} \\
- \frac{1}{2} \sum_{ij} \left(\frac{1}{\sigma^2} (y_{ij} - b(\boldsymbol{x}_{ij}) - \alpha_i - \beta_j - \boldsymbol{u}_i' \boldsymbol{v}_j)^2 + \log \sigma^2 \right) \\
- \frac{1}{2\sigma_\alpha^2} \sum_i (\alpha_i - g(\boldsymbol{x}_i))^2 - \frac{M}{2} \log \sigma_\alpha^2 \\
- \frac{1}{2\sigma_\beta^2} \sum_j (\beta_j - h(\boldsymbol{x}_j))^2 - \frac{N}{2} \log \sigma_\beta^2 \\
- \frac{1}{2\sigma_u^2} \sum_i \| \boldsymbol{u}_i - G(\boldsymbol{x}_i) \|^2 - \frac{Mr}{2} \log \sigma_u^2 \\
- \frac{1}{2\sigma_v^2} \sum_j \| \boldsymbol{v}_j - H(\boldsymbol{x}_j) \|^2 - \frac{Nr}{2} \log \sigma_v^2
\end{aligned}
\tag{8.5}
$$

수식 8.5의 두 번째 줄은 제곱의 차^{squared differences}의 합으로 예측 오류를, 이어지는 네 번째 줄은 회귀 함수로 예측된 값을 향해 상응하는 요인을 축소하는 L_2 정규화를 보여준다. $\log \sigma^2$ 항은 정규 분포를 가정한 결과다. σ^2/σ_α^2, σ^2/σ_β^2, σ^2/σ_u^2, σ^2/σ_v^2 등은 상응하는 정규화 항의 강도로 해석될 수 있다. 값이 클수록 더 많은 정규화가 된다는 것을 나타낸다.

모델 피팅 및 예측: 관찰된 (사용자, 항목) 페어와 관련된 관찰된 반응 데이터 y와 특성이 주어졌을 때 모델 피팅의 목표는 우선 사전 매개변수 Θ의 최대 우도 추정치^{MLE, Maximum Likelihood Estimate}를 찾는 것이다. 즉

$$
\begin{aligned}
\hat{\boldsymbol{\Theta}} &= \arg \max_{\boldsymbol{\Theta}} \ \log \Pr(\boldsymbol{y} \mid \boldsymbol{\Theta}) \\
&= \arg \max_{\boldsymbol{\Theta}} \ \log \int \Pr(\boldsymbol{y}, \boldsymbol{\Delta} \mid \boldsymbol{\Theta}) \, d\boldsymbol{\Delta}
\end{aligned}
\tag{8.6}
$$

수식 8.5에서의 완전한 데이터 로그 우도와 달리 수식 8.6의 로그 우도는
제한적이고 관찰되지 않은 잠재 요인 Δ은 제외되는데 Δ가 관찰되지 않기
때문에 이렇게 하는 것이 더 적절하다. 여기서는 모델 피팅 결과만 정의한
다. 실제 알고리듬은 8.2절에서 설명한다. 사전 매개변수의 MLE $\hat{\Theta}$를 얻
고 나면 실험적 베이지안 접근법을 사용해서 MLE가 주어졌을 때 요인의
사후 평균을 계산한다.

$$
\begin{aligned}
\hat{\alpha}_i &= E[\alpha_i \mid \mathbf{y}, \hat{\Theta}], & \hat{\mathbf{u}}_i &= E[\mathbf{u}_i \mid \mathbf{y}, \hat{\Theta}] \\
\hat{\beta}_j &= E[\beta_j \mid \mathbf{y}, \hat{\Theta}], & \hat{\mathbf{v}}_j &= E[\mathbf{v}_j \mid \mathbf{y}, \hat{\Theta}]
\end{aligned}
\tag{8.7}
$$

관찰되지 않은 (i, j) 페어의 반응을 예측하기 위해 수식 8.8의 사후 평균을
이용한다.

$$
\begin{aligned}
\hat{s}_{ij} &= b(\mathbf{x}_{ij}) + \hat{\alpha}_i + \hat{\beta}_j + E[\mathbf{u}_i' \mathbf{v}_j \mid \mathbf{y}, \hat{\Theta}] \\
&\approx b(\mathbf{x}_{ij}) + \hat{\alpha}_i + \hat{\beta}_j + \hat{\mathbf{u}}_i' \hat{\mathbf{v}}_j
\end{aligned}
\tag{8.8}
$$

근사치 $E[\mathbf{u}'\mathbf{v}_j \mid \mathbf{y}, \hat{\Theta}] \approx \hat{\mathbf{u}}_i' \hat{\mathbf{v}}_j$는 예측의 연산 비용을 줄여준다. 만약 사용자
i가 학습 데이터 y에 나타나지 않으면, 그것의 요인은 특성을 가지고 예측
된 사전 평균과 같아야 한다. 즉 $(\hat{\alpha}_i = g(x_i), \hat{u}_i = G(x_i))$이 된다. 새로운 항목
에도 동일하게 적용된다.

8.1.3 RLFM의 확률적 과정

RLFM에 의해 유도된 예측 함수 클래스를 얻기 위해 가우시안 반응의 y_{ij}
가 갖는 한계 사전 분포를 살펴본다.

$$
\begin{aligned}
E[y_{ij} \mid \Theta] &= b(\mathbf{x}_{ij}) + g(\mathbf{x}_i) + h(\mathbf{x}_j) + G(\mathbf{x}_i)' H(\mathbf{x}_j) \\
\mathrm{Var}[y_{ij} \mid \Theta] &= \sigma^2 + \sigma_\alpha^2 + \sigma_\beta^2 + \sigma_u^2 \sigma_v^2 \\
&\quad + \sigma_u^2 H(\mathbf{x}_j)' H(\mathbf{x}_j) + \sigma_v^2 G(\mathbf{x}_i)' G(\mathbf{x}_i) \\
\mathrm{Cov}[y_{ij_1}, y_{ij_2} \mid \Theta] &= \sigma_\alpha^2 + \sigma_u^2 H(\mathbf{x}_{j_1})' H(\mathbf{x}_{j_2}) \\
\mathrm{Cov}[y_{i_1 j}, y_{i_2 j} \mid \Theta] &= \sigma_\beta^2 + \sigma_v^2 G(\mathbf{x}_{i_1})' G(\mathbf{x}_{i_2})
\end{aligned}
\tag{8.9}
$$

$E[y_{ij} | \Theta]$는 새로운 항목 j에 대한 새로운 사용자 i의 예측 함수다. 최신 회귀 함수를 활용하면 유도된 함수 클래스는 풍부하다. G와 H는 결정 트리라면 예측 함수는 트리의 벡터곱cross-product이 된다.

수식 8.9는 가우시안 절차의 공분산(또는 커널)을 정의하기 위해 사용될 수 있다. y_{ij}의 한계 분포는 가우시안 분포가 아니지만(두 개의 r차원 가우시안 무작위 변수의 내적 때문에), 공분산 구조를 사용해서 정의한 가우시안 절차를 보면 RLFM의 동작에 대한 통찰이 생긴다. 관찰된 반응 y의 벡터가 주어지면, 관찰되지 않은 반응 y_{ij}의 예측 반응은 관찰된 반응 값들에 어떤 가중치를 줘서 합친 형태로 표현될 수 있다. 수식 8.9를 기반으로 관찰된 반응 y의 평균 및 분산–공분산 행렬로 μ와 Σ를 정의하고 관찰되지 않은 반응 y_{ij}와 관찰된 각 반응 y 간의 공분산으로 벡터 $c_{ij} = \mathrm{Cov}[y_{ij}, y]$를 정의한다. y_{ij}의 사후 평균은 다음과 같다.

$$E[y_{ij} | \Theta] + c'_{ij} \Sigma^{-1} (y - \mu) \qquad (8.10)$$

c_{ij}는 학습 데이터 원소 중 i번째 행과 j번째 열에서만 0이 아니다. 그러므로 직관적으로 RLFM은 특성 기반 예측 변수에 어떤 조정을 가해서 y_{ij}를 예측한다. 조정은 행과 열 잔차residuals의 가중된 평균이며, 이때 가중치는 특성을 기반으로 한 상관관계에 의존한다. 따라서 항목 j가 다른 항목과 상관 있거나 사용자 i가 다른 사용자와 상관관계를 갖고 있으면 확률 과정stochastic process은 그런 상관관계를 이용해서 성능 개선에 쓸 수 있는 추가적인 조정 항을 제공한다. 실제로는 수식 8.9에서 정의한 확률 과정을 사용해 직접 연산하기는 불가능하다. 모델 피팅 전략은 관찰된 데이터를 잠재 요인 확장해서 연산이 가능하게 한다. 실제로 수식 8.9와 8.10에서 정의한 확률 과정은 관찰 간의 상관관계를 유도할 때 회귀 매개변수가 수행하는 역할을 보여 준다. 또한 예측에 중요한 고정된 매개변수, 대표적으로 $G(x_i)'H(x_j)$, $G(x_i)'G(x_i)$, $H(x_j)'H(x_j)$를 제공한다. 한계 모델이 아닌 잠재 요인 모델을 사용하면 이런 불변성은 u_i와 v_j를 개별적으로 추정할 수 없다는

것에서 확인할 수 있다. 곱해진 결과 $u'_i v_j$만 데이터로 식별할 수 있다.

8.2 피팅 알고리듬

피팅 알고리듬을 자세히 살펴본다. 8.2.1절에서 가우시안 모델의 기대-최대화EM, Expectation-Maximization 알고리듬을, 8.2.2절에서 적응 기각 샘플링ARS, Adaptive Rejection Sampling을 사용해서, 8.2.3절에서는 변분 근사 추정Variational Approximation으로 로지스틱 모델을 피팅하는 방법을 알아본다.

문제 정의: $\Theta = (b, g, h, G, H, \sigma_\alpha^2, \sigma_u^2, \sigma_\beta^2, \sigma_v^2)$는 사전 매개변수 세트를 나타내며, $\Delta = \{\alpha_i, \beta_j, u_i, v_j\}_{\forall i,j}$는 잠재 요인의 세트를, y는 관찰된 반응 세트를 나타낸다는 것을 기억하자. 목표는 수식 8.6에 정의된 사전 매개변수의 MLE $\hat{\Theta}$를 얻고 요인 $E[\Delta \mid y, \hat{\Theta}]$의 사후 평균을 추정하는 것이다.

공식은 일반적인 최적화 공식과 두 가지 면에서 다르다. 첫째, 요인에 대한 한계화가 보통 더 좋은 일반화를 가져온다. 둘째, 잠재 차원 수 r을 제외하고는 공식을 조정하지 않아도 된다. 정규화 가중치(사전 분산)는 피팅 과정에서 자동으로 얻어지기 때문이다. 이런 점에서 별도의 학습 데이터 세트로 정규화 가중치를 튜닝하는 동일 유형 문제의 전형적인 최적화 공식과다르다. 튜닝이 어려운 것은 정규화 매개변수의 최적 값은 랭크 매개변수 r의 함수이기 때문이다. 실험은 r의 값이 크면 더 많은 정규화와 큰 랭크를 사용한 지원이 필요해진다는 것을 보여준다

8.2.1 가우스 반응에 대한 EM 알고리듬

뎀스터 외(Dempster et al.)(1977)가 제시한 EM 알고리듬은 요인 모델 피팅에 적합하다. 이때 요인은 관찰된 데이터에 추가되는 누락 데이터를 형성한다. EM 알고리듬은 수렴 때까지 E스텝과 M스텝을 반복된다. t번째 반복 주기 시작 시점의 추정값을 Θ라고 하자.

- **E스텝:** 관찰된 데이터 y와 Θ의 현재 추정치를 기반으로 한 누락 데이터 Δ의 사후 분포 기반 완전한 데이터 로그 우도의 기대치를 구한다. 즉 Θ에 관한 아래 함수를 계산한다.

$$q_t(\Theta) = E_{\Delta}[\log L(\Theta; \Delta, y) \mid \hat{\Theta}^{(t)}]$$

기대치는 $(\Delta \mid \hat{\Theta}^{(t)}, y)$의 사후 분포를 가지고 결정한다.

- **M스텝:** E스텝의 기대 완전 데이터 로그 우도를 최대화해 업데이트된 Θ 값을 얻는다. 다음을 계산한다.

$$\hat{\Theta}^{(t+1)} = \arg\max_{\Theta} \; q_t(\Theta)$$

E스텝에서 하는 계산은 $\arg\max_{\Theta} q_t(\Theta)$를 계산하는 데 충분한 통계치를 생성하기 위한 것이다. 그러므로 $q_t(\Theta)$를 평가할 때마다 원 데이터$^{\text{raw data}}$를 스캔하지 않아도 된다. 각 반복주기에서 EM 알고리듬은 $\int L(\Theta; \Delta, y)d\Delta$의 값이 줄어들지 않도록 보장한다.

요인의 사후 분포가 한정된 형태가 아니기 때문에 연산에 가장 큰 병목은 E스텝에 있다. 그러므로 부트와 호버트(Booth and Hobert)(1999)가 개발한 몬테카를로 EM(MCEM) 알고리듬을 따라 사후 분포에서 표본을 추출하고 몬테카를로 평균을 갖고 E스텝 기대치를 추론하게 된다.

그렇지 않으면 변분 근사 추정을 적용해 기대에 대한 한정된 형태의 공식을 도출하거나 반복 조건부 모드(ICM) 알고리듬(Besag)(1986)을 적용할 수 있는데, 후자에서 기대 연산은 조건 분포 모드로 대체된다. 그러나 경험과 다른 연구(Salakhutdinov and Mnih)(2008)에 의하면 샘플링은 일반적으로 예측 정확성 측면에서 더 좋은 성능을 제공하면서 확장성을 유지하며 요인수 증가에도 불구하고 과적합 발생을 줄여준다. 샘플링은 초매개변수 추정치를 자동으로 얻을 방법을 제공한다는 점은 매우 중요한 특징이다. 여기서는 MCEM 알고리듬에 집중한다.

몬테카를로 E 스텝

$E_\Delta[\log L(\Theta; \Delta, y) | \hat{\Theta}^{(t)}]$는 한정돼 있지 않기 때문에 기브스 샘플러^{Gibbs} ^{sampler}(Gelfand)(1995)로 만든 L 샘플을 기반으로 몬테카를로 기대치를 계산한다. 다른 모든 매개변수가 주어졌을 때 δ의 조건 분포를 나타내기 위해 $(\delta | \text{Rest})$를 사용한다. 여기에서 δ는 α_i, β_j, u_i, v_j 중 하나다. 항목 j에 반응한 사용자 집합을 I_j라고 하고 사용자 i가 반응한 항목의 집합을 J_i라고 하자. 기브스 샘플러는 다음 과정을 L번 반복한다.

1. 각 사용자 i에 대해 가우스 분포를 갖는 $(\alpha_i | \text{Rest})$에서 α_i를 샘플링한다.

   $o_{ij} = y_{ij} - b(x_{ij}) - \beta_j - u'_i v_j$라고 하자.

   $$\text{Var}[\alpha_i | \text{Rest}] = \left(\frac{1}{\sigma_\alpha^2} + \sum_{j \in \mathcal{J}_i} \frac{1}{\sigma^2} \right)^{-1}$$

   $$E[\alpha_i | \text{Rest}] = \text{Var}[\alpha_i | \text{Rest}] \left(\frac{g(x_i)}{\sigma_\alpha^2} + \sum_{j \in \mathcal{J}_i} \frac{o_{ij}}{\sigma^2} \right) \tag{8.11}$$

2. 각 항목 j에 대해 가우스 분포를 갖는 $(\beta_j | \text{Rest})$에서 β_j를 샘플링한다.

   $o_{ij} = y_{ij} - b(x_{ij}) - \alpha_i - u'_i v_j$라고 하자.

   $$\text{Var}[\beta_j | \text{Rest}] = \left(\frac{1}{\sigma_\beta^2} + \sum_{i \in \mathcal{I}_j} \frac{1}{\sigma^2} \right)^{-1}$$

   $$E[\beta_j | \text{Rest}] = \text{Var}[\beta_j | \text{Rest}] \left(\frac{h(x_j)}{\sigma_\beta^2} + \sum_{i \in \mathcal{I}_j} \frac{o_{ij}}{\sigma^2} \right) \tag{8.12}$$

3. 각 사용자 i에 대해 가우스 분포를 갖는 $(u_i | \text{Rest})$에서 u_i를 샘플링한다.

   $o_{ij} = y_{ij} - b(x_{ij}) - \alpha_i - \beta_j$라고 하자.

$$\text{Var}[\boldsymbol{u}_i|\text{Rest}] = \left(\frac{1}{\sigma_u^2} I + \sum_{j \in \mathcal{J}_i} \frac{\boldsymbol{v}_j \boldsymbol{v}_j'}{\sigma^2} \right)^{-1}$$

$$E[\boldsymbol{u}_i|\text{Rest}] = \text{Var}[\boldsymbol{u}_i|\text{Rest}] \left(\frac{1}{\sigma_u^2} G(x_i) + \sum_{j \in \mathcal{J}_i} \frac{o_{ij} \boldsymbol{v}_j}{\sigma^2} \right) \tag{8.13}$$

4. 각 항목 j에 대해 가우스 분포를 가지는 $(v_j|\text{Rest})$에서 v_j를 샘플링한다.

$o_{ij} = y_{ij} - b(x_{ij}) - \alpha_i - \beta_j$라고 하자.

$$\text{Var}[\boldsymbol{v}_j|\text{Rest}] = \left(\frac{1}{\sigma_v^2} I + \sum_{i \in \mathcal{I}_j} \frac{\boldsymbol{u}_i \boldsymbol{u}_i'}{\sigma^2} \right)^{-1}$$

$$E[\boldsymbol{v}_j|\text{Rest}] = \text{Var}[\boldsymbol{v}_j|\text{Rest}] \left(\frac{1}{\sigma_v^2} H(x_j) + \sum_{i \in \mathcal{I}_j} \frac{o_{ij} \boldsymbol{u}_i}{\sigma^2} \right) \tag{8.14}$$

L 기브스 표본을 사용해 계산된 몬테카를로 평균과 분산을 $\tilde{E}[\cdot]$과 $\tilde{\text{Var}}[\cdot]$라고 하자. E스텝의 결과는 다음으로 구성된다.

- 모든 i와 j에 대해 $\hat{\alpha}_i = \tilde{E}[\alpha_i]$, $\hat{\beta}_j = \tilde{E}[\beta_j]$, $\hat{u}_i = \tilde{E}[u_i]$, $\hat{v}_j = \tilde{E}[v_j]$
- 관찰된 모든 (i, j) 페어에 대한 $\tilde{E}[u_i' v_j]$
- $\sum_{ij} \tilde{\text{Var}}[s_{ij}]$, $\sum_{ik} \tilde{\text{Var}}[u_{ik}]$. 여기에서 u_{ik}는 u_i의 k번째 원소다.
- $\sum_{jk} \tilde{\text{Var}}[v_{jk}]$. 여기에서 v_{jk}는 v_j의 k번째 원소다.

이것은 피팅 과정의 M스텝에서 사용되기에 충분한 통계치다.

M스텝

M스텝에서는 E스텝에서 계산된 기대를 최대로 만드는 매개변수 설정 Θ을 찾는다.

$$q_t(\mathbf{\Theta}) = E_{\mathbf{\Delta}}[\log L(\mathbf{\Theta}; \mathbf{\Delta}, \mathbf{y}) \mid \hat{\mathbf{\Theta}}^{(t)}]$$

$$= \text{상수}$$

$$-\frac{1}{2\sigma^2} \sum_{ij} \tilde{E}[(y_{ij} - b(x_{ij}) - \alpha_i - \beta_j - \mathbf{u}_i'\mathbf{v}_j)^2] - \frac{D}{2} \log(\sigma^2)$$

$$-\frac{1}{2\sigma_\alpha^2} \sum_{i} \left((\hat{\alpha}_i - g(x_i))^2 + \tilde{\text{Var}}[\alpha_i]\right) - \frac{M}{2} \log \sigma_\alpha^2$$

$$-\frac{1}{2\sigma_\beta^2} \sum_{j} \left((\hat{\beta}_j - h(x_j))^2 + \tilde{\text{Var}}[\beta_j]\right) - \frac{N}{2} \log \sigma_\beta^2$$

$$-\frac{1}{2\sigma_u^2} \sum_{i} \left(\|\hat{\mathbf{u}}_i - G(x_i)\|^2 + \text{tr}(\tilde{\text{Var}}[\mathbf{u}_i])\right) - \frac{Mr}{2} \log \sigma_u^2$$

$$-\frac{1}{2\sigma_v^2} \sum_{j} \left(\|\hat{\mathbf{v}}_j - H(x_j)\|^2 + \text{tr}(\tilde{\text{Var}}[\mathbf{v}_j])\right) - \frac{Nr}{2} \log \sigma_v^2$$

$$(8.15)$$

(b, σ^2), (g, σ_α^2), (h, σ_β^2), (G, σ_u^2), (H, σ_v^2)는 개별 회귀를 통해 최적화될 수 있다는 것을 쉽게 알 수 있다.

(b, σ^2) **회귀:** 수식 8.16과 같이 최소화하고자 한다.

$$\frac{1}{\sigma^2} \sum_{ij} \tilde{E}[(y_{ij} - b(x_{ij}) - \alpha_i - \beta_j - \mathbf{u}_i'\mathbf{v}_j)^2] + D \log(\sigma^2) \quad (8.16)$$

수식 8.16에서 D는 관찰된 반응의 수다. b에 대한 최적 해답은 다음 설정을 가진 회귀 문제를 풀면 찾을 수 있다.

- 특성 벡터: x_{ij}
- 예측하려는 반응: $(y_{ij} - \hat{\alpha}_i - \beta_j - \tilde{E}[u'v_j])$

RSS가 회귀에서 얻은 제곱의 잔차 합을 나타내면 최적 σ^2는 $(\Sigma_{ij}\tilde{\text{Var}}[s_{ij}] +$ RSS$)/D$이다. RSS는 회귀에서 얻은 제곱의 잔차 합이다. b는 어떤 회귀 모델이라도 될 수 있음에 주목하자.

(g, σ_a^2) **회귀:** (b, σ^2) 회귀와 마찬가지로 최적 g는 다음 설정을 가진 회귀 문제를 풀어서 찾을 수 있다.

- 특성 벡터: x_i
- 예측하려는 반응: $\hat{\alpha}_i$

최적 σ_a^2는 $(\Sigma_i \tilde{\mathrm{Var}}[\alpha_i] + \mathrm{RSS})/M$이다. 여기에서 M은 사용자 수다.

(h, σ_β^2) **회귀:** 최적 h는 다음 설정을 가진 회귀 문제를 풀어서 찾을 수 있다.

- 특성 벡터: x_j
- 예측하려는 반응: $\hat{\beta}_j$

최적 $\sigma_\beta^2 = (\Sigma_j \tilde{\mathrm{Var}}[\hat{\beta}_j] + \mathrm{RSS})/N$이고, 여기서 N은 항목 수다.

(G, σ_u^2) **회귀:** 다변량 회귀 모델은 다변량 반응 $\hat{u}_i$를 예측하기 위해 x_i를 특성으로 사용하는 회귀 문제를 풀어서 G를 찾는다. 일변량 회귀 모델은 $G(x_i) = (G_1(x_i), \cdots, G_r(x_i))$를 고려한다. 각 $G_k(x_i)$는 스칼라를 리턴한다. 각 k에 대해 다음의 설정을 가진 회귀 문제를 풀어서 G_k를 찾는다.

- 특성 벡터: x_i
- 예측하려는 반응: $\hat{u}_{ik}$(벡터 $\hat{u}_i$의 k번째 요소)

RSS가 제곱의 총 잔차 합을 나타내면 $\sigma_u^2 = (\Sigma_{ik} \tilde{\mathrm{Var}}[u_{ik}] + \mathrm{RSS})/(r\,M)$이 된다.

(H, σ_v^2) **회귀:** 다변량 회귀 모델은 다변량 반응 $\bar{E}[v_j]$를 예측하기 위해 x_j를 특성으로 사용하는 문제를 풀어서 H를 찾는다. 일변량 회귀 모델의 경우 $H(x_j) = (H_1(x_j), \ldots, H_r(x_j))$를 고려한다. 각 $H_k(x_j)$는 스칼라를 리턴한다. 각 k에 대해 다음의 설정을 가진 회귀 문제를 풀어서 H_k를 찾는다.

- 특성 벡터: x_j
- 예측하려는 반응: $\hat{v}_{jk}$(벡터 $\hat{v}_j$의 k번째 요소)

RSS가 제곱의 총 잔차 합은 $\sigma_v^2 = (\sum_{ik} \tilde{\text{Var}}[v_{ik}] + \text{RSS})/(r\,N)$이 된다.

참조

M스텝에서의 정규화: M스텝에서 회귀 문제에는 어떤 정규화 및 피팅 기법도 적용될 수 있다. 실무에서는 특성의 수가 많거나 특성 간의 상관관계가 높을 때 정규화가 중요하다.

기브스 표본 수: 정확한 E스텝을 몬테카를로 평균으로 대체하면 몬테카를로 표집 오류 때문에 한계 우도가 각 단계에서 증가하는 것은 더 이상 보장되지 않는다. $\hat{\Theta}^{(t)}$와 연관된 몬테카를로 표집 오류(정확한 E스텝에서 무한대의 표본을 통해 얻은 $\hat{\Theta}_\infty^{(t)}$의 추정치)가 $\|\hat{\Theta}^{(t-1)} - \hat{\Theta}_\infty^{(t)}\|$에 비해 상대적으로 크면, 몬테카를로 E스텝은 낭비되는데, 몬테카를로 오류에 묻혀버릴 수 있기 때문이다. 문제에 대한 정확한 해답을 제시하는 문헌은 없지만, 몇 가지 실무적 지침(Booth and Hobert)(1999)은 있다. 예를 들어 초기의 반복주기에서는 상대적으로 적은 수의 몬테카를로 시뮬레이션을 사용하는 것이 좋다. 다양한 전략을 갖고 광범위한 실험을 실시해 100개의 표본(처음 표본 10개 이후에 추출된)을 사용해서 하는 20번의 EM 반복주기가 적당한 성능을 내는 것을 발견했다. 사실, 성능은 표본 수 선택에 크게 민감하지 않았다. 50처럼 작은 수의 표본을 사용하더라도 성능은 크게 떨어지지 않았다. 기브스 샘플러는 상대적으로 단순하기 때문에 선택됐다. 샘플러가 표본을 섞는 것을 더 빠르게 만드는 더 좋은 샘플링 방법을 찾을 수도 있을 것이다.

확장 가능성: 요인 차원 수, EM 반복주기 수, 반복당 기브스 표본의 수를 고정하면 MCEM 알고리듬은 관찰의 수와 기본적으로 선형적인 관계를 가진다. 경험상 MCEM 알고리듬은 상당히 적은(보통 10 전후) EM 반복주기 후에 빠르게 수렴한다. 알고리듬은 또한 병렬화parallelized가 가능하다. E스텝에서 첫 번째 기브스 표본을 추출할 때 각 사용자의 요인은 다른 사용자와 독립적으로 추출할 수 있어서, 표본 추출 단계는 병렬적으로 수행할 수

있고, 항목에 대해서도 같다. M스텝을 위해서는 여러 개의 회귀 문제를 풀어야 한다. 확장성이 있는 소프트웨어 패키지 중 어느 것이라도 여기에 사용될 수 있다.

요인 수축 추정자: RLFM은 회귀 함수와 협력적 필터링의 선형 결합으로 요인을 추정한다. 요인 추정치 u_i를 생각해 보자(v_j도 똑같이 적용됨). 설명의 편의를 위해 $r = 1$이라고 가정하고 o_{ij}가 특성 x_{ij}, 또 사용자 및 항목 편향성에 대해 조정된 항목 j에 대한 사용자 i의 반응을 나타낸다고 하자. $\lambda = \sigma^2 / \sigma_u^2$라고 하면 수식 8.17을 얻을 수 있다.

$$E[u_i|\text{Rest}] = \frac{\lambda}{\lambda + \sum_{j \in \mathcal{J}_i} v_j^2} G(\boldsymbol{x}_i) + \frac{\sum_{j \in \mathcal{J}_i} v_j o_{ij}}{\lambda + \sum_{j \in \mathcal{J}_i} v_j^2} \quad (8.17)$$

수식 8.17은 고정된 v에 대해 회귀 G와 o_{ij}, 즉 사용자 i의 반응의 선형 결합이다. 선형 결합에서 각 구성요소에 부여된 가중치는 글로벌 수축 매개변수 λ와 사용자가 반응한 항목의 항목 요인 모두에 의존한다. 회귀의 영향은 $\sum_{j \in \mathcal{J}_i} v_j^2$가 λ보다 상당히 크면 무시할 수 있다. 상황에서 사용자 요인 추정치는 다양한 항목에 대한 사용자 반응과 그런 항목의 요인 벡터를 회귀 문제의 특성 벡터로 취급하는 각 사용자에 대한 선형 회귀 분석을 통해 얻는다. 여기서 믿을 수 있는 항목 요인 추정치를 얻을 수 있는 충분한 데이터가 있는 여러 항목에 사용자가 반응하면 반응 정보가 더 중요해지고 회귀는 더 이상 크게 영향을 주지 않는다는 것을 명확하게 알 수 있다.

초매개변수를 알고 있다고 가정해도 놀라운 것은 데이터에 따라 결정되는 u_i의 한계 기대는 여전히 회귀와 사용자 i의 반응의 선형 결합이라는 점이다. 이때 가중치는 수식 8.18과 같다.

$$E\left[\frac{\lambda}{\lambda + \sum_{j \in \mathcal{J}_i} v_j^2}\right] \quad \text{및} \quad E\left[\frac{v_j}{\lambda + \sum_{j \in \mathcal{J}_i} v_j^2}\right] \quad \text{모든} \quad j \in \mathcal{J}_i \text{에 대해}$$

$$(8.18)$$

수식 8.18에서 기대는 항목 요인 v_js의 한계 사후와 관련이 있다. 이것은

RLFM이 어떻게 회귀와 반응 간에 절충해서 요인을 추정하는지 보여준다. 흥미로운 것은 축소 추정자는 반응과 회귀를 선형 결합한 것이지만 가중치는 고도로 비선형적인 함수이며 글로벌 축소 매개변수와 로컬local 반응 정보 모두에 의존한다는 점이다.

8.2.2 로지스틱 반응을 위한 ARS 기반 EM

이진(또는 로지스틱) 반응 $y_{ij} \in \{0, 1\}$을 가진 RLFM의 피팅 알고리듬은 가우시안 반응을 위한 EM 알고리듬과 비슷하다. 완전한 데이터 로그 우도는 수식 8.19와 같다.

$$
\log L(\boldsymbol{\Theta}; \boldsymbol{\Delta}, \boldsymbol{y}) = \log \Pr[\boldsymbol{y}, \boldsymbol{\Delta} | \boldsymbol{\Theta}] = \text{상수}
$$
$$
- \sum_{ij} \log(1 + \exp\{-(2y_{ij} - 1)(b(\boldsymbol{x}_{ij}) + \alpha_i + \beta_j + \boldsymbol{u}_i' \boldsymbol{v}_j)\})
$$
$$
- \frac{1}{2\sigma_\alpha^2} \sum_i (\alpha_i - g(\boldsymbol{x}_i))^2 - \frac{M}{2} \log \sigma_\alpha^2
$$
$$
- \frac{1}{2\sigma_\beta^2} \sum_j (\beta_j - h(\boldsymbol{x}_j))^2 - \frac{N}{2} \log \sigma_\beta^2
$$
$$
- \frac{1}{2\sigma_u^2} \sum_i \|\boldsymbol{u}_i - G(\boldsymbol{x}_i)\|^2 - \frac{Mr}{2} \log \sigma_u^2
$$
$$
- \frac{1}{2\sigma_v^2} \sum_j \|\boldsymbol{v}_j - H(\boldsymbol{x}_j)\|^2 - \frac{Nr}{2} \log \sigma_v^2 .
$$

$$(8.19)$$

EM 알고리듬은 E스텝과 M스텝을 번갈아 가면서 실행된다. 8.2.2절에서는 적응 기각 샘플링ARS, Adaptive Rejection Sampling을 기반으로 한 기법을 8.2.3절에서 변분 추론을 기반으로 한 방법을 설명한다.

ARS 기반 E스텝

이진 데이터와 로지스틱 링크 함수에서 조건 사후 $p(\alpha_i | \text{Rest})$, $p(\beta_j | \text{Rest})$,

$p(u_i | \text{Rest})$, $p(v_j | \text{Rest})$는 한정된 형태가 아니다. 그러나 사후에 정확하고 효율적인 표본 추출은 여전히 ARS(Gilks)(1992)를 통해 가능하다. ARS는 로그-오목하다는 전제하에 임의 알변량 밀도에서 표본을 추출하는 효율적인 방법이다.

그림 8.2. 임의 (로그) 밀도 함수의 상한 및 하한 경계

일반적으로 일변량 분포에서 표본을 추출하는 데 많이 사용하는 방법은 기각 샘플링RS, Rejection Sampling이다. 비표준 분포에서 표본을 밀도 $p(x)$로 추출한다고 생각해 보자. 만약 표본을 추출하기가 더 쉽고 $p(x)$를 잘 추정하면서 꼬리가 $p(x)$보다 무거운 $e(x)$를 식별할 수 있다면 $e(x)$를 기각 샘플링에 사용할 수 있다. $p(x) \rangle 0$이 되도록 하는 모든 지점 x에 대해 $p(x) \le Me(x)$가 되도록 하는 상수 M을 찾는 것이다. 예를 들어, 그림 8.2에서 회색 곡선은 $Me(x)$이고, 검은색 굵은 곡선이 $p(x)$이다. 그러면 알고리듬은 간단하다. 유효한 표본을 얻을 때까지 다음 단계를 반복한다. 첫째, $e(x)$에서 x^*를 뽑는다. 그다음 확률 $p(x^*)/(Me(x^*))$로 x^*를 유효 표본으로 받아들이고, 아니면 기각한다.

$p(x^*)/(Me(x^*))$는 항상 0과 1 사이임에 주목해, 알고리듬으로 $p(x)$에서 표본을 추출했을 때 수용 확률이 $1/M$이 된다는 것을 확인할 수 있다. 작은 M을 찾으려면 $p(x)$의 모드를 알아야 할 때가 많다. 실무에서는 좋은 매칭 밀도 $e(x)$를 찾는 것 또한 중요하다. ARS는 두 가지 문제 모두 다룬다. 구역별 지수로 구성된 좋은 매칭 밀도 $e(x)$를 찾는다. 즉 $\log e(x)$는 그림 8.2의 회색 곡선처럼 구역별 선형이다. ARS는 $p(x)$의 모드는 알 필요가 없으며 유일하게 필요한 것은 $p(x)$의 로그-오목성인데, 지금 다루고 있는 문제

에도 해당한다. 구역별 지수는 목표 로그 밀도의 상한 한계선^{upper envelope}을 만들어서 구축한다. 더군다나, 그 과정은 조정 가능해서 기각된 지점을 가지고 한계선을 더 조율하게 되며, 결국 미래 표본의 기각 확률은 줄어들게 된다.

긱스(1992)의 도함수 없는^{derivative-free} ARS 절차를 사용한다. 간단히 설명하면, 로그-오목 목표 밀도 함수 $p(x)$에서 표본 x^*를 얻고자 한다고 생각해보자. 최소 3개의 지점을 가지고 출발한다. 이때 $p(x)$의 최빈수 양쪽에 최소 하나씩 위치한다(밀도의 도함수를 살펴봐서 확인할 수 있으며 실제 최빈수 계산은 필요하지 않다). $\log p(x)$의 하한 경계선^{lower bound} $lower(x)$는 $p(x)$의 평가된 지점과 극단 지점에서의 수직선을 연결하는 선으로 구성된다. 그림 8.2에서 구간별 선형 점선은 $lower(x)$를 나타내고 검은색 곡선은 $\log p(x)$이다. 상한 한계선^{upper bound} $upper(x)$ 또한 선들을 교차 지점까지 확장해서 그려볼 수 있다. 그림 8.2에서 회색 구간별 선형 곡선은 $upper(x)$가 된다. 한계선 함수 $e(x)$(상한)와 압축^{squeezing} 함수 $s(x)$(하한)는 $\log p(x)$의 구간별 선형 상한과 하한을 거듭제곱해서 만들어진다. 즉, $e(x) = \exp(upper(x))$ 그리고 $s(x) = \exp(lower(x))$가 된다. $e_1(x)$가 $e(x)$에서 도출된 상응하는 밀도 함수가 되게 하자. 즉

$$e_1(x) = \frac{e(x)}{\int e(x)dx} \tag{8.20}$$

샘플링은 유효한 표본을 얻을 때까지 다음 단계를 반복한다.

1. $e_1(x)$로부터 x^*와 Uniform(0, 1)에서 z를 독립적으로 뽑아낸다.
2. $z \leq s(x^*)/e(x^*)$이면 x^*을 유효한 표본으로 받아들인다.
3. $z \leq p(x^*)/e(x^*)$이면 x^*을 유효한 표본으로 받아들인다. 그렇지 않으면 x^*을 기각한다.
4. x^*가 기각되면 x^*로 새로운 선을 만들어서 $e(x)$와 $s(x)$를 업데이트한다.

하나의 표본이 받아들여질 때까지 이 과정을 반복한다. 압축 함수를 인수 조건으로 사용하는 것은 원래의 밀도 $p(x)$에서 정보를 골라서 사용한다는 것을 의미한다. $p(x^*)$의 평가는 보통 비용이 많이 들지만, 압축 함수는 이미 구축된 한계선을 가지고 가능해 연산 비용이 절약되는 이유로 압축 함수를 가지고 우선 x^*를 테스트한다.

ARS기반 E스텝은 다음과 같이 동작한다. L개의 Δ 표본을 추출하기 위해 다음 단계를 L번 반복한다.

1. ARS를 사용해 각 사용자 i에 대해 $p(\alpha_i|\text{Rest})$에서 α_i 표본을 추출한다. 목표 밀도의 로그는 수식 8.21과 같다.

$$\log p(\alpha_i|\text{Rest}) = \text{상수}$$
$$- \sum_{j \in \mathcal{J}_i} \log(1 + \exp\{-(2y_{ij} - 1)(f(x_{ij}) + \alpha_i + \beta_j + \boldsymbol{u}_i'\boldsymbol{v}_j)\})$$
$$- \frac{1}{2\sigma_\alpha^2}(\alpha_i - g(x_i))^2$$

$$(8.21)$$

2. α_i샘플링과 비슷한 방법으로 각 항목 j에 대해 β_j 표본을 추출한다.
3. 각 사용자 i에 대해 $p(u_i|\text{Rest})$에서 u_i 표본을 추출한다. u_i는 r차원 벡터이므로 각 $k = 1, \ldots, r$, 에 대해 ARS를 사용해 $p(u_{ik}|\text{Rest})$에서 u_{ik} 표본을 추출한다. 목표 밀도의 로그는 수식 8.22와 같다.

$$\log p(u_{ik}|\text{Rest}) = \text{상수}$$
$$- \sum_{j \in \mathcal{J}_i} \log(1 + \exp\{-(2y_{ij} - 1)(f(x_{ij}) + \alpha_i + \beta_j + u_{ik}v_{jk} + \sum_{l \neq k} u_{il}v_{jl})\})$$
$$- \frac{1}{2\sigma_u^2}(u_{ik} - G_k(x_i))^2$$

$$(8.22)$$

4. u_i샘플링과 비슷한 방법으로 각 항목 j에 대해 v_j 표본을 추출한다.

ARS의 초기 지점: ARS의 기각률은 초기 지점과 목표 밀도 함수에 달렸다. 기각률을 줄이기 위해 긱스 외(Gilks et al.)(1995)는 기브스 샘플러의 이전 반복주기의 엔빌로프^{envelope} 함수로 5, 50, 95 백분위를 세 개의 초기 지점으로 지정할 것을 제안했다. 실제로 이 방법을 채택해 기각률이 약 60% 감소하는 것을 관찰할 수 있었다.

센터링^{centering}: RLFM을 구별하기는 쉽지 않다. $\tilde{f}(x_{ij}) = f(x_{ij}) - \delta$ 및 $\tilde{g}(x_i) = g(x_i) + \delta$로 하면 $\tilde{f}$와 $\tilde{g}$를 사용하는 모델은 본질적으로 f와 g를 사용하는 모델과 같다. 모델 매개변수 확인에 도움을 주기 위해 요인 값에 제약을 둔다. $\sum_i \alpha_i = 0$, $\sum_j \beta_j = 0$, $\sum_i u_i = 0$, $\sum_j v_j = 0$이 성립해야 한다. 사용자 요인과 항목 요인 간의 의존성을 가져온다. 샘플링 과정에서 이러한 의존성을 고려하는 대신 샘플링 후에 표본 평균을 빼줘서 제약을 충족하게 된다. 즉, 모든 요인을 샘플링한 후에 $\bar{\alpha} = \sum_i \bar{\alpha}_i / M$을 계산하고 모든 i에 대해 $\hat{\alpha}_i = \hat{\alpha}_i - \bar{\alpha}$로 설정한다. 다른 값에 대해서도 동일하게 적용한다. M은 사용자 수고 $\hat{\alpha}_i$는 α_i의 사후 표본 평균이다.

M스텝

M스텝은 가우시안 반응과 같지만 $b(x_{ij})$에 대한 회귀는 제외한다. b만이 로지스틱 우도에 포함되기 때문이다. 특히 $o_{ij} = \alpha_i + \beta_j + u'_i v_j$에 대해 수식 8.23의 기대를 최대화하는 b를 찾아야 한다.

$$\sum_{ij} E_{o_{ij}}[\log(1 + \exp\{-(2y_{ij} - 1)(b(x_{ij}) + o_{ij})\})]. \qquad (8.23)$$

기대 8.23은 한정된 형태가 아니므로 플러그인 추정을 통해 추론한다.

$$\sum_{ij} E_{o_{ij}}[\log(1 + \exp\{-(2y_{ij} - 1)(b(x_{ij}) + o_{ij})\})]$$
$$\approx \sum_{ij} \log(1 + \exp\{-(2y_{ij} - 1)(b(x_{ij}) + \hat{o}_{ij})\}) \qquad (8.24)$$

수식 8.24에서는 $\hat{o}_{ij} = \hat{\alpha}_i + \hat{\beta}j + \hat{u}'\hat{v}_j$를 고정된 오프셋으로 취급한다. 이제 각 학습 관찰 (i, j)에 대한 이진 반응 y_{ij}, 특성 벡터 x_{ij}, 오프셋 o_{ij}를 가진

표준적 로지스틱 회귀 문제가 된다.

8.2.3 로지스틱 반응을 위한 변분 EM

변분 추론은 야콜라와 요르단(Jaakkola and Jordan)(2000)에 기반을 두고 있다. 핵심 개념은 각 EM 반복주기 전에 완전한 데이터 로그 우도의 변분 하한선을 기반으로 이진 반응 값을 가우시안 반응 값으로 전환하는 것이다. 그런 다음 가우시안 모델의 E스텝과 M스텝을 사용한다.

$f(z) = (1 + e^{-z})^{-1}$이 시그모이드^{sigmoid} 함수를 나타낸다고 하자. 야콜라와 요르단(2000)은 $\log f(z)$를 구하기 위한 수식 8.25과 같은 근사 추정을 제공했다.

$$\log f(z) = -\log(1 + e^{-z}) = \frac{z}{2} + q(z)$$
$$q(z) = -\log(e^{z/2} + e^{-z/2}) \tag{8.25}$$

테일러 시리즈 확장$^{Taylor\ series\ expansion}$으로 수식 8.26을을 얻었다.

$$q(z) \geq q(\xi) + \frac{d\,q(\xi)}{d\,(\xi^2)}(z^2 - \xi^2)$$
$$= \log g(\xi) - \frac{\xi}{2} - \lambda(\xi)(z^2 - \xi^2) \tag{8.26}$$

수식 8.26은 수식 8.27과 같은 모든 ξ 값에 대해 성립한다.

$$\lambda(\xi) = \frac{d\,q(\xi)}{d\,(\xi^2)} = \frac{1}{4\xi} \cdot \frac{e^{\xi/2} - e^{-\xi/2}}{e^{\xi/2} + e^{-\xi/2}} = \frac{1}{4\xi} \tanh\left(\frac{\xi}{2}\right) \tag{8.27}$$

하한선은 모든 ξ 값에 대해 성립하며 $\xi^2 = z^2$일 때는 정확하다. ξ_{ij}가 관찰된 각 y_{ij}와 연관된 변분 매개변수를 나타내도록 하자. $s_{ij} = b(x_{ij}) + \alpha_i + \beta_j + u'_i v_j$로 한다. 하한선(수식 8.26)을 사용해서 수식 8.19에 정의된 완전한 데이터 로그 우도의 하한선을 얻는다.

$$\log L(\boldsymbol{\Theta}; \boldsymbol{\Delta}, \boldsymbol{y}) \geq \ell(\boldsymbol{\Theta}; \boldsymbol{\Delta}, \boldsymbol{y}, \boldsymbol{\xi})$$

$$= \sum_{ij} \left(\log f(\xi_{ij}) + \frac{(2y_{ij} - 1)s_{ij} - \xi_{ij}}{2} - \lambda(\xi_{ij})(s_{ij}^2 - \xi_{ij}^2) \right)$$

$$+ \log \Pr(\boldsymbol{\Delta} \mid \boldsymbol{\Theta})$$

$$(8.28)$$

수식 8.28에서 $\log\Pr(\boldsymbol{\Delta} \mid \boldsymbol{\Theta})$는 수식 (8.19)의 마지막 네 줄로 구성된다. $l(\boldsymbol{\Theta}; \boldsymbol{\Delta}, \boldsymbol{y}, \xi)$는 가우시안 모델과 비슷한 형태로 쓰일 수 있음에 주목하자.

$$\ell(\boldsymbol{\Theta}; \boldsymbol{\Delta}, \boldsymbol{y}, \boldsymbol{\xi}) = \sum_{ij} - \frac{(r_{ij} - s_{ij})^2}{2\sigma_{ij}^2} + \log \Pr(\boldsymbol{\Delta} \mid \boldsymbol{\Theta}) + c(\boldsymbol{\xi})$$

$$r_{ij} = \frac{2y_{ij} - 1}{4\lambda(\xi_{ij})}, \quad \sigma_{ij}^2 = \frac{1}{2\lambda(\xi_{ij})}$$

$$(8.29)$$

수식 8.29에서 $c(\xi)$는 ξ_{ij}에만 의존하는 함수다. r_{ij}는 분산이 σ_{ij}^2인 가우시안 반응으로 취급될 수 있다.

변분 EM 알고리듬은 $\log L(\boldsymbol{\Theta}; \boldsymbol{\Delta}, \boldsymbol{y})$를 $l(\boldsymbol{\Theta}; \boldsymbol{\Delta}, \boldsymbol{y}, \xi)$로 대체된다. t번째 반복주기 초에 $\boldsymbol{\Theta}$와 ξ의 추정치를 $\hat{\boldsymbol{\Theta}}^{(t)}$와 $\hat{\xi}^{(t)}$라고 하자. 처음에는 $\xi_{ij} = 1$로 설정해 놓을 수 있다. t번째 반복주기에서는 다음과 같이 진행한다.

1. **E스텝:** 수식 8.29에 따라 $E_{(\boldsymbol{\Delta} \mid \boldsymbol{y}, \hat{\boldsymbol{\Theta}}^{(t)}, \hat{\xi}^{(t)})}[l(\boldsymbol{\Theta}; \boldsymbol{\Delta}, \boldsymbol{y}, \xi)]$를 계산한다. 반응이 r_{ij}이고 관찰 분산이 σ_{ij}^2인 가우시안 모델의 E스텝과 같다.

2. **M스텝:** 수식 8.30을 통해 $\hat{\boldsymbol{\Theta}}^{(t+1)}$과 $\hat{\xi}^{(t+1)}$을 구한다.

$$(\hat{\boldsymbol{\Theta}}^{(t+1)}, \hat{\boldsymbol{\xi}}^{(t+1)}) = \arg\max_{(\boldsymbol{\Theta}, \boldsymbol{\xi})} E_{(\boldsymbol{\Delta} \mid \boldsymbol{y}, \hat{\boldsymbol{\Theta}}^{(t)}, \hat{\boldsymbol{\xi}}^{(t)})}[\ell(\boldsymbol{\Theta}; \boldsymbol{\Delta}, \boldsymbol{y}, \boldsymbol{\xi})] \quad (8.30)$$

변분 E스텝

E스텝은 다음과 같이 동작한다. $\hat{\xi}_{ij}^{(t)}$를 가지고 계산되는 수도^{pseudo} 가우시안 관찰 (r_{ij}, σ_{ij}^2)가 주어졌을 때 다음을 L번 반복해서 Δ 표본 L개 뽑는다.

1. 각 사용자 i에 대해 $(\alpha_i | \text{Rest})$의 가우시안 사후(분포)에서 α_i를 추출한다. $o_{ij} = r_{ij} - b(x_{ij}) - \beta_j - u'_i v_j$라고 하자.

$$\text{Var}[\alpha_i | \text{Rest}] = \left(\frac{1}{\sigma_\alpha^2} + \sum_{j \in \mathcal{J}_i} \frac{1}{\sigma_{ij}^2} \right)^{-1}$$

$$E[\alpha_i | \text{Rest}] = \text{Var}[\alpha_i | \text{Rest}] \left(\frac{g(x_i)}{\sigma_\alpha^2} + \sum_{j \in \mathcal{J}_i} \frac{o_{ij}}{\sigma_{ij}^2} \right) \tag{8.31}$$

2. α_i의 표집과 비슷한 방법으로 각 항목 j에 대해 β_j를 도출한다.

3. 각 사용자 i에 대해 $(u_i | \text{Rest})$의 가우시안 사후(분포)에서 u_i를 도출한다. $o_{ij} = r_{ij} - b(x_{ij}) - \alpha_i - \beta_j$라고 하자.

$$\text{Var}[\boldsymbol{u}_i | \text{Rest}] = \left(\frac{1}{\sigma_u^2} I + \sum_{j \in \mathcal{J}_i} \frac{\boldsymbol{v}_j \boldsymbol{v}'_j}{\sigma_{ij}^2} \right)^{-1}$$

$$E[\boldsymbol{u}_i | \text{Rest}] = \text{Var}[\boldsymbol{u}_i | \text{Rest}] \left(\frac{1}{\sigma_u^2} G(x_i) + \sum_{j \in \mathcal{J}_i} \frac{o_{ij} \boldsymbol{v}_j}{\sigma_{ij}^2} \right) \tag{8.32}$$

4. u_i의 표집과 비슷한 방법으로 각 항목 j에 대해 v_j를 도출한다.

변분 M스텝

M스텝은 가우시안 반응에 대한 그것과 같다. 다만 b는 로지스틱 우도와 관련이 있기 때문에 $b(x_{ij})$에 대한 회귀는 제외된다. b 외에도 변분 매개변수 ξ를 업데이트해야 한다. 사실, b의 추정은 ξ의 추정과 완전히 분리될 수 없다. 그러므로 수렴까지 다음 두 단계를 반복한다.

b 회귀: s_{ij}에 포함된 b의 새로운 추정치를 찾기 위해 수식 8.29를 사용한다. b에 대한 최적 해답은 다음과 같은 설정을 한 회귀 문제를 풀어서 찾을 수 있다는 것을 쉽게 알 수 있다.

- **특성 벡터:** x_{ij}
- **예측하려는 반응:** $(r_{ij} - \hat{\alpha}_i - \hat{\beta}_j - \tilde{E}[u'_i v_j])$. 여기에서 r_{ij}는 ξ_{ij}의 마지막 추정치에 기반해 계산된다
- **가중치:** $1/\sigma_{ij}^2$. ξ_{ij}의 마지막 추정치에 기반을 두고 계산된다

ξ **추정치:** ξ_{ij}의 새로운 추정치를 찾기 위해 수식 8.28을 사용한다.

$$\frac{d}{d\xi_{ij}} \tilde{E}[\ell(\boldsymbol{\Theta}; \boldsymbol{\Delta}, \boldsymbol{y}, \boldsymbol{\xi})]$$

$$= \frac{d}{d\xi_{ij}} \log f(\xi_{ij}) - \frac{1}{2} - (\tilde{E}[s_{ij}^2] - \xi_{ij}^2)\frac{d\lambda(\xi_{ij})}{d\xi_{ij}} + 2\lambda(\xi_{ij})\xi_{ij}$$

$$= \frac{1}{2} + \frac{d}{d\xi_{ij}} q(\xi_{ij}) - \frac{1}{2} - (\tilde{E}[s_{ij}^2] - \xi_{ij}^2)\frac{d\lambda(\xi_{ij})}{d\xi_{ij}} + 2\lambda(\xi_{ij})\xi_{ij}$$

$$= -(\tilde{E}[s_{ij}^2] - \xi_{ij}^2)\frac{d\lambda(\xi_{ij})}{d\xi_{ij}}.$$

$$(8.33)$$

$\xi_{ij}^2 \cong \tilde{E}[s_{ij}^2]$에서 최대치가 얻어지므로, 수식 8.34와 같이 설정한다.

$$\hat{\xi}_{ij}^{(t+1)} = \sqrt{\tilde{E}[s_{ij}^2]}$$

$$= \sqrt{(b(\boldsymbol{x}_{ij}) + \hat{\alpha}_i + \hat{\beta}_j + \tilde{E}[\boldsymbol{u}'_i \boldsymbol{v}_j])^2 + \tilde{\text{Var}}[s_{ij}]} \qquad (8.34)$$

수식 8.34에서 b는 b에 대한 회귀 문제의 해답이 된다.

8.3 콜드 스타트 예시

선형 회귀 사전을 가진 RLFM의 성능을 2개의 벤치마크 영화 데이터 세트(무비렌즈^{MovieLens} 및 이치무비^{EachMovie})와 야후! 홈페이지 데이터 세트를 활용해서 살펴본다. 영화 데이터 세트의 경우 근 평균 제곱 오류$^{\text{RMSE, root mean square error}}$를 성능 측정지표로 많이 사용한다. 야후! 데이터에는 ROC 곡선을 사용한다.

방법: RLFM을 다음 기법과 비교해 평가한다:

- 팩터온리, 피처온리는 RLFM의 특별한 유형이다.
- 모스트파퓰러MostPopular는 테스트 세트 사용자에게 학습 세트의 최고 인기 항목을 추천하는 베이스라인 기법이다.
- 필터봇FilterBot(Park et al.)(2006)은 콜드 스타트 협력적 필터링을 다루기 위해 설계된 하이브리드 기법이다. 세계적 인지도, 영화 장르, 나이와 성별을 기반으로 정의한 11개의 사용자 집단 내 인기도와 항목 기반 알고리듬을 연관해서 선정한 13개의 봇bot을 사용했다(Herlocker et al.)(1999).

몇 가지 다른 협력적 필터링 알고리듬(예: 순수 항목-항목 유사성, 사용자-사용자 유사성, 회귀 기반 알고리듬 등)도 시도했다. 필터링 알고리듬 기법 중 필터봇이 일관되게 더 좋은 성능을 나타내 그 결과를 기준으로 설명한다.

무비렌즈MovieLens 데이터: 두 개의 무비렌즈 데이터 세트로 실험을 실시했다. 무비렌즈-100K는 사용자 943명이 평가한 영화 1,682편에 대한 100,000개의 등급 데이터로 구성돼 있다, 그리고 무비렌즈-1M는 사용자 6,040명과 영화 3,706편으로(readme 파일에는 3,900편의 영화라고 얘기하지만) 구성된 백만 개의 등급 데이터를 갖고 있다. 사용자 특성으로는 나이, 성별, 우편번호(앞 자리만 이용), 직업 등이 있다. 항목 특성으로는 영화 장르 등이 있다. 무비렌즈-100K는 5폴드 교차 검증을 위해 이미 5개의 학습/테스트 분할이 된 상태로 제공된다. 데이터 세트에서 $r = 5$로 해 RLFM, 팩터온리, 피처온리의 RMSE를 살펴본다. 데이터의 경우 테스트 세트에 새로운 사용자나 항목이 추가되지 않았다. RLFM을 통해 얻은 팩터온리 관련 이득은 전적으로 특성 기반 사전 작업을 통한 더 좋은 정규화 때문이다(그림 8.1에서 관련 예제를 볼 수 있다).

표 8.1 무비렌즈 및 이치무비 대상 테스트 세트 RMSE

모델	MovieLens-1M			EachMovie		
	30%	60%	75%	30%	60%	75%
RLFM	0.9742	0.9528	0.9363	1.281	1.214	1.193
FactorOnly	0.9862	0.9614	0.9422	1.260	1.217	1.197
FeatureOnly	1.0923	1.0914	1.0906	1.277	1.272	1.266
FilterBot	0.9821	0.9648	0.9517	1.300	1.225	1.199
MostPopular	0.9831	0.9744	0.9726	1.300	1.227	1.205
Constant Model	1.118	1.123	1.119	1.306	1.302	1.298
Dyn-RLFM			0.9258			1.182

무작위 분할에 기반을 둔 테스팅 방법은 결과적으로 과거를 예측하기 위해 미래를 사용할 때가 있는데, 이렇게 되면 목표가 미래에 발생할 사용자와 항목 페어의 등급을 예측하는 것인 실제 상황과 맞지 않게 된다. 더 현실적인 학습 테스트 분할 방법은 시간을 기반으로 하는 것이다. 무비렌즈-1M에 대해서는 더 현실적인 시간 기반 분할 기준으로 결과를 살펴본다. 등급 데이터의 마지막 25%를 테스트 데이터로 남겨 두고 3개의 학습 세트로 각 모델을 훈련한다. 세 개의 학습 세트는 등급 데이터의 첫 30%, 60%, 75%로 구성된다. 테스트 세트 RMSE는 표 8.1에 나와 있다.

순수 특성 기반 모델인 피처온리는 성능이 떨어진다(비록 상수 모델보다는 더 좋지만). 사실 항목 인기도 모델이 피처온리보다 훨씬 좋은 성능을 보인다. 팩터온리 모델은 실험한 모든 기존 협력적 필터링 모델보다 성능이 좋다. 특성 및 항목 인기도를 가지고 정규화된 요인에 기반을 두는 RLFM은 다른 모든 정적 기법보다 훨씬 우수한 성능을 보인다. 테스트 세트에 있는 모든 페어의 상당 부분(거의 56%)은 신규 사용자를 포함하지만, 대부분의 항목은 오래된 것들이다. 동적인 RLFM을 통해 특성 기반 사전 확률에서 출발해 신규 사용자에 대한 요인을 상황에 맞게 추정해서 정적 RLFM 모델보다 예측 정확성이 상당히 늘어난다.

이치무비 데이터: 이치무비 데이터 세트는 무비렌즈와 비슷하지만, 노이즈가 훨씬 더 많다(상수 모델을 위한 RMSE는 최고의 모델에 가깝다). 데이터 세

트의 사용자 중 상당수는 하나 이상의 특성이 누락돼 있다. 여기에는 72,916명의 사용자와 1,628편의 영화에 관한 2,811,983개의 등급 데이터가 있다. 이 중 2,559,107개의 '실제' 등급(가중치가 1인) 데이터를 선별해서 등급 데이터를 0에서 5 사이로 정규화했다. 무비렌즈 사례와 같은 방법으로 학습 테스트 분할을 만들었다. 테스트 세트 RMSE는 표 8.1에 나와 있다. 결과는 무비렌즈와 매우 유사하다. RLFM이 최고의 오프라인 훈련 모델을 제공한다. 동적인 버전의 RLFM은 다른 기법보다 훨씬 우수한 성능을 보인다.

야후! 홈페이지 데이터: 7장에서 설명한 바와 같이 야후! 홈페이지에 있는 투데이 모듈^{Today Module}은 탭이 여러 개이며, 각 사용자 방문에 피처드^{Featured} 탭에 4가지 기사를 추천한다. 목표는 각 사용자 방문에 연관성이 높은 기사를 추천해서 클릭 수를 최대화하는 알고리듬을 개발하는 것이다. 애플리케이션에서 기사는 짧은(보통 하루 내) 수명을 갖고 있으며, 확장성 문제로 인해 모델은 오프라인에서만 주기적으로 재훈련 될 수 있다. 그러므로 오프라인에서 훈련된 모델이 배포될 때 대부분 기사(사용자의 상당수)는 새로운 것이다. 기사에 대한 사용자 등급 데이터가 학습 세트에 일부 포함돼 있다고 가정하는 전통적인 협력적 필터링 알고리듬은 사례에 적용되지 않는다. 특성과 사용자가 과거에 준 등급 정보 모두를 사용할 수 있는 모델이 적합하다. 시스템에는 특정 시간대에 라이브 항목은 몇 개뿐이어서 잠재적인 항목 요인의 온라인 업데이트는 좋은 성능을 낼 수 있는 매력적인 방법이다. 추천 알고리듬의 성능을 평가하기 위해 Y!FP라는 데이터 세트를 만들었다. Y!FP 데이터 세트는 30,635명의 활동적인 야후! 사용자(각 사용자는 최근 5개월 내 최소 30개의 등급을 부여)가 4,316개의 기사에 준 1,909,525개의 '이진 등급'(후속 클릭이 없는 클릭이나 뷰)으로 구성돼 있다. 사용자 특성은 나이, 성별, 지리적 위치, 야후! 전반에 걸쳐 나타난 사용자의 활동(탐색, 광고 클릭, 페이지 뷰, 구독 등)을 기반으로 추론된 검색 행동을 포함한다. 사용자에게는 최근 행동 패턴에 따라 수천 개의 콘텐츠 범주에 관한 활동성 점수를 할당한다. 학습 데이터를 가지고 주성분을 분석해 이 범주들을 몇 백 개의 특성으로 축소했다. 항목 특성은 사람이 직접 라벨을 붙인 범주이며 편집자는 그런 범주에 기사를 할당한다.

Y!FP의 결과: 그림 8.3에서 보는 바와 같이 모든 예에 같은 점수를 예측하는 상수 모델(모델의 ROC 곡선은 직선이다)보다는 모든 모델이 훨씬 더 좋은 성능을 보였다. 애플리케이션에서는 테스트 세트에 포함된 거의 모든 항목이 새로운 것이다. 그러므로 팩터온리의 경우 항목 요인 (β_j, v_j)는 0이다. 영향을 주는 유일한 요소는 사용자 인기도 α_i이다. 그러므로 사용자의 클릭 성향만 가지고 하는 예측이 순수 특성 기반 모델보다 더 좋은 성능을 낸다. 항목 특성과 함께 세부 사용자 프로파일을 사용하는 정적 RLFM 모델은 팩터온리보다 상당히 우수한 성능을 보이는데, 이것은 데이터에 강력한 사용자-특성 상호작용이 있다는 의미다. 다른 데이터 세트는 새로운 항목의 항목 프로파일 (β_j, v_j)를 온라인에서 추정하는 RLFM의 동적인 버전이 가장 구체적인 모델이며 가장 좋은 성능을 보인다(그림 8.3).

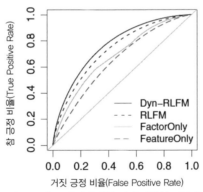

그림 8.3. Y!FP 데이터 대상 여러 기법의 ROC 곡선

실험 결과 논의: 순전히 특성에만 기반을 두는 모델은 사용자 항목별 통계에 기반을 두는 모델보다 열등하다는 것을 관찰했다. 그래도 예측력을 가지고 모델을 통해 과거 상호작용 데이터와 결합했을 때 정확성이 상당히 크게 개선된다. 대부분 애플리케이션은 실제로 동적이기 때문에 요인의 온라인

업데이트도 중요하다. 이 분야에서 연구는 시간 기반 분할을 사용해 알고리듬을 평가해서 알고리듬의 실제 성능에 관한 현실적 추정을 해야 한다고 본다. 시간 기반 분할을 사용하지 않는 일반적인 평가 방법은 지속적인 나타나는 사용자–항목 페어의 성능 지표만 제공할 수 있다.

8.4 시간에 민감한 항목의 대규모 추천

RLFM은 시간에 민감한 대규모 추천 문제를 해결하기 위해 사용될 수 있다. 8.4.1절에서 새로운 항목(또는 사용자)이 자주 추가되거나 항목(또는 사용자)의 행동이 시간에 따라 변하는 환경에 온라인 학습을 적용하는 것에 관해 알아본다. 8.4.2절에서 컴퓨터 1대의 메모리에 들어갈 수 없을 정도로 데이터가 클 때 RLFM을 피팅하는 알고리듬을 제공한다.

8.4.1 온라인 학습

온라인 학습은 7장에서 소개한 것과 비슷한 방법으로 적용될 수 있다.

주기적 오프라인 학습: 주기적으로 (예: 하루 한 번) 많은 데이터(예: 과거 3개월간 수집된 데이터)를 사용해 RLFM 모델을 다시 훈련한다. 데이터를 1대의 컴퓨터로 처리할 수 있다면 8.2절에서 설명한 피팅 알고리듬을 사용하고, 그렇지 않으면 8.4.2절에서 설명할 병렬 피팅 알고리듬을 사용한다. 오프라인 학습 과정의 결과는 다음 요소로 구성된다.

- **회귀 함수**: b, g, G, h, H
- **사전 분산**: σ_α^2, σ_β^2, σ_u^2, σ_v^2
- **요인 사후 평균**: $\hat{\alpha}_i$, $\hat{\beta}_j$, $\hat{u}_i$, $\hat{v}_j$
- **요인 사후 분산**: 사용자에 관한 온라인 모델이 필요하다면 $\tilde{\mathrm{Var}}[\alpha_i]$, $\tilde{\mathrm{Var}}[u_i]$, $\tilde{\mathrm{Cov}}[\alpha_i,\ u_i]$. 항목에 관한 온라인 모델이 필요하다면 $\tilde{\mathrm{Var}}[\beta_j]$, $\tilde{\mathrm{Var}}[v_j]$, $\tilde{\mathrm{Cov}}[\beta_j,\ v_j]$. 이러한 분산과 공분산은 8.2.1과

8.2.2절에 나오는 몬테카를로 E스텝의 기브스 표본으로 얻을 수 있다.

항목 온라인 모델: 새로운 항목이 자주 콘텐츠 풀에 추가되거나, 항목의 수명이 짧거나 항목의 행동(예: 신선도, 인기도)이 시간에 따라 변한다면 각 항목 j에 대해 별도의 온라인 모델을 만드는 것이 좋다. $o_{ijt} = b(x_{ijt}) + a_i$라고 하자. 특성 벡터 x_{ijt}에 시간 지표 t를 추가한 것은 특성이 시간의 영향을 받기 때문이다. 만약 항목 j가 학습 데이터에 있다면 그것에 관한 온라인 모델의 사전 평균과 분산은 오프라인 학습 때 해당 항목의 사후 평균과 분산이 된다. 즉

$$\mu_{j0} = (\beta_j, \boldsymbol{v}_j) \,\text{(스칼라와 벡터 순차)}$$

$$\Sigma_{j0} = \begin{pmatrix} \tilde{\text{Var}}[\beta_j] & \tilde{\text{Cov}}[\beta_j, \boldsymbol{v}_j] \\ \tilde{\text{Cov}}[\beta_j, \boldsymbol{v}_j] & \tilde{\text{Var}}[\boldsymbol{v}_j] \end{pmatrix} \tag{8.35}$$

항목 j가 학습 데이터에 없는 새로운 항목이라면 그것의 온라인 모델을 위한 사전 평균과 분산은 특성 기반 회귀 수식 8.36처럼 구한다.

$$\mu_{j0} = (h(\boldsymbol{x}_j), H(\boldsymbol{x}_j))$$

$$\Sigma_{j0} = \begin{pmatrix} \sigma_\beta^2 & 0 \\ 0 & \sigma_u^2 \boldsymbol{I} \end{pmatrix} \tag{8.36}$$

가우스 온라인 모델은 수식 8.37과 같이 표현한다.

$$y_{ijt} \sim N(o_{ijt} + \boldsymbol{u}_i' \boldsymbol{v}_{jt}, \sigma^2), \quad \text{for all } i \in \mathcal{I}_{jt}$$

$$\boldsymbol{v}_{jt} \sim N(\boldsymbol{\mu}_{j,t-1}, \rho \Sigma_{j,t-1}) \tag{8.37}$$

수식 8.37에서 y_{ijt}는 사용자 i가 항목 j에게 시간 t에 주는 반응이고 I는 항목 j에게 시간 t에서 반응하는 사용자들의 세트다. 로지스틱 온라인 모델도 비슷한 방법으로 쓸 수 있다.

$$y_{ijt} \sim \text{Bernoulli}(p_{ijt}), \text{ 모든 } i \in \mathcal{I}_{jt} \text{에 대해}$$

$$\log \frac{p_{ijt}}{1 - p_{ijt}} = o_{ijt} + \boldsymbol{u}'_i \boldsymbol{v}_{jt},$$

$$\boldsymbol{v}_{jt} \sim N(\boldsymbol{\mu}_{j,t-1}, \; \rho \boldsymbol{\Sigma}_{j,t-1}) \tag{8.38}$$

두 가지 유형의 모델은 7.3절에서 설명한 기법으로 피팅할 수 있다.

사용자 온라인 모델: 사용자 관심이 시간에 따라 느리게 변하고 오프라인 학습이 하루 한 번꼴로 자주 일어난다면 사용자는 일반적으로 짧은 시간에 많은 항목에 반응하지 않기 때문에 사용자를 위한 온라인 모델은 필요하지 않다. 이때 학습 데이터에 포함된 사용자의 요인은 오프라인 학습에서 해당 요인의 사후 평균 $(\hat{a}_i, \hat{u}_i)$이다. 학습 데이터에 포함되지 않은 새로운 사용자의 요인은 특성 기반 회귀($g(xi)$, $G(x_i)$)을 사용해 예측한다. 사용자를 위한 온라인 모델이 정말 필요하다면 항목을 위한 온라인 모델과 같은 방법으로 학습할 수 있다.

8.4.2 병렬 피팅 알고리듬

여러 군집에 분산돼서 존재하고 컴퓨터 1대의 메모리에 들어가지 않는 대규모 데이터 세트는 8.2절에서 설명한 피팅 알고리듬을 그만큼 확장해서 사용하기 어렵다. 8.4.2절에서 맵리듀스^{MapReduce} 프레임워크를 활용한 피팅 전략을 제시한다. 먼저 데이터를 작은 분할로 나누기 위해 분할 정복 ^{divide-and-conquer} 접근법을 적용한 다음 Θ 추정치를 얻기 위해 각 분할에 MCEM을 실행한다. Θ의 최종 추정치는 모든 분할의 Θ 추정치의 평균이 된다. 마지막으로 Θ가 고정되고 나면 앙상블 런^{ensemble runs}을 n번 하고 (서로 다른 무작위 시드를 사용해 데이터를 n번 재분할), 재분할을 할 때마다 분할을 대상으로 E스텝만 실행해서 결과의 평균을 통해 Δ의 최종 추정치를 구하게 된다. 과정을 알고리듬 8.1에 정리했다.

Θ와 Δ를 초기화한다.

무작위 시드 s_0를 사용해 데이터를 m개의 분할로 나눈다.

for 각 분할 l ∈ {1, . . . , m}에 대해 병렬로 **do**

    VAR 또는 ARS로 MCEM 알고리듬을 K번 반복해 각 l의 Θ 예상치인 $\hat{\Theta}_l$을 얻는다.

end for

$$\hat{\Theta} = \frac{1}{m} \sum_{l=1}^{m} \hat{\Theta}l$$

for k = 1 to n 병렬 실행 **do**

    무작위 시드 s_k를 사용해 데이터를 m개의 분할로 나눈다.

    for 각 분할 l ∈ {1, . . . , m}에 대해 병렬로 **do**

        $\hat{\Theta}$가 주어졌을 때 E스텝만으로 구성된 잡^{job}을 실행해 분할 l의 모든 사용자와 항목에
        관한 사후 표본 평균 $\hat{\Delta}_{kl}$을 구한다

    end for

end for

각 사용자 i에 대해 사용자 i가 포함된 모든 $\hat{\Delta}_{kl}$의 평균으로 $\hat{\alpha}_i$와 $\hat{u}_i$를 구한다.

각 항목 j에 대해 항목 j가 포함된 모든 $\hat{\Delta}_{kl}$의 평균으로 $\hat{\beta}_i$와 $\hat{v}_i$를 구한다.

데이터 분할: 연구에서 수행된 광범위한 실험 결과 모델 성능, 특히 데이터
가 적을 때는 맵리듀스 단계에서 사용한 데이터 분할 전략에 크게 의존한
다는 것을 보여줬다. 관찰을 무작위로 나누는 순진한 전략은 예측 정확성
을 높이지 않는다. 인기가 있는 웹사이트는 사용자 수가 항목 수보다 훨씬
큰 경우가 많다. 또한 사용자당 가용한 관찰 수가 적은 사용자가 대부분이
다. 일반적으로 항목이 사용자보다 상대적으로 큰 표본 크기를 갖는 경향
이 있는데, 사용자별로 데이터를 분할하는 것을 추천한다. 사용자별로 데
이터를 분할하면 한 사용자의 모든 데이터가 같은 분할에 속하게 되고 더
신뢰할 수 있는 사용자 요인 추정치를 얻는 데 도움을 주기 때문이다. 마찬
가지로 항목 수가 사용자 수보다 더 크면 데이터를 항목별로 분할하는 것
을 추천한다. 변분 근사 추정으로 사용자 요인 u_i의 조건 분산을 살펴봐서
이것을 직관적으로 알 수 있다. $\mathrm{Var}[u_i|\mathrm{Rest}] = (\frac{1}{\sigma_u^2}I + \sum_{j \in \mathcal{J}_i} \frac{v_j v_j'}{\sigma_{ij}^2})^{-1}$. 어느 시
점의 항목 요인을 알고 있다고(또는 높은 정확성을 가지고 추정할 수 있다고)
가정하면, 사용자 데이터를 여러 분할로 나눴을 때 분할된 데이터의 평균
정보 이득(역 분산)은 분할별 정보 이득의 조화 평균이다. 분할되지 않은 데

이터의 정보 이득은 개별 정보 이득의 산술 평균으로 명시될 수 있다. 조화 평균은 산술 평균보다 작기 때문에 분할을 통한 사용자 요인 추정에서의 정보 손실은 산술 평균과 조화 평균 간의 차이가 된다. 분할의 정보력이 약해질 때 차이는 늘어나게 된다. 그러므로 사용자(항목) 데이터가 적은 경우 사용자(항목)별 분할을 하는 것이 신중한 접근 방식이 된다.

Θ 추정치: 각 무작위 분할에서 얻는 Θ 추정치는 편향성이 없다. 각 분할로 개별 모델을 피팅한 다음 M스텝 매개변수 $\hat{\Theta}_l$을 $l = 1, \cdots, m$에 대해 평균하면 여전히 편향되지 않고 무작위 분할로 인해 추정치 간의 양의 상관관계positive correlations가 없기 때문에 낮은 분산을 갖는 추정치를 얻게 된다. MCEM 알고리듬을 실행하기 전에는 모든 분할의 Θ 초깃값은 같다. 특히 평균 사전 확률이 0인 상태로 출발한다. 즉 $g(x_i) = h(x_j) = 0$, $G(x_i) = H(x_j) = 0$이다. 매개변수 추정을 개선하기 위해 분할 간의 매개변수를 동기화하고 각 분할을 대상으로 MCEM 반복주기를 다시 한번 실행해서 새로운 Θ 추정치를 얻을 수 있다. 실제로는 이러한 과정을 반복적으로 실행한다고 예측 정확성이 많이 개선되지 않고 대신 복잡성과 학습 시간만 늘어난다는 것을 관찰할 수 있다.

Δ 추정치: 같은 앙상블 내 실행 횟수별로 데이터 분할할 때 상이한 무작위 시드를 사용해서 실행 횟수별 분할에 속한 사용자 및 항목의 조합을 서로 다르게 해야 한다. $\hat{\Theta}$가 주어졌을 때 앙상블 내 실행 횟수별로 각 분할을 대상으로 E스텝을 한 번만 실행하고 그 평균으로 최종 사용자 및 항목 요인을 얻는다. 다시 한번 강조하지만, 무작위 분할은 앙상블의 실행별로 서로 연관되지 않은 추정치를 얻을 수 있게 보장하며 평균화를 통해 분산 감소를 유도한다.

식별 가능성 문제

센터링 후 모델을 여전히 식별할 수 없는 두 가지 이유가 있다.

1. $u'_i v_j = (-u_i)' (-v_j)$이므로 u와 v의 부호(그리고 그에 상응하는 콜드 스타트 매개변수)를 바꾼다고 로그 우도가 바뀌지 않는다.

2. 두 개의 요인 u_{ik}, v_{jk} 및 u_{il}, v_{jl}에 대해 상응하는 콜드 스타트 매개변수가 바뀐다고 가정했을 때, u_{ik}를 u_{il}로, v_{jk}를 v_{jl}로 동시에 바꾸는 것 역시 로그 우도를 변경시키지 않을 것이다.

식별 가능성 문제는 소규모 데이터 세트, 특히 단일 기계 실행에서는 중요하지 않다는 것을 깨달았다. 그러나 야후! 홈페이지 데이터 같은 대규모 데이터 세트의 경우, G와 H가 선형 회귀 함수로 정의됐을 때 MCEM 단계 이후 각 분할에서 상당히 다르게 피팅된 G와 H 값을 얻고, 이어서 모든 분할에 대해 평균을 한 후 G와 H의 결과 계수 행렬은 거의 영(0)이 된다는 것을 관찰할 수 있었다. 따라서 대규모 데이터 세트로 병렬 행렬 요인 분해를 피팅할 때 식별 가능성 문제는 심각해진다.

해답: 문제 1에 대해 항목 요인 v가 항상 양수가 되도록 거기에 제약을 둔다. 이것은 적응 기각 샘플링에 샘플링 하한선을 설정해서(항상 양의 수만 샘플링) 이뤄질 수 있다. 이러한 방법을 사용하면 더 이상 v에 대한 센터링을 하지 않아도 된다. 문제 2에 대해서는 우선 $\sigma_v^2 = 1$로 하고 u_i의 사전 확률을 $N(G(x_i), \sigma_u^2 i))$에서 $N(G(x_i, \Sigma_u)$로 바꾼다. 여기에서 Σ_u는 대각 분산 행렬이고 대각 값은 값 $\sigma_{u1} \geq \sigma_{u2} \geq \ldots \geq \sigma_{ur}$이다. 모델 피팅은 매우 비슷하다. 그러나 각 M스텝 후 제약을 충족하기 위해 $k = 1, \ldots, r$에 대해 피팅 σ_{uk}를 가지고 모든 요인을 재분류한다.

8.5 대규모 문제 예시

두 가지 질문에 답하기 위해 제안한 기법을 평가해 본다. (1) 이진 반응을 다루는 여러 방법은 어떻게 다른가? (2) 실제 대규모 웹 추천 시스템에서 이런 방법들은 어떤 성능을 내는가? 첫 번째 질문에 대해서는 무비렌즈-1M 공개 데이터 세트로 만든 균형 및 비균형 이진 데이터 세트를 대상으로 변분 근사 추정, 적응 기각 샘플링, 확률적 경사 하강을 비교한다. 두 번째 질문에 대해서는 먼저 야후! 홈페이지 투데이 모듈을 자주 사용하는 사용자의 작은 표본으로 단일 기계 피팅 시나리오에서 예측 성능을 평가한 다음 최근 제안된 온라인 클릭-증가 성능 추론이 가능한 편향성 없는 오프라인 평가 방법(Li et al.)(2011)을 통해 투데이 모듈에서 수집된 대량의 비균형 이진 반응 데이터를 대상으로 완전한 엔드 투 엔드end-to-end 평가를 한다. 자세한 사항은 4.4절을 참고할 수 있다.

기법: 다음 모델과 피팅 기법을 고려한다. 모두 사용자 또는 항목당 10개의 요인을 사용한다.

- **피트온리**FEAT-ONLY: 특성만 가지고 하는 요인 분해 모델이 베이스라인이 된다. 모델은 다음과 같다.

$$s_{ij} = b(x_{ij}) + g(x_i) + h(x_j) + G(x_i)'H(x_j)$$

  g, h, G, H는 알려지지 않은 회귀 함수로 각 분할을 대상으로 표준 켤레 경사 하강 기법으로 피팅되고 g, h, G, H의 추정치를 얻기 위해 모든 분할 대상 추정치의 평균을 사용한다. 앙상블 실행은 필요 없다.

- **MCEM-VAR:** MCEM 알고리듬의 변분 근사 추정에 의해 피팅된 행렬 분해 모델

- **MCEM-ARS:** MCEM 알고리듬의 각 E스텝에서 중심 적응 기각 샘플링 알고리듬에 의해 피팅된 행렬 분해 모델

- **MCEM-ARSID:** 알고리듬의 각 E스텝에서 중심 적응 기각 샘플링 알고리듬, 제약된 항목 요인 v 및 순서가 잡힌 대각 사전 공분산 행렬 u에 의해 피팅된 행렬 분해 모델

- **SGD:** 확률적 경사 하강을 사용해 유사 요인 분해 모델을 피팅하는 대중적인 방법. 차크라바르티 외(Charkrabarty et al.)(날짜 미상)로부

터 SGD 코드를 얻었다. 모델은 다음과 같다.

$$s_{ij} = (\alpha_i + u_i + Ux_i)'(\beta_j + v_j + Vx_j)$$

U와 V는 특성 벡터 x_i와 x_j를 r차원 잠재 공간으로 매핑하기 위한 알려지지 않은 콜드 스타트 계수 행렬이다. 로지스틱 링크 함수를 가진 이진 반응은 다음의 손실 함수를 최소화한다.

$$\sum_{ij} y_{ij} \log(1 + \exp(-s_{ij})) + \sum_{ij} (1 - y_{ij}) \log(1 + \exp(s_{ij}))$$

$$+ \lambda_u \sum_i \|u_i\|^2 + \lambda_v \sum_j \|v_j\|^2 + \lambda_U \|U\|^2 + \lambda_V \|V\|^2$$

여기에서 λ_u, λ_v, λ_U, λ_V는 튜닝 매개변수고 $\|U\|$ 및 $\|V\|$는 프로베니우스 놈$^{Frobenius\ norm}$이다. 코드는 병렬 처리를 하지 않기 때문에 작은 데이터 세트 대상 실험에만 그것을 사용할 수 있다. 실험에서 $\lambda_u = \lambda_v = \lambda_U = \lambda_V$로 설정한다. 이때 λ는 0, 10^{-6}, 10^{-5}, 10^{-4}, 10^{-3} 중 어떤 값을 가진다. 10^{-5}, 10^{-4}, 10^{-3}, 10^{-2}, 10^{-1}도 시도해서 학습률을 조율했다.

피트온리, MCEM-VAR, MCEM-ARS, MCEM-ARSID에서 선형 회귀 함수를 g, h, G, H로 사용한다.

8.5.1 무비렌즈-1M 데이터

먼저 이진 반응 피팅 기법 3가지(MCEM-VAR, MCEM-ARS, SGD)를 벤치마크 무비렌즈-1M 데이터 세트 대상으로 비교한다.

데이터: 등급의 시간 스탬프에 따라 학습 테스트 분할을 한다. 처음 75%는 학습 데이터가 되고 나머지 25%는 테스트 데이터가 된다. 테스트 데이터에 신규 사용자(콜드 스타트)가 다수 포함되게 하는 분할이다. 긍정적인 반응의 희소성 정도에 따라 다양한 기법들이 이진 반응을 처리하는 방법을

연구하기 위해 이진 반응을 만드는 두 가지 방법을 고려한다. (1) 5등급 척도상 점수가 원래 1인 경우에만 값을 1로 설정하고 그 외의 경우 0으로 하는 불균형 데이터 세트를 만든다. 데이터 세트에서 긍정 반응의 비율은 약 5%이다. (2) 원래 등급이 1, 2, 3이면 반응 값을 1로 하고 그 외에는 0으로 하는 균형 데이터 세트를 만든다. 데이터 세트에서 긍정 반응의 비율은 약 44%이다. 두 개의 데이터 세트 대상 SGD, MCEM-VAR, MCEM-ARS의 예측 성능을 표 8.2에 ROC 곡선 아래 면적[AUC]으로 표현했다.

표 8.2 불균형 및 균형 무비렌즈 데이터 세트 대상 여러 기법의 AUC

| 기법 | 분할 수 | AUC | |
		불균형	균형
SGD	1	0.8090	0.7413
MCEM-VAR	1	0.8138	0.7576
MCEM-ARS	1	0.8195	0.7563
MCEM-VAR	2	0.7614	0.7599
	5	0.7191	0.7538
	15	0.6584	0.7421
MCEM-ARS	2	0.8194	0.7622
	5	0.7971	0.7597
	15	0.7775	0.7493

MCEM-ARS와 MCEM-VAR의 비교: 표 8.2에서 볼 수 있듯이 MCEM-ARS와 MCEM-VAR은 비슷한 성능을 보이며 두 가지 모두 단일 컴퓨터에서 실행됐을 때(분할 수 = 1) SGD보다 조금 높은 성능을 보였다. 2개에서 15개까지의 분할을 사용해서 여러 대의 컴퓨터에서 실행했을 때는 MCEM-ARS와 MCEM-VAR은 균형 데이터 세트 대상으로는 유사한 성능을 보였지만, 불균형 데이터 세트 대상으로는 MCEM-VAR이 분할 수가 증가하면서(데이터 희소성이 늘어남) 성능이 상당히 떨어졌다. 분할 수가 늘어날수록 성능이 떨어지는 것은 예상되는 일이다. 왜냐하면, 분할 수가 증가하면 각 분할의 데이터가 적어지고 그 결과 개별 분할 대상 모델의 정확성은 낮아진다.

SGD와 비교: 좋은 SGD 성능을 얻기 위해서는 다양한 튜닝 매개변수 및 학습률을 시도해야 한다. 하지만 이번에는 모든 초매개변수를 EM 알고리듬을 통해 얻기 때문에 튜닝을 하지 않아도 된다. 다양한 튜닝 매개변수 값을 시도하는 것은 연산 비용이 많이 들고 EM 알고리듬보다 매개변수 탐색에 덜 효율적이다. 테스트 데이터를 사용해 최선의 노력을 해서 튜닝을 하고 나면 불균형 데이터에 대한 SGD 성능은 $\lambda=10^{-3}$이고 학습률$=10^{-2}$에서 최대 0.8090을 얻게 된다. 균형 데이터에 대해서는 $\lambda=10^{-6}$이고 학습률$=10^{-3}$에서 최고 성능 0.7413을 달성했다 테스트 데이터를 갖고 SGD를 튜닝했지만 균형 및 불균형 데이터 세트 모두에서 SGD의 가장 좋은 AUC 점수는 여전히 MCEM-VAR과 MCEM-ARS의 AUC 점수보다(두 가지 방법은 학습 단계에서 매개변수 튜닝에 테스트 데이터를 사용하지 않았다) 조금 나빴다.

8.5.2 소규모 야후! 홈페이지 데이터

8.3절에서 본 야후! 홈페이지 데이터 세트(Y!FP)를 대상으로 여러 기법을 평가한다. 관찰 데이터는 시간 스탬프에 따라 분류했고 처음 75%는 학습 데이터로, 나머지 25%는 테스트 데이터로 사용했다. 사용자 특성 세트는 원래 컸기 때문에 주성분 분석을 통해 차원 축소가 이루어졌으며, 최종적으로 약 100개의 수치로 된 사용자 특성을 얻었다. 데이터 세트의 긍정 반응의 비율은 약 50%로 균형 데이터 세트다.

단일 기계 결과: 단일 기계(하나의 분할)에서 실행한 FEAT-ONLY, MCEM-VAR, MCEM-ARS, MCEM-ARSID의 AUC 점수는 표 8.3에 나와 있다. MCEM-VAR, MCEM-ARS, MCEM-ARSID, SGD 모두 피트온리보다 훨씬 좋은 성능을 냈다. 왜냐하면 이러한 모델은 웜 스타트 사용자 요인(학습 세트 대상 기간에 데이터가 있는 사용자)을 허용해서 순수한 특성 기반 예측에 비해 데이터에 더 잘 피팅된다. 그래도 테스트 데이터에는 많은 신규 사용자 및 항목이 포함돼 있기 때문에 콜드 스타트 시나리오를 다루는 것은 여전히 중요하다. 이 데이터 세트의 경우. 넷플릭스와 같은 여러 추천 문제

에 일반적으로 사용되는 평균 사전 확률 0인 행렬 분해 모델보다 데이터 세트가 MCEM-VAR이 훨씬 좋은 성능을 낸다. MCEM-VAR, MCEM-ARS, MCEM-ARSID의 성능은 모두 비슷한데, 균형 데이터 세트는 로지스틱 모델에 대한 여러 피팅 기법은 비슷하다는 점을 시사한다. MCEM-ARSID는 MCEM-ARS보다 성능이 조금 떨어지는 이유는 항목 요인 v에 제약을 주는 것이 MCEM-ARSID의 유연성이 줄어들게 하기 때문이다. MCEM-ARSID가 좋은 상황에 관해 8.5.3절에서 알아본다.

표 8.3. 야후! 홈페이지 소규모 데이터 세트 대상 여러 기법의 AUC

기법	분할 수	분할 기법	AUC
FEAT-ONLY	1	–	0.6781
SGD	1	–	0.7252
MCEM-VAR	1	–	0.7374
MCEM-ARS	1	–	0.7364
MCEM-ARSID	1	–	0.7293
MCEM-ARS	2	User	0.7599
	5	User	0.7538
	15	User	0.7421
MCEM-ARSID	2	User	0.7294
	5	User	0.7172
	15	User	0.7133
	15	User	0.6924
	15	User	0.6917

참고: 값이 1이면 단일 기계 실행을 의미한다.

SGD와 비교: 8.5.1절에서 본 것과 같이 테스트 데이터로 튜닝된 SGD를 사용하더라도 최고의 AUC는 0.752이며($\lambda=10^{-6}$, 학습률=10^{-3} 사용), 이것은 단일 기계 실행 MCEM-VAR, MCEM-ARS, MCEM-ARSID의 AUC보다 조금 떨어진다.

분할 수: MCEM-ARS 및 MCEM-ARSID(2가지 모두 앙상블 실행 10회)의 분할 수가 늘어나면서 성능이 떨어질 것을 예상한다. 분할이 많아지면서 각 분할의 데이터가 적어질 것이고, 결국 분할 대상 모델의 정확성은 낮아질 것이다. 그러나 이렇게 작은 데이터 세트를 15개의 분할로 나눠도

MCEM-ARS 및 MCEM-ARSID(사용자 기반 분할)는 여전히 피트온리보다 훨씬 우수한 성능을 보인다. 일반적으로 분할 수의 늘어나면 연산 효율성은 증가하지만, 성능은 떨어진다. 실험을 통해 대규모 데이터 세트는 $2N$개의 분할에 필요한 연산 시간은 N개의 분할을 사용했을 때의 약 절반 정도라는 것을 볼 수 있다. 그러므로 이번 실험에서는 가용한 연산 자원을 고려해 가능하면 적은 수의 분할을 사용한다.

다양한 분할 기법: 표 8.3에서 다양한 분할 수와 분할 기법을 사용한 병렬 알고리듬 MCEM-ARSID(앙상블 실행 10회)의 성능을 보여 준다. 8.4.2절에서 이야기한 바와 같이 이번과 같이 일반적으로 데이터에 항목보다 사용자가 많고, 그 결과 사용자 분할이 상대적으로 희소성이 낮은 상황에서는 사용자별로 데이터를 분할하는 것이 이벤트 기반 또는 항목 기반 분할보다 좋다.

8.5.3 대규모 야후! 홈페이지 데이터

예상 클릭 증가를 추정하기 위한 편향성이 없는 평가 방법을 사용해 대규모 야후! 홈페이지 데이터 세트 대상 병렬 알고리듬의 성능을 살펴본다.

데이터: 학습 데이터는 2011년 6월 야후! 홈페이지 투데이 모듈에서 수집됐으며 테스트 이벤트는 2011년 7월에 수집됐다. 학습 데이터는 투데이 모듈에서 최소 10번의 클릭을 한 사용자의 모든 페이지뷰를 포함하며 사용자 8백만 명, 약 4,300개의 항목, 이진 관찰 10억 개로 구성되어 있다. 알고리듬 평가에서 선택 편향성을 제거하기 위해 테스트 데이터는 무작위로 선택된 사용자 모집단에서 수집됐으며 각 사용자 방문에 콘텐츠 풀에서 하나의 기사가 무작위로 선정돼서 F1 위치에 표시됐다. 학습 데이터 대상 기간에 포함된 과거 사용자와 그렇지 않은 신규 사용자가 포함된 무작위 버킷은 약 240만 번의 클릭으로 구성됐다.

각 사용자는 야후! 전체 네트워크에서의 다양한 종류의 사용자 활동을 반영하는 124개의 행동 특성이 있다. 각 항목은 편집자가 직접 라벨을 붙인 43개의 범주에 속한다. F1 기사 링크에 대한 클릭은 하나의 긍정적인 관찰이며, 후속 클릭이 없는 F1 기사 링크 뷰는 부정적인 관찰이다. 여기에서 긍정적인 반응의 비율은 소규모 데이터 세트 때의 비율보다 훨씬 낮다. 늘어난 희소성과 불균형이 또 다른 어려움이 된다.

실험 준비: 투데이 모듈 기사의 수명은 짧기 때문에(6시간에서 24시간) 테스트 대상 기간에 포함된 거의 모든 항목은 신규 항목이어서, 항목에 온라인 모델을 적용한다.

편향성 없는 평가: 총 클릭을 최대화하는 것이 실험의 목표로, 다음에서 평가 측정지표를 간단히 설명한다.

5분 간격 t로 다음과 같이 한다.

1. 모델에서 t에 속한 각 이벤트에 대해 풀에 속한 모든 기사의 예측 CTR을 계산한다. 추정에는 t 이전의 모든 데이터를 사용할 수 있다.

2. t에 있는 각 이벤트에 대해 현재 풀에서 가장 높은 예측 확률을 가진 기사 j^*를 선택한다. 기록된 데이터에서 실제 제공된 기사가 j^*와 일치 즉, 매치한다면 이벤트를 기록한다. 그렇지 않으면 그것을 무시한다.

실험 끝에서는 기록된 이벤트를 기반으로 CTR 측정지표를 계산한다. 추정치에는 편향성이 없다(Li et al.)(2011). 무작위 버킷에 있는 기사는 사용자에게 전시될 확률이 모두 같기 때문에 매치된 뷰 이벤트의 수는 모든 모델에 대해 같을 것으로 예상된다. CTR을 더 잘 최적화하는 모델은 더 많은 클릭 이벤트를 매치할 수 있다. 매치 이벤트에서 전반적인 CTR을 계산할 수 있으며, 이런 측정지표를 가지고 여러 모델을 비교할 수 있다. 사례와 같이 데이터가 많으면 매치된 이벤트에 대한 전반적인 CTR 측정지표의 분산은 작다. 실험에서 보고된 모든 차이는 작은 p값을 갖고 통계적으로 유의하다.

두 가지 베이스라인 기법: 요인 기반 사용자 특성이 야후! 홈페이지 콘텐츠를 개인화하는 데 최고 성능을 제공한다는 것을 보여주기 위해 홈페이지에서 사용자의 과거 상호작용을 기반으로 사용자 특성을 생성하는 두 가지 베이스라인 기법을 구현한다.

- **항목 프로파일**ITEM-PROFILE: 학습 데이터를 사용해서 가장 많은 뷰를 가진 항목 1,000개를 뽑는다. 1,000차원 이진 사용자 프로파일을 만들어 학습 데이터 대상 기간 동안 어떤 사용자가 해당 항목을 클릭했는지 보여준다(1은 클릭, 0은 클릭하지 않았음). 학습 데이터에 나타나지 않았던 콜드 스타트 사용자에 대해서는 이진 프로파일 벡터는 모두 0이다.

- **범주 프로파일**CATEGORY-PROFILE: 데이터 세트에서 각 항목은 그 항목이 속하는 콘텐츠 범주를 나타내는 43개의 이진 특성이 있기 때문에 다음 방법을 사용해 사용자 범주 선호 프로파일을 만든다. 사용자 i와 범주 k에 대해 관찰된 뷰의 수를 v_{ik}로, 클릭 수를 c_{ik}로 나타낸다. 학습 데이터에서 글로벌 범주당 CTR을 얻어서 γ_k라고 한다. 그런 다음 c_{ik}를 $c_{ik} \sim \text{Poisson}(v_{ik}\gamma_k\lambda_{ik})$로 모델링한다. 여기에서 λ_{ik}는 알려지지 않은 사용자 범주 선호 매개변수다. λ_{ik}는 감마 사전 확률 $\text{Gamma}(a, a)$를 가진다고 가정하면 λ_{ik}의 사후 확률은 $(\lambda_{ik} | v_{ik}, c_{ik}) \sim \text{Gamma}(c_{ik} + a, v_{ik}\gamma_k + a)$가 된다. 사후 평균의 로그 즉, $\log(c_{ik} + a/v_{ik}\gamma_k + a)$를 범주 k에 대한 사용자 i의 프로파일 특성 벡터로 사용한다. 만약 사용자 i와 범주 k에 대해 아무런 관찰 데이터가 없다면 특성값은 0이 된다. 변수 a는 튜닝 사전 표본 크기 매개변수로 교차 검증을 통해 얻을 수 있다. $a = 1, 5, 10, 15, 20$을 시도해서 이 데이터 세트의 경우 $a = 10$이 최적값임을 발견했다.

실험 결과: 행동적(BT) 특성 x_{it}만 사용하는 온라인 로지스틱 모델과 비교하는 편향성 없는 평가를 통해 얻은 클릭 증가를 보고해서 모든 기법을 평가한다. 이런 모델은 사용자가 과거에 한 항목과의 상호작용을 고려하지 않으며, 모델의 많은 사용자 대상 성능은 개선될 여지가 많다. 표 8.4에서 전반적인 개선, 웜 스타트 개선(학습 세트에 나타난 사용자), 콜드 스타트 개선(신규 사용자)을 요약한다. 모든 모델은 어느 정도 개선 효과가 있다. MCEM-ARSID가 종합적, 콜드 스타트 상황에 가장 좋고 MCEM-ARS는 웜 스타트에서 가장 좋았다. MCEM-ARS는 콜드 스타트 사용자에 대해 클릭 증가를 보지 못하는 이유는 8.4.2절에서 논의한 식별 가능성 문제 때문이다. 항목 요인을 양수로 제약하면 MCEM-ARSID는 MCEM-ARS보다 성능이 조금 떨어지지만, 식별 가능성 문제를 아주 잘 해결하며 그 결과 콜드 스타트 사용자에 대해 최고의 성능을 제공한다. MCEM-VAR는 범주 프로파일보다 특히 웜 스타트에 대해 성능이 떨어진다. 또한 1회와 10회 앙상블 MCEM-ARSID 실행을 비교해 보면 앙상블을 사용했을 때 결과가 개선되는 것을 확인할 수 있다.

표 8.4. 사용자 행동 특성(BT) 모델 대비 전반적인 클릭 증가

기법	앙상블 실행 횟수	총	웜 스타트	콜드 스타트
ITEM-PROFILE	–	3.0	14.1	−1.6
CATEGORY-PROFILE	–	6.0	20.0	0.3
MCEM-VAR	10	5.6	18.7	0.2
MCEM-ARS	10	7.4	26.8	−0.5
MCEM-ARSID	1	9.1	24.6	2.8
MCEM-ARSID	10	9.7	26.3	2.9

학습 기간 동안 투데이 모듈의 사용자 활동을 기반으로 다양한 유형의 웜 스타트에서 알고리듬의 성능을 더 조사하기 위해 그림 8.4에서 투데이 모듈 활동 수준에 따른 클릭 증가를 살펴본다. 테스트 세트에 있는 사용자를 학습 데이터에 포함된 그들의 클릭 수에 따라 몇 개의 소집단으로 분류한다. 예상한 대로 어떤 단조로운 경향을 보인다. 더 활동적인 사용자에 대해 그들의 투데이 모듈 과거 활동 데이터를 사용하면 개인화가 더 잘 된다. 그

림 8.4에서 모든 사용자 소집단에 대해 MCEM-ARSID가 범주 프로파일 및 항목 프로파일보다 일관되게 더 좋다는 것을 볼 수 있다. MCEM-ARSID, MCEM-ARS, MCEM-VAR의 성능을 비교하면 MCEM-VAR이 MCEM-ARS와 MCEM-ARSID보다 상당히 떨어진다는 것을 볼 수 있다.

변분 근사 추정의 잠재적 문제: 데이터 희소성이 있는 MCEM-VAR의 문제를 조사하기 위해 그림 8.5에서 요인 추정치를 살펴본다. 그림 8.5는 요인 100개와 분할 100개인 MCEM-VAR 및 MCEM-ARS를 EM 반복주기 30회 후 피팅된 u_i 및 v_j의 히스토그램histogram을 보여준다. MCEM-VAR 및 MCEM-ARS 모두 피팅된 사용자 요인은 비슷한 척도에 있지만, 변분 근사 추정에 의해 생성된 항목 요인은 MCEM-ARS에 의해 생성된 그것보다 1단위 작다. 이러한 현상은 놀라운 것이며 MCEM-VAR은 적은 반응 데이터에 피팅할 때 요인 추정치를 지나치게 축소하는 경향이 있다는 것을 보여 준다. 이진 반응이 드물어지면서 MCEM-VAR의 성능이 떨어지는지 이유를 알려준다. 변분 추론은 적은 반응 데이터를 가지고 작업할 때 지나치게 많은 축소를 하는 것으로 보인다.

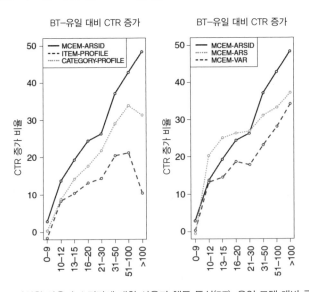

그림 8.4. 다양한 사용자 소집단에 대한 사용자 행동 특성(BT)-유일 모델 대비 클릭 증가.

소집단은 학습 데이터에 있는 클릭 수를 기준으로 만들어졌다.

8.5.4 결과 논의

이진 반응에 대한 요인 분해 및 하둡^{Hadoop} 프레임워크와 같은 규모에 그런 기법을 적용하기 위해 각개격파 전략을 사용할 때 미묘한 문제가 있다는 것을 분명하게 보여 주는 실험이었다. 단일 기계를 사용해 모델을 피팅할 수 있는 시나리오에서는 균형 잡힌 이진 반응에 대해서는 모든 기법이 동일하게 잘 동작했다. 관련된 연구는 현재까지 광범위하게 이뤄졌다.

불균형이 심한 데이터의 경우 MCEM-VAR은 성능이 떨어져 사용을 추천하지 않는다. SGD는 학습률과 정규화 매개변수를 주의해서 조율하면 잘 작동하지만, 제대로 조율되지 않는 이상 사용하지 않는 것이 좋다. 조율 후에도 SGD는 MCEM 기법보다 성능이 떨어지므로 가능하면 MCEM을 사용하자. 단일 기계 MCEM의 경우, MCEM-ARSID에 양의 제약을 가하면 성능을 해치는데, 그것이 또 다른 제약이기 때문이다. 그런 방법을 추천하지 않으며 대신 MCEM-ARS 피팅을 권한다.

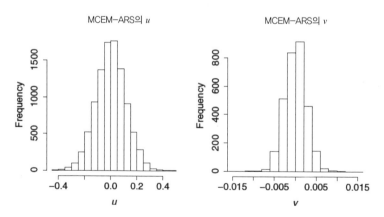

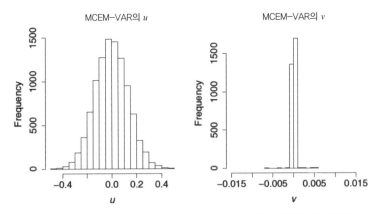

그림 8.5. MCEM-VAR 및 MCEM-ARS의 MCEM 단계 30회 반복 후 피팅된
u_i 및 v_j의 히스토그램(요인 10개와 400개의 분할)

각개격파로 맵리듀스를 피팅할 때는 얘기가 달라진다. 요인 모델은 여럿이
기 때문에 각 분할이 매우 다른 회귀 추정치로 수렴해서 성능이 안 좋아진
다. 여기에서는 MCEM-ARSID와 초깃값 동기화를 통한 식별 가능성 확
보를 위해 가능한 모든 노력을 다해야만 한다. 또한 앙상블 사용을 추천한
다. E스텝만 사용하면 연산 비용도 많이 추가되지 않는다. MCEM-VAR
은 데이터가 적을 때 성능이 떨어지기 때문에 권하지 않는다.

8.6 요약

웹 애플리케이션에서는 콜드 스타트 및 웜 스타트 상황 모두에 좋은 방법
을 적용하기 위해 과거 반응 데이터와 특성 모두를 사용할 수 있는 복합적
방법을 사용하는 것이 일반적이다. 이중 선형 잠재 요인 모델에 기반을 둔
유연한 확률적 프레임워크를 제시했으며 그 결과는 좋았다. 확률적 특성
때문에 톰슨 샘플링과 같은 합리적인 탐색 이용 과정이 발생하게 되지만
사용자 및 항목 요인 추정치에 존재하는 불확실성은 추가 연구가 필요한
새로운 도전 과제로 볼 수 있다.

연습문제

1. 수식 8.18에 나와 있는 명제를 증명해보자. u_i의 한계 분산을 구하기 위한 한정된 형태의 공식을 얻을 수 있는가?

제3부

고급 주제

09

잠재 디리클레 할당을 통한 요인 분해

9.1 소개

8장에서 곱셈 함수 $u_i'v_j$로 사용자–항목 상호작용을 포착하는 이중 선형 잠재 요인 모델 RLFM을 알아봤다. u_i와 v_j는 각각 사용자 i 및 항목 j와 관련된 아직 알려지지 않은 벡터(잠재 요인)다. 잠재 요인은 유클리드 공간에 있으며 사용자 및 항목 특성에 기반을 둔 회귀 함수에 의해 결정된 평균을 가진 가우스 사전 확률을 가지고 정규화된다. 이런 방법은 콜드 스타트 및 웜 스타트 모두를 하나의 모델링 프레임워크로 통합하게 된다. 9장에서는 요인 분해된 잠재 디리클레 할당[LDA]이라고 하는 새로운 요인 모델을 설명한다. 잠재 디리클레 할당 모델은 예측 성능 향상을 위해 풍부한 단어 가방 유형의 항목 특성과 사용자 반응 모두를 통합하는 임무에 적합하다. 콘텐츠 추천, 광고, 웹 검색 같은 웹 애플리케이션에서 흔하게 생기는 상황이다. '단어'란 구절, 개체 등과 같은 요소를 나타내는 일반적인 용어라는 점에 주목해야 한다. 잠재 디리클레 할당 모델이 토픽 모델링을 할 수 있는 텍스트 메타데이터를 가진 항목을 대상으로는 최신 요인 모델보다 더 좋은 정확성을 제공한다는 것을 실험적으로 보여준다. 그 외에도 해석 가능한 항목 주제는 추천을 설명하는 데 도움을 준다. 또한 항목 메타데이터가 부족하거나 거기에 노이즈가 섞여 있을 때도 이 방법은 여전히 최신 요인 분해 모델과 비교할 만한 성능이 있다. 그러나 모델 피팅 때 RLFM보다 연산에 더 많은 주의를 기울여야 한다.

fLDA의 핵심 개념은 RLFM와 같이 사용자 요인(또는 프로파일)이 유클리드 공간에 있지만 LDA에 기반을 둔 더 풍부한 사전 확률을 통해 항목 요인을 할당받도록 하는 것이다(Blei et al.)(2003). 더 구체적으로는 사용자 i 와 항목 j 사이의 연관성을 $u'_i z_j$로 모델링하는 데 여기에서 z_j는 K개의 상이한 잠재 주제(토픽)에 대한 항목 j의 소프트 클러스터 멤버십soft cluster membership 점수를 나타내는 다항 확률 벡터다. u_i는 주제와 사용자 i의 연관성을 나타낸다. LDA의 핵심 개념은 K개의 상이한 값(K개의 주체)을 기록할 수 있도록 개별 잠재 요인을 항목의 각 단어에 할당하고 해당 항목의 모든 단어 당 주제를 평균해서 항목 전체의 주제를 도출하는 것이다. 따라서 단어의 80%가 정치에 관한 것이고 나머지가 교육에 대한 뉴스 기사는 정치에 관한 기사로 분류되긴 하지만, 교육에 관한 어떤 이슈와 연관될 수도 있다. fLDA에서 잠재 요인의 수가 크기 때문에 정규화가 중요하다. LDA에서는 정규화는 단어-주제 연관성과 항목-주제 연관성을 우선 모델링하고 최종적으로 각 항목에 대한 단어 주제를 평균해서 처리된다. fLDA에서는 또한 항목 주제를 결정할 때 항목에 대한 사용자 반응을 하나의 추가적인 정보 출처로 포함한다. 실제로 항목에 대한 반응은 글로벌 단어-주제 연관성 행렬의 추정에 영향을 주고 글로벌 행렬은 결국 로컬에서 주제에 각 항목의 단어를 할당하는 것에 영향을 미친다. 많은 사용자가 '오바마'라는 단어가 언급된 정치 기사에 긍정적으로 반응한다면, fLDA에서는 그것으로만 형성된 하나의 독립된 주제가 형성될 수 있다. 비지도 LDA는 단어의 등장 횟수의 영향만 받기 때문에 그런 현상이 발생하지 않을 수 있다. '오바마'가 언급된 기사에 대해 긍정적인 반응이 압도적으로 많기 때문에 반응을 관찰할 가능성을 높이기 위한 군집화를 할 수밖에 없다. 실제로 반응이란 어떤 항목의 단어에 중요도 점수를 부여하기 위해 사용할 수 있는 추가적인 정보로 생각할 수 있다. 핵심은 데이터에서 이러한 점수를 자동으로 학습할 수 있는 fLDA의 능력이다. 또한 항목에 반응하는 사용자의 잠재 프로파일이 항목 주제를 결정하는 데 결정적인 역할을 하며, 그 반대도 성립한다는 점에 주목해야 한다. 이러한 사용자 프로파일과 주제 속성 동시 추정이야말로 fLDA를 다른 지도 LDA, 예컨대 sLDA(Blei and AcAuliffe)(2008)와 구분짓는다. sLDA 또한 LDA 주제 결정에 반응 변수를 사용하지만, 글로벌 회귀를 통해서 한다. 반대로, fLDA는 사용자당 로컬 회귀를 수행한다.

fLDA에서 항목의 주제는 해석 가능성을 제공하며 사용자 대상 추천을 설명해준다. 정보가 많은 주제는 사용자 요인은 LDA 주제에 대한 흥미 프로파일을 제공한다. 9.2절에서 fLDA 모델을 정의한다. 9.3절에서 모델 학습 알고리듬을 설명하고 9.4절에서 실험 결과를 제시한다. 9.5절에서 관련된 문헌을 잠시 살펴보고 9.6절에서 9장의 결론을 낸다.

9.2 모델

9.2절에서 fLDA 모델을 정의한다. 개요를 간단히 알아보고 기존 연구와의 차이점을 도출한다. 이어서 수학적 이론을 자세히 살펴본 후 몬테카를로 EM$^{\text{MCEM, Monte-Carlo EM}}$ 알고리듬을 기반으로 피팅 과정을 설명한다.

9.2.1 개요

8장과 같이 (i, j)로 사용자-항목 페어를 나타내고 y_{ij}로 반응을 나타낸다. 항목이 비지도 주제 모델링을 할 수 있는 자연적인 단어 가방 표현을 가지고 있는 상황을 살펴본다. 웹 애플리케이션 추천 문제에 매우 흔한 상황이다.

예측 방법은 학습 데이터에 대한 2단계 계층적 혼합 효과 모델 피팅에 기반을 둔다. 특히 잠재 요인 $(\alpha_i, u_i^{r \times 1})$를 사용자 i에게, $(\beta_j, z_j^{r \times 1})$를 항목 j에게 할당한다. 항목 요인 $\bar{z}_j$는 다음과 같이 $\{z_{jn}\}$을 평균해 얻는다.

$$\bar{z}_j = \sum_{n=1}^{W_j} \frac{z_{jn}}{W_j}$$

z_{jn}은 항목 j의 n번째 단어에 할당된 잠재 요인(가능 주제 r개 가진)이며 W_j는 항목 j에 있는 단어 수를 나타낸다. r개의 연속 잠재 요인 $v_j^{r \times 1}$를 각 항목에 할당하는 RLFM과 같은 요인 모델과 fLDA와의 핵심적인 차이점 중 하나다. 표기법의 편의를 위해 r개의 가능한 값을 가진 개별 변수와 길이가 r인 벡터 모두를 나타내기 위해 z_{jn}을 사용한다. 벡터에서 값이 1인 요소는 정확히 한 개이며 나머지의 값은 0이다.

fLDA 모델은 반응과 단어 생성 과정을 2단계로 명시한다. 첫 번째 단계는 잠재 요인과 반응 y_{ij} 간의 관계를 명시한다. 실제로 y_{ij}의 평균(또는 평균을 구하는 간단한 함수)과 잠재 요인은 이해하기 쉬운 요인 이중 선형 함수를 통해 연결할 수 있다.

$$\alpha_i + \beta_j + u_i' \bar{z}_j$$

α_i는 사용자 i의 편향성이고, β_j는 항목 j의 글로벌 인기를 나타내는 항목 편향성이며, 벡터 $\bar{z}_j$는 주제 r개에 걸친 항목 j의(실험적) 확률 분포다. 벡터 u_i는 r개의 주제 각각에 대한 사용자 i의 연관성을 나타낸다.

모델의 생성에는 사용자의 항목과의 상호작용을 포착하는 곱셈 항 $u_i' \bar{z}_j$의 추정이 가장 중요하다. 적용 사례에서의 데이터 불완전성 때문에 (보통 가능한 모든 페어의 1에서 5%만 반응 데이터가 있다) r 값이 작은 상황에서도 잠재 요인을 신뢰 있게 추정할 수 없다는 것은 분명하다. 사전 확률로 요인을 제한하는 두 번째 단계는 자유도의 영향을 감소시키며 결국 좋은 성능을 낼 수 있게 한다.

문제의 핵심은 사전 확률을 식별하는 데 있다. 첫 번째 단계 모델만으로는 유연성이 너무 높아 데이터에 과적합된다. 사용자와 항목 요인 모두를 가정하는 요인 모델은 r차원 유클리드 공간에서 값을 취하고 L_2 놈 제약이나 유사한 평균 영(0)인 가우스 사전 확률로 요인 값을 조정한다. 8장에서 소개한 회귀 기반 잠재 요인 모델^{RLFM}은 사전 확률을 완화해 유연한 평균을 갖도록 하는데 평균은 요인 값을 사용자 (항목) 특성에 회귀해서 얻어진다. 유 외(Yu et al.)(2009)에서는 더 나아가서 특성에 관한 비선형 커널 함수를 통해 요인을 정규화한다. 더 좋은 정규화를 제공함은 물론, 그러한 전략은 콜드 스타트 상황에서 더 좋은 예측을 제공한다.

fLDA 모델은 개념적으로 비슷하다. 사용자 요인은 여전히 유클리드 공간에서 값을 취한다고 가정하지만, 항목 요인은 r개의 가능한 값(주제)을 가지고 독립적이다. 더군다나, 한 항목의 각 단어에 잠재 주제를 할당하고 단어당 주제의 평균이 사용자-항목 상호작용을 포착하는 항목 주제라고 가정한다. 단어 수준 개별 주제는 사용자 반응과 항목의 LDA 사전 확률을 가지고 정규화된다.

9.2.2 모델 명세

9.2.2절에서는 fLDA를 상세히 설명한다. 표기법부터 시작한다.

표기법: 앞과 같이 i는 사용자를, j는 항목을 나타낸다. 항목 주제를 나타내기 위해 지수 k를 사용하고 항목의 단어를 나타내기 위해 지수 n을 사용한다. M, N, r, W는 사용자, 항목, 주제, 항목 말뭉치에 있는 단어를 각각 나타내도록 하자. W_j를 사용해 항목 길이, 즉, 항목 j에 있는 단어의 수를 나타낸다. 8장에서와 같이, x_i, x_j, x_{ij}는 각각 사용자 i, 항목 j, 사용자-항목 페어 (i, j)의 특성 벡터를 나타낸다. x_j 외에 항목은 단어 가방 벡터 W_j도 가지는데, W_{jn}은 항목 j의 n 번째 단어를 나타낸다($n = 1, ..., W_j$).

1단계 관찰 모델: 1단계 관찰 모델은 다음과 같이 잠재 요인 및 주제에 따른 반응의 분포를 명시한다.

- 가우시안 모델의 연속적인 반응 $y_{ij} \sim N(\mu_{ij}, \sigma^2)$. 여기서

$$\mu_{ij} = x'_{ij}\, b + \alpha_i + \beta_j + u'_i\, \bar{z}_j$$

- 논리 모델의 이진 반응 $y_{ij} \sim \text{Bernoulli}(\mu_{ij})$. 여기서

$$\log\left(\frac{\mu_{ij}}{1 - \mu_{ij}}\right) = x'_{ij}\, b + \alpha_i + \beta_j + u'_i\, \bar{z}_j$$

b는 특성 x_{ij}의 회귀 가중치 벡터이고, α_i, β_j, u_i, z_j는 알려지지 않은 잠재 요인이다. 항목 j에 있는 각 단어 W_{jn}은 잠재 주제 z_{jn}을 갖고 있으며, $\bar{z}_j = \sum_{n=1}^{W_j} \frac{z_{jn}}{W_j}$은 항목 j에 있는 단어의 주제 분포에 걸쳐 평균한 항목 j에 대한 주제의 과거 분포를 나타낸다(z_{jn}은 길이 K를 가진 영(0) 벡터다. 단 z_{jn}이 주제 k를 나타낸다면 k번째 위치는 1과 같다). 일반적인 적용 사례에서 b는 차원이 작은 글로벌 매개변수이기 때문에 더 이상의 정규화가 필요없다.

2단계 상황 모델: 특성 $[\{x_i\}, \{x_j\}, \{W_{jn}\}]$에 따른 잠재 요인 $[\{\alpha_i\}, \{\beta_j\}, \{u_i\}, \{z_{jn}\}]$의 사전 분포를 명시한다. 요인 분포는 통계적으로 독립적이라고 가정한다. 즉

$$[\{\alpha_i\}, \{\beta_j\}, \{u_i\}, \{z_{jn}\}] = \left(\prod_i [\alpha_i] \prod_j [\beta_j] \prod_i [u_i]\right) \cdot [\{z_{jn}\}]$$

사전 확률은 다음과 같다.

1. 사용자 편향성 $\alpha_i = g'_0 x_i + E^\alpha_i$. 여기에서 $E^\alpha_i \sim N(0, a_\alpha)$이고 g_0는 사용자 특성 x_i의 회귀 가중치 벡터다.

2. 사용자 요인 $u_i = Hx_i + E^u_i$는 주제 연관성 점수의 $r \times 1$ 벡터다. 여기에서 $E^i_u \sim N(0, A_u)$이고 H는 사용자 특성 x_i의 회귀 가중치 행렬이다.

3. 항목 인기도 $\beta_j = d'_0 x_j + E^\beta_j$. 여기에서 $E^\beta_j \sim N(0, a_\beta)$이고 d_0는 항목 특성 x_j의 회귀 가중치 벡터다.

$\{z_{jn}\}$의 사전확률은 LDA 모델(Griffiths and Steyvers)(2004), (Blei et al.)(2003) 에서 제시하고 있다.

LDA 사전확률: LDA 모델은 비조도 군집화 기법으로 군집화 대상 요소가 단어 가방 표현을 가질 때 잘 동작한다. 즉 범주적이고 고차원이지만 희소한 데이터를 군집화한다. LDA 모델은 텍스트 마이닝 애플리케이션에서 광범위하게 사용되며 각 문서를 해석하기 쉬운 주제 단위로 소프트 군집화를 하게 된다.

LDA 모델은 (단어, 항목, 주제) 3요소의 연관 발생 확률이 (단어, 주제)와 (항목, 주제) 상호작용으로 모델링될 수 있다고 가정해서 동작한다. 항목의 단어 벡터는 다음과 같은 방법으로 생성된다고 가정한다. 각 주제 k에 대해 전체 말뭉치 단어들에 걸쳐 다항 분포 $\Phi_k^{l \times W}$를 도출한다. 즉 $\Phi_{kl} = \Pr[$단어 l 관찰| 주제 $k]$. 또한 r개 주제에 걸친 항목 j의 다항 분포 $\theta_j^{r \times 1}$를 가정한다. 즉 $\theta_{rk} = \Pr[$단어의 잠재 주제는 $k \mid$ 항목 $j]$. 이제 말뭉치 생성 모델은 $[\{W_{jn}\}, \{z_{jn}\} \mid \{\Phi_k\}, \{\theta_j\}] \propto [\{W_{jn}\} \mid \{z_{jn}\}, \{\Phi_k\}] \cdot [\{z_{jn}\} \mid \{\theta_j\}]$로 모델링된다. 여기에서

1. $z_{jn} \mid \theta_j \sim \text{Multinom}(\theta_j)$. 즉 해당 문서의 다항에서 항목 j의 각 단어에 대한 잠재 주제를 추출한다.

2. $W_{jn} \mid z_{jn} \sim \text{Multinom}(\Phi z_{jn})$. 즉 항목의 각 단어에 대해 잠재 주제를 뽑은 후 주제=z_{jn}으로 주제-특유 (문서와 독립적인) 다항 분포에서 단어를 뽑는다.

표 9.1. LDA 기반 요인화 모델

등급	$y_{ij} \sim \mathcal{N}(\mu_{ij}, \sigma^2)$, or (가우시안)	
	$y_{ij} \sim \text{Bernoulli}(\mu_{ij})$ (논리)	
	$l(\mu_{ij}) = \boldsymbol{x}'_{ij}\,\boldsymbol{b} + \alpha_i + \beta_j + \boldsymbol{u}'_i\,\bar{\boldsymbol{z}}_j$	
사용자 특성	$\alpha_i = \boldsymbol{g}'_0\boldsymbol{x}_i + \epsilon_i^{\alpha}$,	$\epsilon_i^{\alpha} \sim \mathcal{N}(0, a_{\alpha})$
	$\boldsymbol{u}_i = \boldsymbol{H}\boldsymbol{x}_i + \epsilon_i^{u}$,	$\epsilon_i^{u} \sim \mathcal{N}(\boldsymbol{0}, \boldsymbol{A}_u)$
항목 특성	$\beta_j = \boldsymbol{d}'_0\boldsymbol{x}_j + \epsilon_j^{\beta}$,	$\epsilon_j^{\beta} \sim \mathcal{N}(0, a_{\beta})$
	$\bar{z}_j = \sum_n z_{jn}\,/\,W_j$	
주제 모델	$\boldsymbol{\theta}_j \sim \text{Dirichlet}(\lambda)$	
	$\boldsymbol{\Phi}_k \sim \text{Dirichlet}(\eta)$	
	$z_{jn} \sim \text{Multinom}(\boldsymbol{\theta}_j)$	
	$w_{jn} \sim \text{Multinom}(\boldsymbol{\Phi}_{z_{jn}})$	

참고: 가우시안은 논리는 $l(\mu_{ij}) = \mu_{ij}$, 논리는 $l(\mu_{ij}) = log\frac{\mu_{ij}}{1-\mu_{ij}}$

다차원 단체high-dimensional simplex와 연관된 다항 확률을 정규화하기 위해 θ_j
$\sim$ Dirichlet(λ)과 $\Phi_k \sim$ Dirichlet(η)을 가정한다. 여기에서 λ와 η는 대칭 디
리클레 분포의 초매개변수로 사후 분포 $[\bar{z}_j \mid \{W_{jn}\}]$에서 나타나는 엔트로피
를 간접적으로 제어한다. 초매개변수 값이 크면 집중도가 떨어지고 엔트로
피는 높아진다. 디리클레–다항 켤레류는 $\{\Phi_k\}$와 $\{\theta_j\}$에 걸쳐 한계화
marginalize하고 $[\{W_{jn}\}, \{z_{jn}\} \mid \eta, \lambda]$로 직접 작업해서 그리피스와 스테이버스
(2004)가 제안한 바와 같이 붕괴된 깁스 샘플러Gibbs sampler를 통해 잠재 주
제의 사후에서 표본을 효율적으로 뽑을 수 있게 한다. fLDA에서는 또한
항목 요인은 다항 확률 $\{\Phi_k\}$와 $\{\theta_j\}$에 의존하지 않는 잠재 주제 변수 $\{z_{jn}\}$의
함수이기 때문에 한계화된 사후 확률로 작업한다. 그러나 fLDA에서 깁스
샘플러 함수는 반응에 의존하는 1단계 모델의 우도 부분의 영향 때문에 곱
셈 방정식으로 수정된다(9.3절 참조). 참조의 용이성을 위해 2단계 모델을
표 9.1에 정리하고 그림 9.1에서 그래프로 나타내본다.

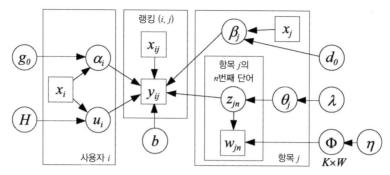

그림 9.1. fLDA 그래프 묘사. 설명의 편의를 위해 가변 요소(σ^2, a_α, a_β, A_s)는 생략됐다.

1단계 모델에서 상호작용을 포착하기 위해 항목 다항 주제 확률 벡터인 θ_j 대신 $\bar{z}_j$를 선택한 이유를 간단하게 설명하면서 9.2절을 마친다. 항목에 있는 단어 잠재 요인의 경험적 분포인 $\bar{z}_j$가 θ_j보다 변동성이 크기 때문이며, 더 좋은 사용자 수준 회귀와 더 빠른 수렴에 도움이 된다.

9.3 학습 및 예측

9.3절에서는 먼저 몬테카를로 기대 최대화^{MCEM} 알고리듬에 기반을 둔 모델 학습을 구체적으로 설명한 다음 예측 절차를 알아본다. 모델 훈련 단계에서 최적화 문제의 정확한 공식으로 시작해서 EM 알고리듬을 설명한다. 설명의 편의를 위해 가우스 1단계 모델을 기준으로 하고 9.3.1절에서 논리 모델을 논의한다.

$x_{ij}=[x_i, x_j, x_{ij}]$는 특성을, $\Delta_{ij} = [\alpha_i, \beta_j, u_i]$는 연속적 잠재 요인을, $\Theta= [b, g_0, d_0, H, \sigma^2, a_\alpha, \text{a}_\beta, A_u, \lambda, \eta]$는 모델 매개변수를 나타내도록 하자. $y = \{y_{ij}\}$, $X = \{x_{ij}\}$, $\Delta=\{\Delta_{ij}\}$, $z = \{z_{jn}\}$, $w = \{W_{jn}\}$을 가정한다.

실험적 베이지안 접근 방법을 따라, 관찰된 반응 y와 단어 w가 주어졌을 때 학습 목표는 불완전 데이터 우도를 최대화하는 (잠재 요인 Δ과 $\{z_{jn}\}$에 걸쳐 한계화하면서) 매개변수 값을 찾는 것이다.

$$\hat{\Theta} = \arg\max_{\Theta} \Pr[\, y, w \mid \Theta, X\,]$$

불완전 데이터 우도를 최적화한 후 Θ의 최적값을 얻으면, 추론과 예측은 사후 확률 $[\Delta, \{z_{jn}\} \mid y, w, \hat{\Theta}, X]$로 할 수 있다.

9.3.1 모델 피팅

필터 모델 피팅에는 EM 알고리듬(Dempster et al.)(1977)이 적합하다. 이때 요인은 관찰된 데이터로 확장되는 결손 데이터를 형성한다. 그러면 완전한 로그 우도가 관찰 (1단계) 모델과 상황 (2단계) 모델 우도의 곱으로 얻어진 다. EM 알고리듬은 관찰된 데이터와 Θ의 현재 값에 따른 결손 데이터 (Δ, $\{z_{jn}\}$)의 사후 확률을 반영한 완전 데이터 우도의 기댓값을 취하는 것을 포함한 E스텝과 거기서 얻은 기대 완전 데이터 우도를 최대화해 업데이트된 Θ 값을 얻는 M스텝을 반복한다. 각 반복주기에서 EM 알고리듬은 불완전 데이터 로그 우도 값이 악화되지 않도록 보장된다. 요인의 사후 확률은 한 정된 형태가 아니기 때문에 연산 병목은 E스텝에 있다. 그러므로 몬테카를 로 방법에 의존한다. 사후 확률에서 표본을 추출해 몬테카를로 평균을 취해서 E스텝의 기대 근사치를 구한다. 이것은 몬테카를로 EM(MCEM, Monte Carlo EM) 알고리듬(부스와 호버트(Booth and Hobert), 1999)으로 알려져 있다. 기대에 관한 한정된 형태의 공식을 도출하기 위해 변분 근사 추정을 적용하거나 기대 연산이 조건 분포의 모드 적용으로 대체되는 반복적 조건 모드^{ICM, iterative conditional mode} 알고리듬을 적용하는 방법도 있다. 그러나 과거 경험과 다른 연구(Salakhutinov and Mnih)(2008)에 의하면 보통 샘플링이 더 좋은 예측 성능과 확장 가능성을 제공한다. 사후 확률이 갖는 고도의 멀티 모달(multimodal, 다중-모드)적인 특성이다. 경험으로 샘플링은 얕은 극값^{shallow minima}에 빠지지 않도록 해준다. 실제로 샘플링은 요인 수가 증가해도 과적합을 어느 정도 막아준다는 것을 발견했다. 모드 발견 접근 방법의 경우(Agarwal and Chen)(2009)는 그렇지 않다. 9.3.1절에서는 MCEM 알고리듬에 집중한다.

$LL(\Theta; \Delta, z, y, w, X) = \log(\Pr[\Delta, z, y, w \mid \Theta, X]$가 완전 데이터 로그 우도를 나타내본다. $\hat{\Theta}^{(t)}$가 현재 t번째 반복주기에서 Θ의 추정치를 나타내도록 하자. EM 알고리듬은 수렴까지 다음 2단계를 반복한다.

1. E스텝: $E\Delta,z[LL(\Theta; \Delta, z, y, w, X) \mid \hat{\Theta}^{(t)}]$를 Θ의 함수로 계산한다. 기댓값은 $(\Delta, z \mid \hat{\Theta}^{(t)}, y, w, x)$의 사후 분포에서 가져온다.

2. M스텝: E스텝에서 얻은 기댓값을 최대화하는 Θ을 찾는다.

$$\hat{\Theta}^{(t+1)} = \arg \max_{\Theta} E_{\Delta,z}[LL(\Theta; \Delta, z, y, w, X) \mid \hat{\Theta}^{(t)}].$$

몬테카를로 E스텝

$E_{\Delta,z}[LL(\Theta; \Delta, z, y, w, X) \mid \hat{\Theta}^{(t)}]$는 한정된 형태가 아니기 때문에 깁스 샘플러(Gelfand)(1995)로 생성된 L 표본에 기반을 두고 몬테카를로 기대치를 계산한다. 깁스 샘플러는 다음의 과정을 L번 반복한다. 다음에서 $(\delta \mid Rest)$를 사용해서 $\alpha_i, \beta_j, u_i, z_{jn}$ 중 나머지 값은 주어졌을 때 남은 하나 즉, δ의 조건 분포를 나타낸다. I_j가 항목 j에 반응한 사용자 세트를 나타내고, J_i가 사용자 i가 반응한 항목 세트를 나타내보자.

1. 각 사용자 i에 가우시안 분포를 갖는 $(\alpha_i \mid Rest)$에서 α_i를 샘플링한다.

$o_{ij} = y_{ij} - x'_{ij}b - \beta_j - u'_i \bar{z}_j$라고 하자.

$$\mathrm{Var}[\alpha_i \mid Rest] = \left(\frac{1}{a_\alpha} + \sum_{j \in \mathcal{J}_i} \frac{1}{\sigma^2} \right)^{-1}$$

$$E[\alpha_i \mid Rest] = \mathrm{Var}[\alpha_i \mid Rest] \left(\frac{g'_0 x_i}{a_\alpha} + \sum_{j \in \mathcal{J}_i} \frac{o_{ij}}{\sigma^2} \right)$$

2. 각 항목 j에 가우시안 분포를 갖는 $(\beta_j \mid \text{Rest})$에서 β_j 를 샘플링한다.

$o_{ij} = y_{ij} - x'_{ij}b - \alpha_i - u'_i \bar{z}_j$라고 하자.

$$\text{Var}[\beta_j | \text{Rest}] = \left(\frac{1}{a_\beta} + \sum_{i \in \mathcal{I}_j} \frac{1}{\sigma^2} \right)^{-1}$$

$$E[\beta_j | \text{Rest}] = \text{Var}[\beta_j | \text{Rest}] \left(\frac{d'_0 x_j}{a_\beta} + \sum_{i \in \mathcal{I}_j} \frac{o_{ij}}{\sigma^2} \right)$$

3. 모든 사용자 i에 사용자별로 가우시안 분포를 갖는 $(u_i \mid \text{Rest})$에서 u_i를 샘플링한다.

$o_{ij} = y_{ij} - x'_{ij}b - \alpha_i - \beta_j$라고 하자.

$$\text{Var}[u_i | \text{Rest}] = \left(A_u^{-1} + \sum_{j \in \mathcal{J}_i} \frac{\bar{z}_j \bar{z}'_j}{\sigma^2} \right)^{-1}$$

$$E[u_i | \text{Rest}] = \text{Var}[u_i | \text{Rest}] \left(A_u^{-1} H x_i + \sum_{j \in \mathcal{J}_i} \frac{o_{ij} \bar{z}_j}{\sigma^2} \right)$$

4. 각 항목 j와 항목 j의 각 단어 n에 $(z_{jn} \mid \text{Rest})$에서 z_j를 샘플링한다. z_j는 다항 (분포)를 가진다. z_{jn}에 상응하는 단어가 $W_{jn} = l$이라고 가정하자. 단어 l이 z_{jn}이 제거된 항목 j' 주제 k에 속하는 횟수를 Z_{jkl}^{-jn}이라고 하자. 즉

$$Z_{jkl}^{-jn} = \sum_{n' \neq n} \mathbf{1}\{z_{jn'} = k \text{ 그리고 } w_{jn'} = \ell\},$$

$$Z_{j'kl}^{-jn} = \sum_{n'} \mathbf{1}\{z_{j'n'} = k \text{ 그리고 } w_{j'n'} = \ell\}, \ j' \neq j \text{일 경우}$$

다항 확률은 다음과 같다.

$$\Pr[z_{jn} = k \mid \text{Rest}] \propto \frac{Z_{k\ell}^{\neg jn} + \eta}{Z_k^{\neg jn} + W\eta} \, (Z_{jk}^{\neg jn} + \lambda_k) \, g(y)$$

$Z_{k\ell}^{\neg jn} = \sum_{j'} Z_{j'k\ell}^{\neg jn}$, $Z_k^{\neg jn} = \sum_{\ell} Z_{k\ell}^{\neg jn}$, $Z_{jk}^{\neg jn} = \sum_{\ell} Z_{jk\ell}^{\neg jn}$ 이고,

$o_{ij} = y_{ij} - \boldsymbol{x}_{ij}' \boldsymbol{b} - \alpha_i - \beta_j$ 라고 했을 때,

$$g(y) = \exp\left\{ \bar{\boldsymbol{z}}_j' \boldsymbol{B}_j - \frac{1}{2} \bar{\boldsymbol{z}}_j' \boldsymbol{C}_j \bar{\boldsymbol{z}}_j \right\}$$

$$\boldsymbol{B}_j = \sum_{i \in \mathcal{I}_j} \frac{o_{ij} \boldsymbol{u}_i}{\sigma^2} \text{ and } \boldsymbol{C}_j = \sum_{i \in \mathcal{I}_j} \frac{\boldsymbol{u}_i \boldsymbol{u}_i'}{\sigma^2}$$

$\bar{\boldsymbol{z}}_j = \sum_{n'} z_{jn'} / W_j$는 z_{jn}이 주제 k로 돼 있을 때 항목 j의 실험적 주제 분포다.

$\Pr[z_{jn} = k \mid \text{Rest}]$의 공식을 도출해본다. $z_{\neg jn}$이 z_{jn}이 제거되고 $W_{jn} = 1$일 때 z를 나타내도록 하자. 다음을 갖고 있다.

$$\Pr[z_{jn} = k \mid \text{Rest}] \propto \Pr[z_{jn} = k, \boldsymbol{y} \mid z_{\neg jn}, \boldsymbol{\Delta}, \hat{\boldsymbol{\Theta}}^{(t)}, \boldsymbol{w}, \boldsymbol{X}]$$

$$\propto \Pr[z_{jn} = k \mid \boldsymbol{w}, z_{\neg jn}, \hat{\boldsymbol{\Theta}}^{(t)}] \prod_{i \in I_j} \Pr[y_{ij} \mid z_{jn} = k, z_{\neg jn}, \boldsymbol{\Delta}, \hat{\boldsymbol{\Theta}}^{(t)}, \boldsymbol{X}]$$

$$\Pr[z_{jn} = k \mid \boldsymbol{w}, z_{\neg jn}, \hat{\boldsymbol{\Theta}}^{(t)}]$$

$$\propto \Pr[z_{jn} = k, w_{jn} = \ell \mid \boldsymbol{w}_{\neg jn}, z_{\neg jn}, \hat{\boldsymbol{\Theta}}^{(t)}]$$

$$= \Pr[w_{jn} = \ell \mid \boldsymbol{w}_{\neg jn}, z_{jn} = k, z_{\neg jn}, \eta] \, \Pr[z_{jn} = k \mid z_{\neg jn}, \lambda]$$

$$= E[\Phi_{k\ell} \mid \boldsymbol{w}_{\neg jn}, z_{\neg jn}, \eta] \, E[\theta_{jk} \mid z_{\neg jn}, \lambda]$$

$$= \frac{Z_{k\ell}^{\neg jn} + \eta}{Z_k^{\neg jn} + W\eta} \frac{Z_{jk}^{\neg jn} + \lambda_k}{Z_j^{\neg jn} + \sum_k \lambda_k}$$

두 번째 항 $(Z_j^{-jn} + \Sigma_k \lambda_k)$는 k와 독립적인 것을 주목하면, 다음을 얻을 수 있다.

$$\Pr[z_{jn} = k \mid \text{Rest}] \propto \frac{Z_{k\ell}^{-jn} + \eta}{Z_k^{-jn} + W\eta} (Z_{jk}^{-jn} + \lambda_k) \prod_{i \in \mathcal{I}_i} f_{ij}(y_{ij})$$

$f_{ij}(y_{ij})$는 y_{ij}에서의 확률 밀도로 평균이 $x'_{ij}b + \alpha_i + \beta_j + u'_i \bar{z}_j$이고 분산은 σ^2인 가우시안 분포이고 $\bar{z}_j$는 $z_{jn} = k$로 설정해서 계산할 수 있다.

$$o_{ij} = y_{ij} - x'_{ij}b - \alpha_i - \beta_j \text{라고 할 때}$$

$$\prod_{i \in \mathcal{I}_j} f_{ij}(y_{ij}) \propto \exp\left\{ -\frac{1}{2} \sum_{i \in \mathcal{I}_j} \frac{(o_{ij} - u'_i \bar{z}_j)^2}{\sigma^2} \right\}$$

$$\propto \exp\left\{ \bar{z}'_j B_j - \frac{1}{2}\bar{z}'_j C_j \bar{z}_j \right\}$$

$$\text{여기에서 } B_j = \sum_{i \in \mathcal{I}_j} \frac{o_{ij} u_i}{\sigma^2} \text{ 그리고 } C_j = \sum_{i \in \mathcal{I}_j} \frac{u_i u'_i}{\sigma^2}$$

M스텝

M스텝에서는 E스텝에서 계산된 기대 완전한 데이터 우도를 최대화하는 $\Theta = [b, g_0, d_0, H, \sigma^2, a_\alpha, a_\beta, A_u, \lambda, \eta]$ 매개변수 설정값을 찾고자 한다.

$$\hat{\Theta}^{(t+1)} = \arg\max_{\Theta} E_{\Delta, z}[LL(\Theta; \Delta, z, y, w, X) \mid \hat{\Theta}^{(t)}],$$

여기에서

$$-LL(\Theta; \Delta, z, y, w, X) = \text{상수}$$
$$+ \frac{1}{2} \sum_{ij} \left(\frac{1}{\sigma^2} (y_{ij} - \alpha_i - \beta_j - x'_{ij}b - u'_i \bar{z}_j)^2 + \log \sigma^2 \right)$$
$$+ \frac{1}{2a_\alpha} \sum_i (\alpha_i - g'_0 x_i)^2 + \frac{M}{2} \log a_\alpha$$

$$+ \frac{1}{2} \sum_i (\boldsymbol{u}_i - \boldsymbol{H}\boldsymbol{x}_i)' A_u^{-1} (\boldsymbol{u}_i - \boldsymbol{H}\boldsymbol{x}_i) + \frac{M}{2} \log(\det A_u)$$

$$+ \frac{1}{2a_\beta} \sum_j (\beta_j - \boldsymbol{d}_0'\boldsymbol{x}_j)^2 + \frac{N}{2} \log a_\beta$$

$$+ N (r \log \Gamma(\lambda) - \log \Gamma(r\lambda))$$

$$+ \sum_j \left(\log \Gamma \left(Z_j + r\lambda \right) - \sum_k \log \Gamma(Z_{jk} + \lambda) \right)$$

$$+ r (W \log \Gamma(\eta) - \log \Gamma(W\eta))$$

$$+ \sum_k \left(\log \Gamma(Z_k + W\eta) - \sum_\ell \log \Gamma(Z_{k\ell} + \eta) \right)$$

앞의 방정식에서 (b, σ^2), (g_0, a_α), (d_0, a_β), (H, A_u), λ, η는 각각 최적화할 수 있다. 구체적으로는 처음 4개는 4개의 회귀 문제를 풀어서 최적화할 수 있다. 마지막 두 개는 1차원 문제로 그리드 서치$^{\text{grid search}}$로 쉽게 풀 수 있다. 9.3.1절에서 과정을 구체적으로 설명한다. 몬테카를로 평균과 분산을 나타내기 위해 $\tilde{E}[\,\cdot\,]$와 $\tilde{Var}[\,\cdot\,]$을 사용한다.

(b, σ^2)을 위한 회귀: $o_{ij} = \alpha_i + \beta_j + \boldsymbol{u}_i' \bar{z}_j$로 하고, 다음을 최소화하고자 한다.

$$\frac{1}{\sigma^2} \sum_{ij} \tilde{E}[(y_{ij} - \boldsymbol{x}_{ij}'\boldsymbol{b} - o_{ij})^2] + D \log(\sigma^2)$$

D는 관찰된 등급 수다. b에 대한 최적 해답은 $(y_{ij} - \tilde{E}[o_{ij}])$를 예측하기 위해 특성으로 x_{ij}을 사용하는 최소 자승 회귀에 의해 찾을 수 있다는 것을 알 수 있다. 최소 자승 회귀에서 자승의 잔차 합을 RSS라고 하자. 최적 σ^2는 $(\Sigma_{ij} \sim \tilde{Var}[o_{ij}] + \text{RSS})/D$가 되고, RSS는 회귀의 자승의 잔차 합이다.

(g_0, a_α)를 위한 회귀: 앞 사례와 비슷하게 최적 g_0은 $\tilde{E}[\alpha_i]$를 예측하기 위해 x_i를 특성으로 사용해 회귀 문제를 풀어서 찾을 수 있다. 최적 a_α는 $(\Sigma_i \tilde{Var}[\alpha_i] + \text{RSS})/M$이다.

(d_0, a_β)를 위한 회귀: 최적 d_0는 $E[\beta_j]$를 예측하기 위해 x_j를 특성으로 사용하여 회귀 문제를 풀어서 찾을 수 있다. 최적 $a_\beta = (\sum_j \widetilde{\mathrm{Var}}[\beta_j] + \mathrm{RSS})/N$이다.

(H, A_u)를 위한 회귀: 너무 복잡해지지 않기 위해 분산–공분산 행렬이 대각 행렬이라고 가정한다. 즉 $A_u = a_u I$이 된다. H의 k번째 행을 H_k라고 하고 u_i의 k번째 구성요소를 u_{ik}라고 하자. 각 주제 k에 대해, $E[u_{ik}]$를 예측하기 위해 x_i를 특성으로 사용해 회귀 문제를 풀어서 H_k를 찾는다. k번째 회귀의 자승의 잔차 합을 RSS_k라고 하자. 그렇게 하면 $a_u = (\sum_{ik} \widetilde{\mathrm{Var}}[u_{ik}] + \sum_k \mathrm{RSS}_k)/rM$이 된다.

η에 걸쳐 최적화: 다음을 최소화하는 η을 찾는다.

$$
\begin{aligned}
& r\left(W \log \Gamma(\eta) - \log \Gamma(W\eta)\right) \\
& + \sum_k \left(\tilde{E}[\log \Gamma(Z_k + W\eta)] - \sum_\ell \tilde{E}[\log \Gamma(Z_{k\ell} + \eta)]\right)
\end{aligned}
$$

최적화는 1차원 문제이고 η는 성가신 매개변수$^{\text{nuisance parameter}}$여서 단순하게 몇 개의 정해진 η 값을 대입하면 된다.

λ에 걸친 최적화: 다음을 최소화하는 λ을 찾는다.

$$
\begin{aligned}
& N\left(r \log \Gamma(\lambda) - \log \Gamma(r\lambda)\right) \\
& + \sum_j \left(\tilde{E}[\log \Gamma(Z_j + r\lambda)] - \sum_k \tilde{E}[\log \Gamma(Z_{jk} + \lambda)]\right)
\end{aligned}
$$

앞 경우와 동일하게 최적화는 1차원 문제다. 몇 개의 정해진 값을 대입해서 최적의 λ 값을 찾는다.

논의

정규화 회귀: M스텝에서 회귀는 과적합을 피하고자 계수에 t사전확률을 사용해 수행된다.

주제 수: 과거 여러 차례 실험과 시뮬레이션을 통해 요인 수를 잘못해서 너무 많이 잡더라도 MCEM 알고리듬은 쉽게 과적합되지 않는다는 것을 발

견했다. 테스트 데이터에 다수의 r 값을 시도하지 않았는데 우연히 과적합이 발생해서 실험의 타당성을 해칠 수 있기 때문이다. 따라서 많은 수의 (20과 25 사이) 요인을 사용해 fLDA 실험을 했다. 실무에 적용할 경우 학습 데이터에서 교차 검증을 해서 가장 적합한 요인 수를 찾을 수 있다.

확장 가능성: 주제 수, EM 반복주기 수, 반복주기 당 깁스 표본 수를 고정하면 MCEM 알고리듬은 기본적으로(반응 + 단어) 관찰 수에 선형이다. 경험상 MCEM 알고리듬은 상당히 작은 횟수(보통 10번 전후)의 EM 반복주기 후에 빠르게 수렴한다. 알고리듬은 또한 고도로 병렬 처리 가능하다. 특히, 사용자 (또는 항목) 요인에서 표본을 추출할 때 사용자(또는 항목)를 클래스 단위로 분할해서 각 클래서에서 독립적으로 표본을 추출할 수 있다. LDA 표본 추출을 위한 병렬 알고리듬에 대해서는 왕 외(Wang et al.)(2009)와 스몰라와 나라야나무르티(Smola and Narayanamurthy)(2010) 등을 참조할 수 있다.

논리 회귀 피팅: 각 EM 반복주기 후 가중된 가우시안 회귀를 포함하는 변분 근사 추정을 통해 이뤄진다(Agarwal and Chen)(2009).

9.3.2 예측

관찰된 등급 y와 단어 w가 학습 데이터로 주어졌을 때 목표는 항목 j에 대한 사용자 i의 반응 y_{ij}^{new}를 예측하는 것이다. 사후 평균 $E[y_{ij}^{\text{new}} \mid y, w, \hat{\Theta}, X]$로 반응을 예측할 수 있다. 연산 효율을 위해 다음과 같이 사후 확률 평균을 추정한다.

$$E[y_{ij}^{\text{new}} \mid y, w, \hat{\Theta}, X] = x_{ij}' \, \hat{b} + \hat{\alpha}_i + \hat{\beta}_j + E[u_i' \, \bar{z}_j]$$
$$\approx x_{ij}' \, \hat{b} + \hat{\alpha}_i + \hat{\beta}_j + \hat{u}_i' \, \hat{\bar{z}}_j$$

여기에서 $\hat{\delta} = E[\delta \mid y, w, \hat{\Theta}, X]$($\delta$는 $\{\alpha_i\}, \{\beta_j\}, \{u_i\}$에 있는 값을 취한다)는 학습 단계에서 추정된다. 콜드 스타트 상황에서 새로운 항목 j의 $\hat{z}_j$를 추정하기 위해 깁스 샘플러를 사용해 비지도 LDA 샘플러 공식을 통해 항목 j에 있는 단어 W_j의 주제 분포를 얻는다. 그러나 샘플링 동안 사용된 주제x단어 행렬 Φ는 fLDA에서 얻은 것이다. 그러므로 새로운 항목의 경우도 예측은 반응의 영향을 받는다.

9.4 실험

실생활 데이터 세트 3개를 가지고 fLDA의 효과를 살펴본다. 광범위하게 연구된 무비렌즈(영화 등급) 데이터 세트를 사용해 fLDA의 예측 정확성이 많이 사용하는 협력적 필터링 방법 6가지 중 상위에 있다는 것을 보여준다. 테스트 세트에 포함된 각 영화는 영화 요인을 추정하기에 충분한 등급 데이터가 학습 데이터 세트에 포함돼 있기 때문에 fLDA는 정확성 향상에 많은 도움을 주지 못한다. 다음으로 야후! 버즈Yahoo! Buzz 데이터 세트를 사용해 소셜 뉴스 서비스social new service 사이트에서 해석 가능하고 개인화된 추천을 제공하기 위해 fLDA를 어떻게 사용할 수 있는지에 관한 사례 연구를 알아본다. 학습 데이터 세트에 나타나지 않은 새로운 항목이 많을 때 fLDA가 다른 최신 방법보다 훨씬 좋은 성능을 내며 뉴스 기사에서 고품질 주제를 식별할 수 있다는 것을 보여준다. 마지막으로 도서 등급 데이터 세트로 다른 연구 사례를 제시한다. 이때도 fLDA가 다른 최신 기법보다 좋은 예측 정확성을 제공할 수 있음을 보여 준다.

9.4.1 무비렌즈 데이터

9.4.1절에서 광범위하게 연구된 영화 추천 문제에서 fLDA 기법의 효과를 살펴본다. 사용자 및 항목 특성 모두가 이 기법에서 중요하기 때문에 실험에 넷플릭스 데이터는 고려하지 않았다(넷플릭스는 사용할 수 있는 사용자 특성이 없다). 대신 6,040명의 사용자가 3,706편의 영화에 준 백만 개의 등급으로 구성된 무비렌즈 데이터를 분석했다. 사용자 특성은 나이, 성별, 우편번호(첫 번째 숫자만 이용), 직업 등을 포함한다. 항목 특성은 영화 장르(이것은 RLFM과만 사용)를 포함한다. 단어 가방 특성을 만들기 위해 영화 특성을

남녀 배우, 감독 등의 이름으로 만들고 영화 제목과 줄거리에서 단어를 추출했다. 더 나아가 시간을 기준으로 데이터를 학습 세트와 테스트 세트로 분할했다. 시간 순서상 처음 75%의 등급은 학습에 사용하고 나머지는 테스팅을 위해 사용했다. 데이터는 아가왈과 첸(2009)에서 분석했으며 다양한 벤치마크 기법과 비교했다. RMSE와 fLDA의 결과를 함께 표 9.2에 명시했다.

기법: 상수 모델은 모든 테스트 케이스에 학습 데이터 평균 등급을 예측한다. 피처온리는 사용자 및 항목 특성(장르)만으로 훈련된 회귀 모델이다. 팩터온리는 평균 0인 사전 확률을 가진 일반적인 행렬 분해 모델이다. 최고 인기$^{Most-Popular}$는 특성을 사용해 정규화되는 사용자 및 항목 편향성에만 기반을 두는 모델이다. 그리고 필터봇은 8장에서 본 것 같이 웜 스타트 및 콜드 스타트 문제를 동시에 다루기 위해 사용되는 협력적 필터링 기법이다(항목-항목 유사성 같은 다른 협력적 필터링 기법에 대해서는 다루지 않는 것은 모두 필터봇보다 못한 성능을 냈기 때문이다). RLFM은 8장에서 논의된 회귀 기반 잠재 요인 모델이다. 언섭 LD$^{unsup-LDA}$는 비지도 LDA를 사용해 얻는 fLDA의 한 변종이다. 즉 언섭 LDA는 먼저 비지도 LDA를 적용해 항목 단어의 주제를 확인하고 z_j를 비지도 주제로 고정하고 fLDA를 피팅한 것이다.

표 9.2. 무비렌즈 테스트세트 RMSE

모델	테스트 RMSE
fLDA	0.9381
RLFM	0.9363
언섭-LDA(unsup-LDA)	0.9520
팩터-온리(Factor-Only)	0.9422
피처-온리(Feature-Only)	1.0906
FilterBot	0.9517
최고 인기(Most-Popular)	0.9726
상수(Constant)	1.1190

무비렌즈 테스트 데이터 시터는 테스트 세트에 포함된 등급의 상당 부분

(거의 56%)은 새로운 사용자가 준 등급이지만 대부분 학습 데이터에 등급이 있는 오래된 항목에 관한 것이다. '정확성'이 좋다는 것의 핵심은 어떤 모델이 사용자를 위해 콜드 스타트 상황을 잘 처리할 수 있는지 여부다. fLDA의 목표 적용 사례는 이것이 아니다. 그러므로 데이터 세트에 시도한 기법 중 가장 좋았던 RLFM에 비해 fLDA이 크게 개선된 성능을 보일 것이라고 기대하지 않는다. 이때 테스트 세트에 있는 대부분 항목에 대해 등급이 있는 웜 스타트 상황에서 fLDA도 마찬가지로 좋은 성능을 보인다는 점을 알기 위해 분석한다.

9.4.2 야후! 버즈 사례

야후! 버즈는 사용자에게 많은 사람이 주목하는 즉, '버즈'가 되는 뉴스 기사를 추천하는 뉴스 서비스 사이트였다. 기사를 대상으로 한 투표(버즈 업 또는 버즈 다운)이 추천을 결정하는 데 중요한 정보의 원천이었다. 지금은 야후!에 의해 폐쇄됐다. 해당 사이트가 서비스하고 있을 때 수집된 데이터를 가지고 수행한 오프라인 분석 결과를 살펴본다.

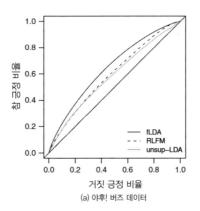

(a) 야후! 버즈 데이터

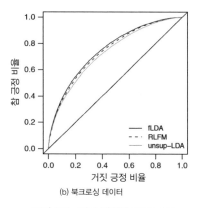

(b) 북크로싱 데이터

그림 9.2. 여러 기법의 ROC 곡선

세 달에 걸쳐 4,026명의 사용자가 10,468개의 기사에 대해 한 620,883개의 투표 데이터를 수집했다. 스팸 투표의 영향을 최소화로 하기 위해 신뢰할 수 있는 기사와 합리적인 수(1,000 이하)의 투표를 한 사용자만 선정했다. '버즈 업' 투표의 등급 값을 1로 처리하고 '버즈 다운' 투표를 값을 −1로 처리했다. 애플리케이션에서 대부분의 투표는 '버즈 업'이다. 사용자는 보통 어떤 기사를 싫어할 때만 '버즈 다운'을 한다. 사용자들이 흥미를 느끼지 않는 기사에 대한 명확한 피드백을 얻기는 어렵다. 그래서 N번의 투표를 한 사용자에 대해 그 사람이 투표하지 않은 N개의 기사를 무작위로 선정해서 사용자 등급 점수 0을 줬다. 사용자는 보통 소수의 기사를 좋아하기 때문에 무작위로 선정된 기사에 그들이 흥미를 느끼지 않을 것이라 가정하는 것은 타당하다. 각 사용자에 그들의 나이와 성별을 연관지었다. 사용자를 나이에 따라 10개의 연령 집단(각 집단에 같은 수의 사용자 할당)으로 나누었다. 기사는 제목, 설명, 야후! 버즈에서의 범주와 연관 지었다. 중지 단어 stop word를 제거하고 이름이 붙여진 개체를 확인하기 위해 개체 인식기를 돌렸으며, 포터 스탬머Porter stemmer로 용어term를 추출했다. 그런 다음 첫 2개월분 데이터를 사용해 학습 데이터를 만들고 마지막 1개월분의 데이터로 테스트 데이터를 만들었다. 기사는 뉴스를 다루기 때문에 테스트 데이터에 있는 대부분의 기사는 새로운 것으로 학습 데이터세트에 나타나지 않는다.

3개의 모델을 비교한다. 지도 주제 25개를 가진 fLDA, 요인 25개를 가진 RLFM(최신 기법), 비지도 주제 25개를 가진 언섭 LDA. ROC 곡선(4.1.3절 참조)은 그림 9.2(a)에 나와 있다. 값이 1인 등급을 긍정으로, 값이 0 또는 -1인 등급을 부정으로 처리한다. fLDA가 RLFM과 언섭 LDA보다 훨씬 우수하다는 것을 명확하게 알 수 있으며 RLFM은 언섭 LDA보다 조금 성능이 좋았다는 것도 알 수 있다.

표 9.3에 fLDA가 식별한 흥미로운 주제 목록을 보여 준다. 표에서 볼 수 있듯이, fLDA는 야후! 버즈에서 중요한 뉴스 주제를 식별할 수 있었다. 예를 들어, 부시 행정부에서 CIA의 가혹한 심문 방법(주제 1), 돼지 독감(주제 2), 동성 결혼 논란(주제 4), 경기 침체(주제 13), 북한 논란(주제 14), 아메리칸 인터내셔널 그룹American International Group과 제너럴 모터스General Motor 논란 (주제 25) 등이 있다. 주제 대부분은 해석하기 매우 쉽지만 25개 중 6개는 너무 일반적인 주제여서 도움이 되지 않는다. 비지도 LDA 또한 해석 가능한 주제를 식별했다. 그중 반 정도는 fLDA가 식별한 주제와 유사한 것으로 보였다. 하지만 언섭-LDA의 예측 정확성은 fLDA의 그것보다 상당히 떨어졌다.

9.4.3 북크로싱 데이터 세트

북크로싱BookCrossing(http://www.bookcrossing.com)은 온라인 도서클럽이다. 사용자는 도서에 1에서 10점까지의 등급을 매길 수 있다. 이전 연구에서 치글러 외(Ziegler et al.)(2005)는 해당 사이트에서 도서 등급을 수집했다. 데이터에는 노이즈가 상당히 많이 포함돼 있다. 잘못된 ISBN도 있고 등급 파일에 있는 일부 ISBN은 도서 설명 파일에서 찾을 수 없다. 최소 3개의 등급을 가지며 아마존Amazon.com의 제품 설명 페이지에 도서 평이 있는 도서만 선정해서 데이터 세트를 정규화하고, 아마존 도서평을 그 도서에 관한 텍스트 설명으로 가져왔다. 각 도서에 대해 도서평에서 TF/IDF 점수가 높은 상위 70개의 용어를 가져왔다. 최소 6개의 등급을 준 사용자를 선별했다.

데이터 세트에 있는 각 사용자에 대해 나이와 지리적 위치를 수집했다. 나이는 10개의 나이 집단으로 나눴고 최소 50명의 사용자가 있는 국가만 지리적 위치 특성으로 도출했다. 모든 '암시적인' 등급은 제외했는데, 이는 실제 등급이 아니며 등급의 의미도 분명하지 않다. 소수의 특잇값이 테스트 세트 오류에 막대한 영향을 주는 것을 방지하기 위해 1에서 4까지의 등급(명시된 전체 등급 데이터 중 5% 미만)은 제외했고 5와 10 사이의 등급을 −2.5와 2.5 사이의 값으로 변환했다. 그 결과 최종적으로 6,981명의 사용자가 25,137권의 도서에 준 149,879개의 등급 데이터를 갖게 됐다. 그런 다음 3폴드[fold] 교차 검증을 통해 학습 테스트 분할을 했다. 각 사용자에 대해 그가 등급을 준 도서들을 3개의 버킷에 무작위로 할당했다. n번째 폴드에서는 n번째 버킷에 있는 등급 데이터가 테스트 데이터로, 나머지가 학습 데이터로 사용됐다.

표 9.3. 야후! 버즈 데이터에서 fLDA가 식별한 주제 일부

주제	용어(추출 후)
1	bush, tortur, interrog, terror, administr, cia, offici, suspect, releas, investig, georg, memo, al, prison, george w. bush, guantanamo, us, secret, harsh, depart, attornei, detaine, justic, iraq, alleg, probe, case, said, secur, waterboard
3	mexico, flu, pirat, swine, drug, ship, somali, border, mexican, hostag, offici, somalia, captain, navi, health, us, attack, cartel, outbreak, coast, case, piraci, violenc, u.s., held, spread, pandem, kill
4	nfl, player, team, suleman, game, nadya, star, high, octuplet, nadya suleman, michael, week, school, sport, fan, get, vick, leagu, coach, season, mother, run, footbal, end, dai, bowl, draft, basebal
6	court, gai, marriag, suprem, right, judg, rule, sex, pope, supreme court, appeal, ban, legal, allow, state, stem, case, church, california, immigr, law, fridai, cell, decis, feder, hear, cathol, justic
8	palin, republican, parti, obama, limbaugh, sarah, rush, gop, presid, sarah palin, sai, gov, alaska, steel, right, conserv, host, fox, democrat, rush limbaugh, new, bristol, tea, senat, levi, stewart, polit, said
9	brown, chri, rihanna, chris brown, onlin, star, richardson, natasha, actor, actress, natasha richardson, sai, madonna, milei, singer, divorc, hospit, cyru, angel, wife, charg, adopt, lo, assault, di, ski, accid, year, famili, music

10	idol, american, night, star, look, michel, win, dress, susan, danc, judg, boyl, michelle obama, susan boyl, perform, ladi, fashion, hot, miss, leno, got, contest, photo, tv, talent, sing, wear, week, bachelor
11	nation, scienc, christian, monitor, new, obama, christian science monitor, com, time, american, us, world, america, climat, peopl, week, dai, michel, just, warm, ann, coulter, chang, state, public, hous, global
12	obama, presid, hous, budget, republican, tax, barack, democrat, barack obama, parti, sai, senat, congress, tea, administr, palin, group, spend, white, lawmak, politico, offic, gop, right, american, stimulu, feder, anti, health
13	economi, recess, job, percent, econom, bank, expect, rate, jobless, year, unemploy, month, record, market, stock, financi, week, wall, street, new, number, sale, rise, fall, march, billion, februari, crisi, reserv, quarter
14	north, korea, china, north korea, launch, nuclear, rocket, missil, south, said, russia, chines, iran, militari, weapon, countri, chavez, korean, defens, journalist, japan, secur, nkorea, us, council, u.n., leader, talk, summit, warn
20	com, studi, space, livesci, research, earth, scientist, new, like, year, ic, station, nasa, water, univers, diseas, planet, human, discov, ancient, rare, intern, risk, live, find, expert, red, size, centuri, million
22	israel, iran, said, isra, pakistan, kill, palestinian, presid, iraq,war, gaza, taliban, soldier, leader, attack, troop, milit, govern, afghanistan, countri, offici, peac, group, us, minist, mondai, bomb, militari, polic, iraqi
23	plane, citi, air, high, resid, volcano, mondai, peopl, crash, jet, flight, erupt, south, itali, forc, flood, mile, alaska, small, hit, near, pilot, dai, mount, island, storm, river, travel, crew, earthquak
25	bonus, american international group, bank, billion, gener, compani, million, madoff, motor, financi, insur, treasuri, govern, bailout, bankruptci, execut, chrysler, gm, corp, general motor, monei, pai, auto, ceo, giant, group, automak

표 9.4. 북크로싱 테스트 세트 RMSE

모델	RMSE	MAE
fLDA	1.3088	1.0317
RLFM	1.3278	1.0553
언섭–LDA	1.3539	1.0835

지도 주제 25개를 가진 fLDA, 요인 25개를 가진 RLFM, 비지도 주제 25

개를 가진 언섭 LDA의 테스트 세트 RMSE와 MAE가 표 9.4에 정리됐다. ROC 곡선(0보다 높은 등급은 긍정으로, 0보다 아래 등급은 부정으로)은 그림 9.2(b)에 나와 있다. 데이터 세트는 fLDA가 RLFM보다 우수하고 RLFM 은 언섭 LDA보다 좋은 성능을 보였으나, 차이는 작았다.

9.5 관련 연구

추천 시스템에 관한 연구는 많이 이뤄졌으며 특히 최근 몇 년간에는 넷플릭스 대회의 영향으로 더욱 빠르게 발전하고 있다. 여러 새로운 방법이 제시됐지만, 그중 행렬 분해에 기반을 둔 기법(Mnih and Salakhutdinov)(2007); (Salakhutdinov and Mnih)(2008); (Bell et al.)(2007); (Koren et al.)(2009) 또 이웃 기반 기법(Koren)(2008); (Bell and Koren)(2007)이 인기를 얻고 광범위하게 사용되고 있다. 이웃 기반 기법은 해석하기 쉬워서 인기가 많다. 여기서 사용자는 그와 비슷한 취향을 가진 다른 사용자가 좋아하는 항목을 추천받는다. 보통 요인 분해 기반 기법이 더 정확하지만, 요인의 해석이 어렵다. 최근 잠재 요인을 더 잘 정규화하는 모델을 연구한 논문이 여럿 나왔으며 주로 넷플릭스 데이터에 대한 RMSE 개선 과업(Lawrence and Urtasun)(2009) 에서 영감을 받은 것들이다. 추천 시스템에서 비지도 LDA 주제를 특성으로 사용하는 방법은 진 외(Jin et al.)(2005)에서 논의됐다. 9.4절에서 fLDA 가 비지도 LDA보다 상당히 우수한 성능을 낼 수 있다는 것을 알아봤다.

협력적 필터링에서 연구된 콜드 스타트 및 웜 스타트 모두를 다루는 모델 은 fLDA와도 연관성이 있다. 많은 연구가 있었지만(Balabanovic and Shoham)(1997); (Claypool et al.)(1999); (Good et al.)(1999); (Park et al.)(2006); (Schein et al.)(2002), 최근에 와서야 이 주제가 요인 분해 모델 프레임워크 (Yu et al.)(2009); (Agarwal and Chen)(2009); (Stern et al.)(2009)로 주목을 받기 시작했다. 9장에서 설명한 fLDA 모델은 이러한 연구의 연장선에 있고 LDA 사전 확률로 정규화된 항목의 개별 요인을 사용해 동작한다. 좋은 예측 정확성을 제공함은 물론 상황에 따라 유용한 해석도 제공한다.

여기에서의 연구는 주제 추정에 회귀를 통합하는 LDA의 한 유형인 지도 LDA(Blei and McAuliffe)(2008)와 관련됐다. 그러나 sLDA는 항목 요인에 하나의 글로벌 회귀만 피팅한다. 이번 연구에서는 사용자당 하나를 피팅했다. 연구에서는 사용자당 하나를 피팅했다. 또한 마케팅에서 자주 수행되는 컨조인트(결합) 분석conjoint analysis(Rossi et al.)(2005)의 영향을 받았다. 목표는 항목의 개별 파트워트partworth(사용자 요인)를 추정하는 것이다. 그러나 분석에서 항목 특성은 알려진 특성이며 fLDA는 단어 가방 형태로 있는 항목 메타데이터를 간결한 주제 벡터로 전환해서 항목 요인을 얻는다.

관계 학습(Getoor and Taskar)(2007) 또한 관련 있다. 크게 봤을 때 fLDA는 관계 모델이다. 그러나 사용자가 항목에 준 등급과 항목의 단어를 결합해서 모델링하는 연구는 아직은 없다. 관련 연구로 포루테우스 외(Porteous et al.)(2008)에서는 LDA를 적용해서 사용자와 항목을 그룹으로 묶고 그룹 멤버십을 사용해서 등급을 모델링한다. 싱과 고든(Singh and Gordon)(2008)에서는 여러 행렬의 연결 분해를 통해 사용자 대 항목 등급 관계, 사용자 대 사용자 특성 관계, 항목 대 특성 결합해서 모델링할 것을 제안했다.

9.6 요약

항목이 단어 가방 표현을 갖는 애플리케이션에서 훨씬 더 좋은 성능을 제공하는 새로운 요인 분해 모델 fLDA를 제시했다. 항목이 단어 가방 표현을 가지는 경우는 많다. fLDA를 이 분야의 이전 연구와 차별화하는 핵심은 LDA 사전 확률을 사용해서 항목 요인을 정규화한다는 것이다. 그 외에도 fLDA는 잠재 항목 주제와 관련이 있는 것으로서 해석 가능한 사용자 요인을 제공한다는 장점이 있다. 야후! 버즈의 콘텐츠 추천과 관련된 실생활 사례에서 예측 정확성과 해석 가능성 모두를 제시했다.

이번 연구는 후속 연구가 가능한 여러 가지 방향을 제시했다. 9.1절에서 fLDA의 결과를 미디어 일정 편성 프로그램이나 전시 광고의 사용자 타겟팅에 도움이 되는 콘텐츠 프로그래밍과 같은 적용 사례에 사용하는 장점을 알아봤다. 많은 후속 연구가 필요한 분야로, 알고리듬 측면에서는 u_i의 사후 확률을 업데이트하려면 $K \times K$ 행렬의 전도가 필요한데 K가 크면 연산 비용이 많이 들 수 있다. 문제의 답은 $u_i'z_j$를 $U_i'Qz_j$로 나타내는 것이다. $Q_{K_s \times K}$는 데이터로 추정된 글로벌 행렬이며 $K_s < K$이다. 마지막으로 실생활 적용 사례와 벤치마크 데이터 세트로 fLDA를 예시했다. 현재 광고 및 콘텐츠 추천 분야의 애플리케이션에 필요한 거대한 데이터 세트를 가지고 작업할 수 있도록 맵리듀스 프레임워크에서의 연산 규모를 늘리고 있다.

10

정황 의존 추천

추가적인 정황 정보의 가용성은 추천에 상당한 영향을 미친다. 10장에서는 다음 사례를 중심으로 사용자에게 정황 의존 추천을 하는 알고리즘을 설명한다.

- **연관 항목 추천:** 사용자가 상호작용하고 있는 항목과 관련된 항목으로, 뉴스 기사를 추천하는 것처럼 유용하다. 이때 상호작용하는 항목이 정황 정보를 제공한다. 사용자가 뉴스 기사를 읽고 있거나 이커머스 사이트에서 제품을 보고 있을 때 사용자가 현재 보고 있는 것과 관련된 다른 뉴스 기사나 제품을 추천하는 것이 유용하다.

- **다범주 추천:** 많은 웹사이트에서는 인간이 이해할 수 있는 범주로 항목을 나누고 각 범주의 상위 항목을 추천하는데, 범주가 정황이 된다. 여러 범주로 속하도록 분류되는 항목도 있다. 범주에서의 추천은 의미적으로도 관련이 있고 개인화도 된다.

- **위치 의존 추천:** 지리적 위치가 중요한 정황 정보가 되며 사용자의 현재 위치를 고려한 추천을 하는 것이 바람직하다.

- **복수 애플리케이션 추천:** 추천 시스템 하나가 여러 개의 애플리케이

션을 서비스할 수도 있다. 웹사이트 모듈과 여러 기기를 위한 앱에 동시에 사용될 수 있다. 서로 다른 애플리케이션은 다양한 화면 크기, 레이아웃, 항목 표시 방법 등을 갖고 있어서 각 애플리케이션의 고유한 사용자 행동을 고려하도록 추천해야 한다. 여기에서는 각 애플리케이션이 정황 정보를 제공한다.

주어진 정황의 경우 맞춤형 추천이 필요 없다면, 7장과 8장에서 제시한 모델을 정황 의존 추천을 제공하도록 쉽게 수정할 수 있다. 8장에서 설명한 **RLFM** 모델을 다음과 같이 관련 항목 추천에 적합하도록 수정한다. y_{jk}가 사용자가 정황 k에서 항목 j에 대해 보인 반응을 나타내본다(예: 관련 뉴스 추천에서 기사 k를 읽는 상황). 수식 10.1과 같이 y_{jk}를 예측한다.

$$b(x_{jk}) + \alpha_k + \beta_j + u_k' v_j \tag{10.1}$$

- b: (항목 j, 상황 k) 페어를 특징짓는 특성 벡터 x_{jk}에 기반 둔 회귀 함수(예: 연관 뉴스 추천에서 항목 j와 정황 k의 단어 가방 간의 유사성).
- α_k: 정황 k의 편향성
- β_j: 항목 j의 인기도
- u_k와 v_j: 각각 정황 k와 항목 j의 잠재 요인 벡터

8장에서 사용자를 나타내기 위해 인덱스 i를 사용하고 사용자 편향성과 요인 벡터를 각각 a_i와 u_i로 명시했음을 상기하자. 사용자 인덱스 i를 정황 인덱스 k로 바꾸더라도 모델 피팅 알고리듬은 변하지 않는다.

각 상황에 대한 개인화가 필요할 때는 사용자 i, 항목 j, 정황 k 간의 삼중 상호작용을 포착할 수 있는 모델이 필요하다. 10장에서는 먼저 10.1절에서 텐서 요인 분해 모델을 소개한다. 텐서는 $n > 2$인 n차원 배열이다. 몇 개의 저차수low-rank 행렬로 3차원 텐서(크기 = 사용자 수 × 항목 수 × 정황 수이며 상이한 상황에서의 사용자의 반응을 나타낸다)의 근사치를 구하려고 한다. 그런 다음 10.2절에서 계층적 수축hierarchical shrinkage을 통해 텐서 분해를 확

장하는 방법을 알아본다. 10.3절에서 다유형^{multifaceted} 뉴스 기사 추천 문제를 가지고 제안된 모델을 묘사한다. 10.4절에서 연관 항목 추천에서 특별히 고려해야 하는 사항을 살펴본다.

10.1 텐서 분해 모델

정황 의존 추천을 개인화할 때는 사용자 i, 항목 j, 정황 k 간의 삼중 상호작용을 모델링해야 한다. 텐서 모델은 텐서 분해를 통해 삼중 상호작용을 포착한다. 다음의 표기법을 사용한다.

- $\langle u_i, v_j \rangle = u_i' v_j$는 두 벡터 u_i와 v_j의 내적을 나타낸다.
- $\langle u_i, v_j, w_k \rangle = \sum_l u_{il} v_{jl} w_{kl}$는 단순 텐서 곱을 나타낸다. u_{il}, v_{jl}, w_{kl}는 각각 벡터 u_i, v_j, w_k의 첫 번째 원소다.

10.1.1 모델링

사용자 i가 정황 k에서 항목 j에게 보이는 반응 y_{ijk}를 수식 10.2와 같이 모델링한다.

$$
\begin{aligned}
y_{ijk} \sim{} & b(\boldsymbol{x}_{ijk}) + \alpha_i + \beta_j + \gamma_k \\
& + \langle \boldsymbol{u}_i^{(1)}, \boldsymbol{v}_j^{(1)} \rangle + \langle \boldsymbol{u}_i^{(2)}, \boldsymbol{w}_k^{(1)} \rangle + \langle \boldsymbol{v}_j^{(2)}, \boldsymbol{w}_k^{(2)} \rangle \\
& + \langle \boldsymbol{u}_i^{(3)}, \boldsymbol{v}_j^{(3)}, \boldsymbol{w}_k^{(3)} \rangle
\end{aligned} \tag{10.2}
$$

수식 10.2에서 '$y_{ijk} \sim \cdots$'는 반응 모델을 나타낸다. 반응 모델은 가우스 모델이나 로지스틱 모델일 수도 있다. y_{ijk}는 분포 및 링크 함수에 기반을 두고 예측된다는 것은 직관적으로 알 수 있다. 설명이 너무 복잡해지는 것을 방지하기 위해 함수를 따로 명시하지는 않는다.

특성 기반 회귀: 반응 y_{ijk}는 먼저 특성 벡터 x_{ijk}에 기반을 둔 회귀 함수 b를 가지고 예측한다. 사용자 특성 x_i, 항목 특성 x_j, 정황 특성 x_k 외에도 그들

간의 모든 상호작용이 포함될 수 있다. 웹 애플리케이션에서 잘 동작하는 회귀 함수는 수식 10.3과 같다.

$$b(x_{ijk}) = x_i' A x_j + x_i' B x_k + x_j' C x_k \qquad (10.3)$$

수식 10.3에서 A, B, C는 각각 사용자 특성과 항목 특성 간의 상호작용, 사용자 특성과 정황 특성 간의 상호작용, 항목 특성과 정황 특성 간의 상호작용의 회귀 계수로 구성된 행렬이다. 회귀 함수 b의 추정은 A, B, C의 추정을 동반한다. A, B, C는 일반적으로 차원이 많다. 미리 정의된 몇 개의 '유사성' 함수를 사용해 차원 수를 줄이는 방법이 있다. $s_1(x_i, x_j)$, $s_2(x_i, x_k)$, $s_3(x_j, x_k)$가 유사성 함수를 나타내도록 하자. 이들은 각각 두 객체 간의 유사성 (또는 관련성) 측정치로 된 벡터를 리턴한다. 예를 들어 $s_1(x_i, x_j)$은 유사성 측정치의 벡터를 리턴하고 각 측정치는 사용자 i와 항목 j 간의 유사성을 다양한 관점에서 측정한 것이 된다. 사용자와 항목 사이의 유사성 측정치로 사용자 프로파일 단어 가방과 항목 단어 가방 간의 코사인^{cosine} 유사성을 들 수 있다. 유사성 측정을 위한 회귀 함수는 수식 10.4와 같다.

$$b(x_{ijk}) = c_1' s_1(x_i, x_j) + c_2' s_2(x_i, x_k) + c_3' s_3(x_j, x_k) \qquad (10.4)$$

수식 10.4에서 c_1, c_2, c_3는 회귀 계수의 벡터다.

편향성 및 인기도: 특성 기반 회귀에 추가로 각 객체(사용자, 항목, 또는 상황)에 편향성 항을 포함한다. 사용자 편향성 α_i는 사용자 i가 무작위 상황에서의 무작위 항목에 보이는 평균 반응, β_j는 항목 j의 (상황에 고유한 인기도가 아닌) 글로벌 인기도를, 정황 편향성 γ_k는 정황 k에서 무작위 사용자의 무작위 항목에 대한 평균 반응을 나타낸다.

요인의 양방향 상호작용: RLFM과 유사하게 $\langle u_i^{(1)}, v_j^{(1)} \rangle$은 사용자 i와 항목 j 사이의 관련성을 나타낸다. 여기에서 $u_i^{(1)}$와 $v_j^{(1)}$는 잠재 요인을 나타내는 확인되지 않은 벡터다. 마찬가지로 $\langle u_i^{(2)}, w_k^{(1)} \rangle$와 $\langle v_j^{(2)}, w_k^{(2)} \rangle$는 각각 사용자 i와 정황 k 간의 관련성과 항목 j와 정황 k 사이의 관련성을 나타낸다.

RLFM과 달리 여기에서 각 사용자는 두 개의 요인($u_i^{(1)}$와 $u_i^{(2)}$)을 갖는데, 하나는 사용자–항목 상호작용에 대한 것이고 다른 하나는 사용자–정황 상호작용에 대한 것이다. 각 항목과 정황도 두 개의 요인을 가진다. $u_i^{(1)} = u_i^{(2)} = u_i$, $v_j^{(1)} = v_j^{(2)} =$ 퍼 및 $w_k^{(1)} = w_k^{(2)} = w_k$를 제약할 수도 있다. 세 가지 제약을 두기로 선택한다면 요인의 양방향 상호작용은 수식 10.5와 같다.

$$w_k^{(3)} \sim N(F^{(3)}(\boldsymbol{x}_k), \sigma_w^2 I) \tag{10.5}$$

요인의 삼중 상호작용: 이중(양방향) 상호작용만으로는 포착되지 않는 행동에 대해서 삼중 상호작용 $\langle u_i^{(3)}, v_j^{(3)}, w_k^{(3)} \rangle$를 사용할 수 있으며, $u_i^{(3)}, v_j^{(3)}, w_k^{(3)}$는 데이터에서 학습될 수 있다. 텐서 곱 $\langle u_i, v_j, w_k \rangle = \Sigma u_{il} v_{jl} w_{kl}$를 해석하려면 정황 k에서 사용자 i와 항목 j 간의 관련성은 사용자 요인 u_i와 항목 요인 v_j 간의 '가중된' 내적으로 보는 방법이 있다. 여기에서 각 차원 l에서 가중치 w_{kl}은 정황 k에 의존한다. 이중 상호작용에 대해 했던 논의와 유사하게 $u_i^{(1)} = u_i^{(2)} = u_i^{(3)} = u_i$, $v_j^{(1)} = v_j^{(2)} = v_j^{(3)} = v_j$, $w_k^{(1)} = w_k^{(2)} = w_k^{(3)} = w_k$를 제약할 수 있다.

회귀 사전 확률: RLFM과 유사하게 콜드 스타트 상황을 다루기 위해 각 요인에 회귀 사전 확률을 둘 수 있다. 수식 10.6과 같이 나타낸다.

$$w_k^{(3)} \sim N(F^{(3)}(\boldsymbol{x}_k), \sigma_w^2 I) \tag{10.6}$$

수식 10.6에서 $F^{(3)}(\boldsymbol{x}_k)$는 정황 k의 특성을 포착하는 회귀 함수다. $w_k^{(3)}$와 같은 차원 수를 가진 벡터를 리턴한다. 연관된 객체에 관한 학습 데이터가 없는 경우에도 요인을 예측할 수 있게 도움을 주는 특성이 있다. 자세한 설명은 8.1절을 참조한다.

10.1.2 모델 피팅

8.2절에서 소개한 몬테카를로 EM^{MCEM} 알고리듬은 텐서 분해 모델 피팅을 위해 확장될 수 있다. E스텝에서 편향성 및 인기도 요인(α_i, β_j, γ_k)의 계산

과 이중 상호작용 요인$(u_i^{(1)}, u_i^{(2)}, v_j^{(1)}, v_j^{(2)}, w_k^{(1)}, w_k^{(2)})$에 대한 계산은 비슷하다. M스텝 계산 방법 또한 같다. 다른 것은 삼중 상호작용 요인 $(u_i^{(3)}, v_j^{(3)}, w_k^{(3)})$에 대한 계산이다. $w_k^{(3)}$ 샘플링 단계를 하나의 예로 설명한다. 다른 삼중 상호작용 요인도 비슷하게 다룰 수 있다.

MCEM의 E스텝에서 요인의 사후 표본을 추출하기 위해 깁스 샘플러를 사용한다. $w_k^{(3)}$ 의 표본을 추출할 때 현재 샘플링된 값으로 나머지 요인을 고정한다. 가우스 모델에 대해서 $(w_k \mid \text{Rest})$가 가우스 분포를 가진다는 것을 쉽게 알 수 있다. 수식 10.7과 같이 가정한다.

$$
o_{ijk} = y_{ijk} - b(x_{ijk}) - \alpha_i - \beta_j - \gamma_k
$$
$$
- \langle u_i^{(1)}, v_j^{(1)} \rangle - \langle u_i^{(2)}, w_k^{(1)} \rangle - \langle v_j^{(2)}, w_k^{(2)} \rangle
$$
$$
z_{ij} = (u_{i1}v_{j1}, \ldots, u_{id}v_{jd}) \tag{10.7}
$$

수식 10.7에서 z_{ij}는 u_i와 v_j의 원소 간 곱이며 수식 10.8이 성립한다.

$$
\text{Var}[w_k^{(3)}|\text{Rest}] = \left(\frac{1}{\sigma_w^2} I + \sum_{ij \in \mathcal{IJ}_k} \frac{z_{ij} z'_{ij}}{\sigma^2} \right)^{-1}
$$
$$
E[w_k^{(3)}|\text{Rest}] = \text{Var}[w_k|\text{Rest}] \left(\frac{1}{\sigma_w^2} F^{(3)}(x_k) + \sum_{ij \in \mathcal{IJ}_k} \frac{o_{ijk} z_{ij}}{\sigma^2} \right)
$$
$$
\tag{10.8}
$$

10.1.3 논의

수식 10.2의 텐서 분해는 모델 유연성 수준을 특정한다. 적용 사례에 따라 모델 공식에서 어떤 항을 제외하거나 $u_i^{(1)} = u_i^{(2)}$와 같은 제약을 가할 수 있다. 예를 들어 아가왈 외(2011)에서는 댓글 랭킹 환경에서 댓글 추천 문제를 다룬다. 사용자 k(포스터poster라고 부름)가 게시한 댓글 j에 사용자 i가 주는 등급 y_{ij}는 수식 10.9와 같이 모델링할 수 있다.

$$
y_{ijk} \sim \alpha_i + \beta_j + \gamma_k + \langle u_i^{(1)}, v_j^{(1)} \rangle + \langle u_i^{(2)}, u_k^{(2)} \rangle \tag{10.9}
$$

$\langle u_i^{(1)}, v_j^{(1)} \rangle$는 사용자 i와 댓글 j 사이의 연관성, $\langle u_i^{(2)}, u_k^{(2)} \rangle$는 사용자 i와 사용자 k 사이의 의견 일치 정도를 나타낸다. 각 사용자 i는 두 개의 요인, 즉 항목 선호 $u_i^{(1)}$와 의견에 대한 선호 $u_i^{(2)}$를 가진다. 수식 10.2와 비교해서 텐서 곱과 댓글 사후 상호작용을 제외하고 제약 $w_k^{(q)} = u_k^{(2)}$를 둔다.

수식 10.10과 같은 더 일반적인 형태의 텐서 곱을 사용할 수 있다.

$$\langle \boldsymbol{u}_i, \boldsymbol{v}_j, \boldsymbol{w}_k, \boldsymbol{T} \rangle = \sum_\ell \sum_m \sum_n u_{i\ell} v_{jm} w_{kn} T_{\ell mn} \qquad (10.10)$$

수식 10.10에서 T는 역시 데이터에서 학습될 텐서(3차원 배열)이며 T_{lmn}은 텐서의 (l, m, n)번째 원소다. 대각선에 있는 요인의 삼중 상호작용 항만을 고려하는 $(\langle u_i, v_j, w_k \rangle = \langle u_i, v_j, w_k, I \rangle$로 I는 단위 행렬임) 기본적 텐서 곱 $\langle u_i, v_j, w_k \rangle$와 달리, 좀 더 일반적인 형태의 텐서 곱은 사용자 요인, 항목 요인, 정황 요인 간의 모든 삼중 상호작용 항을 포함한다. 두 가지 텐서 곱을 비교하는 연구는 렌들과 슈미트 티메(Rendle and Schmidt-Thieme)(2010)를 참조하자.

10.2 계층적 수축

사용자 x 항목 x 정황의 3차원 텐서에 반응 데이터는 드물게 분포한다. 즉 텐서에서는 매우 적은 수의 원소만 찾을 수 있다. 텐서 분해 모델은 저차수 추론을 통해 희소성 문제를 다룬다. 희소성 문제에 대처하려면 계층적 수축을 통하는 방법도 있다. 간단한 예로 사용자 i가 정황 k에서 항목 j에 주는 반응 y_{ijk}를 수식 10.11과 같이 예측할 수 있다.

$$y_{ijk} \sim \alpha_{ik} + \beta_{jk} \qquad (10.11)$$

수식 10.11에서 α_{ik}는 정황 k에서 사용자 i의 편향성을 나타내며 β_{jk}는 정황 k에서 항목 j의 인기도를 나타낸다. 두 개의 요인 α_{ik}와 β_{jk}는 상황에 따라 결정되며 데이터에서 학습된다. 모든 상황에 대한 요인 전부를 정확하게 추정하는 데 충분한 데이터를 갖고 있다면 매개변수를 쉽게 추정할 수 있다. 하지만 실제로는 그런 경우가 드물다. 어떤 상황에서의 데이터를 활용해 다른 상황의 요인을 추정할 필요가 있을 때가 많다. 계층적 모델은 정황 독립적인 글로벌 요인을 추가하고 정황 특유 요인을 그런 글로벌 요인과의 차이로 만들어서 요인 추정을 달성한다. 각 사용자 i에 대해 글로벌 사용자 편향성 요인 α_i를 추가하고 정황 특유 사용자 편향성 요인 α_{ik}는 α_i를 기준으로 만든다고 가정할 수 있다.

$$\alpha_{ik} \sim N(\alpha_i, \sigma^2) \qquad (10.12)$$

수식 10.12는 α_{ik}의 사전 분포를 특정한다. 글로벌 요인 α_i는 모든 정황의 데이터를 사용해 추정된다. 그에 반해 정황 특유 요인 α_{ik}는 정황 k에서 데이터가 부족하다면 추정된 α_{ik}는 그것의 사전 평균 α_i에 가까울 것이다. 즉 α_{ik}를 α_i를 향해 '수축시킨다'. α_i와 α_{ik}는 2단계 계층을 형성한다. 정황 k에서 사용자 i에 대해 많은 데이터를 갖고 있다면, 추정된 α_{ik}는 정황 k에 특유한 사용자 i의 행동에 맞추기 위해 α_i로부터 크게 벗어날 수 있다.

10.2.1 모델링

10.2.1절에서는 수식 10.11과 수식 10.12의 단순한 계층 모델을 텐서 분해와 특성 기반 회귀 사전 확률을 포함하도록 확장한다. 10.1.3절에서 논의된 바와 같이 다양한 적용 사례에 맞는 상이한 텐서 모델을 만들기 위해 수식 10.2에 있는 여러 항을 뽑아서 선택할 수 있다. 설명의 편의를 위해 삼중 상호작용 항 $\langle u_i^{(3)}, v_j^{(3)}, w_k^{(3)} \rangle$만 포함하고 위첨자 $*^{(3)}$은 제외한다. 다른 항을 포함하는 것은 직관적으로 할 수 있다.

편향성 평활 텐서^{BST, Bias Smoothed Tensor} **모델:** 사용자 i가 정황 k에서 항목 j에 보이는 반응 y_{ijk}를 수식 10.13부터 10.18까지와 같이 모델링한다.

$$y_{ijk} \sim b(\boldsymbol{x}_{ijk}) + \alpha_{ik} + \beta_{jk} + \langle \boldsymbol{u}_i, \boldsymbol{v}_j, \boldsymbol{w}_k \rangle \tag{10.13}$$

$$\alpha_{ik} \sim N(\boldsymbol{g}'_k \boldsymbol{x}_{ik} + q_k \alpha_i, \ \sigma^2_{\alpha,k}) \qquad \alpha_i \sim N(0, 1) \tag{10.14}$$

$$\beta_{jk} \sim N(\boldsymbol{d}'_k \boldsymbol{x}_{jk} + r_k \beta_j, \ \sigma^2_{\beta,k}) \qquad \beta_j \sim N(0, 1) \tag{10.15}$$

$$\boldsymbol{u}_i \sim N(\boldsymbol{G}(\boldsymbol{x}_i), \ \sigma^2_u I) \tag{10.16}$$

$$\boldsymbol{v}_j \sim N(\boldsymbol{D}(\boldsymbol{x}_j), \ \sigma^2_v I) \tag{10.17}$$

$$\boldsymbol{w}_k \sim N(\boldsymbol{F}(\boldsymbol{x}_k), \ \sigma^2_w I) \tag{10.18}$$

모델의 주요 구성요소는 다음과 같다.

특성 벡터: 벡터 $\boldsymbol{x}_{ijk}$는 사용자 i가 정황 k에서 항목 j를 보는 경우와 관련된 특성 벡터다. 벡터 $\boldsymbol{x}_i$는 사용자 i의 특성 벡터다. 벡터 $\boldsymbol{x}_j$는 항목 j의 특성 벡터고, $\boldsymbol{x}_k$는 정황 k의 특성 벡터다.

사용자 편향성: 항 α_i는 사용자 i의 정황 독립적인 일반적 행동을 포착하는 글로벌 사용자 편향성 항이다. 항 α_{ik}는 상황 k에 특유한 사용자 i의 행동을 포착하는 정황 특유 사용자 편향성이다. 정황 k에서 사용자 i에 대해 많은 수의 과거 관찰 데이터를 가지고 있다면 계층적 사전 확률 없이도 α_{ik}를 정확히 예측할 수 있을 것이다. 평균이 0인 사전 확률($\alpha_{ik} \sim N(0, \ \sigma^2_{\alpha,k})$)만으로 충분할 것이다. 그러나 사용자의 과거 관찰 데이터가 많지 않기 때문에 사용자 특성 $\boldsymbol{x}_i$로 사용자 편향성을 예측하는 것이 유용하다. 사용자에 관한 데이터가 많은 상황이 있고 반대로 많지 않은 상황도 있다면 모든 상황에서 해당 사용자의 데이터를 가지고 학습될 수 있는 글로벌 편향성 α_i를 사용해서 과거 관찰 데이터가 부족한 정황 특유 사용자 편향성 항을 예측하는 것이 좋다.

계층적 회귀 사전 확률: 벡터 $\boldsymbol{g}_k$와 스칼라 q_k는 각각 사용자 특성 $\boldsymbol{x}_{ik}$의 정황 특유 회귀 계수 벡터와 글로벌 사용자 편향성 α_i의 회귀 계수다. 정황 특유 사용자 편향성 α_{iik}를 추정하기 위한 데이터를 가지고 있지 않을 때도 여전히 α_{iik}의 사전 평균 $\boldsymbol{g}'_k \boldsymbol{x}_{ik} + q_k \alpha_i$ 기반 선형 회귀를 통해 사용자 특성과 글로벌 사용자 편향성을 가지고 편향성을 추정할 수 있다. 데이터가 조금만 있을 때도 모델은 선형 회귀로는 포착할 수 없는 정황 k에서 사용자 특유 행동을 포착하기 위해 α_{ik}의 사후 평균이 사전 평균이 옮겨갈 수 있게 한다.

항목 편향성: 항 β_{jk}는 항목 j의 정황 k에서의 상황 특유 편향성(예: 인기도)이다. 글로벌 항목 편향성 β_j와 회귀 계수 d_k 및 r_k에 기반을 둔 계층적 회귀 사전 확률을 가진다.

텐서 분해: 텐서 분해 항 $\langle u_i, v_j, w_k \rangle$와 u_i, v_j, w_k의 사전 확률은 10.1절에서의 그것과 같다.

10.2.2 모델 피팅

8.2절에서 소개한 MCEM 알고리듬은 여기에서도 사용할 수 있다.

η가 잠재 요인 세트 $(\alpha_i, \alpha_{ik}, \beta_j, \beta_{jk}, u_i, v_j, w_k)$를, Θ는 사전 매개변수 세트 $(g_k, q_k, d_k, r_k, G, D, F)$를 나타내도록 하자. R은 관찰의 수를, N_k는 사용자 수, M_k = 정황 k에서 항목의 수, H는 잠재 차원의 수(벡터 u_i의 길이로 v_j 및 w_k와 같은 길이를 가진다)로 하자. $\hat{a}$와 $\hat{V}[a]$가 요인 a의 사후 평균과 분산을 나타내도록 하고, $\hat{V}[a, b]$는 요인 a와 b 사이의 공분산을 나타내며 E스텝에서 얻은 몬테카를로 표본을 기반으로 한 표본 평균, 분산, 공분산으로 계산된다. $\mu_{ijk} = b(x_{ijk}) + \alpha_{ik} + \beta_{jk} + \langle u_i, v_j, w_k \rangle$라고 하자. 가우시안 편향성-평활 텐서 모델의 전체 데이터 로그 우도는 수식 10.19와 같다.

$$2 \log \Pr(\mathbf{y}, \boldsymbol{\eta} \mid \boldsymbol{\Theta}) = \text{상수}$$

$$-R \log \sigma_y^2 - \sum_{ijk} (y_{ijk} - \mu_{ijk})^2/\sigma_y^2$$

$$-\sum_i \alpha_i^2 - \sum_k N_k \log \sigma_{\alpha,k}^2 - \sum_k \sum_i (\alpha_{ik} - \mathbf{g}_k' \mathbf{x}_{ik} - q_k \alpha_i)^2/\sigma_{\alpha,k}^2$$

$$-\sum_j \beta_j^2 - \sum_k M_k \log \sigma_{\beta,k}^2 - \sum_k \sum_j (\beta_{jk} - \mathbf{d}_k' \mathbf{x}_{jk} - r_k \beta_j)^2/\sigma_{\beta,k}^2$$

$$-\sum_i \left(H \log \sigma_u^2 + \|\mathbf{u}_i - \mathbf{G}(\mathbf{x}_i)\|^2/\sigma_u^2 \right)$$

$$-\sum_j \left(H \log \sigma_v^2 + \|\mathbf{v}_j - \mathbf{D}(\mathbf{x}_j)\|^2/\sigma_v^2 \right)$$

$$-\sum_k \left(H \log \sigma_w^2 + \|\mathbf{w}_k - \mathbf{F}(\mathbf{x}_k)\|^2/\sigma_w^2 \right) \tag{10.19}$$

예상되는 로그 우도(η에서)는 수식 10.20과 같다.

$$2\,E_\eta[\log \Pr(\mathbf{y}, \boldsymbol{\eta} \mid \boldsymbol{\Theta})] = \text{상수}$$

$$- R \log \sigma_y^2 - \sum_{ijk} \left((y_{ijk} - \hat{\mu}_{ijk})^2 + \hat{V}[\mu_{ijk}] \right) / \sigma_y^2$$

$$- \sum_i E[\alpha_i^2] - \sum_k N_k \log \sigma_{\alpha,k}^2$$

$$- \sum_k \sum_i \frac{(\hat{\alpha}_{ik} - g_k' x_{ik} - q_k \hat{\alpha}_i)^2 + \hat{V}[\alpha_{ik}] - 2q_k \hat{V}[\alpha_{ik}, \alpha_i] + q_k^2 \hat{V}[\alpha_i]}{\sigma_{\alpha,k}^2}$$

$$- \sum_j E[\beta_j^2] - \sum_k M_k \log \sigma_{\beta,k}^2$$

$$- \sum_k \sum_j \frac{(\hat{\beta}_{jk} - d_k' x_{jk} - r_k \hat{\beta}_j)^2 + \hat{V}[\beta_{jk}] - 2r_k \hat{V}[\beta_{jk}, \beta_j] + r_k^2 \hat{V}[\beta_j]}{\sigma_{\beta,k}^2}$$

$$- \sum_i \left(H \log \sigma_u^2 + \left(\|\hat{\boldsymbol{u}}_i - \boldsymbol{G}(\boldsymbol{x}_i)\|^2 + \operatorname{trace}(\hat{V}[\boldsymbol{u}_i]) \right) / \sigma_u^2 \right)$$

$$- \sum_j \left(H \log \sigma_v^2 + \left(\|\hat{\boldsymbol{v}}_j - \boldsymbol{D}(\boldsymbol{x}_j)\|^2 + \operatorname{trace}(\hat{V}[\boldsymbol{v}_j]) \right) / \sigma_v^2 \right)$$

$$- \sum_k \left(H \log \sigma_w^2 + \left(\|\hat{\boldsymbol{w}}_k - \boldsymbol{F}(\boldsymbol{x}_k)\|^2 + \operatorname{trace}(\hat{V}[\boldsymbol{w}_k]) \right) / \sigma_w^2 \right)$$

$$(10.20)$$

E스텝

E스텝에서 η의 모든 잠재 요인에 대해 L개의 깁스 표본을 추출한 다음 표본을 사용해 수식 10.20의 평균과 분산을 계산하려고 한다. 각 표본은 수식 10.21과 같이 추출할 수 있다.

α_i와 α_{ik} **추출:** 다른 요인은 모두 주어진다고 가정한다. $o_{ijk} = y_{ijk} - \beta_{jk} - \langle \boldsymbol{u}_i, \boldsymbol{v}_j, \boldsymbol{w}_k \rangle - g_k' x_{ik}$라고 하고 $\alpha_{ik}^* = \alpha_{ik} - g_k' x_{ik}$라고 하자. 그러면 수식 10.21과 같이 쓸 수 있다.

$$o_{ijk} \sim N(\alpha_{ik}^*,\ \sigma_y^2),$$
$$\alpha_{ik}^* \sim N(q_k \alpha_i,\ \sigma_{\alpha,k}^2),$$
$$\alpha_i \sim N(0, 1).$$

$$(10.21)$$

J_{ik}가 상황 k에서 사용자 i가 반응을 보인 항목 세트를 나타내본다. $o_{ik} = \{o_{ijk}\}_{\forall j \in J_{ik}}$이라고 하자. 모든 분포는 정규분포이므로 $(\alpha_i \mid o_{ik})$의 분포 역시 정규 분포이며 $\int p(\alpha_i, \alpha_{ik}^* \mid o_{ik}) d\alpha_{ik}^*$로 구할 수 있다. $\rho_{ik} = (1 + |J_{ik}| \, \sigma_{\alpha,k}^2/\sigma_y^2)^{-1}$이라고 하자. 수식 10.22를 얻게 된다.

$$E[\alpha_i \mid \boldsymbol{o}_{ik}] = \mathrm{Var}[\alpha_i \mid \boldsymbol{o}_{ik}]\left(\rho_{ik}\, q_k \sum_{j \in \mathcal{J}_{ik}} \frac{o_{ijk}}{\sigma_y^2} \right)$$

$$\mathrm{Var}[\alpha_i \mid \boldsymbol{o}_{ik}] = \left(1 + \frac{q_k^2}{\sigma_{\alpha,k}^2}(1 - \rho_{ik}) \right)^{-1} \tag{10.22}$$

$o_i = \{o_{ik}\}_{\forall k}$로 해서 정규 분포인 $(\alpha_i \mid o_i)$ 분포를 수식 10.23과 같이 구한다.

$$E[\alpha_i \mid \boldsymbol{o}_i] = \mathrm{Var}[\alpha_i \mid \boldsymbol{o}_i] \left(\sum_k \frac{E[\alpha_i \mid \boldsymbol{o}_{ik}]}{\mathrm{Var}[\alpha_i \mid \boldsymbol{o}_{ik}]} \right)$$

$$\mathrm{Var}[\alpha_i \mid \boldsymbol{o}_i] = \left(1 + \sum_k \left(\frac{1}{\mathrm{Var}[\alpha_i \mid \boldsymbol{o}_{ik}]} - 1 \right) \right)^{-1} \tag{10.23}$$

이제 분포에서 α_i를 추출한다. 그런 다음 각 k에 대해 다음과 같이 정규 분포를 갖는 $(\alpha_{ik} \mid \alpha_i, o_i)$ 분포에서 α_{ik}를 추출한다.

$$E[\alpha_{ik} \mid \alpha_i, \boldsymbol{o}_i] = V_{ik}^{(\alpha)} \left(\frac{q_k\, \alpha_i}{\sigma_{\alpha,k}^2} + \sum_{j \in \mathcal{J}_{ik}} \frac{o_{ijk}}{\sigma_y^2} \right) + \boldsymbol{g}_k' x_{ik}$$

$$\mathrm{Var}[\alpha_{ik} \mid \alpha_i, \boldsymbol{o}_i] = V_{ik}^{(\alpha)} = \left(\frac{1}{\sigma_{\alpha,k}^2} + \frac{1}{\sigma_y^2}|\mathcal{J}_{ik}| \right)^{-1} \tag{10.24}$$

β_j**와** β_{jk} **추출:** α_i와 α_{ik} 추출 과정과 유사하다.

u_i, v_j, w_k **추출:** 10.1.2절에서 논의한 깁스 샘플링 과정과 같은 방법으로 할 수 있다.

M스텝

M스텝에서 수식 10.20을 최대화하는 Θ의 사전 매개변수를 구하고자 한다.

(g_k, q_k, $\sigma_{\alpha,k}^2$) 추정: $\theta_k = (q_k, g_k)$, $z_{ik} = (\hat{a}_i, x_{ik})$, $\Delta_i = \mathrm{diag}(\hat{V}[\alpha_i], 0)$, $c_{ik} = (\hat{V}[\alpha_{ik}, \alpha_i], 0)$라고 하자. 다음을 최소화하는 θ_k와 $\sigma_{\alpha,k}$를 구한다.

$$\frac{1}{\sigma_{\alpha,k}^2} \sum_i \left((\hat{\alpha}_{ik} - \theta_k' z_{ik})^2 + \theta_k' \Delta_i \theta_k - 2\theta_k' c_{ik} + \hat{V}[\alpha_{ik}] \right) \\ + N_k \log \sigma_{\alpha,k}^2 \tag{10.25}$$

도함수^{derivative}를 0으로 설정하면 수식 10.26을 얻는다.

$$\hat{\theta}_k = \left(\sum_i (\Delta_i + z_{ik} z_{ik}') \right)^{-1} \left(\sum_i (z_{ik} \hat{\alpha}_{ik} + c_{ik}) \right) \tag{10.26}$$

$$\hat{\sigma}_{\alpha,k}^2 = \left((\hat{\alpha}_{ik} - \hat{\theta}_k' z_{ik})^2 + \hat{\theta}_k' \Delta_i \hat{\theta}_k - 2\hat{\theta}_k' c_{ik} + \hat{V}[\alpha_{ik}] \right) / N_k$$

(d_k, r_k, $\sigma_{\beta,k}^2$) 추정: (g_k, q_k, $\sigma_{\alpha,k}^2$) 추정과 유사하다.

(G, σ_u^2), (D, σ_v^2), (F, σ_w^2) 추정: 8.2절에서의 M스텝과 같은 방법으로 가능하다.

10.2.3 국지적으로 확장된 텐서 모델

10.2.3절에서는 10.2.1절에서 정의한 BST 모델을 확장해 본다. 정황 의존 추천을 위한 베이스라인이 되는 간단한 행렬 분해 모델 두 가지를 살펴보면서 시작한다.

- 분리 행렬 분해$^{\text{SMF, Separate matrix factorization}}$는 K개의 상이한 정황에서의 관찰을 K개의 분리된 행렬로 다루고 행렬에 대해 각각 독립적으로 요인 분해를 적용한다.

$$y_{ijk} \sim \alpha_{ik} + \beta_{jk} + u_{ik}' v_{jk}$$

- 축소 행렬 분해^{CMF, Collapsed matrix factorization}는 모든 상황에서의 관찰을 하나의 행렬로 축소해서 그 행렬에 요인 분해를 적용한다.

$$y_{ijk} \sim \alpha_i + \beta_j + u'_i v_j$$

수식의 우측은 k에 의존하지 않는다.

SMF는 상이한 상황에서 많은 수의 학습 표본을 가진 사용자 및 항목에 대한 정황 특유 요인은 정확하게 예측할 수 있기 때문에 강한 베이스라인이 된다. 학습 데이터가 부족한 사용자 및 항목의 경우에도 여전히 특성을 가지고 요인을 예측할 수 있다. CMF와 비교해서 SMF는 데이터에서 취해야 할 요인이 K배 많으며 데이터 희소성에 더 민감하다. CMF는 데이터 희소성에 상대적으로 덜 민감하지만 서로 다른 상황의 행동적 차이를 무시하기 때문에 편향성이 생기거나 성능이 낮아질 수 있다. BST는 텐서 분해와 계층적 사전 변수를 가지고 CMF의 편향성 문제를 다룬다. 그러나 SMF와 비교해서 BST는 여전히 상이한 정황의 행동적 차이를 포착하는 능력이 떨어질 수 있다. 특히 정황별로 데이터가 많을 때 더 그렇다.

모델링: 국지적 확장 텐서^{LAT, Locally Augmented Tensor} 모델은 각 상황에 대해 BST의 잔차를 국지적으로 요인 분해해서 BST와 SMF 간 차이를 메운다. 사용자 i가 정황 k에서 항목 j에게 주는 반응 y_{ijk}는 수식 10.27과 같이 모델링한다.

$$y_{ijk} \sim \alpha_{ik} + \beta_{jk} + \langle u_i, v_j, w_k \rangle + u'_{ik} v_{jk} \qquad (10.27)$$

각 요인의 의미는 다음과 같다.

- α_{ik}: 사용자 i의 정황 특유 편향성
- β_{jk}: 항목 j의 정황 특유 인기도
- $\langle u_i, v_j, w_k \rangle$: 정황 특유 가중 벡터 w_k에 의해 가중된 사용자 i의 글로벌 프로파일 u_i와 항목 j의 글로벌 프로파일 v_j 사이의 유사성을 측정한다. 프로파일들은 정황에 특유하지 않기 때문에 글로벌이

된다. 가중된 내적(텐서 곱)은 내적으로 관찰 y_{ijk}를 추론할 때 제약을 부과한다. 특히 정황별 행동이 다양하면 사용자 반응을 정확하게 모델링하기에 충분할 만큼 유연하지 않다. 그러나 매개변수에 대한 제약은 데이터가 희소할 경우 과적합을 피할 때 도움을 준다.

- $u'_{ik}v_{jk}$: 정황 k에서의 사용자 i와 항목 j 간의 유사성도 측정하며 텐서 곱보다 더 유연하다. 그래서 텐서 곱이 포착하지 않는 잔차는 상황 특유 사용자 요인 u_{ik}와 항목 요인 v_{jk}의 내적에 의해 포착될 수 있다.

글로벌 요인인 u_i, v_j와 구분해서 정황 특유 요인 u_{ik}, v_{jk}를 로컬 요인이라고 한다. 로컬(국지적) 요인의 내적을 가지고 텐서 곱을 확장하기 때문에 결과로 나오는 모델을 국지적으로 확장된 텐서 모델이라고 한다. 요인의 사전 값은 수식 10.28부터 수식 10.31과 같이 명시된다.

$$\alpha_{ik} \sim N(g'_k x_{ik} + q_k \alpha_i, \ \sigma^2_{\alpha,k}), \quad \alpha_i \sim N(0, 1), \qquad (10.28)$$

$$\beta_{jk} \sim N(d'_k x_{jk} + r_k \beta_j, \ \sigma^2_{\beta,k}), \quad \beta_j \sim N(0, 1), \qquad (10.29)$$

$$u_{ik} \sim N(G_k(x_i), \ \sigma^2_{uk} I), \quad v_{jk} \sim N(D_k(x_j), \ \sigma^2_{vk} I), \qquad (10.30)$$

$$u_i \sim N(0, \ \sigma^2_{u0} I), \ v_j \sim N(0, \ \sigma^2_{v0} I), \ w_k \sim N(0, I), \qquad (10.31)$$

g_k, q_k, d_k, r_k, G_k, D_k는 회귀 계수 벡터와 회귀 함수다. 회귀 계수와 함수는 데이터에서 학습되며 학습 데이터에 나타나지 않는 사용자 또는 항목에 대한 예측을 할 수 있는 능력을 제공한다. 새로운 사용자 또는 항목의 요인은 특성을 기반으로 한 회귀를 통해 예측된다.

모델 피팅: LAT 모델을 피팅하기 위해 MCEM 알고리듬을 쉽게 적용될 수 있다. 필요한 모든 공식은 8.2, 10.1.2, 10.2.2절에서 살펴봤다.

10.3 다측면 뉴스 기사 추천

뉴스 기사 링크 추천은 웹에서 정보를 발견하는 데 중요성이 높아졌다. 추천 시스템에 대한 사용자 반응을 측정하는 데 가장 광범위하게 사용되는 지표의 하나는 관찰된 클릭률 또는 CTR이다. 즉 사용자가 추천된 기사를 클릭할 확률을 사용한다. CTR을 최적화하기 위해 기사의 순위를 정하는 것이 일반적이다(Das et al.)(2007); (Agarwal et al.)(2008); (Li et al.)(2010). 단순히 CTR만 가지고 뉴스 기사 순위를 매기기는 부족하다. 온라인 뉴스와 사용자의 상호작용에는 여러 측면이 있기 때문이다. 사용자는 단순히 뉴스 기사를 클릭하고 읽는 것에 그치는 것이 아니라 그림 10.1에서 보는 바와 같이 친구들에게 기사를 공유하고, 기사를 트윗하며 댓글을 쓰고 읽고, 다른 사용자의 댓글에 등급 매기고, 친구나 자신의 이메일로 링크를 전달하고, 기사를 출력해서 오프라인으로 더 꼼꼼하게 읽기도 하는 등 여러 가지 작업할 수 있다. 다양한 형태의 '읽고 난 후'의 행동은 더 깊은 사용자 관여의 지표로서 추천을 개선하기 위한 추가 신호가 된다. '다유형'이라는 용어와 '읽은 이후 행동 유형'은 혼용해서 사용할 것이다. 예를 들어 뉴스 기사는 예측 행동 비율에 따라 개별 행동 측면에서 등급이 매겨질 수 있다. 또한 CTR과 읽은 이후 행동 비율을 조합해서 기사를 클릭하는 사용자뿐 아니라 기사를 읽은 후에 그를 공유하거나 댓글을 다는 사용자에게 유용하게 기사를 섞기도 한다.

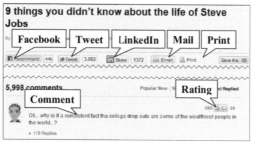

그림 10.1 읽은 이후 행동 예시

10.3절에서 각 측면(읽은 이후 행동 유형)을 하나의 정황으로 처리하고 문제에 정황 의존 모델을 적용한다. 문제를 탐색해 보는 것으로 출발한 다음 여러 모델을 실험적으로 비교해본다.

10.3.1 탐색적 데이터 분석

미국 야후! 뉴스의 2012년 초 매달 수백만 건의 사용자 방문에서 수집된 데이터를 기반으로 읽은 이후 행동을 살펴본다. 뉴스를 읽는 전체 모집단을 대변하지 않을 수 있지만, 미국의 온라인 뉴스 소비 행동을 연구하기에 충분한 시장 점유율로 볼 수 있다. 해당 사이트는 사용자가 기사를 읽은 후 취할 수 있는 다양한 행동을 지원한다. 그림 10.1은 일반적인 뉴스 기사 페이지의 일부를 보여주고 있다. 페이지 맨 위에는 사용자가 페이스북, 트위터, 링크드인 등과 같은 소셜미디어에 기사를 공유할 수 있는 링크 또는 버튼이 있다. 사용자는 이메일로, 종이로 출력해서 다른 사람들이나 자신과 기사를 공유할 수도 있다. 페이지 하단에는 사용자가 기사에 댓글을 남기거나 다른 사용자의 댓글에 '좋아요/싫어요'를 할 수 있는 기능이 있다.

읽은 이후 행동을 가능하게 하는 링크나 버튼 외에도 사이트는 대부분의 기사 페이지에 사용자가 흥미를 느낄 다른 기사 링크를 추천하는 모듈을 갖고 있다. 모듈은 사이트의 페이지 뷰를 높이는 중요한 수단이며 전반적인 클릭률을 최대화하는 기사 링크를 추천하려고 시도한다. 사용자 방문 중 소수를 대상으로는 무작위로 기사가 추천되며 여기서 발생하는 트래픽의 추정 CTR이 이번 분석에 사용된다.

데이터 원천: 두 가지 유형의 데이터를 수집한다. (1) 읽은 이후 행동을 연구하기 위한 뉴스 사이트의 모든 페이지 뷰(페이지 뷰는 웹에 해당 사이트가 게재한 뉴스 기사의 링크에 대한 클릭을 바탕으로 생성된다), (2) 모듈의 클릭 로그 (log). 모듈 링크 뷰를 기사 링크가 클릭된 후의 뉴스 기사 페이지의 페이지 뷰와 구별하기 위해 전자를 링크 뷰라 하고 후자를 페이지 뷰라고 한다.

읽기 전 기사 클릭률은 클릭 수를 모듈 링크 뷰 수로 나누어서 계산하며 읽은 이후 페이스북 공유 비율FSR, Facebook share rate은 공유 행동의 수를 페이지 뷰로 나누어서 계산한다. 다른 유형의 읽은 이후 행동 비율도 비슷하게 계산할 수 있다. 여기서는 페이스북 공유, 이메일, 출력, 답글, 등급 매기기 행동에 초점을 둔다.

데이터 다양성: 분석에 사용된 데이터는 2011년 중 몇 달에 걸쳐 수집됐다. 모듈에 게재된 기사 중 적어도 한 번 클릭되고 페이스북 공유, 이메일, 출력 중 최소 하나의 읽은 이후 행동이 이뤄진 기사를 선택했다. 결국 약 8천 개의 기사가 수집됐으며 기사들은 이미 게시자에 의해 계층적으로 분류돼 있었다. 상위 세 개의 계층의 데이터를 분석에 사용했다. 첫 번째 계층에는 17개의 범주가 있다. 각 범주의 기사 빈도 분포가 그림 10.2에 나와 있다. 그림에서 볼 수 있듯이 사이트에 게재된 뉴스 기사는 다양성이 있으며 사용자의 온라인 뉴스 상호작용을 연구하기 좋다. 또한 나이, 성별, 지리적 위치(IP 주소를 통해 파악) 등을 포함한 사용자 인구 통계 정보도 얻었다. 모든 사용자 ID는 익명처리를 했다. 수억 개의 페이지 뷰 이벤트 데이터가 수집됐으며 읽은 이후 행동 비율을 추정하는 데 충분하다.

읽기 전 대 읽은 후: 읽기 전(클릭)과 읽은 이후 행동 간의 관계를 조사한다. 예를 들어, 많이 클릭된 것과 사용자에 의해 많이 공유되거나 댓글이 남겨지는 것과 관련이 있는가? 각 기사에 대해 모듈에서 기사의 전반적인 CTR과 여러 유형의 읽은 이후 행동 비율을 계산한다. 그림 10.3에서 피어슨Pearson 상관 계수(첫 번째 열 또는 마지막 행)를 사용해 클릭과 여러 행동 유형 사이의 상관관계를 보여 준다. 클릭률과 다른 읽은 이후 행동 비율 사이에서 매우 낮은 상관관계를 관찰할 수 있다. 또한 기사를 범주별로 계층화한 후 상관 계수를 계산하고 상관 계수도 매우 낮음을 발견했다. 상관관계의 부족은 꽤 놀라운 일이다. 클릭은 사용자가 다른 기사 대비 특정 기사에 대한 관심에 따라 이루어지는 반면에, 클릭 후 행동은 본질적으로 클릭을 조건으로 하기 때문에 결국 시사적 관심에 달렸다. CTR 및 다른 읽은 이후

지표를 사용해 기사 등급을 매기면 결과가 다를 수 있다. 뉴스 웹사이트의
목표가 CTR을 최대화하면서 동시에 일정한 트윗 비율을 확보하는 것이고
트윗될 가능성이 큰 기사를 예측하는 것이 가능하다면, 목표를 달성하기
위해 CTR 및 트윗 비율을 기반으로 등급은 조정할 수 있다.

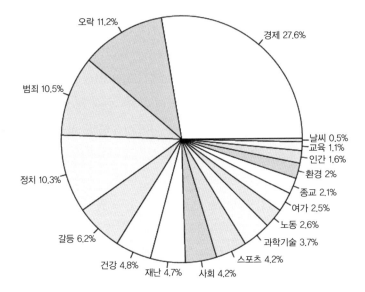

약어	전체 이름
경제	경제, 비즈니스, 금융
오락	예술, 문화, 오락
범죄	범죄, 법률, 정의
갈등	불안, 갈등, 전쟁
재난	재난 및 사고
사회	사회 이슈
과학기술	과학 및 기술
여가	라이프스타일 및 여가
종교	종교 및 믿음
환경	환경 이슈
인간	인간 관심 영역

그림 10.2. 범주별 뉴스 기사 분포

읽은 이후 행동 간 상관관계: 그림 10.3에서는 읽은 이후 행동 유형 간 모든 조합의 피어슨 상관 계수도 보여 준다. 계수는 기사 수준에서의 행동 비율을 사용해 계산됐다. 다양한 읽은 이후 행동 유형 사이에서 양(+)의 상관 계수를 관찰할 수 있다. 메일은 페이스북 및 출력과 높은 상관관계가 있지만, 댓글 및 랭킹과는 그렇지 않다. 페이스북, 메일, 출력 간에는 높은 상관관계가 있다. 댓글과 랭킹 간의 상관관계는 높다.

이런 점들이 추정 개선을 위한 읽은 이후 행동 유형 간 상관관계의 활용 가능성에 대한 증거가 된다.

상관관계가 데이터를 (사용자, 항목) 수준에서 분해할 때 꼭 유지되지 않는다는 점은 주의해야 한다. 데이터가 관찰된 것이고 다양한 출처로 발생하는 편향성의 영향을 받기 때문이다. 탐색적 분석을 통해서는 재현 가능성의 결여 때문에 (사용자, 항목) 수준에서 상관관계를 연구하는 것이 불가능하다.

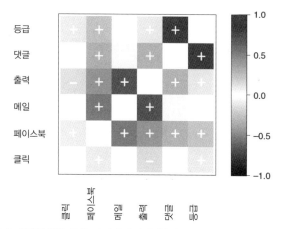

그림 10.3. 상이한 행동 유형 사이의 상관관계 (대각선 위의 칸은 관심 대상이 아님)

탐색적 연구는 데이터를 이해하고 전체 수준에서 몇 가지 통찰을 얻기 위해 살펴봤다.

읽기 대 읽은 후-사적 대 공적: 사용자의 읽기 행동을 그의 읽은 이후 행동과 비교한다. 특히 상이한 기사 유형 또는 사용자 유형에 걸쳐 읽은 이후 행동은 일관되는가? 캘리포니아에서 출신 일반적인 젊은 남성은 그가 읽은 기사의 대부분에 댓글을 달고 그것을 공유하는가?

이를 이해하기 위해 읽기 행동을 대변하기 위해 다양한 기사 범주의 페이지 뷰 일부에 대한 벡터를 사용한다. 벡터를 범주에 걸친 다항 확률 분포 즉, 어떤 페이지 뷰가 주어진 범주에 있을 확률로 생각할 수 있다. 비슷하게, 한 범주에서 어떤 행동 유형의 한계 읽은 이후 행동은 범주에서 그 유형의 읽은 이후 행동의 일부에 대한 벡터로 표현된다. 읽은 이후 행동 벡터를 읽기 행동 벡터와 비교하기 위해 두 벡터 간의 원소 간 비율을 계산한다. 그림 10.4(a)는 뷰가 가장 많은 상위 10개 범주로 이런 비율을 로그 척도에 보여 준다. 페이지 뷰 수에 따라 나열돼 있으며 가장 많은 범주가 왼쪽에 표기돼 있다. 모든 표본의 크기는 통계적 유의성을 보장하기에 충분할 만큼 크다(최소 만 개의 읽은 이후 행동이 포함됨). 그림을 이해하는 데 도움을 얻기 위해 (메일, 갈등) 칸에 있는 음(−)의 값을 살펴볼 텐데, 일반적인 사용자는 갈등에 관한 기사를 메일로 공유하기보단 그런 기사를 읽을 가능성이 더 크다는 것을 시사한다. 사용자의 읽은 이후 행동이 읽기 행동과 같거나 뉴스 유형에 걸쳐 일관된다면, 비율들은 (로그 척도상) 영(0) 주변에 모여 있어야 한다. 그림에서 양인 칸도 있고 음인 칸도 있는 것으로 보아 모든 행동 유형에 대해 그렇지 않다는 것은 분명하다.

사용자는 범죄, 정치, 갈등에 관한 기사를 읽을 가능성이 그런 기사를 이메일로 전달하거나 페이스북 친구들과 공유할 가능성보다 더 크다. 또 재앙, 과학, 기술에 대해 읽을 가능성은 크지만 그런 기사에 댓글을 달기를 주저한다. 과학이나 종교 기사는 공유할 가능성이 높다. 반면 정치 문제는 공개된 사이트에 댓글을 남기고 토론에 참여하는 것에 마음이 열려 있다.

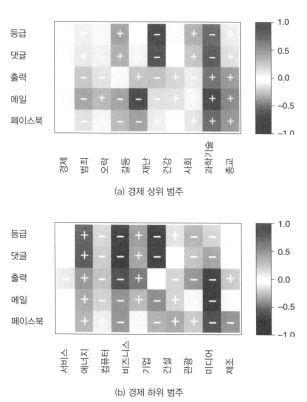

(a) 경제 상위 범주

(b) 경제 하위 범주

그림 10.4. 페이지 뷰와 읽은 이후 행동 간 차이
기사 범주별로 상이한 유형의 읽은 이후 행동 비율의 차이를 보여 준다.

뉴스 소비에서 흥미로운 패턴을 발견했다. 뉴스 기사를 읽는 것은 사적인 행동인 것에 비해 그것을 공유(페이스북, 메일)하거나 기사에 대한 의견 표명(댓글, 랭킹)은 공적인 행동이며, 일반적인 사용자는 공적인 행동과 사적인 행동에서 차이를 보인다는 것이다. 사용자는 자신에게 사회적 위신과 신용을 가져다주는 기사를 공유하는 경향이 있지만, 사적으로는 외설적인 뉴스를 클릭해서 읽는 것에 부담을 느끼지 않는다.

분포별 읽은 이후 행동 비율 차이: 분포에 따라 데이터를 나누고 분류해서 읽은 이후 행동 비율의 변화를 연구한다. 무작위화되지 않은 설계를 기반으로 얻은 데이터를 분포별로 분석했을 때 전체 그림이 드러나지 않을 수 있다. 이상적으로는 그러한 추론은 (사용자, 항목) 페어 및 분포에 따른 데이터 이질성을 고려해 최대한 나눈 후에 해야 한다. 이렇게 작은 분포를 가지고 탐험적 분석을 통해 비율 변화를 연구하는 것은 중복의 결여 때문에 불가능하다. 10.3.1절에서 목표는 충분한 중복이 존재하는 분포 별로 변화를 연구하는 것이다. 분석을 통해 행동 비율 예측의 어려움과 좋은 분포를 설정한 정교한 모델링이 과연 필요한지 여부에 관한 통찰력이 생긴다. 예를 들어 모든 과학 기사가 비슷한 결과를 보여준다면 과학 범주 안에서 기사 수준으로 데이터를 모델링할 필요가 없다.

기사 범주별 차이: 기사 범주에 따른 읽은 이후 행동 비율 변화를 연구하기 위해 각 행동 유형 별 가장 뷰가 많은 상위 열 개 범주를 사용해 범주 특유 읽은 이후 행동 비율(범주 내 행동 수를 범주 내 페이지 뷰 수로 나눈 값)과 글로벌 행동 비율(행동의 총수 나누기 페이지 뷰의 총수) 사이의 비율을 계산한다. 그림 10.4는 이것을 보여주고 있다. 앞에서 이야기한 바와 같이, 양(+) 및 음(−) 셀에서 명확히 확인할 수 있는 것처럼 분포에서 행동 비율의 차이가 있다.

사용자 집단별 차이: 사용자를 나이와 성별에 따라 나누고 성별과 나이에 따른 읽은 이후 행동 비율을 그림 10.5에서 보여준다. 여기서도 마찬가지로 차이를 확인할 수 있다. 페이스북 공유 비율은 젊은 사용자와 중년 사용자에게서 가장 높게 나타난다. 나이가 많은 사용자는 메일을 더 많이 하지만 젊은 사용자는 페이스북에 더 많이 공유하고 출력도 더 많이 하는 경향이 있다. 여성 사용자의 공유 비율이 놀라울 정도로 높다는 것과 남성 사용자는 기사에 댓글을 다는 경향이 있다는 것도 확인했다. 읽기 전 클릭 행동을 포함해서 나이 많은 그룹 사용자들이 클릭하는 경향이 더 높다는 것을 볼 수 있다. 모든 나이 집단에서 남성들이 여성보다 클릭을 더 많이 한다.

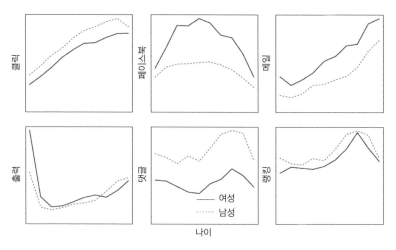

여성
남성

나이

그림 10.5. 나이-성별 집단별 읽은 이후 행동 비율 변화

범주 및 집단 내 변화: 더 깊이 파고 들어가 데이터를 기사 범주 및 사용자 집단별로 계층화한 후 기사 분포 변화를 분석한다. 기사 수준에서 높은 범주 내 또는 집단내 변화는 범주 및 집단에서의 과도한 이질성을 나타내는 것이며 좀 더 작은 분포를 사용한 모델링의 필요성을 시사한다. 그러한 변화를 연구하기 위해 변화의 계수 σ/μ를 활용하며, σ는 주어진 범주(또는 범주 x 사용자 집단) 내 기사 행동 비율의 표준 편차이고 μ는 범주(또는 범주 x 사용자 집단)에서의 평균 기사 행동 비율이다. σ/μ는 양(+) 수이며 값이 작을수록 변화가 적다는 것을 나타낸다. 일반적으로 0.2보다 높은 값은 변화가 많다는 것을 표시한다.

그림 10.6에서는 기사 범주 및 범주와 사용자 나이의 교차 곱에 대한 변화 계수의 분포를 보여 준다. 두 개의 그림에서 모든 읽은 이후 행동은 클릭보다 훨씬 더 큰 변화 계수를 가짐을 볼 수 있다. 범주 및 사용자 집단별로 평균 읽은 이후 행동의 변화는 있지만 각 계층에서의 기사 분포의 변화가 많아서 범주 정보를 기반으로 기사 클릭률 예측보다 기사를 읽은 이후 행동 비율 예측이 더 어렵다는 것을 의미한다. 두 개의 그림을 비교해 보면 사용자 특성을 추가하면 변화 계수를 줄이는 데 도움이 조금밖에 안 되는데 이

것은 사용자 집단별 계층화가 각 범주 내 기사 수준에서의 변화를 설명하는 데 도움을 주지 못한다는 것을 나타낸다. 아마도 특정 (나이, 성별) 집단 사용자는 기사 수준에서 서로 다른 뉴스 소비 행동을 가지고 있을 것으로 해석할 수 있다.

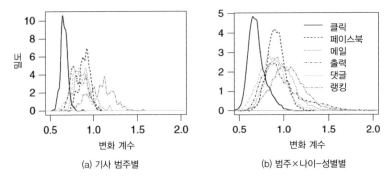

(a) 기사 범주별   (b) 범주×나이-성별별

그림 10.6. 변화 계수 밀도

탐험적 분석을 통해 모든 유형의 읽은 이후 행동 예측이 CTR 추정보다 어렵다는 것을 알 수 있다. 기사 범주나 사용자 인구 통계 정보와 같은 특성의 사용은 유용하지만 기사나 사용자 분포에도 모델링돼야 할 이질성이 있다는 것도 깨닫는다. 또한 읽은 이후 행동 유형 간에 양(+)의 상관관계를 보여주는 증거를 확인했다. 10.2.3절에서 정의한 LAT 모델은 그러한 상관관계를 이용해 예측 성과를 높일 수 있다.

10.3.2 실험적 평가

미국 야후! 뉴스에서 수집한 읽은 이후 데이터를 사용해 10.2.1절과 10.2.3절에서 제시한 다음 모델을 평가한다.

- **LAT:** 국지적으로 확장된 텐서 모델(10.2.3절에서 정의). 여기에서 정황 k는 측면(읽은 이후 행동 유형) k에 상응한다
- **BST:** 편향성평활 텐서 모델(10.2.1절에서 정의). LAT의 한 가지 유형이다.

- **SMF:** 분리된 행렬 분해(10.2.3절에서 정의)
- **CMF:** 축소된 행렬 분해(10.2.3절에서 정의)
- **이중 선형:** 사용자 특성 x_i 및 항목 특성 x_j로 사용자가 어떤 항목에 관해 행동을 취할 것인지 예측하는 모델로 다음과 같다.

$$y_{ijk} \sim x_i \, w_k \, x_j,$$

w_k는 측면 k에 대한 회귀 계수 행렬이다. 개별 사용자 특성과 개별 항목 특성의 모든 페어에 회귀 계수를 가지며, L^2 정규화를 가지고 립리니어 Liblinear(Fan et al.)(2008)를 통해 피팅되는 모델이다. 정규화 가중치는 5폴드 교차 검증을 사용해 선택된다.

이런 모델을 몇 가지 베이스라인 IR 모델과 비교한다. 다음의 모든 IR 모델에서 사용자가 긍정적으로 반응한 항목의 모든 텍스트 정보를 종합해 학습 데이터에 기반을 둔 사용자 프로파일을 만든다. 사용자 프로파일을 쿼리로 취급하고 다양한 검색 함수를 사용해 항목의 등급을 매긴다. IR 모델로 다음이 포함된다.

- **COS:** 코사인 유사성을 사용한 벡터 공간 모델
- **LM:** 디리클레 평활 언어 모델(Zhai and Lafferty)(2001)
- **BM25:** 오카피 회수Okapi retrieval 기법 중 최우수 변종(Robertson et al.)(1995)

요인 모델은 튜닝 세트 대상으로 가우시안 버전이 논리 버전보다 좋은 성능을 내기 때문에 가우시안 버전의 성능을 살펴본다.

데이터: 13,739명의 사용자의 읽은 이후 행동에 관한 데이터를 수집했다. 각 사용자는 8,069개의 항목에 대해 최소 한 가지 측면에 적어도 5가지 유형의 행동을 했다. 그 결과 총 2,548,111개의 읽은 이후 행동 이벤트를 얻었으며 각 이벤트는 (사용자, 측면, 항목)으로 식별된다. 사용자가 어떤 측면에서 특정 항목에 대해 행동을 했다면 해당 이벤트는 긍정적, 또는 관련이

있다고 본다(해당 항목이 그 측면에서 사용자에게 관련이 있음을 의미함). 사용자가 항목을 봤지만 그 측면에서 행동을 하지 않으면, 해당 이벤트는 부정적 또는 관련이 없다고 본다. 이런 관점에서는 각 (사용자, 측면) 페어를 하나의 쿼리로 취급하는 것은 자연스럽다. 페어와 연관된 이벤트 세트는 사용자 행동 기반 관련성 판정에 사용해 등급이 매겨질 항목의 세트를 정의한다. 사용자마다 뉴스 소비 패턴이 다르기 때문에 편집적 판단을 사용하는 것은 어렵다.

평가 측정지표: k에서의 평균 정밀도(P@k)와 평균 정밀도$^{MAP, Mean Average}$ ^{Precision}를 평가 측정지표로 사용한다. 평균은 테스트 (사용자, 측면) 페어를 기준으로 구한다. 모델의 P@k는 다음과 같이 계산된다. 각 테스트 (사용자, 측면) 페어에 모델 예측을 사용해 해당 측면에서 사용자가 본 항목의 등급을 매기고 랭크 k에서 정밀도를 계산한다. 그다음 모든 테스트 페어에 걸쳐 정밀도의 평균을 낸다. MAP도 비슷한 방법으로 계산된다. 여러 모델을 비교하기 위해 모델의 SMF 대비 *P@k Lift* 및 *MAP Lift*를 좋은 베이스라인이 되는 모델의 SMF 모델 대비한 *P@k* 및 *MAP* 리프트(증가)로 정의한다. 모델의 P@k가 A이고 SMF의 P@k가 B이면, 리프트는 $\frac{A-B}{B}$를 예로 들 수 있다.

실험 환경: 다음과 같이 학습 세트, 튜닝 세트, 테스트 세트를 만든다. 각 사용자에 대해 사용자가 어떤 행동을 취한 측면 중 하나를 무작위로 선택해서 (사용자, 측면) 페어와 관련된 이벤트를 세트 A에 넣는다. 나머지 (사용자, 측면) 페어는 학습 세트에 넣는다. 세트 A의 3분의 1을 튜닝 세트로 하고 나머지 3분의 2를 테스트 세트로 한다. 튜닝 세트를 사용해 요인 모델의 잠재 차원의 수(u_i, v_j, w_k, u_{ik}, v_{jk}의 차원 수)를 선택한다. EM 알고리듬은 잠재 차원 수를 제외한 모든 모델 매개변수를 자동으로 결정한다. 각 모델에 대해 튜닝 세트를 통해 얻은 가장 좋은 성능을 내는 차원 수 기준 테스트 세트 결과만 보고한다.

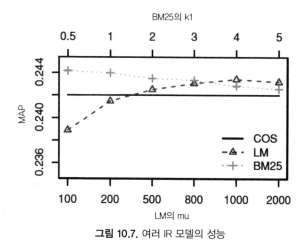

그림 10.7. 여러 IR 모델의 성능

실험에 사용된 사용자 특성은 나이, 성별, 사용자의 IP 주소에 따른 지리적 위치다. 로그인한 사용자만 고려한다. 사용자 ID는 익명 처리하고 어떠한 방법으로도 사용하지 않는다. 항목 특성은 출판한 곳에서 붙인 기사 범주 태그와 기사 제목 및 개요의 단어 기반으로 구성된다.

IR 모델 성능: 그림 10.7에서 베이스라인 IR 모델을 비교한다. 그림에서 LM의 매개변수 μ와 BM25의 매개변수 k_1은 변한다. 다른 두 개의 매개변수는 모든 실험에 추천된 디폴트 값인 $k_3 = 1000$ 및 $b = 0.75$로 둔다. LM과 BM25 모두 COS보다 우수하지만, 차이는 크지 않다는 것을 볼 수 있다. 10.3.2절에서는 $k_1 = 1$일 때 BM25를 IR 모델로 사용해 다른 학습 기반 방법과 비교한다.

전반적 성능: 여러 모델의 모든 테스트 (사용자, 측면) 페어 데이터에 걸친 평균 정밀도–재현률 곡선이 그림 10.8(a)에 나와 있고 P@1, P@3, P@5, MAP은 표 10.1에 나와 있다. 읽은 이후 행동이 드문드문 있는 이벤트이기 때문에 k가 증가할수록 정밀도는 떨어진다. 대다수 사용자는 테스트 세트에서 3번 혹은 5번의 읽은 이후 행동을 하지 않는다. 예를 들어 사용자가 단 한 번의 행동만 했고 테스트 세트에서 적어도 다섯 개의 항목을 봤다면, 그의 P@5는 최대 1/5이 된다. 두 모델 간의 성능 차이의 유의성을 테스트

하기 위해 각 (사용자, 측면) 페어의 P@k와 MAP을 살펴보고 모든 테스트 (사용자, 측면) 페어에 걸쳐 두 모델을 가지고 페어 t 테스트$^{paired\ t\text{-}test}$를 실시한다. 테스트 결과는 표 10.2에 나와 있다. 특히 LAT가 다른 모든 모델보다 훨씬 우수한 성능을 보인다. BST와 SMF 간의 차이와 CMF와 BM25 간의 차이는 의미를 가질 만큼 크지 않다는 것을 발견할 수 있다.

표 10.1. 여러 모델의 전반적 성능

모델	정밀도			
	P@1	P@3	P@5	MAP
LAT	**0.3180**	**0.2853**	**0.2648**	**0.3048**
BST	0.2962	0.2654	0.2486	0.2873
SMF	0.2827	0.2639	0.2469	0.2910
이중 선형	0.2609	0.2472	0.2350	0.2755
CMF	0.2301	0.2101	0.2005	0.2439
BM25	0.2256	0.2247	0.2207	0.2440

CMF는 행동 유형 간의 행동적 차이를 완전히 무시하기 때문에 이중 선형 모델이 CMF보다 좋은 성능을 보인다. 이중 선형이 CMF보다 좋은 성능을 보인다는 사실은 사용자 및 항목 특성이 예측력이 있지만 SMF와 비교했을 때 이러한 특성이 개별 사용자나 항목의 행동을 포착하기에 충분하지 않다는 것을 알 수 있다. BM25는 가장 성능이 떨어지는 모델의 하나인데 아마도 그것이 지도 학습이 없는 유일한 모델이기 때문일 것이다.

표 10.2. 페어 t 테스트 결과

비교	중요도
LAT > BST	0.05 (P@1), 10^{-4} (P@3, P@5, MAP)
LAT > BST	10^{-4} (모든 측정 지표)
BST ≈ SMF	insignificant
BST > Bilinear	10^{-3} (모든 측정 지표)
SMF > Bilinear	0.05 (P@1), 10^{-3} (P@3, P@5, MAP)
BST > CMF	10^{-4} (모든 측정 지표)
SMF > BM25	10^{-4} (모든 측정 지표)
Bilinear > CMF	10^{-3} (모든 측정 지표)
Bilinear > BM25	10^{-3} (모든 측정 지표)
CMF ≈ BM25	중요하지 않음

참고: 값이 작을수록 중요도는 높다

표 10.3. 측면별 P@1

모델	유형				
	댓글	좋아요	페이스북	이메일	출력
LAT	**0.3477**	**0.3966**	**0.2565**	0.2069	**0.2722**
BST	0.3310	0.3743	0.2457	0.1936	0.1772
SMF	0.2949	0.3408	0.2306	**0.2255**	0.2532
이중 선형	0.2837	0.2947	0.2328	**0.2255**	0.1709
CMF	0.2990	0.2905	0.1638	0.1114	0.1203
BM25	0.2726	0.3198	0.1509	0.1061	0.0886

참고: 볼드체는 각 측면에서 최고 성능을 나타낸다.

유형별 분석: 표 10.3에서 테스트 데이터를 유형별로 분류하고 여러 모델의 P@1을 보고한다. 다른 측정지표의 결과도 비슷하다. 여기에서는 LAT, BST, SMF의 비교에 초점을 맞춘다. BST가 처음 세 가지 유형에서는 SMF보다 우수하지만, 마지막 두 유형에서는 성능이 떨어진다는 것을 볼 수 있다. 처음 세 가지 유형이 데이터 세트에 마지막 두 유형보다 더 많은 이벤트를 갖고 있다. BST가 SMF에 비해 가지는 장점은 글로벌 요인을 갖고 있다는 점이다. 따라서 한 유형에서의 학습이 유형 간의 상관관계를 통해 다른 유형에서의 테스트 행동을 예측하는 데 활용될 수 있다. 그러나 BST는 SMF에 비해 유연성 떨어진다. 특히 BST는 유형 간의 차이 포착에 필요한 만큼의 유연성이 없다. 그러므로 모든 유형이 아닌 일부 유형에 더 잘 피팅될 수밖에 없다. 예상대로 데이터가 적은 유형의 행동보다는 데이터가 많은 유형의 행동에 더 잘 피팅 된다. LAT는 BST의 잔차를 모델링하기 위해 측면 특유 요인(u_{ik}, v_{jk})을 추가해서 문제를 처리한다. 표에서 볼 수 있듯이 LAT는 일관되게 BST보다 좋은 성능을 보인다. 또한 이메일을 제외하고는 SMF보다도 우수하다. SMF와 이중 선형이 이메일에 대해 동일한 성능을 보인다는 사실은 정확성 향상을 위한 잠재 요인 사용의 어려움을 시사한다. LAT는 SMF보다 많은 요인을 가지므로 과적합이 발생할 가능성이 더 높다.

사용자 행동 수준별 분석: 그림 10.8에서 테스트 사용자를 그들의 활동 수준에 따라 분석한다. 활동 수준은 학습 데이터에 포함된 사용자별 읽은 이후 행동의 수로 정의한다. 여기에서의 초점 역시 LAT와 BST를 SMF와 비교하는 것이다. 각 곡선은 SMF 대비 각 모델의 P@1 리프트 또는 MAP 리프트를 x축이 되는 사용자 행동 수준의 함수로 나타내고 있다. LAT는 대부분 일관되게 다른 모든 모델보다 우수한 성능을 보인다. 행동 수준이 낮은 (0에서 5) 사용자는 LAT 및 BST와 SMF 간의 성능 차이는 거의 없다. 모두 데이터가 부족하기 때문에 예측이 대부분 특성을 기반으로 이뤄지기 때문이다. LAT를 사용하는 것이 가장 좋은 것은 5에서 50번 사이의 행동을 취한 사용자를 대상으로 했을 때다.

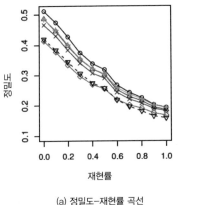

(a) 정밀도-재현률 곡선   (b) 사용자 행동 수준별 P@1

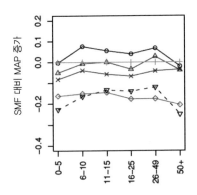

(c) 사용자 행동 수준별 MAP

그림 10.8. 여러 모델의 성능

유형별 지각된 차이: 표 10.4에서 다유형 뉴스 랭킹의 결과에 관한 예를 보여 주고 있다. 표의 위쪽에는 보편적인 사용자 대상 상위 랭킹 기사를 보여 준다. 표의 아래쪽에는 41세에서 45세 사이의 남성 대상 상위 랭킹 기사가 나와 있다. 유형에 따라 랭킹 결과도 매우 다르다. 예를 들어, 페이스북과 이메일 유형에서는 건강 관련 기사들이 상당수 높은 랭킹을 받았다. 그러나 댓글 유형에서는 정치 기사가 일반적으로 선호된다는 것을 알 수 있다. 더군다나 40대 초반 남성을 전체 연령과 비교해 보면 몇 가지 주목할 만한 차이를 볼 수 있다. 두 집단 모두 이메일 유형에 건강 관련 기사를 갖고 있지만, 40대 초반 남성은 더 많은 암 관련 기사를 이메일로 보내는 경향이 있다. 이러한 차이는 개인화된 다유형 랭킹의 필요성을 확인해준다.

그림 10.4. 다유형 뉴스 랭킹 예시

페이스북	이메일	댓글
	전체 인구	
미국 날씨 토네이도 일본 재난 지원	약을 깨물면 소아에게 치명적	미국이 미셸 오바마를 예약하다
몬산토가 우리 건강을 해치고 있는 8가지 방법	미국 의학 어린이 차량 의자	미국 오바마 이민
약을 깨물면 소아에게 치명적	슈퍼우먼 엄마 가벼운 승리로 더 오래 살 수도	미국 엑손 유가
새로운 좀비 개미 곰팡이 발견	성공적인 오픈 하우스 팁	헤리 리드: 공화당은 티 파티를 두려워한다
인디 투표자들은 차라리 찰리 신을 찍고 싶어 한다	무통증 당뇨 모니터가 스마트폰과 대화한다	이번 주 오바마 캠페인 시작 예정
	41세에서 45세 사이의 남성	
옥스퍼드 영어 사전에 새로운 단어 추가	소득 수준이 높은 백인 여성이 악성 흑색종에 걸릴 위험이 높다	이스라엘의 위험한 관광업
미국 엑손 유가	비만이 노년 여성의 공격성 유방암 확률을 높인다	이스라엘 팔레스타인
카타르 사우디 정치 인터넷	커피를 마시면 유방암 발생 확률이 높아지는가	미국 선거 오바마
입법자들은 장난 전화를 불법으로 규정하려고 한다	짧은 호르몬 치료가 전립선암 발생 확률을 높이다	레비 존스턴 회고록 저술 예정

참조: 뉴스 기사 제목만 표시

10.4 관련 항목 추천

웹 페이지의 가장 좋은 자리에 있는 항목 k를 활용해 추천하는 보편적인 방법은 하나의 항목 k와 관련된 다른 항목을 추천하는 것이다. 예를 들어 뉴스 사이트에서 사용자가 기사 k를 읽고 있을 때 그것과 관련된 (또는 비슷한) 다른 기사를 추천하는 것이 유용하다. 이커머스 사이트에서는 사용자가 제품 k를 보고 있다면 제품 k와 관련된 다른 제품을 추천하는 것이 좋을 수 있다. 사례에서 기사 k와 제품 k는 다른 추천이 의존하는 정황이기 때문에 정황 항목$^{context\ items}$이라고 부른다.

관련 항목 추천에서는 사용자 i와 정황 항목 k가 주어지면 다음을 모두 충족하는 다른 항목 j를 추천하려고 한다.

- **의미론적 관련성:** 추천되는 항목은 적용 사례 특유의 관련성 정의에 따라 정황 항목과 관련이 있어야 한다.
- **높은 반응률:** 사용자가 추천되는 항목에 긍정적으로(예: 추천되는 항목에 클릭) 반응할 가능성이 높아지도록 하고 싶다.

10.4절에서 먼저 항목 간의 관련성을 측정하는 방법을 알아본 후 반응률 예측 방법을 설명하고 최종 추천을 하기 위한 두 가지를 조합하는 방법을 논의한다.

10.4.1 의미론적 관련성

관련성의 정의는 보통 애플리케이션에 의존한다. 관련된 기사나 제품이 '비슷한' 기사나 제품일 수 있다. 이때는 유사성을 두 기사나 제품의 단어 가방 표현(2.1.2절 참조) 간의 코사인 유사성(2.3.1절 참조)으로 측정할 수 있다. 정황 항목과 너무 비슷한 관련 항목을 추천하고 싶지 않을 때도 있고, 매우 비슷한 항목은 제공하는 추가 정보가 적을 수 있다. 관련된 기사는 동일한 주제에 관한 것이나 정황 기사와 너무 비슷하지는 않은 기사로 정의할 수도 있다. 기사를 주제별로 분류하고 유사성을 정의하는 방법도 여러 가지가 있다. 주제는 LDA 모델(2.1.3절 참조)로 찾을 수 있고 유사성은 두 기사의 단어 가방 간의 코사인 값으로 측정할 수 있다.

일반적으로 관련 항목 예시 없이 관련성 함수를 정의하기 어렵다. 관련 항목은 애플리케이션에 따라 정의된다. 어떤 적용 사례에 대해 관련 항목과 관련 없는 항목의 예가 주어지면 관련성 함수를 학습하기 위해 지도 학습 기법 중 하나를 적용할 수 있다. x_j와 x_k가 항목 j 및 항목 k의 특성 벡터를 나타내게 하고 x_{jk}는 항목 j와 항목 k 간 관계(예: 유사성)의 차이에 대한 벡터를 나타내도록 하자. 한 가지 모델은 논리 회귀를 기반으로 $x'_j A x_k + x'_{jk} b$ 를 사용해 항목 j가 항목 k와 관련성을 가질 확률을 예측하는 것이다. A는 회귀 계수의 행렬이며 b는 회귀 계수의 벡터다(모델의 피팅 방법은 2.3.2절 참조). 항목 j가 항목 k와 관련이 있는 성향을 정량화하는 모델의 결과를 j에서 k로의 관련성 점수relatedness score라고 부르며, 이 점수는 애플리케이션 요구사항에 따라 대칭적이거나 비대칭적이다.

10.4.2 반응 예측

관련 항목을 추천할 때 사용자가 추천된 항목을 클릭, 공유, 링크, 상위 등급 부여 등 긍정적으로 반응하도록 하는 것이 중요하다. 의미론적 관련성 점수를 사용하지 않고 전적으로 예측된 반응을 기반으로 항목을 추천하는 경우도 있다. 온라인 쇼핑 웹사이트에서 흔히 볼 수 있는 예는 다음과 같다. 항목 k를 구매한 사람이 항목 j도 구매하는 경우가 여기에 해당한다. 이런 식의 추천은 보통 어떤 사용자가 k를 구매했을 때 그가 j를 구매할 확률에 기반을 둔다. 즉 Pr(사용자가 j를 구매한다 | 사용자가 k를 구매했다)로 여기서 항목 k가 정황 항목이다. 확률은 항목 j와 k 모두 구매한 사용자 수를 항목 k를 구매한 사용자의 수로 나누어서 추정할 수 있다. 분모가 크면 조건 확률을 정확하게 추정할 수 있다. 그러나 많이 구매되지 않는 항목은 정확한 확률 추정이 어렵다. 더군다나 관련 항목 추천을 개인화하고자 한다

면 사용자 i를 조건에 추가해서 $\Pr$(항목 j를 구매했다 | 항목 k를 구매했음, 사용자 i)를 추정할 필요가 있다. 이러면 데이터는 희소해지고 이런 카운팅 기반^{counting-based} 추정은 일반적으로 잘 안 된다.

정황 항목 k가 주어졌을 때 사용자 i가 항목 j에 보일 반응 y_{ijk}를 예측하기 위해 10.1절에서 소개한 텐서 분해 모델과 10.2절에서 소개한 계층적 수축 모델을 사용할 수 있다. 정황 항목의 총 수는 크기 때문에 텐서 분해 모델이 관련 항목 추천에 보통 더 잘 맞는다. 계층적 수축 모델(예: BST 모델)은 α_{ik}와 β_{jk}를 저장하기 위해 필요한 메모리가 $MK + NK$이기 때문에 상대적으로 정황 수가 작은 추천 문제에 더 잘 맞는다. M은 사용자 수이고, N은 항목 수, K는 정황의 수다. 정황의 수가 항목의 수인 즉, $K=N$인 관련 항목 추천에서는 $MK + NK$가 보통 너무 크게 된다.

10.4.3 예측된 반응과 관련성의 조합

정황 항목 k가 주어졌을 때 사용자 i가 항목 j에 어떻게 반응할 것인지 예측하는 모델과 항목 j에서 항목 k까지의 관련성 점수를 예측하는 모델을 만든 후 다음 전략 중의 하나로 최종 추천을 할 수 있다.

1. 예측 반응 및 관련성 점수의 가중된 합에 따라 항목 등급을 정한다.
2. 임계치보다 높은 예측 반응을 가진 항목의 관련성 점수에 따라 항목 등급을 정한다.
3. 임계치보다 높은 관련성 점수를 가진 항목의 예측 반응에 따라 항목 등급을 정한다.

보통 전략 3을 선호한다. 많은 관련 항목 추천 애플리케이션에서 정황 항목과 의미론적으로 관련되지 않은 항목을 추천하는 것은 받아들일 수 없기 때문이다. 즉 추천되는 항목의 관련성 점수는 임계치보다 높아야 한다. 그러면 사용자의 긍정 반응을 최대로 하기 위해 예측 반응에 따라 관련 항목의 등급을 정하는 것은 자연스럽다.

10.5 요약

10장에서는 정황에 따라 사용자에게 추천을 하는 방법을 알아봤다. 사용자 반응을 예측하는 두 가지 모델 클래스 즉, 텐서 분해 모델과 계층적 모델을 소개했다. 두 모델은 예측력을 더 향상하기 위해 혼합될 수도 있다. 텐서 분해 모델은 하위 랭크 분해를 통해 사용자, 항목, 상황의 3차원 공간에서 데이터 희소성을 처리하게 되고, 하위 랭크 분해는 사용자 잠재 요인, 항목 잠재 요인, 정황 잠재 요인에 대한 하위 랭크 행렬의 곱으로 세차원 텐서를 추정한다. 계층적 수축 모델은 정황 특유 사용자 및 항목 요인(예: 수식 10.11의 α_{ik}와 β_{jk})을 글로벌 사용자 및 항목 요인(예: 상황 k에 의존하지 않는 α_i 와 β_j)을 향해 수축하는 계층적 사전 확률을 통해 데이터 희소성을 다룬다. 상황 특유 요인(예: α_{ik})은 하위 랭크 분해(예: u_i, w_k. 여기서 u_i와 w_k의 차원 수는 상황 수보다 훨씬 적다)에 비해 정황 특유 행동을 정확하게 모델링할 수 있는 능력을 모델에게 준다. 그러나 정황 수가 크면 요인 분해(예: α_{ik}의 총 수는 사용자 수 곱하기 상황 수다)보다 훨씬 많은 수의 피팅할 매개변수를 동반하기 때문에, 정황 수가 큰 적용 사례는(예: 관련 항목 추천), 텐서 분해가 보통 사용된다.

관련 항목 추천은 보통 두 가지 조건을 가진다. 추천되는 항목은 정황 항목과 의미론적으로 관련성이 높고 동시에 반응률이 높아야 한다. 두 가지 조건이 연관성이 높다면 한 가지 조건에 집중하게 돼 다른 조건은 자동으로 충족된다. 그렇지 않다면 두 가지 조건 사이에서 균형을 잡아야 한다. 최고의 관련성을 가지면서 동시에 반응률도 가장 높을 수는 없다. 관련성 반응률 트레이드오프는 다목적 트레이드오프의 예가 된다. 여러 목적을 최적화하는 방법은 11장에서 살펴보자.

11

다목적 최적화

지금까지 살펴본 접근 방법은 하나의 목적, 보통 추천 항목에 대한 클릭을 위해 항목을 추천하는 것에 최적화된 방법이었다. 그러나 클릭은 사용자 행동의 출발점일 뿐이며 클릭 후 이어지는 유용한 후속 행위, 가령, 클릭 후 웹사이트에 머문 시간 즉, 소비 시간, 웹페이지에 광고를 통해 얻는 수입 등도 중요하다. 클릭, 소비 시간, 광고 수입 등은 모두 웹사이트 최적화의 목적이 될 수 있다. 서로 다른 목적이 강력한 양(+)의 상관관계를 가지고 있을 때는 하나를 최대화했을 때 다른 목적들도 자동으로 최대화되지만, 실제로는 이런 경우가 많지는 않다. 부동산 기사에 노출되는 광고가 오락 기사 광고보다 더 많은 수입이 발생하게 하지만, 보통 사용자는 오락 기사를 더 많이 클릭하고 거기에서 더 많은 시간을 보내는 것처럼 말이다. 이처럼 모든 목적에 대한 최적화를 하는 것은 불가능하다. 대신 목표는 상충하는 목적 사이에서 좋은 트레이드오프trade-off를 찾는 것이다. 클릭과 소비 시간이 일반적인 서빙 전략(예: CTR 최대화)으로 달성 가능한 클릭 수 대비 95%, 소비 시간은 90% 이내로 유지하도록 해서 수입을 최대화하는 것을 예로 들 수 있다. 제약(95%, 90%라는 기준) 설정 방법은 웹사이트의 사업 목표 및 전략에 따라 다르며 적용 사례마다 다르다. 11장에서는 다목적 프로그래밍을 기반으로 사전에 정의된 제약이 주어졌을 때 추천 시스템을 최적화하는 방법을 제시한다. 접근법에 다양한 애플리케이션별 요구사항을 쉽게 통합할 수 있다.

다목적 최적화를 위한 두 가지 접근 방법을 제시한다. 11.2절에서는 집단별 접근 방법(Agarwal et al.)(2011a에 처음 발표)을 설명하는데 여기에서 집단별 최고 인기 항목 추천(3.3.2절 및 6.5.3절)과 비슷한 방법으로 사용자 집단을 분류하고 집단 수준에서 최적화된다. 유용하긴 하지만 집단별 접근 방법은 사용자를 대략적이면서 중복되지 않는 집단으로 분류할 수 있다는 가정을 한다.

많은 적용 사례에서 사용자는 어떤 다차원 특성 벡터(수천 개의 차원을 가지고 가능한 조합의 수도 매우 많은)로 특징지어진다. 집단별 접근 방법은 구체적이지 않은 사용자 집단 수준에서 결정하기 때문에 고려해야 할 정보가 많은 상황에서는 추천하는 데 실패한다. 11.3절은 집단별 접근 방법을 개선해서 개별 사용자 수준에서 목적을 최적화하는 개인별 접근 방법(Agarwal et al.)(2012에 처음 발표)을 설명한다. 개인별 접근 방법의 어려움은 11.3절에서 라그랑주 쌍대선^{Lagrangian duality}과 11.4절의 추정 기법을 통해 풀어본다. 11.5절에서 야후! 홈페이지 데이터로 다목적 최적화를 적용해 본다. 실험 결과는 서로 다른 공식의 흥미로운 특징을 보여 주며, 발견한 내용은 웹 포털 추천 시스템 설계에 유용한 지침을 제공한다.

11.1 애플리케이션 환경

몇 가시 속성을 가진 야후!(예: 야후! 뉴스, 금융, 스포츠)와 같은 포털의 홈페이지에서 콘텐츠를 추천하는 모듈을 고려해 본다. 목표는 모듈에 대한 사용자 경험 그리고 각 속성의 목적(예: 광고 수입 또는 머문 시간)을 동시에 최적화하는 것이다. 목적이 결정 변수의 가중된 합으로 표현될 수 있는 한,

문제가 여전히 선형 프로그램으로 대변될 수 있는 한 다른 환경으로의 확장도 간단하게 할 수 있다.

시간은 에포크^{epochs} 단위로 나눈다. 각 에포크 t에는 추천될 수 있는 후보 항목의 세트가 있고 이것을 A_t라고 하자. 각 항목 $j \in A_t$는 포털의 속성 K개 중 하나에 속한다. $P = \{P_1, ..., P_k\}$가 속성 세트를 나타내도록 하자. $j \in P_k$는 항목 j의 랜딩 페이지$^{landing page}$가 속성 P_k에 속한다는 것을 의미한다. 즉 항목 j를 클릭하면 사용자는 속성 P_k의 웹페이지로 이동하게 된다. 에포크 t에 속한 모든 사용자는 U_t로 나타내도록 하자. 사용자 $u \in U_t$는 홈페이지를 방문해서 A_t에 있는 어떤 항목을 추천받는다. 설명의 편의를 위해 각 사용자 방문에 하나의 항목만 추천하는 문제를 가정한다. 사용자가 추천된 항목을 클릭하면 시스템은 클릭된 항목이 속한 속성의 웹페이지로 사용자를 보낸다. 서로 다른 속성에 속한 웹페이지로의 사용자 방문은 보통 홈페이지에서 한 클릭의 영향을 많이 받는다. 하나의 예제로 포털이 두 가지 상이한 목적에 대한 최적화를 하고자 한다고 가정해보자. (1) 홈페이지에서의 총 클릭 수와 (2) 홈페이지에 추천된 항목을 클릭한 사용자가 해당 항목의 속성에서 소비한 총 시간이다. 11.2.2절에서 알아본 것처럼 수입과 같은 다른 목적도 프레임워크에 쉽게 통합될 수 있으며 속성 $\{P_1, ..., P_K\}$는 제약을 두고자 하는 임의의 항목 범주로 대체할 수 있다.

콘텐츠 추천은 탐색 이용 문제다. 어떤 (목적을 측정하는) 측정지표에 최적화하기 위해 각 후보 항목의 성능을 해당 측정지표로 추정해야 한다. 사용자에게 항목을 보여 주지 않고 항목의 성능을 알기는 어렵다. 목적이 하나일 때의 탐색 이용 문제는 잘 연구돼 있다(6장과 7.3.3절 참조). 다목적 문제의 확실한 최적화를 보장하는 탐색 이용 접근법 개발은 아직은 해결되지 않은 문제다. 여기에서 탐색 이용 전략이 시스템에 이미 운용되고 있다고 가정한다. 실험을 통해 좋은 성능을 내는 것으로 나타난 간단한 E 그리디 전략을(Vermorel and Mohri)(2005) 사용한다. 이 전략은 다음과 같다. 모든 항목에 대한 데이터를 수집하기 위해 현재의 콘텐츠 풀에서 무작위로 일관되게 선택된 항목을 무작위로 선택된 소수의 사용자 방문(탐색 집단)에 제공한다. 나머지 방문 (이용 집단) 건에는 목표가 클릭 수 최대화라면 추정 클릭률^{CTR}이 가장 높은 항목을 제공한다. 다목적의 경우 이용 집단을 대상으로 한 서비스 전략은 최고 CTR 항목 제공 전략과 다르다.

11.2 집단별 접근 방법

집단별 다목적 최적화 문제의 설정을 설명한다. 어느 시간대에서 보더라도 시스템은 다음 서비스 에포크(예: 5분 간격)에 대한 서비스 전략을 만들고 있다. 각 사용자 집단 i와 각 후보 항목 j에 해당 집단에 속한 사용자 방문 건수 중 일부 x_{ij}를 다른 성능 목표가 일정 수준 이하로 떨어지지 않는다는 제약을 둔 상태에서 목표하는 하나의 성능을 최대화하도록 할당한다. 목적이 결정 변수 x_{ij}의 가중된 합으로 계산될 수 있을 때는 다목적 문제를 하나의 선형 프로그램(LP)으로 직관적으로 표현할 수 있고 표준 LP 풀이를 통해 풀 수 있다.

11.2.1 문제 설정

집단별 모델: 집단별 접근 방법에서 사용자는 m개의 집단으로 분류된다. 11장에서는 S가 집단 세트를, $i \in S$는 하나의 집단을 나타내도록 하자. 항목 j의 효용을 측정하기 위해 통계적인 기법을 통해 다음을 추정한다. (1) 집단 i에 있는 어떤 사용자가 에포크 t에 제공된 항목 j를 클릭할 확률인 p_{ijt}와 (2) 집단 i에 있는 어떤 사용자가 클릭 후 항목 j의 랜딩 속성$^{landing\ property}$에 소비한 시간 d_{ijt}이다. p_{ijt}는 CTR이라고 하고 d_{ijt}는 소비 시간이라고 하며 6.3절에서 설명한 감마 푸아송 모델로 추정할 수 있다. 목표가 클릭(또는 소비 시간. 그러나 동시에 둘 모두는 아닌) 최대화라면, 최적의 방법은 p_{ijt}(또는 $p_{ijt} \cdot d_{ijt}$)가 가장 높은 항목 j를 집단 i 사용자에게 추천하는 것이다.

집단별 서빙 전략: 항목을 사용자에게 추천하는 알고리듬을 서빙 전략^{serving} scheme이라고 부른다. 각 에포크 t에 대해 집단별 서빙 전략은 에포크 이전에 얻은 정보를 사용해 집단별 서빙 계획 $x_t = \{x_{ijt} : i \in S, j \in A_t\}$를 세운다. x_{ijt}는 서빙 전략이 항목 j를 에포크 t에 집단 i의 사용자에게 추천할 확률이다. 사용자가 에포크 t에서 홈페이지를 방문하면 우선 적절한 집단으로 먼저 할당되고 $\{x_{ijt} : j \in A_t\}$를 기반으로 한 다항 추첨을 통해 하나의 항목이 제공된다. $x_{ijt} \geq 0$, $\sum_j x_{ijt} = 1$이어야 한다는 것은 명확하다. 서로 다른 최적화 방법은 상이한 기준에 따라 서로 다른 서빙 계획을 생성한다. 가령, 클릭 최대화 기법은 만약 $j*$가 최고 CTR 항목이라면 x_{ij*t}를 1로 설정하고 나머지 항목은 영(0)으로 설정할 것이다. 에포크 t의 서빙 계획은 에포크 t 이전에 즉, 에포크 $t - 1$ 때 만들어진다는 점을 주목해야 한다.

11.2.2 목적 최적화

목적: 설명의 편의를 위해 클릭 수와 소비 시간이라는 두 가지 목적을 고려한다. N_t가 에포크 t 동안의 총 방문 수를 나타내고 $\pi_t = (\pi_{1t}, \ldots, \pi_{mt})$는 사용자 집단별 방문 건수를 나타내도록 하자. $\sum_{i \in S} \pi_{it} = 1$이라는 것은 명확하고 $N_t \pi_{it}$는 집단 i의 총 방문 건수다. 보통 π_t는 사용자의 과거 방문 데이터를 기반으로 추정할 수 있다(Agarwal et al.)(2011a). 너무 복잡해지는 것을 방지하고 항상 현재 에포크 t를 얘기하기 때문에 아래 첨자 t는 생략한다. 현재 에포크의 서빙 계획 $X = \{x_{ij}\}$가 주어졌을 때 두 가지 목적은 다음과 같다.

- 홈페이지의 기대 총 클릭 수

$$TotalClicks(\mathbf{x}) = N \sum_{i \in S} \sum_{j \in A} \pi_i x_{ij} p_{ij} \tag{11.1}$$

- 속성 P_k에 소비한 총 시간

$$TotalTime(\mathbf{x}, P_k) = N \sum_{i \in S} \sum_{j \in P_k} \pi_i x_{ij} p_{ij} d_{ij} \tag{11.2}$$

$TotalTime(x) = TotalTime(x, A)$로 모든 속성에 쓴 전체 시간을 나타낸다.

그 외 목적: 다목적 최적화를 묘사하기 위해 소비 시간만 사용했지만, 일반적으로 사용하는 다른 목적도 비슷한 방법으로 쉽게 정의할 수 있다(선형 프로그램에 추가할 수 있다)는 것을 보여 준다.

- 속성 P_k에서 예상되는 총 수입은 수식 11.3과 같이 정의된다.

$$TotalRevenue(\mathbf{x}, P_k) = N \sum_{i \in S} \sum_{j \in P_k} \pi_i x_{ij} p_{ij} r_{ij} \qquad (11.3)$$

수식 11.3에서 r_{ij}는 집단 i에 속한 사용자의 항목 j에 대한 클릭의 예상(예측) 수입이다. 항목 j가 후원을 받은 항목이거나 광고라면 직접 수입이 발생하게 한다. 그렇지 않으면 항목 j의 랜딩 페이지에 제공된 광고로 수입이 발생한다.

- 속성 P_k에서의 예상되는 전체 페이지 뷰는 수식 11.4와 같이 정의된다.

$$TotalPageView(\mathbf{x}, P_k) = N \sum_{i \in S} \sum_{j \in P_k} \pi_i x_{ij} p_{ij} v_{ij} \qquad (11.4)$$

수식 11.4에서 v_{ij}는 집단 i에 속한 사용자의 항목 j를 클릭한 후 항목 j가 속한 속성에서 예상(예측)되는 페이지 뷰 수다. 항목 j에 대한 클릭 자체가 이미 하나의 페이지 뷰이기 때문에 $v_i \geq 1$이라는 것을 고려해야 한다.

클릭 최대화 전략: 베이스라인으로 삼을 수 있는 한 가지 기법은 오로지 총 클릭 수만을 최적화하는 것이다. 여러 목적을 고려하기 전에 일반적으로 클릭 최대화를 시도하기 때문에 이런 전략을 현 상태(status-quo, 실측값) 알고리듬이라고 한다. 수식 11.5와 같은 서비스 계획 $z = \{z_{ij}\}$를 얻는다.

$$z_{ij} = \begin{cases} j = \arg\max_{j'} p_{ij'} \text{ 일 때} \\ 0 \text{ 그 외} \end{cases} \qquad (11.5)$$

$TotalClicks^* = TotalClicks(z)$와 $TotalTime^*(P_k) = TotalTime(z, P_k)$를 사용해 클릭 최대화 전략의 두 가지 목적 값을 나타낸다. z의 정의에 의해 그들은 상수다.

스칼라화^{scalarization}: 두 가지 목적을 결합하는 간단한 방법은 두 가지 목적의 가중된 합을 최적화할 새로운 목적으로 정의하는 것이다. 서빙 계획을 만들기 위해 다음을 최대화하는 x를 찾는다.

$$\lambda \cdot TotalClicks(\mathrm{x}) + (1 - \lambda) \cdot TotalTime(\mathrm{x})$$

$\lambda \in [0, 1]$은 총 클릭과 총 소비 시간 간의 트레이드오프를 나타낸다. λ 값이 작으면 소비 시간을 늘리기 위해 클릭 수는 떨어지는 것을 허용한다. 수식 11.6과 같이 표현할 수 있다.

$$x_{ij} = \begin{cases} 1, & j = \arg\max_J \lambda \cdot p_{iJ} + (1 - \lambda) \cdot p_{iJ} d_{iJ} \text{ 일 때} \\ 0, & \text{그 외.} \end{cases} \tag{11.6}$$

상수 λ의 목적 간 트레이드오프는 에포크마다 크게 변할 수 있다. 실제로 에포크에 따라 클릭 감소가 심각할 수 있는데, 애플리케이션에 따라 문제가 될 수 있다. 그러나 소비자가 머무는 시간을 상당히 늘리기 위해 일부 에포크에서 많은 수의 클릭을 포기하는 것은 장기적으로 봤을 때 더 좋은 결과를 낳는다. 웹사이트 소유주가 여러 목적의 가중된 합에 흥미가 있고 그중 하나가 크게 떨어지는 것에 크게 신경을 쓰지 않을 때 접근법이 매력적이다. 하지만 목적은 모두 선형이기 때문에 파레토^{Pareto} 최적 곡선(Boyd and Vandenberghe)(2004의 7장 참조)의 모든 지점을 탐색할 수 없어 좋은 해결책을 놓칠 수 있다는 약점이 있다. 또한 애플리케이션 주도 비즈니스 제약을 가하기가 쉽지 않다는 점도 한계다.

선형 프로그램: 아가왈 외(Agarwal et al.)(2011a)에서 다양한 다목적 프로그램 MOP, Multi-Objective Programs을 소개하고 있다. 여기에서는 가장 유연한 공식 즉, 국지적 다목적 프로그램l-MOP, localized multiobjective program만 살펴본다. 최적화 문제는 수식 11.7과 같은 공식으로 표현할 수 있다.

$$\max_{\mathbf{x}} TotalTime(\mathbf{x})$$

$$\text{s.t. } TotalClicks(\mathbf{x}) \geq \alpha \cdot TotalClicks^* \tag{11.7}$$

$$TotalTime(\mathbf{x}, P_k) \geq \beta \cdot TotalTime^*(P_k), \ \forall P_k \in \mathcal{P}^*$$

수식 11.7에서 P^*는 P의 부분 집합으로 일정한 수준의 소비 시간을 보장하고자 한다. 선형 프로그램은 모든 속성에 소비한 시간을 최대화하면서 현 상태 클릭 최대화 전략 대비 줄어드는 총 클릭 수를 일정한 수준 $\alpha(0 \leq \alpha \leq 1)$로 제한하고자 한다. 각 주요 속성 $P_k \in P^*$에 대해, P_k에 총 소비 시간이 클릭 최대화 전략의 총 소비 시간의 적어도 $\beta(0 \leq \beta \leq 1)$배가 되게 보장된다. 선형 프로그램은 표준 LP 솔버^{solver}로 쉽게 풀 수 있다.

선형 프로그램에는 어떤 선형 제약이라도 추가할 수 있다. 여기에서 예로 든 애플리케이션 환경에는 선형 프로그램(수식 11.7)이 적합하며 설명을 돕기 위한 예시로 계속 사용한다. 모든 에포크에서 p_{ij}, d_{ij}, π_i를 예측하기 위해 통계적 방법을 사용하고 선형 프로그램을 풀어서 다음 에포크의 서빙 계획 x를 얻는다. 그러므로 에포크의 다음 사용자에게는 실제로 그 사용자를 보기 전에 만든 계획에 따라 서빙이 진행된다.

다른 목적을 추가하는 것 역시 직관적이다. 예를 들어 $TotalTime(\mathrm{x})$를 $TotalRevenue(\mathrm{x})$ 또는 $TotalPageView(\mathrm{x})$로 대체할 수 있다. 다음과 같은 제약을 선형 프로그램(수식 11.7)에 추가한다.

$$TotalRevenue(\mathbf{x}, P_k) \geq \gamma \cdot TotalRevenue^*(P_k), \ \forall P_k \in \mathcal{P}^*$$

$$TotalPageView(\mathbf{x}, P_k) \geq \delta \cdot TotalPageView^*(P_k), \ \forall P_k \in \mathcal{P}^*. \tag{11.8}$$

11.3 맞춤형 접근 방법

선형 프로그램은 집단별 다목적 최적화를 수행하기 위해 효과적으로 사용할 수 있다. 그러나 집단별 서빙 전략은 하나의 집단에 속한 모든 사용자를 동일하게 취급한다. 개별 사용자 특유의 개인적 정보 욕구를 충족하기 위해 개별 사용자별로 다르게 서비스를 제공하는 능력은 없다. 11.3절에서는 집단별 접근 방법을 확장해서 개별 사용자를 위한 개인화된 서빙 계획을 다뤄본다.

개별 사용자 수준에서의 최적화는 어렵다. LP의 각 (사용자 u, 항목 j) 페어별로 하나의 변수 x_{uj}를 사용해서 집단별 접근법을 단순하게 확장하는 것은 불가능하다. (1) 온라인 환경에서 LP를 잘못 정의하게 만드는 확장이다. 다음 에포크에서 처음으로 관찰하게 될 사용자가 있을 것이므로 '개인화된 LP'는 보지 못했던 사용자 세트를 예측하고 상응하는 사용자 변수를 포함해서 다음 에포크에서 그들에게 서빙해야 한다. (2) 다음 에포크의 사용자를 정확하게 예측한다고 하더라도 이런 확장은 LP의 크기가 극적으로 늘어나도록 한다. 에포크당 수십만 명의 사용자가 있을 수 있다.

11.3.1 원형 공식

서빙 계획 x의 형태를 재정의하고 집단별 선형 프로그램 수식 11.7을 확장해서 개인화된 다목적 최적화의 원형primal 공식을 정의한다.

맞춤형 서빙 계획: 맞춤형 다목적 최적화에서는 집단별 서빙 계획 대신 각 사용자 u에 대해 사용자별 서빙 계획이 있다. 맞춤형 서빙 계획은 x = {x_{uj} : $u \in U, j \in A$}로 정의된다. x_{uj}는 다음 에포크에서 사용자 u가 항목 j를 제공받을 확률이다. x_{uj}는 확률이기 때문에 $x_{uj} >= 0$, $\sum_j x_{uj} = 1$이 된다. 맞춤형 서빙 전략은 확률에 따라 개별 사용자에게 항목을 제공한다.

목적: 서빙 계획 x의 형태가 변했기 때문에 *TotalClicks*(x)와 *TotalTime*(x,

P_k)의 정의도 수정돼야 한다.

$$TotalClicks(\mathbf{x}) = \sum_{u \in \mathcal{U}} \sum_{j \in \mathcal{A}} x_{uj} p_{uj}$$

$$TotalTime(\mathbf{x}, P_k) = \sum_{u \in \mathcal{U}} \sum_{j \in P_k} x_{uj} p_{uj} d_{uj}$$

(11.9)

수식 11.9에서 p_{uj}는 사용자 u가 항목 j를 클릭할 확률 예측값이고 d_{uj}는 사용자 u가 항목 j를 클릭한 후 항목의 랜딩 속성 페이지에서 소비할 시간의 예측값이다. p_{uj}의 예측과 d_{uj}의 예측 모두 문제 공식에 대해 직교이며 이전 연구(7.3절 또는 아가왈 외, 2008, 2009 참조)에서 제시된 온라인 회귀를 포함한 맞춤형 통계 모델도 통합할 수 있다. 예측된 CTR p_{uj}가 주어지면 수식 11.5와 비슷하게 클릭 최적화 서빙 전략을 계산할 수 있고 그에 맞춰 맞춤형 서빙을 위해 현상 제약 *TotalClicks**와 *TotalTime**를 정의할 수 있다.

맞춤형 서빙 계획은 집단별 서빙 계획보다 더 유연하며 집단별 서빙 계획을 하나의 유형으로 포함한다. 집단별 모델을 사용해 p_{uj}와 d_{uj}를 바꿔보면 (집단 i에 속한 모든 u에 대해 $p_{uj} = p_{ij}$, $d_{uj} = d_{ij}$로 한다면), 수식 11.9는 수식 11.1과 수식 11.2로 축소된다.

어려운 점: x, *TotalClicks*, *TotalTime*의 새로운 정의를 볼 때 선형 프로그램 수식 11.7은 개인화된 다목적 최적화에 쉽게 적용될 수 있을 것으로 보인다. 각 에포크에서 이 선형 프로그램을 풀어서 해답으로 다음 에포크 사용자에게 서빙할 수 있다. 그러나 공식을 푼다는 것은 다음 이유로 어려운 점이 있다.

- **보지 못한 사용자:** 선형 프로그램에서 변수 x_{uj}는 다음 에포크 때 웹 포털을 방문할 모든 사용자 u에 대해 정의된다. 포털을 아직 방문하지 않은 사용자에 대해 x_{uj}를 계산한다는 것은 어렵다. (변수의 수를 결정하는) 사용자 수를 추정하는 것은 보통 쉬울 수 있지만, 선형 프로그램 입력 매개변수 p_{uj}와 d_{uj}는 보지 못한 사용자에 대해

예측하기 어려운데 선형 프로그램을 풀려면 모든 사용자에 대해 이것이 결정돼야 한다.

- **확장성:** 선형 프로그램은 각 사용자 u에 대해 변수 세트 $\{x_{uj}\}_{\forall j \in A}$ 가 필요하다. 다음 에포크의 모든 사용자에 대해 p_{uj} 및 d_{uj}를 알고 있더라도 사용자 수가 크면(예: 수백만 명) 많은 수의 변수 때문에 결과적으로 매우 큰 선형 프로그램이 생기는 확장성 문제가 생긴다.

핵심 생각: 어려움을 극복하기 위해 제약된 최적화 문제의 라그랑지언 쌍대성(이중성)Lagrangian duality 공식을 활용해 본다. 선형 프로그램(수식 11.7)의 원형 프로그램에서 x_{uj}가 원형 변수다. 사용자 특유 원형 변수가 많지만, 원형 공식에는 중요하지 않은 제약 몇 개만 있다. 핵심 생각은 소수의 사용자 독립적인 이중 변수로 원형 변수를 포착하기 위해 라그랑지언 쌍대성을 탐색하는 것이다. 사용자 독립적인 이중 변수는 몇 개 없다. 이제 다음 에포크에 대한 최적의 이중 솔루션(11.4절에서 논의)을 효율적으로 계산할 수 있다고 가정하자. 또한 다음 에포크에서 필요에 따라 이중 솔루션을 서빙할 때 개별 사용자를 위한 원형 솔루션(서빙 계획)으로 효율적으로 전환할 수 있다고 가정하자. 그러면 어려움은 해결된다.

불행한 것은 선형 프로그램은 라그랑지언 파생 효과가 없어지기 때문에(보이그와 반덴베르그, 2004) 이중 솔루션에서 원형 솔루션으로의 전환이 쉽지 않다. 반대의 경우도 마찬가지다. 전환을 보장하기 위해 원래의 선형 목적함수를 조금 수정해서 명확하게 볼록한 형태를 띠게 한다. $q = \{q_{uj} : u \in U, j \in A\}$가 베이스라인 서빙 계획을 나타내도록 하자. 목적 함수에 항을 추가해서 q에서 멀리 떨어진 서빙 계획 x는 처벌하게 된다. 베이스라인 q로 가능한 것은 몇 가지가 있다. 그중 하나는 클릭 최대화 계획 z이다. 다른 하나는 항목 간 '공정성' 개념을 적용하는 일관된 서빙 계획 $q_{uj} = 1/|A|$이다. 처벌 항은 $L2$ 놈 또는 KL 발산이 될 수 있다. 여기에서는 $L2$ 놈 처벌

항과 일관된 서빙 계획 q를 선택한다.

$$||\mathbf{x} - \mathbf{q}||^2 = \sum_{u \in \mathcal{U}} \sum_{j \in \mathcal{A}} (x_{uj} - q_{uj})^2$$

수정된 원형 프로그램: 처벌 항을 추가한 후 수정된 원형 프로그램을 얻는다.

$$\min_\mathbf{x} \frac{1}{2} \gamma ||\mathbf{x} - \mathbf{q}||^2 - TotalTime(\mathbf{x})$$
$$\text{s.t. } TotalClicks(\mathbf{x}) \geq \alpha \cdot TotalClicks^* \qquad (11.10)$$
$$TotalTime(\mathbf{x}, P_k) \geq \beta \cdot TotalTime^*(P_k), \ \forall P_k \in \mathcal{P}^*$$

수식 11.10에서 γ는 처벌의 중요성을 명시한다. 이렇게 하는 수정 사항은 모든 선형 프로그램 기반 다목적 최적화에 적용될 수 있어서 보편적이다. 또한 원형 프로그램을 표준적인 이차 프로그래밍 문제 형태로 만들기 위해 최대화에서 그에 동등한 최소화로 변경했다는 점을 주목해야 한다. 어떤 의미에서 추가된 처벌 항은 정규화의 역할을 하며 해답의 분산을 줄여준다.

11.3.2 라그랑지언 이중성

이중 솔루션을 상응하는 원형 솔루션으로 효율적으로 전환하기 위한 이중 변수와 알고리듬을 소개한다. 다음을 가정한다.

$$g_0 = \alpha \cdot TotalClicks^*, \ g_k = \beta \cdot TotalTime^*(P_k)$$

원형 프로그램의 라그랑지언 함수는 다음과 같다.

$$\begin{aligned}
\Lambda(\mathbf{x}, \boldsymbol{\mu}, \boldsymbol{\nu}, \boldsymbol{\delta}) = &\frac{1}{2}\gamma \sum_u \sum_j (x_{uj} - q_{uj})^2 - \sum_u \sum_j p_{uj} d_{uj} x_{uj} \\
&- \mu_0 (\sum_u \sum_j p_{uj} x_{uj} - g_0) \\
&- \sum_{k \in \mathcal{I}} \mu_k (\sum_u \sum_{j \in P_k} p_{uj} d_{uj} x_{uj} - g_k) \\
&- \sum_u \nu_u (\sum_j x_{uj} - 1) - \sum_u \sum_j \delta_{uj} x_{uj}
\end{aligned}$$

모든 $k \in I$에 대해 $\mu_0 \geq 0$, $\mu_k \geq 0$이고 모든 u와 j에 대해 $\delta_{uj} \geq 0$이다. 이 것은 *TotalTime*과 *TotalClick*을 수식 11.9에 따라 확장하고 총 클릭의 제약 을 보장하기 위해 라그랑지언 승수 μ_0을 적용하고, 속성당 총 소비 시간 기 준을 보장하기 위해 μ_k를 적용하며, $\sum_j x_{uj} = 1$을 보장하기 위해 ν_u를 적용하 고, $x_{uj} \geq 0$을 보장하기 위해 δ_{uj}를 적용해서 얻는다. μ_0, μ_k, ν_u, δ_{uj} 등을 이 중 변수라고도 한다.

$\frac{\partial}{\partial x_{uj}} \Lambda(\mathbf{x}, \boldsymbol{\mu}, \boldsymbol{\nu}, \boldsymbol{\delta}) = 0,$ 으로 설정하면

$$x_{uj} = \frac{c_{uj} + \nu_u + \delta_{uj}}{\gamma} \text{ 을 얻는다.} \tag{11.11}$$

여기서

$$c_{uj} = p_{uj} d_{uj} + \mu_0 p_{uj} + \mathbf{1}\{j \in P_k \wedge k \in \mathcal{I}\} \mu_k p_{uj} d_{uj} + \gamma q_{uj} \tag{11.12}$$

$1\{참\} = 1$이고 $1\{거짓\} = 0$이라는 사실에 주목하자. 따라서 μ_0, μ_k, vu, δ_{uj}에 이중 솔루션을 갖고 있다면 원형 솔루션 x_{uj}를 다시 만들 수 있다. 그러나 이것도 앞의 어려움을 해결하지는 못하는 것이 ν_u와 δ_{uj}는 여전히 다음 에 포크 사용자의 u가 필요하기 때문이다. 이어서 ν_u와 δ_{uj} 없이 오로지 $\mu = \{\mu_0, \mu_k\}_{\forall P_k \in P^*}$로부터 x_{uj}를 효율적으로 재건하는 알고리듬을 제시한다.

이중 서빙 계획: μ를 이중 서빙 계획이라고 하며 여기에는 사용자 특유 변수 가 포함되지 않는다. 이중 계획을 상응하는 원형 서빙 계획으로 전환하는 알고리듬은 다음 명제를 기반으로 둔다.

명제 11.1: 최적 솔루션에서는 사용자 u와 두 개의 항목 j_1과 j_2가 주어졌을 때, $c_{uj1} \geq c_{uj2}$이고 $x_{uj2} \geq 0$이라면 $x_{uj1} > 0$이다.

증명: 카루쉬 쿤 티커[KKT, Karush-Kuhn-Tucker] 조건(Boyd and Vandenberghe)(2004 참조)에 의하면 최적 지점에서 $x_{uj2} > 0$이기 때문에 $\delta_{uj2} = 0$이다. 그러면 $c_{uj1} \geq c_{uj2}$이고 $\delta_{uj1} \geq 0$이므로 다음을 얻을 수 있다.

$$x_{uj_1} = \frac{c_{uj_1} + v_u + \delta_{uj_1}}{\gamma} \geq \frac{c_{uj_2} + v_u}{\gamma} = x_{uj_2} > 0.$$

보편성을 해치지 않고 각 사용자 u에 대해 $c_{u1} \geq c_{u2} \cdots \geq c_{un}$이 되도록 항목의 인덱스를 다시 한다. 여기에서 n은 항목의 수다. 순서는 사용자별로 다르다. 명제 11.1에 의하면 최적 솔루션에서 $j \leq t$에 대해 $x_{uj} > 0$이고 $j > t$에 대해 $x_{uj} = 0$이 되도록 하는 하나의 수가 $1 \leq t \leq n$에 존재한다. t의 값을 찾기 위해 $t = 1$에서 n까지 다음 선형 시스템에 적합한 솔루션이 있는지 확인한다.

$$x_{uj} = \frac{c_{uj} + v_u}{\gamma} \text{ 그리고 } x_{uj} > 0, \text{ for } 1 \leq j \leq t \text{ 일 때}$$

$$\sum_{j=1}^{t} x_{uj} = 1$$

$x_{uj} > 0$이면 $\delta_{uj} = 0$이라는 점에 주목하자. 적합한 솔루션을 주는 가장 큰 t 값이 찾는 값이다. 대수학을 적용하면, t가 주어졌을 때 $v_u = (\gamma - \sum_{j=1}^{t} c_{uj})/t$를 갖게 된다. 가장 작은 $x_{ut} > 0$이 성립한다면 즉, 수식 11.13이 성립한다면 앞에서의 시스템은 실형 가능하다.

$$x_{ut} \propto c_{ut} + \frac{\gamma - \sum_{j=1}^{t} c_{uj}}{t} > 0 \tag{11.13}$$

전환 알고리듬: 이중 계획 μ와 유입되는 사용자 u가 주어지면 u에 대한 원형 서빙 계획 $\{x_{uj}\}$는 전환 알고리듬으로 얻게 된다. 알고리듬 11.2에 전환 알고리듬을 정리했다.

명제 11.2: 입력 이중 계획 μ가 어떤 사용자 세트에 대한 최적 계획이라면, 전환 알고리듬의 결과 서빙 계획은 세트에 포함된 사용자에 대해서 역시 최적 계획이다.

증명: 이중 변수 μ를 갖고 전환 알고리듬은 v와 x를 제공한다. 수식 11.1으로 가지고 모든 $x_{uj} = 0$에 대해 δ_{uj}를 계산할 수 있다. 여기서 얻은 모든 값은 모든 KKT 조건을 충족한다는 것을 확인할 수 있다.

전환 알고리듬의 복잡성은 p_{uj}와 d_{uj}의 예측과 c_{uj}의 분류에 의해 좌우된다. 후보 항목의 수는 보통 이미 작거나 필요하면 작게 만들어질 수 있기 때문에(수백에서 수천 사이), 전환 알고리듬은 매우 효율적이다. 더군다나 각 사용자에 대해 다른 사용자와 독립적으로 연산이 가능하기 때문에 연산은 사용자별로 쉽게 병렬 처리될 수 있다.

앞에서의 공식은 수식 11.12의 가중치 μ_k를 다양한 목적 및 제약의 중요도로 볼 수 있다는 점에서 상이한 목적을 선형적으로 결합하는 간단한 스칼라화과 비슷하다. 그러나 스칼라화는 부분 서빙을 고려하지 않기 때문에 모든 유의미한 파레토^{Pareto} 최적 지점을 도출하는 데 제한적이다(아가왈 외, 2011a; 보이드와 반덴베르그, 2004). 여기서 제시한 공식에는 v_u가 있기 때문에 부분 서빙을 할 수 있고, 그 결과 스칼라화보다 더 제어된 방법으로 파레토 최적 솔루션을 옮길 수 있다.

알고리듬 11.2 전환 알고리듬

입력값: 이중 계획 μ와 유입 사용자 u

결괏값: 원형 계획 $\{x_{uj}\}$

1: 각 항목 j에 대해 p_{uj}와 d_{uj} 예측
2: μ, p_{uj}, d_{uj}를 기반으로 c_{uj} 계산
3: $c_{u1} \geq c_{u2} \geq \dots$가 되도록 항목을 c_{uj} 기준으로 정렬
4: Set $a = \gamma$ and $t = 1$
5: repeat
6:     if $c_{ut} + (a - c_{ut})/t \leq 0$ then
7:         $t = t - 1$ and break
8:     else
9:         $a = a - c_{ut}$ and continue
10:     end if
11:     $t = t + 1$
12: until $t \geq |A|$
13: $v_u = a/t$
14: for $j = 1$ to t do
15:     $x_{uj} = (c_{uj} + v_u)/\gamma$
16: end for
17: return $\{x_{uj}\}$

11.4 근사 추정 기법

다음 에포크에 웹포털을 방문할 사용자 모두를 관찰하지는 않기 때문에 QP는 추정할 수밖에 없다. 핵심 개념은 다음 에포크의 사용자 분포가 현재 에포크의 사용자 분포와 비슷하다고 생각하는 것이다. 각 에포크는 보통 기간이 짧으며(실험에서는 10분) 사용자 집단도 보통 크게 변하지 않기 때문에 요구사항을 충족하는 것이 크게 어렵진 않다. 원형 솔루션을 서빙에 바로 사용한다면 아직 보지 못한 사용자에 관한 원형 변수를 모르기 때문에 이미 본 사용자 세트만을 대상으로 서빙할 수밖에 없다. 하지만 이중 계획을 사용해서 서빙한다면, 모든 사용자에 대해 필요에 따라 그것을 사용자당 서빙 계획으로 전환할 수 있다. 이중 계획은 두 개의 인접한 에포크의 사용자 특성 세트가 통계적으로 유사하기만 하면 된다(사용자 자체가 유사할 것을 요구하지 않는다). 이런 이유로 이중 공식은 사용자의 일부 표본에 대해서도 적용할 수 있다. 11.4절에서는 에포크에서의 사용자가 수가 크면 필요 연산 비용을 줄이는 두 가지 기법 즉, 클러스터링(clustering, 군집화)와 샘플링(sampling, 표본 추출)을 살펴본다.

11.4.1 클러스터링

목표는 수식 11.10에서 정의된 QP에 관한 이중 솔루션을 얻는 것이다. QP 문제의 크기를 줄이려면 사용자를 군집으로 나눠야 한다. 그러면 원형 변수의 수도 줄어들게 된다. 즉 각 사용자 u가 아닌 각 군집 i에 대해 원형 변수 세트 $\{x_{ij}\}_{\forall j \in A}$를 정의한다. 그런 다음 상용[off-the-shelf] QP 솔버를 사용하여 단순한 QP 문제의 이중 솔루션 μ를 찾는다. 서빙할 때 알고리듬 11.2를 가지고 개별 사용자 u를 위한 맞춤형 서빙 계획 $\{x_{uj}\}_{\forall j \in A}$를 계산하기 위해 u를 사용한다.

- **k평균:** 표준 k평균 알고리듬을 현재 에포크 사용자 세트에 적용해서 사용자 간 유사도를 기준으로 m개의 군집을 만든다.

- **상위 1개 항목:** CTR이 가장 높은 항목이 같은 모든 사용자를 하나의 군집으로 분류하는 방법이다. 즉 항목 ID가 군집의 이름이 된다. 군집 j에 속한 사용자 세트는 다음과 같다.

$$S_j = \{u \in \mathcal{U} : j = \arg\max_{j' \in A} \; p_{uj'}\}$$

일관성을 위해 그런 군집을 여전히 인덱스 i로 지칭한다. 군집 수를 제한할 필요는 없다.

사용자 군집을 결정하고 나면 QP의 근사치를 다음과 같이 구한다. 각 군집 i에 대해 군집에 속한 각 사용자 u의 사용자당 p_{uj} 및 d_{uj} 평균으로 p_{uj} 및 d_{uj}를 추정한다. 또한 적합한지 확인하기 위해 베이스라인 성능 $TotalClick^*$와 $TotalTime^*$을 수식 11.5의 클릭 최대화 전략에 따라 정의한다. 그런 다음 QP를 풀어 이중 최적값 μ를 구한다.

11.4.2 샘플링

연산 비용을 줄이려면 사용자를 샘플링해서 줄여야 한다. 두 가지 유형의 샘플링 기법을 고려한다.

- **무작위 샘플링:** 샘플링 비율 r이 주어지면 현재 에포크에서 무작위로 $r\%$의 사용자를 일관되게 선택한다.
- **층화 샘플링:** 사용자 군집 세트가 주어지면 각 사용자 군집에서 무작위로 $r\%$의 사용자를 뽑는다. 군집은 k평균 또는 상위 1개 항목 기법을 통해 만들 수 있다.

샘플링을 하고 나면 현재 에포크 사용자의 부분 집합을 얻는다. QP를 풀면 선정된 사용자 u에 대해서만 원형 변수 세트 $\{x_{uj}\}_{\forall j \in A}$를 정의하게 된다. 또 샘플링 사용자만 고려해서 베이스라인 성능 $TotalClicks^*$ 및 $TotalTime^*$을 업데이트한다. 그런 다음 단순한 QP를 풀어서 이중 솔루션 μ를 얻게 되고, 그것을 온라인 맞춤형 서빙에 전환 알고리듬이 사용하게 된다.

표 11.1. 기법 요약

기법명	기법 설명
집단별 LP(Segment-LP)	집단 기반 선형 프로그램, 아가왈 외(2011a)와 동일
클러스터링 기반 (11.4.1절)	
k평균-QP-이중 (kMeans-QP-Dual)	k 평균 군집 및 이중 솔루션을 활용한 맞춤형 서빙
상위 1개 항목-QP-이중 (Top1Item-QP-Dual)	상위 1개 항목 군집 및 이중 솔루션을 활용한 맞춤형 서빙
샘플링 기반 (11.4.2절)	
무작위 샘플링 (Random-Sampling)	무작위 샘플링 및 이중 솔루션을 활용한 맞춤형 서빙
층화-k평균 (Stratified-kMeans)	k 평균을 활용한 층화 샘플링 및 이중 솔루션을 활용한 맞춤형 서빙
층화-상위 1개 항목 (Stratified-Top1Item)	상위 1개 항목을 활용한 층화 샘플링 및 이중 솔루션을 활용한 맞춤형 서빙

11.5 실험

11.5절에서는 표 11.1에 요약된 바와 같이 다목적 최적화를 위한 여러 방법을 비교한다. 집단별 LP는 집단별 서빙을 위해 원형 솔루션을 직접 사용한다. 반면에 k평균-QP-이중과 상위 1개 항목-QP-이중은 이중 솔루션을 가지고 맞춤형 서빙을 제공한다. 야후! 홈페이지 로그 데이터를 기반으로 편향되지 않은 오프라인 재생 평가 방법(4.4절 또는 리 외(Li et al.)(2011 참조))으로 실험 결과를 보고한다. 맞춤형 다목적 최적화를 아가왈 외(2011a)에서 제시하는 가장 효과적인 집단별 최적화 기법과 비교하는 것에 초점을 맞춘다. 또한 제시된 방법을 제약을 두는 능력 및 클릭과 소비 시간 간의 바람직한 트레이드오프를 달성하는 능력 측면에서도 비교한다.

11.5.1 실험 환경

데이터: 사용한 데이터는 야후! 홈페이지 웹 서버 로그에서 수집했으며 여기에는 야후! 홈페이지의 투데이 모듈에 포함된 항목에 대한 사용자의 클릭과 뷰가 기록돼 있다. 데이터는 여러 서빙 전략의 비교를 목적으로 2010년 8월 사용자의 '무작위 버킷'에서 수집됐다. 무작위 버킷에는 사용자를 무작위로 할당했고 각 사용자 방문에는 편집자가 선정한 항목 풀에서 무작위로 선정된 항목이 제공됐다. 리플레이 평가 방법(4.4절 또는 리 외, 2011 참조) 및 이런 무작위 버킷 데이터는 여러 서빙 전략을 편향성 없이 비교할 수 있게 해준다. 하루에 약 2백만 개의 클릭 및 뷰 이벤트가 수집됐다. 클릭 후 소비 시간을 계산하기 위해 사용자가 투데이 모듈 항목에 클릭한 후 야후! 내에서 방문한 모든 페이지의 클릭 후 정보도 수집했다. 각 사용자는 익명의 브라우저 쿠키로 식별되며 인구 통계 정보(나이, 성별 등) 및 야후! 네트워크 내 행동에 기반을 둔 범주별(예: 스포츠, 금융, 오락 등) 선호도로 구성된 프로파일을 가진다. 실험에 개인정보는 사용하지 않았다. 사용자 집단 또는 군집을 만들기 위해 아가왈 외(2011a)에서 제시한 가장 좋은 방법을 사용했다. 즉 2010년 4월 중 열흘 간의 데이터를 수집해서 각 사용자의 행동 벡터를 만들었다. 벡터의 각 원소는 데이터 세트에 포함된 각 항목에 상응하며 값은 사용자 프로파일을 기반으로 한 항목의 예측 CTR이다. 그런 다음 행동 벡터를 기반으로 k평균 알고리듬을 사용해 사용자를 군집으로 분류하고 새로운 사용자는 코사인 유사도에 따라 군집으로 할당했다. 이런 과정은 모든 k평균관련 기법이 동일하다.

측정지표: 사용자 u가 기사 $j \in P_k$를 클릭한 후 소비 시간 d_{uj}를 클릭한 시점부터 사용자가 속성 P_k를 떠나거나 30분 이상 아무런 행동을 하지 않을 때 끝나는 사용자 이벤트 세션의 길이(초 단위) 정의한다. 보안상의 이유로 전체 클릭 수나 전체 소비 시간은 밝히지 않는다. 따라서 상대적 CTR과 다음과 같이 정의한 상대적 소비 시간만 보고한다. 서빙 전략 A를 사용해 리플레이 실험을 실행한 후 뷰당 평균 클릭 수 p_A(CTR)와 뷰당 평균 소비 시

간 q_A를 계산한다. 하나의 베이스라인 알고리듬 B를 정해서 알고리듬 A의 성능을 두 가지 비율로 보고한다. CTR 비율 $\rho_{CTR} = p_A/p_B$와 TS(소비시간, time spent) 비율 $\rho_{TS} = q_A/q_B$.

p_{uj} 및 d_{uj} 추정: 예측 CTR p_{uj} 및 소비 시간 d_{uj}는 사용하려는 이차 프로그램에 필요한 입력값이다. 이런 예측을 위한 통계적 모델의 선택은 11장에서 제시한 방법과 직교하며 여기에는 모든 모델을 사용할 수 있다. 실험에서는 7.3절에서 설명한 온라인 논리 회귀^{OLR, Online Logistic Regression} 모델을 사용해 사용자 u의 특성 벡터(인구 통계 정보와 범주 관련성으로 구성된 프로파일)에 기반을 두고 CTR p_{ujt}를 예측한다. 항목 특성 간 잘 일반화되지 않는 각 항목의 독특한 행동을 빨리 포착하기 위해 각 항목에 대해 하나의 OLR 모델이 훈련되고 에포크마다 업데이트된다. 소비 시간 d_{uj}는 나이-성별 모델로 예측한다. 나이를 기준으로 열 개의 집단으로 나누고, 세 개의 성별 집단(남자, 여자, 모름)을 정의한다. 이렇게 해서 총 30개의 집단을 만든다. 각 집단에 대해 동적 감마 푸아송 모델을 사용해 집단에 속한 무작위 사용자 u가 항목 j에 소비한 시간 d_{uj}의 평균을 추적한다. 소비 시간은 노이즈가 많기 때문에 간단한 나이-성별 모델은 분산을 줄이고 좋은 예측 성능을 보여준다. 더 정교한 모델들 예를 들어, 각 항목에 대한 사용자 특성을 기반으로 하는 선형 회귀 모델을 구성해서 테스트했지만, 성능이 크게 좋아지진 않았다. 표 11.2는 2폴드 교차 검증을 사용해 두 가지 방법의 평균 절대 오차^{MAE}와 평균 제곱근 편차^{RMSE}를 비교한 결과를 보여주고 있다. 나이-성별 모델이 조금 더 높은 성능을 보여준다. 더 좋은 성능의 소비-시간 모델을 만들기 위해서는 많은 연구가 필요하며 여기에서 관심 대상은 아니다.

표 11.2. 소비 시간 예측 비교

나이-성별 모델		선형 회귀	
MAE	RMSE	MAE	RMSE
86.11	119.44	87.75	122.02

11.5.2 실험 결과

맞춤형 접근 방법의 장점: 그림 11.1을 보면 맞춤형 다목적 최적화가 집단별 기법보다 훨씬 성능이 우수하다는 점을 알 수 있다. 총 클릭 수와 총 소비 시간 간의 트레이드오프만 고려하고 속성 특유 제약은 없는 단순한 사례로 출발한다. 샘플링 비율 $r = 20\%$이고 $\beta = 0$인 무작위 샘플링의 결과가 묘사돼 있다. 트레이드오프 곡선은 α를 1에서 0까지 바꿔가면서 만들어진다(각 지점은 다섯 번의 샘플링을 평균한 것이다). 속성 특유 제약이 없는 단순한 환경에서는 두 가지 목적의 가중된 합 $\lambda \cdot p_{uj} + (1 - \lambda) \cdot p_{uj} d_{uj}$가 가장 높은 항목 j를 각 사용자 u에게 제공하는 스칼라화 역시 적용 가능하다. λ를 1에서 0까지 변화시킴으로써 그림 11.1에 나와 있는 스칼라화 트레이드오프 곡선을 얻게 된다. 각 λ 및 α 값은 서빙 전략을 제공하고 데이터 세트에 적용됐을 때 한 쌍의 CTR 비율과 TS 비율이 만들어진다. 환경에서 집단별 접근 방법과 비교하기 위해 다양한 집단 수로 스칼라화 방법을 적용해서 그린 트레이드오프 곡선과 비교해 본다. 구현 상세 사항은 아가왈 외 (2011a)에서와 동일하게 한다. 그림은 k값에 따른 곡선을 표시하고 있다. 맞춤형 다목적 최적화 방법 두 가지 모두 트레이드오프 곡선의 모든 지점에서 모든 집단별 기법보다 우수한 성능을 보여준다는 것을 확인할 수 있다. 예를 들어 $\lambda = 1$이고 $\alpha = 1$일 때 맞춤형 모델은 CTR은 2%가 높고 (0.1 단위에서 통계적으로 의미를 가짐) TS는 4%가 높다(0.05 단위에서 통계적으로 의미를 가짐). 집단별 다목적 최적화는 집단의 수가 30일 때 최고의 성능을 달성한다. 집단의 수가 커질수록 각 군집의 사용자 수는 적어지고 작은 표본 크기 때문에 분산이 커져서 p_{ij} 및 d_{ij} 예측 성능은(감마 푸아송 기반) 낮아진다.

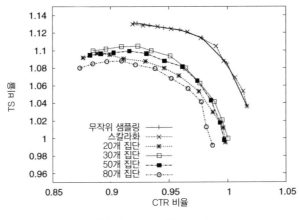

그림 11.1. 맞춤형 대 집단별 기법

그림 11.1에서 무작위 샘플링과 스칼라화는 비슷한 트레이드오프를 달성한다는 것을 알 수 있는데, 샘플링 기반 근사 추정과 결합한 이중 공식이 서로 대체되는 목적 간의 트레이드 오프를 하는 데 매우 효과적이라는 것을 의미한다. 표 11.3에서 두 가지 방법의 모든 에포크에 걸쳐 산정한 TS 비율 및 CTR 비율의 변화를 보여주고 있다. 표에서 볼 수 있듯이 스칼라화의 변화가 무작위 샘플링의 변화보다 훨씬 큰 것을 알 수 있으며, 따라서 무작위 샘플링을 더 안정적인 방법으로 볼 수 있다. 이러한 결과는 원형 계획을 사용했던 아가왈 외(2011a)의 결과와 비슷하다. 이것은 이중 공식이 제약된 최적화와 동일한 장점이 있다는 것을 보여 주며 대부분의 에포크에서 현 상태$^{status-quo}$ 솔루션의 성능과 크게 벗어나지 않도록 보장한다. 스칼라화로 (아가왈 외, 2011a에서 보인 것처럼) 속성당 성능 제약을 상세하게 제어할 수는 없다. 그러므로 스칼라화에 관해서는 여기까지 다룬다.

표 11.3 시간에 따른 변화 비교. CTR 비율 및 TS 비율의 평균(M)과 표준 편차(SD)

기법	CTR 비율		TS 비율	
	M	SD	M	SD
스칼라화(λ = 0.50)	0.9601	0.0394	1.0796	0.0403
무작위 샘플링(α = 0.97)	0.9605	0.0306	1.0778	0.0322

제약 충족: 11.4절에서 다양한 근사 추정 기법을 설명했다. '어떤 기법이 속성당 제약을 충족할 수 있는가의 여부'는 중요한 질문이다. 근사 추정 기법이 제약을 잘 충족하지 못한다면 사용하기 어렵다. 이번 실험에서는 $\beta = 1$로 설정한다. α 값과 속성 P_k가 주어졌을 때 근사 추정 기법과 베이스라인 클릭 최대화 전략이 해당 속성에서 소비한 시간을 예측한 결과의 차이를 살펴본다.

$$\phi_\alpha(P_k) = \frac{TotalTime_\alpha(P_k) - TotalTime^*(P_k)}{TotalTime^*(P_k)}$$

$\varphi_\alpha(P_k) \langle 0$은 속성 P_k의 제약이 위반됐다는 것을, $|\varphi_\alpha(P_k)|$는 위반 정도를 나타낸다. 그런 다음 모든 속성의 제약에 걸쳐 충족 측정치를 다음과 같이 정의한다.

$$\Phi_\alpha = 1 + \frac{1}{|\mathcal{V}|} \sum_{k \in \mathcal{V}} \phi_\alpha(P_k)$$

여기에서 $V = \{k \mid \varphi_\alpha(P_k) \langle 0,\ k \in I\}$는 제약이 위반된 속성 세트다.

그림 11.2에서 $\alpha = 0.95$로 놓고 각 기법의 충족 측정치를 그려본다. 모든 샘플링 기반 기법은 샘플링 비율을 $r = 20\%$로 설정한다. 그림에서 볼 수 있듯이 클러스터링 기반 이중 기법을 제외한 모든 기법은 $\Phi_\alpha \approx 1$로 속성 당 제약을 잘 충족한다. 더 자세히 살펴보면, 모든 샘플링 기반 이중 기법은 제약을 잘 충족한다. 그러나 클러스터링 기반 이중 기법(k평균$-QP-$이중, 상위 1개 항목$-Q_P-$이중)은 제약을 심각하게 위반한다. 이러한 행동을 이해하기 위해 그림 11.3에서는 $\alpha = 0.95$와 $\varphi_\alpha(P_k)$를 사용해 개별 속성에 대한 k평균$-QP-$이중 및 상위 1개 항목$-QP-$이중을 그려본다. 그림에서 두 가지 모두 제약을 충족하지 못하며 어떤 속성에는 너무 많은 트래픽을, 어떤 속성에는 너무 적은 트래픽을 주고 있는데, 시도한 클러스터링 기반 기법은 맞춤형 다목적 최적화에는 좋은 추정 방법이 아니라는 것을 의미한다.

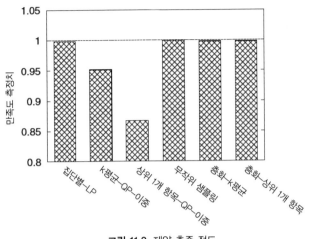

그림 11.2. 제약 충족 정도

트레이드오프 비교: 그림 11.4 에서 β = 1로 놓고 속성당 제약을 가했을 때 여러 기법의 트레이드오프 곡선을 비교한다. 각 곡선은 α를 1에서 0까지 바꿔가면서 그린다. 나중에 그림 11.10에 관해 논의할 때 언급하지만, 층화 샘플링 기법은 무작위 샘플링과 성능이 매우 비슷하다. 그러므로 그림의 복잡성을 줄이기 위해 무작위 샘플링의 (다섯 번 실험의 평균) 트레이드오프 곡선만 표시한다.

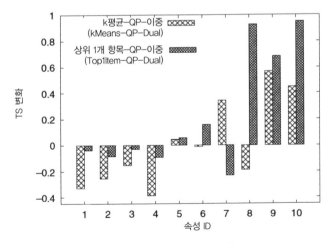

그림 11.3. 클러스터링의 속성별 충족도

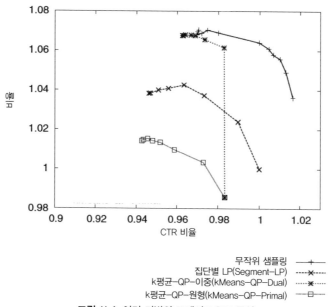

무작위 샘플링 ――――

집단별 LP(Segment-LP) ----×----

k평균-QP-이중(kMeans-QP-Dual) ----*----

k평균-QP-원형(kMeans-QP-Primal) ----□----

그림 11.4. 여러 기법의 트레이드오프 곡선

그림 11.4에서 무작위 샘플링 기법이 집단별 LP 기법보다 속성당 제약을 둔 상태에서 훨씬 더 좋은 성능을 낸다는 것을 볼 수 있다. 또한 무작위 샘플링 기법이 집단별-LP 기법과 두 가지 경쟁하는 목적을 트레이드오프하는 데 있어 동일한 능력을 갖추고 있음을 볼 수 있다. 무작위 샘플링은 이중 계획에 기반을 두는 맞춤형 다목적 최적화인 데 반해 집단별-LP는 원형 계획에 그 기반을 둔다. 이러한 결과는 라그랑주[Lagrangian] 이중성 공식이 다목적 최적화에 개인화를 통합하는 데 있어 수학적으로 흠이 없을 뿐만 아니라 실제로도 효과적이라는 것을 확인해준다.

그림에서 k평균-QP-이중의 결과도 비교를 위해 보여 준다. 클러스터링기반 추정은 두 가지 목적의 트레이드오프를 적절하게 하지 못한다는 것을 볼 수 있다. 트레이드오프 곡선이 급격히 변하는 이유는 속성당 제약을 위반하기 때문이다. 결과가 맞는지 확인하기 위해 k평균기반 추정 원형의 변화인 k평균-QP-이중-원형도 보여준다. 이 기법은 어느 정도 합리적인 트레이드오프 곡선을 보여 준다. k평균-QP-이중과 k평균-QP-원형 간의 차이는 전자가 이중 계획을 사용하는 데 반해 후자는 원형 계획을 사용한다는 것이다. 후자의 경우 집단별 기법이다. 원형 서빙 계획은 오로지 집단에 대한 것이고 각 사용자에게 무언가 제공되기 전에 사용자는 어떤 집단에 할당돼야 한다. 따라서 클러스터링 기반 추정은 라그랑주 이중성을 추정하는 데 효과적인 방법이 아니라는 것을 알 수 있다.

γ의 영향: 그림 11.5에서는 $\gamma = 0.95$로 놓고 무작위 샘플링을 사용해 매개변수 γ의 영향을 보여 준다. γ가 1보다 작을 때는 γ 값이 결과에 크게 영향을 주지 않는다는 것을 볼 수 있다. γ가 너무 클 때는 처벌 항에 높은 가중치가 부여되고 그 결과 TS 증가폭이 줄어든다. 여기서는 모든 실험에 $\gamma = 0.001$로 설정했다.

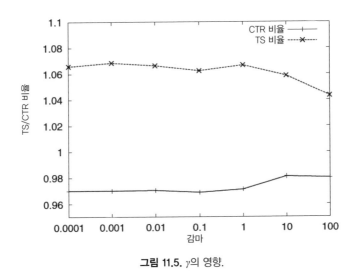

그림 11.5. γ의 영향.

속성당 제약의 완화: 그림 11.6에서는 $\beta = 1$과 $\beta = 0.95$에서의 트레이드오프 곡선을 보여 준다. 두 가지 경우에 대해 다섯 번의 실험을 하고 평균을 그린 것이다. 또한 TS 비율의 오차도 막대그래프로 표시했다. β가 작을 때 제약이 약하기 때문에 더 좋은 트레이드오프를 달성할 수 있다는 것을 볼

수 있다. 그림 11.7에서는 두 가지 기법에 대해 $\varphi_\alpha=0.95$를 보여 준다. 무작위 샘플링은 속성당 제약을 대부분 보장할 수 있다. $\beta = 1$일 때 φ_α는 거의 모든 경우 양(+)의 값을 가진다. $\beta = 0.95$인 경우 φ_α는 대부분 -0.05 이상의 값을 가진다.

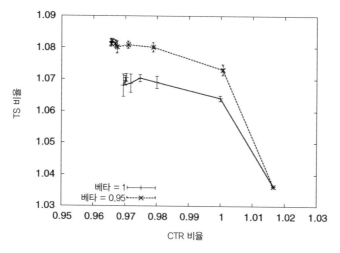

그림 11.6. 여러 β 값의 트레이드오프 곡선

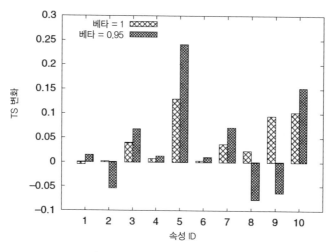

그림 11.7. 소비–시간 차이에 대한 β의 영향

여러 샘플링 기법 비교: 그림 11.8에서 무작위 샘플링의 샘플링 비율을 살펴본다. 예상대로 표본이 크면 추정의 정확성이 높아지고 더 좋은 트레이드오프 곡선을 얻게 된다. 그림 11.9에서 리플레이 한 번에 필요한 (상대적) 실행 시간을 보여 주고 여러 샘플링 비율을 비교하고 있다. 실행 시간은 슈퍼 선형super-linear으로 많은 수의 사용자를 다루기 위해서는 샘플링이 필요하다는 것을 알 수 있다. 그림 11.8에서 보는 바와 같이 20% 샘플링 비율은 50% 샘플링 비율과 비슷한 성능을 달성한다는 점에서 샘플링은 효과는 유지하면서 시간 복잡성은 줄이는 데 효과적이다.

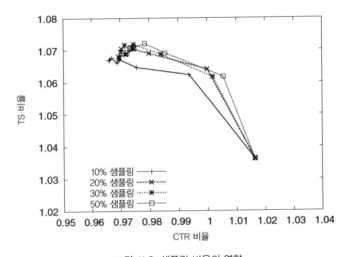

그림 11.8. 샘플링 비율의 영향

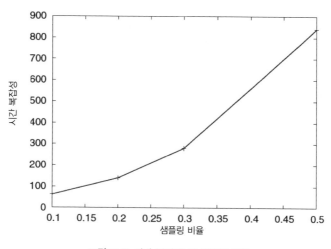

그림 11.9. 시간 복잡성 대 샘플링 비율

그림 11.10과 표 11.4에서 샘플링 비율을 20%로 하고 실행한 다섯 번의 샘플링 결과를 통해 여러 샘플링 기법을 비교한다. 그림 11.10은 다섯 번 실행의 평균 트레이드오프 곡선을 보여 주며, 여기에서 서로 다른 샘플링 기법은 성능도 다르다는 것을 볼 수 있다. 표 11.4에서는 클릭 및 TS 분산을 다음과 같이 계산한다. 각 α에 대해 다섯 번 실행의 표준 편차를 계산한다. 보고된 결과는 모든 α에 걸친 표준 편차의 평균값이다. 표 11.4에서 층화 기법이 무작위 샘플링보다 분산이 낮다는 것을 볼 수 있다. 두 가지 층화 기법 중에서는 층화-k평균이 층화-상위 1개 항목보다 분산이 낮다. 이것은 k평균이 상위 1개 항목 기법보다 더 동질적인 군집을 만든다는 것을 의미한다.

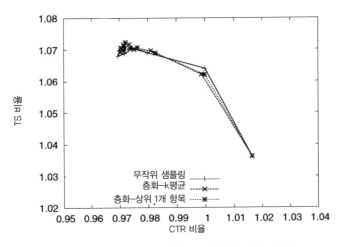

그림 11.10. 여러 샘플링 기법 비교 (샘플링 비율 = 0.2)

표 11.4. 샘플링 기법의 평균 분산

TS 비율	무작위 샘플링	층화-k평균	층화-상위 1개 항목
CTR 표준편차	0.00139	0.00081	0.00094
TS 표준편차	0.00187	0.00129	0.00156

상위 N개 속성: 그림 11.11에서 무작위 샘플링 기법에서 속성당 제약의 수를 완화해서 상위 3개, 5개, 7개의 속성에 대해서만 속성당 제약을 부여했을 때의 결과를 보여 준다. 속성당 제약의 수가 줄어들면 더 좋은 트레이드오프 곡선을 얻게 된다. 이것은 맞춤형 다목적 최적화에 이중 공식의 효과를 다시 한번 보여 준다.

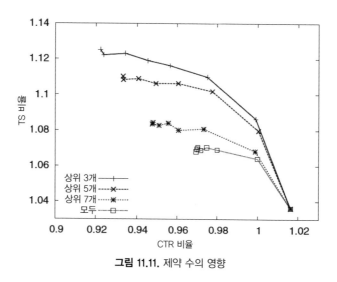

그림 11.11. 제약 수의 영향

11.6 관련 연구

11장의 내용은 아가왈 외(2011a, 2012)에 기반을 두고 있다. 2011a에서는 집단별 접근법을 소개했으며 2012에서는 맞춤형 접근 방법을 제시했다. 웹 추천 시스템에서 복수의 목적 사이의 트레이드오프에 관한 연구는 아직 초기 단계에 있다. 아도마비커스 외(Adomavicus et al.)(2011)에서는 다중 조건 추천 시스템에 관한 조사 결과를 제공하고 있다. 그러나 다중 조건 랭킹 시스템에 초점을 둔 연구로 다목적 최적화에는 크게 관심을 두지 않았다. 로드리게스 외(Rodriguez et al.)(2012)는 일자리 추천을 위한 다목적 최적화 사례를 설명했고, 리베이로 외(Ribeiro et al.)(2013)는 예측 정확성, 신선함, 다양성 등과 같은 목적을 결합하는 사례를 제공했다.

11장에서 설명한 제약된 최적화 공식은 광고 관련 효용을 최적화하기 위해 유입되는 새로운 사용자에게 서로 다른 광고를 제시하는 전시 광고에서의 보장된 전달 문제(Vee et al.)(2010); (Chen et al.)(2011)와 비슷하다. 예를 들어 비 외(Vee et al.)(2010)는 다목적 프로그래밍을 고려해서 이론적인 속성을 가지고 남은 재고를 활용한 매출과 광고주에게 전달되는 광고의 전반적인 품질을 동시에 최적화하기 위한 기법을 제공했다. 11장에서 활용한 이 중성은 비 외(2010)에서의 사용과 비슷하지만, 콘텐츠 추천 환경은 광고 환경과 매우 다르다.

다목적 최적화를 사용하는 적용 사례도 논의 중이다. 가령, 검색에 표시될 유료 광고의 경매는 수입(입찰로 측정)과 광고 등급을 매기기 위한 광고 품질(CTR로 측정) 모두 고려해야 한다(Fain and Pedersen)(2006). 한 가지 보편적인 접근 방법은 입찰 값과 CTR의 곱으로 간단하게 광고 등급을 매기는 것이다. 스컬리 외(Sculley et al.)(2009)에서도 광고 CTR과 유료 검색 광고 품질을 연구해서 이탈률bounce rate이라는 새로운 측정지표를 정의해서 광고 랜딩 페이지에서의 이탈 비율을 추론해서 광고 품질을 측정했다. 그러나 탐색적인 연구로 다목적 최적화가 아닌 이탈률 예측에 초점을 맞추고 있다. 온라인 광고 이외에는 잼버와 왕(Jambor and Wang)(2010)은 협력적 필터링 환경에서 항목의 제한된 공급과 같은 제약을 고려하고 있다. 스워베 외(Svore et al.)(2011)는 랭킹 훈련 과정에서 여러 목적을 고려하고 있다. 두 가지 연구는 온라인 추천 환경과는 다른 정적인 환경에서 이뤄졌다.

다목적 프로그래밍(Steuer)(1996), 볼록 최적화(Boyd and Vandenberghe)(2004), 확률적 최적화(Hentenryck and Bent)(2006) 분야에는 풍부한 연구 자료가 있다. 11장은 온라인 맞춤형 콘텐츠 추천을 하기 위한 최적화 기법의 효과적인 적용을 소개한다.

11.7 요약

11장에서는 개인화와 다목적 최적화를 결합하는 맞춤형 다목적 최적화 문제를 살펴봤다. 다목적 문제를 선형 프로그램 공식으로 표현해서 제약된 최적화를 개인화된 서빙에 적용하면서 어려움이 되는 두 가지 즉, 보지 못한 사용자와 확장성을 해결하기 위해 라그랑주 이중성을 효과적으로 사용할 수 있음을 살펴봤다. 강력한 볼록성을 달성하도록 목적 함수를 조금 수정해서 소수의 사용자 독립적인 이중 변수로 구성되는 이중 계획을 새로운 사용자가 유입됐을 때 그에 상응하는 원형 서빙 계획으로 효율적으로 전환할 수 있다. 대규모의 실제 데이터 세트를 대상으로 한 광범위한 실험을 통해 맞춤형 계획의 파레토 최적 지점 세트가 집단별 계획의 세트보다 일관되게 훨씬 우수하다는 점도 알아봤다.

다목적 프로그래밍 기법을 같은 포털 페이지의 여러 위치에서 다수의 항목을 동시에 추천하는 상황으로 확장하는 문제나 기존 에포크당 제약(예: 각 에포크의 클릭 수 감소 한계 설정)을 장기적인 제약(예: 모든 n개의 에포크에서의 총 클릭 수 감소 한계 설정)으로 확장하는 문제 등이 흥미로운 미래 연구 주제가 될 수 있을 것이다.

각주

1장

1. 추천 시스템이 하나의 항목을 사용자에게 제공했을 때 사용자가 해당 항목을 뷰^{view} 했다고 하며 사용자가 항목에 대해 한 번의 인상^{impression}을 받았다고 표현하기도 한다.

2장

1. 추천을 정보 필터링^{filtering}이라고도 한다.

5장

1. NM의 보안 때문에 NM의 스크린 캡처는 보여 주지는 않는다.

2. http://www.project-voldemort.com/.

3. http://hadoop.apache.org/.

6장

1. 예측 CTR에 대한 우려가 있다면 푸아송 분포를 이항 분포로 대체하는 것은 직관적으로 처리된다. CTR이 작은 적용 사례에서는 그런 우려를 할 필요는 없다.

9장

1. BookCrossing 데이터 세트는 http://www2.informatik.uni-freiburg. de/~cziegler/BX/에서 다운로드할 수 있다.

찾아보기

KKT 341
KKT 조건 342

L

Lagrangian 353
LAT 305, 316
LAT 모델 316
latent Dirichlet allocation 49
LDA 49
LDA 사전확률 269
LM 317
loess fitting 167
log-likelihood 58

M

Markov decision process 77
MCEM 265, 271
MCEM-ARS 248
MCEM-ARSID 248
MCEM-VAR 248
MD5 해시 111
MDP 77
minimax 83
Monte-Carlo EM 알고리듬 265

O

Okapi BM25 56
one-at-a-time 164

P

pairwise 60
Pareto 335, 343
PCR 198
PCR-B 199
Pearson 106, 309
Pearson correlation 63
Poisson 119
positive correlations 245
posterior distribution 51
power law 179
precision-recall 곡선(P-R) 105
principal component regression 198

R

Rank1 124
Receiver operating characteristic curve
                                    105
RLFM 210
ROC 곡선 아래 면적 106

S

Separability 159
SGD 248
sigmoid 190
sLDA 265
SMF 304, 317
squeezing 231

추천 시스템의 통계 기법

실생활 추천 문제에 적용해보는 다양한 통계 기법

발 행 | 2022년 5월 31일

지은이 | 디팍 아가왈 · 비 청 첸
옮긴이 | 최 영 재

펴낸이 | 권 성 준
편집장 | 황 영 주
편 집 | 이 지 은
　　　　김 진 아
디자인 | 윤 서 빈

에이콘출판주식회사
서울특별시 양천구 국회대로 287 (목동)
전화 02-2653-7600, 팩스 02-2653-0433
www.acornpub.co.kr / editor@acornpub.co.kr

한국어판 ⓒ 에이콘출판주식회사, 2022, Printed in Korea.
ISBN 979-11-6175-646-2
http://www.acornpub.co.kr/book/statistical-recommender-systems

책값은 뒤표지에 있습니다.